KB042989

인천대 중국학술원과 길림대 철학사회학원의 협약체결식

심층면담 현장

길림성광동상회 창립대회

길림성광동상회 기부금 전달

길림성광동상회 화얼타이희망초등학교 현판식

길림성하남상회 창립대회

길림성하남상회 장애우 기부식

길림성하남상회 새해맞이 회원대회

길림성절강상회 희망공정 공헌상 수여

길림성호남상회 창립대회

출처: 각 동향상회 홈페이지

중국 민간조직의 단면 :
길림성 동향상회 구술집

이 도서는 2009년도 정부(교육과학기술부)의 재원으로 한국연구재단의 지원을
받아 출판되었음(NRF-2009-362-A00002).

중국관행 자료총서 07

중국 민간조직의 단면

길림성 동향상회 구술집

장호준·손승희·둥원성 저

인천대 중국학술원 중국·화교문화연구소
중국 길림대학 철학사회학원 사회학과 기획

學古房

일러두기

▸ 본문 중 장(章), 절(節) 제목은 면담 내용을 바탕으로 임의로 추출한 것임.

▸ 지명은 한자음으로 표기했고, 인명이나 고유명사는 중국어 발음(한글 외래어 표기법)으로 표기했음.

▸ 본 자료집에 등장하는 인명은 면담조사자와 공인을 제외하고는 모두 가명으로 처리하고 병음의 첫 문자로 대체하였음.

▸ 질문 부문과 답변 부분에 대해서는 각각 면담조사자의 성(姓)과 피면담자(답변자) 성의 병음 첫 문자로 표시하였음.

▸ 본문 중 말줄임표 즉, ……은 대화 및 진술의 맥락에서 화자가 문장을 마무리하지 않았거나 대화 및 진술의 과정에서 자의 또는 타의에 의해 머뭇거리는 상황이 있었음을 표시하기 위해 삽입한 것임.

『중국관행자료총서』 간행에 즈음하여

　한국의 중국연구가 한 단계 심화되기 위해서는 무엇보다 중국사회 전반에 강하게 지속되고 있는 역사와 전통의 무게에 대한 학문적·실증적 연구로부터 출발해야 할 것이다. 역사의 무게가 현재의 삶을 무겁게 규정하고 있고, '현재'를 역사의 일부로 인식하는 한편 자신의 존재를 역사의 연속선상에서 발견하고자 하는 경향이 그 어떤 역사체보다 강한 중국이고 보면, 역사와 분리된 오늘의 중국은 상상하기 어렵다. 따라서 중국문화의 중층성에 대한 이해로부터 현대 중국을 이해하고 중국연구의 지평을 심화·확대하는 연구방향을 모색해야 할 것이다.

　근현대 중국 사회·경제관행의 조사 및 연구는 중국의 과거와 현재를 모두 잘 살펴볼 수 있는 실사구시적 연구이다. 그리고 이는 추상적 담론이 아니라 중국인의 일상생활을 지속적이고 안정적으로 제어하는 무형의 사회운영시스템인 관행을 통하여 중국사회의 통시적 변화와 지속을 조망한다는 점에서, 인문학적 중국연구와 사회과학적 중국연구의 독자성과 통합성을 조화시켜 중국연구의 새로운 지평을 열 수 있는 최적의 소재라 할 수 있을 것이다. 중층적 역사과정을 통해 형성된 문화적·사회적·종교적·경제적 규범인 사회·경제관행 그 자체에 역사성과 시대성이 내재해 있으며, 관행은 인간의 삶이 시대와 사회의 변화에 역동적으로 대응하는 양상을 반영하고 있다. 이 점에서 이러한 연구는 적절하고도 실용적인 중국연구라 할 것이다.

『중국관행자료총서』는 중국연구의 새로운 패러다임을 세우기 위한 토대 작업으로 기획되었다. 객관적이고 과학적인 실증 분석이 새로운 이론을 세우는 출발점임은 명확하다. 특히 관행연구는 광범위한 자료의 수집과 분석이 결여된다면 결코 성과를 거둘 수 없는 분야이다. 향후 우리 사업단은 이 분야의 여러 연구 주제와 관련된 자료총서를 지속적으로 발간할 것이며, 이를 통하여 그 성과가 차곡차곡 쌓여 가기를 충심으로 기원한다.

2015년 5월
인천대학교 중국학술원
HK중국관행연구사업단
단장 장정아

저자 서문

편찬 취지와 배경

본서는 인천대학교 중국학술원 중국화교문화연구소 HK중국관행연구사업단과 중국 길림대학 철학사회학원 사회학과吉林大哲学社会学院社会学系와의 협동연구의 산물이다. 두 기관은 2013년 7월부터 2014년 8월까지 길림성 광동상회와 하남상회의 임원, 회원 및 기타 관련자 35명을 대상으로 길림성 소재 동향상회의 작동방식과 운영기제 및 특징에 관하여 심층면담조사를 진행했다. 이 면담조사의 결과는 선별 및 정리 과정을 거쳐 2015년 2월 『중국의 동향상회: 길림성 동향상회 면담조사 자료집』이라는 제목의 원문 자료집으로 출판되었다. 본서는 그 후속편으로, 원문을 한국어로 번역하고 인천대 HK사업단의 아젠다에 맞도록 체제를 재구성한 것이다.

길림대학 사회학과와의 협동연구는 2012년 10월, 당시 인천대 HK교수였던 장호준 교수와 손승희 HK연구교수가 길림대학 사회학과를 방문하여 공동연구에 대해 협의하면서 본격화되었다. 인천대 사업단은 이전에 이미 다수의 현지 연구기관을 물색하고 검토한 결과, 톈이펑田毅鵬, 추이웨친崔月琴, 둥원성董运生 교수 등 당대 중국의 민간조직 연구 분야의 전문가들이 재직 중인 길림대 사회학과를 제1 후보로 정하고 협동연구의 가능성을 타진한 바 있었다. 다만 길림대 사회학과의 관심은 당대의 '민간조직', 특히 상회의 관리방식에 관한 것이었고 인천대

HK사업단의 관심사는 민간조직의 '관행'이었다. 즉 길림대 측은 '사회관리'라는 정부의 시각을 반영하고 있던 반면, 본 사업단은 전통시대부터 내려온 중국인의 각종 사회경제적 관행이 오늘날의 사회경제적 환경 속에서 어떤 양상으로 나타나고 있으며 중국인의 실질적인 삶에 어떤 영향을 주고 있는지를 분석함으로써 관행이 재구성되는 실태를 파악하고자 하는 것이었다. 이러한 미세한 관심사의 차이는 있었지만, 길림대를 통해 본 사업단으로서는 접근하기 어려운 민간조직의 지도층과 정부 관계자에 대한 접근과 조사가 가능했다는 점에서 결과적으로는 긍정적으로 작용했다.

공동연구에 합의한 두 기관은 다양한 형태의 민간조직 중에서 동북지역의 민간조직 관행의 특성을 가장 잘 파악할 수 있는 '동향상회'를 조사하기로 결정했다. 이에 따라 인천대 측에서 사업단의 아젠다에 의거하여 질문항목을 정하는 등 질문지를 직접 기획했고 길림대의 동의하에 면담조사가 진행되었다. 면담조사는 길림대 추이웨친 교수와 둥원성 교수가 주도했고 인천대 측에서는 장호준 교수가 일부 과정에 참여했다. 약 13개월에 걸쳐 진행되었던 심층면담조사는 전반적으로 순조로웠고, 2014년 8월 인천대에서 공동으로 개최한 국제학술회의에서 면담조사 결과 발표와 동향상회 및 민간조직에 관한 학술교류의 장을 마련함으로써 대미를 장식했다. 협동연구는 일단락되었지만 인적, 학술적 교류는 계속되고 있으며 훌륭한 학술 파트너로서 두 기관은 향후 지속 가능한 협동연구를 모색하고 있다.

인천대 HK사업단이 주목했던 동향상회는 동일한 원적지의 기업이나 공상업자가 업무상의 필요에 의해 자신의 이익을 유호하기 위해 원적지 외의 행정구역에 자발적으로 성립한 민간 상회조직을 말한다. 근래에 와서 각지에 동향상회의 설립 사례가 빈번해졌다. 이는 개혁개방 이후 전국적이고 전지구적 차원에서 인구, 물자, 자본이 광범위하게 이동하는 현상과 무관하지 않다. 이와 더불어 중화인민공화국 수립 이후 그 존재 기반을 상실하고 당의 부속기관으로 전락했던 민국시기의 각종 민간조직이 광범위하게 부활되는 양상을 보이고 있다. 특히 1980-90년대를 거쳐 사회단체, 민판비기업단위民办非企业单位, 기금회基金会 등의 민간조직이 집중적으로 증가하여 민정부에 등기한 조직의 수만 해도 2013년 말 기준으로 약 55만 개에 달할 정도이다.[1] 이러한 경향은 인구 이동과 함께 대량의 지연조직 혹은 지연관계를 유대로 하는 현상이 출현하게 되는 배경이 되었다.[2]

이러한 현상은 멀게는 명청시대 상품경제의 발달에 따라 원거리 상업에 종사했던 진상晋商, 휘상徽商을 연상케 하고, 좀 더 가깝게는 청대 중국인의 대규모 인구 이동을 불러일으켰던 '틈관동闯关东'을 떠올리게 한다. 이들은 새로 정착한 이주지에서 생계와 생존을 도모하고 안정적으로 정착하기 위해서 정보가 필요했는데, 이를 획득할 수 있는 기본적인 방법은 혈연이나 지연관계를 통해서였다. 현대사회에서도 혈연과 지연을 완전히 배제하고 공리적인 필요성만으로 중국인을 설명하는 것은 어딘가 부자연스럽다. 오히려 혈연, 지연의 전통적인 요소가 여전히 중국인의 사회관계와 인간관계의 기초가 되고 있다는 것은 중국인들을 좀 접해본 사람들이라면 누구나 어렵지 않게 파악할 수 있는 사실이다. 따라서 우리는 중국인의 사회관계를 규정하고 있는 중요한 요인 중의 하나로 혈연, 지연에 주목하지 않을 수 없고, 이러한 전통적 요인에 의

---

1) 민정부의 "民政事业发展概况"(1986-88), "民政事业发展统计报告"(1989-2009), "社会服务发展统计公报"(2010-2013) 참고.
2) 郭星华, 『漂泊与寻根: 流动人口的社会认同研究』, 中国人民大学出版社, 2011, 77쪽.[崔月琴, 张冠, 「再组织化过程中的地缘关系-以地缘性商会的复兴和发展为视觉」, 『吉林大学社会科学学报』 2014年4期, 148쪽에서 재인용]

지하여 결합된 각종 조직들이 당대 중국에서 부활하고 있는 현상에 관심을 기울이지 않을 수 없다. 이러한 현상이야말로 인천대 HK사업단이 고찰하고자 하는 관행의 연속성과 단절성을 보여줄 수 있는 최적의 소재라고 생각하기 때문이다.

특히 동북지역이 근대의 대표적인 이민사회라는 사실은 동향상회 중에서 동북을 그 연구의 대상으로 삼은 이유이기도 하다. 일찍이 청조정부는 자신들의 본거지인 동북지역에 대한 한족의 이민을 금하는 봉금정책을 실시했음에도 불구하고 틈관동 현상은 근절되지 않았고, 봉금령이 해제된 후에는 이러한 현상이 가속화되어 동북 인구의 비약적 증가를 초래했다. 이민들이 황무지 개간과 대두경작에 동원됨에 따라 농업경제는 비약적으로 발전했고, 철도의 부설은 시장에 근본적인 변화를 가져왔다. 인구의 증가로 크고 작은 수많은 도시가 탄생했고 도시의 규모도 빠르게 확대되었다. 이에 따라 확립된 근대적 상품경제의 발달과 상업의 융성은 상인조직 형성의 필연적인 조건으로 작용했다. 특히 이민으로 구성되었던 동북사회에서 혈연이나 지연의 전통적인 요소에 의한 결합이 보다 분명했을 것으로 생각되는 이유이다.

민국시기까지 이어졌던 동북으로의 이민은 중화인민공화국 성립 후 개인이 집체 또는 단위에 묶이게 됨으로써 더 이상 가능하지 않았다. 그러나 개혁개방 이후 시장이 변화하고 상품유통이 확대됨에 따라 호적지를 떠나 중국 전역으로의 인구 이동이 재개되었다. 특히 동북지역은 여타지역에 비해 경제의 발달 정도가 성숙하지 않아 더 많은 경제적 기회를 획득할 수 있고 본인의 노력 여하에 따라서는 무한한 가능성이 열려 있는 땅이었다. 이러한 점이 당대 동북으로의 이민을 촉발했을 것이고 실제로 심층면담을 통해 그러한 사실을 확인할 수 있었다. 따라서 근대시기와 비슷하게 이민자들은 현지사회에서 생존을 도모하고 정보를 공유하기 위해 동향상회를 조직했던 것이다.

길림성 동향상회의 역사와 현재

근대시기 동북의 이민은 산동성 출신이 절대 다수를 차지했고 그 다음
은 하북지역의 이민들이었다. 상품경제가 발달하고 대규모 이민이 유입
됨에 따라 각 지역의 상인들에 의해 상업조직이 형성되었다. 당시 이러
한 상업조직은 강한 지역성을 띠는 것이 특징이었다. 그 중 대표적인
것이 산동방山東幫, 직예방直隸幫, 산서방山西幫이었고 그 외에도 광동방廣
東幫이나 남방 각 성의 상방商幫도 결성되었다. 심지어는 각 성 상방 내부
에도 분화가 일어나 각기 다른 지역의 이름으로 상방을 형성하기도 했
다. 예를 들어 직예성의 경우 당산방唐山幫, 천진방天津幫 등, 산동방은
제남방濟南幫, 등주방登州幫 등의 동향방이 성립되었고 행업을 표시하는
목방木幫, 수회水会 등도 성립되었다. 봉천성성奉天省城에서는 호적지를
나누고 다시 행업行業에 따라 전행钱行, 양잔糧栈, 사방丝房, 피화皮货, 산
화山货의 오행五行으로 구분하기도 했다.[3] 동향인의 조직으로 각 지역에
동향 회관이 건립되기도 했지만, 이러한 각각의 상방들이 모여서 '공의
회公议会'라는 이름의 총상회를 설립함으로써 상업 질서를 도모했다.

공의회는 청말 요녕성에 21곳, 길림성에 24곳, 흑룡강성에 21곳, 관
동주에 6곳, 만철부속지에 4곳, 기타 지역에 6곳으로, 모두 82곳이 존
재했다.[4] 전통시기 국가의 법률은 주로 형벌 규정이었고 상법에 대해
별다른 규정 없이 전적으로 상인들의 관행에 의해 이루어져왔다. 그러

---

3) 董瑞军, 「近代东北商会研究(1903-1931)」, 吉林大学历史学系博士学位論文, 2013,
    28-29쪽.
4) 仓桥正直, 「营口の公议会」, 『历史学研究』 第481号, 20-21쪽.

던 것이 1904년 청조가 〈상회간명장정商会簡明章程〉을 공포하자 이에 의거하게 되었다. 그 내용은 주로 상회 설립에 관한 것으로 이는 상업 조직에 대한 국가권력의 개입이 시작되었음을 의미했다. 〈상회간명장정〉에 따라 1908년 전국적으로 국내에 49개의 상회가 건립되었고 200여개의 분회가 성립되었다.5) 동북에서도 정부의 정책에 따라 상회가 설립되었는데, 동북에는 이미 공의회라는 자발적인 상인조직이 존재했기 때문에 이에 대한 정부의 개입은 공의회의 저항을 불러일으키기도 했다. 그러나 공의회가 존재했었기 때문에 오히려 상회로의 전환은 신속하게 진행될 수 있었다. 1915년에 중화민국 북경정부에 의해 〈상회법商会法〉과 시행세칙이 제정되었고, 그 뒤를 이은 남경국민정부가 1927년에 〈상회법〉과 그 시행세칙을, 1929년에 〈상회법〉과 〈공상동업공회법工商同业公会法〉을 제정함으로써 상회를 국가 통치체제 속에 편입하고 법률로 통제하기에 이르렀다.

중화인민공화국의 성립과 함께 점차 역사의 이면으로 사라졌던 동향상회는 1995년 곤명昆明에서 온주温州상회가 성립되면서 부활하게 되었다. 그 후 각지에서 이를 모방하여 동향상회를 설립했고 이것은 하나의 추세가 되었다. 아직은 관련 협회와 같은 행업조직에 비하면 동향상회는 그 규모가 작고 시작에 불과하다. 그러나 동향에 대한 신분 정체성이나 정서적인 면에서의 회원 상호 간의 긴밀성과 응집력은 행업조직에 비할 바가 아니다.

당대 동향상회는 전국인민정치협상회 산하의 전국공상업연합회(이하 공상연)에 소속되어 있다. 공상연은 상회를 행업行业상회, 향진乡镇상회, 가도街道상회, 동향상회(이지상회异地商会) 등으로 분류하고 있는

5) 董瑞军, 앞의 논문, 41쪽.

데, 2014년 말 기준으로 공상연에 가입되어 있는 현급 이상의 상회는 36,981개이다. 그중 동향상회는 전국적으로 4,733개이며 가입하지 않은 것까지 포함하면 훨씬 많은 동향상회가 존재하고 있다.[6] 그중 길림성 동향상회의 경우 2006년에 상해상회가 설립된 이후 다수의 동향상회가 2008년에 설립되었다. 2014년 현재 길림성의 동향상회는 18개로, 15개는 이미 성립된 것이고 나머지 3개(흑룡강黑龙江, 섬서陝西, 운남 귀주云南 貴州)는 현재 준비 중에 있다.[7]

동향상회는 원칙적으로 기업 또는 기업 대표자격으로서만 가입할 수 있으며 개인자격으로는 가입할 수 없도록 규정되어 있다. 그러나 반드시 원적지 출신 기업만 가입하는 것은 아니다. 예를 들어 광동상회라면 광동 출신은 아니지만 광동의 기업체 혹은 대리점을 운영하고 있는 경우도 가입할 수 있다. 현재는 성급 상회 뿐 아니라 시급에서 활동하고 싶어 하는 기업가들과 시급 정부의 희망에 따라 시급 상회도 설립되고 있는 추세이다. 길림성 성급 동향상회 중에서는 천유川渝상회(2011), 광동廣東상회(2010), 하남河南상회(2012)가 상회 평가에서 5A 등급을 받는 등 상당히 활발한 활동을 하고 있다. 본서에 수록된 광동상회와 하남상회는 길림성 동향상회 가운데 회원의 결속력이나 상회활동 면에서 모범적인 상회 중의 하나로 꼽히고 있다. 이를 중심으로 길림성 동향상회의 현황을 개괄하면 다음과 같다.

길림성 광동상회는 2007년 4월 25일에 설립되었다. 현재 회원기업은 200개 정도로, 부동산 개발, 물류, 기계가공업 등 20여개의 업종에 종사하고 있다. 동향상회가 현지사회에 안착하기 위해서는 현지사회에

---

6) 전국공상연합회 홈페이지(http://www.acfic.org.cn)의 '会员和组织发展情况'에 의거하여 작성.
7) 본서 길림성 경제합작기술국 총경제사 ZZF와의 인터뷰 중에서.

지속적으로 투자하여 우호적인 여론을 조성할 필요가 있는데, 광동상회의 통계에 의하면 길림성에 투자한 누계 투자액은 600억 위안이며 2만 여개의 일자리를 창출했다고 한다.

길림성 하남상회는 2011년 4월 8일 성립되어 현재 회원기업은 107개 정도이다. 주로 금융, 부동산, 물류, 의료기계, 건축인테리어, 건축기계, 기계 제조, 매체, 교육, 농업 부산품, 요식업, 레저 등의 업종에 종사하고 있다. 다른 상회에 비해 늦게 성립되었지만 투자유치에서 두각을 나타내어 2012년, 2013년 성정부, 장춘시로부터 각각 투자유치 선진상회의 칭호를 받았다.

길림성 강소江蘇상회는 2008년 10월 26일 정식으로 성립되었으며 2013년 기준으로 회원기업은 120개 정도이다. 기계의기機械儀器, 석유화공, 컴퓨터소프트웨어, 오금기전五金機電, 식품가공, 부동산건축, 생물의약, 건강보건, 환경녹화, 방직복장紡織服裝, 요식레저餐飮娛樂 등 업종에 종사하고 있다. 길림성 강소상회는 남경의 민영기업이 회원기업의 약 70%를 차지하고 있는데 그중에서도 쑤닝전기苏宁电器, 쑤닝환츄苏宁环球, 위룬雨润, 가오리집단高力集团 등은 길림성에서도 그 명성을 유지하고 있다. 길림성 강소상회가 길림성에 투자한 액수는 2013년 현재 약 620억 위안이며 연매출액 230억 위안, 영업세 15억 위안을 납부하는 등 그 규모가 상당하다. 길림성정부와 장춘시로부터 각각 투자유치 선진상회 칭호를 받았다.

길림성 절강浙江상회는 2008년 5월 15일에 정식 성립되었다. 창립당시 길림성 내 절강상인은 약 11만 명으로 추정되는데 약 2,300여 기업, 1만여 개의 개체호가 있었다. 2013년 12월 기준으로 회원 수는 12만 명 정도인데, 규모로 보면 길림성 내에서 가장 큰 동향상회 조직이라고 할 수 있다.

길림성 호남湖南상회는 2008년 9월 2일 길림성 장춘시에서 성립되었다. 성립 당시 길림성 내에는 8만 여명의 호남상인이 존재하고 있었는데 그중 회원기업이 87개였다. 주로 부동산개발, 요식업, 자동차 부품, 오금五金 건재建材, 복장服裝, 식품, 주류업, 의약 등의 업종에 종사하고 있다.

이외의 성급 상회로 길림성복건福建상회, 길림성산동山东상회, 길림성천유상회, 길림성산서山西상회, 길림성길상吉商상회, 길림성내몽고内蒙古상회 등이 있으며, 시급 상회로는 장춘시온주温州상회, 장춘시복주福州상회, 장춘남안시长春南安市상회, 장춘시영파宁波상회, 장춘시복건福建상회, 장춘시하남河南상회, 장춘시낙청乐清상회 등이 있다.

당대 동향상회의 특징과 역할

당대의 동향상회도 전통시대의 그것과 비슷한 기능과 역할을 한다. 예를 들어 동향상회는 이주지에서 동향회원들에게 중요한 구심점 역할을 한다는 것이다. 현지정부와 회원기업을 연결시켜 주는 중간역할 혹은 양자를 이어주는 교량 역할도 한다. 또한 상회 내부의 질서를 유지하고 분쟁을 조정하는 등, 공적 질서유지의 한 부분을 담당하는 것도 동향상회의 역할 중의 하나이다.

그러나 본서에 의하면 동향상회의 실무자들이 가장 크게 내세우는 역할은 '서비스'이다. 회원 기업에 서비스하고 정부에 서비스하고 사회에 서비스한다는 것이다. 정부에 대한 서비스는 외부 기업의 성내 투자유치라든지 정부의 시책에 호응하고 필요시에 물질적인 편의를 제공하는 것이다. 사회에 대한 서비스는 사회의 공익사업에 참여함으로써 지역사회 일원으로서의 정체성을 확인하고 원적지에 대한 우호적인 여론

을 조성하는 것이다. 현지의 각종 구제 사업이나 희망공정, 애심연맹愛
心聯盟, 실버타운 건설 등에 참여하는 것이 그 대표적인 예이다. 회원에
대한 서비스는 회원들의 권익 수호에 노력한다는 것이다. 회원기업들
이 현지에 안정적으로 정착하고 상회를 통해 사업의 기회를 얻도록 하
는 것이다. 이중 무엇보다도 상회가 가장 중시하고 회원들이 가장 기대
하는 동향상회의 역할은 회원기업에 대한 서비스이다. 각각의 회원기
업이 현지에서 안정적으로 성장하고 이윤을 창출할 수 있어야 원적지
에 대해서든 현지에 대해서든 일정한 역할을 할 수 있기 때문이다. 따
라서 회원기업들이 현지에서 억울하거나 곤란한 일을 당할 때 상회가
나서서 해결해 주는 것은 물론, 중소기업 회원들의 편의를 위해 투자담
보회사를 설립하여 회원들에게 대출을 해주거나 상호 보증제도를 통해
서 회원들끼리 서로 보증을 해줌으로써 사업의 기회를 얻도록 해주는
것이다.

그밖에 동향상회는 회원들이 타향에서의 외로움과 고립감을 극복할
수 있도록 회원 간의 결속을 도모하기 위한 각종 행사를 주관하고 있
다. 예를 들어 각 상회는 정기총회, 창립기념회, 회원연합모임, 국경절
및 추석모임 등의 정례 행사를 진행하고 있다. 특히 중추절이나 춘절에
고향에 가지 못하는 회원들을 위해 만찬을 베풀고 고향의 풍습이나 정
을 나누는 각종 오락행사 등을 마련한다. 예를 들어 요녕성 보전莆田상
회에서는 보전지역의 연극인들을 장춘에 초청하여 지역 전통극인 '마
조媽祖'를 공연하기도 한다. 동향상회의 명절 행사는 주로 이러한 지역
문화의 특색을 갖는 각종 행사와 의식으로 채워지는데, 고향에 대한 향
수를 달래고 동향의 정을 나누는 장을 마련하는 것이다. 이를 통해 회
원들은 자연스럽게 동향상회에 대한 단결력과 원적지의 일원으로서의
정체성을 갖게 된다. 그렇게 되면 상회의 발전이 곧 자신의 발전이라고

인식하게 되고, 현지에서의 발전은 원적지에 대한 자부심으로 이어지면서 강한 귀속감이 생기게 되는 것이다.

회원기업들이 동향상회에 가입하는 이유도 동향인들과 '인맥'을 쌓을 수 있다는 기대감 때문이다. 상회에 가입한다고 해서 곧바로 사업 기회로 연결될 것으로 생각하지는 않는다. 그러나 인맥을 쌓다 보면 언젠가는 그런 기회가 올 수 있다는 기대를 한다. 본서의 피면담자들이 동향인의 인맥을 쌓을 수 있다는 것을 동향상회의 가장 큰 장점으로 꼽는 것도 바로 그런 이유이다. 동향인의 인맥은 기본적인 신뢰를 바탕으로 하는 데다, 경험을 통해서 인간적인 신뢰까지 쌓이게 된다면 더없이 훌륭한 사업 상대가 될 수 있기 때문이다. '인맥'이 곧 '돈맥'이라는 말 속에는 이들에게 인맥이란 곧 실제적인 이익으로 연결되는, 즉 사회자본이 경제자본으로 전환될 가능성이 충분히 있다고 생각한다는 점에서 동향상회의 중요성은 부각된다.

따라서 동향상회 내부에서는 회장 자리를 둘러싸고 임원 교체가 순조롭지 않은 경우가 종종 발생한다. 회장이 납부하는 회비는 상당한 액수임에도 불구하고 회장을 하고자 하는 회원이 많기 때문이다. 그 이유는 회장이 되면 성 정부의 고위 관료를 만날 수 있는 기회가 상대적으로 많아지는데 그것 자체가 상당한 영예이고, 이를 통해 정부와 합작 사업을 할 수 있는 기회를 만들 수가 있다는 것이다. 즉 회장이 되면 명예와 이익을 동시에 획득할 수 있다는 것인데, 이것은 상회가 정부 관원과의 '관계'를 통해 일을 해결하고자 하기 때문이다. 심층면담 과정에서도 피면담자들은 이러한 의도를 숨기지 않았다.

그것은 상회가 국가와 사회관계에서 독립적인 영역의 확보라든가 국가권력이 미치지 못하는 공공영역으로서의 역할을 추구해나가기 보다는 중국의 현실에 맞게 국가권력과의 밀착을 통해 이익을 얻고자 하는 심리가 드러나 있다. 퇴직한 관료를 상회의 회장 등 주요 직책에 앉히는 것은 드물지 않은 일이다. 그것이 오히려 현실적으로 이익을 얻을 수 있는 방편이기 때문이다. 그러나 상회가 발전하기 위해서는 탈행정화 경향을 추구하고 정부와의 지나친 밀착관계를 배제해 나가야 하는 것이 동향상회의 과제이기도 하다.

동향인의 동질성을 회복하고 인맥을 통해 네트워크를 조성한다는 것은 미래의 어느 시점, 어떤 방법에서 이익이 실현될지 모르는 다소 추상적인 것이다. 그러나 여기에 그치는 것이 아니라 회원들에게 실제적인 이익을 주기 위한 사업을 추진하기도 한다. 그것은 당대 동향상회의 또 하나의 특징이 될 수 있을 터인데 적극적으로 회원의 사업 기회를 확대하고자 한다는 것이다. 그 한 예가 현지에 동향빌딩을 짓는 것이다. 현지에서 알게 모르게 형성되어 있는 타 지역에 대한 배타성을 극복하기 위해 동향빌딩을 건설하여 원적지 기업가들에게 장소를 제공하는 것이다. 현지에 원적지 빌딩을 짓는다는 것은 현지에서의 그들의 위상을 제고시켜줄 것이고 동향인들에게는 하나의 자부심이자 구심점으로 작용할 것이 분명하다.

단순히 빌딩을 지어서 동향기업이나 그 관련 기업을 입주시키는 것이 아니라 동향 출신 기업들이 함께 하는 프로젝트를 추진하는 경우도 드물지 않다. 예를 들어 광동상회에서는 광동공업원广东工业园, 광동산업원广东产业园 등의 경제합작구 건립이 추진되고 있고, 하남상회에서도 하남상회공업단지를 조성하고 있다. 호남상회도 호남상업산업원湖南商业产业园, 호남화원湖南花园을 추진하고 있다. 동향상회가 이상적으로 생각하는 상회의 모습은 고향을 정을 나눌 뿐 아니라 고향의 정서와 신뢰를 바탕으로 공동으로 참여할 수 있는 사업을 추진하여 각각의 회원 기업이 이익을 보는 구조를 창출해내는 것이다. 그것은 공동 프로젝트를 조성하고 참여하는 회원기업에게 이익이 실제로 분배될 수 있도록 함으로써 전체 상회에도 이익이 되고 원적지의 명성에도 기여한다는 것이다. 이러한 프로젝트가 원적지 정부와 현지정부의 긴밀한 관계 속에서 추진되고 있다는 점, 동향상회가 양 정부 사이의 교량 역할을 하면서 양쪽 지역의 발전을 도모하고 있다는 점에서 당대 동향상회가 회관이나 공소 등 전통적인 동향조직에 비해 보다 강력한 역할을 하고 있는 것으로 보인다.

이렇듯 동향상회는 원적지의 정서와 문화적인 공통의 언어, 습관, 지역 정체성을 바탕으로 사업상에서도 공동의 이익을 추구하고자 하는 등 강한 결속력과 응집력을 발휘할 수 있다는 장점이 있다. 동업조직인 관련 협회와 비교해 본다면 협회는 전문성이 강하고 그 역사나 규모에 있어서 동향상회를 능가할 뿐 아니라 동업의 이익을 추구한다는 장점이 있다. 그러나 길림성의 경우 협회는 정부의 주도 하에 성립되어 '제2의 정부'라고 불릴 정도로 반관半官적인 조직이기 때문에 탈행정화 해야 하는 문제점을 안고 있다. 따라서 진정한 의미의 자발적인 상인조직은 아니기에 발전에 한계가 있을 수밖에 없다. 이에 비한다면 동향상회의 발전 가능성은 상대적으로 커지고, 동향상회 내부에서도 업종별 활동이 확대되고 있다.

전통시대 동향조직인 회관은 업계의 경쟁이 치열해지고 계층 간의 분화가 발생하면서 동업조직의 성격이 보다 강한 공소公所의 성립이 추세가 되었던 바 있다. 상회의 설립이 보편화되었던 근대시기에도 동향인의 이익을 사회적으로 보장받고자 설립되었던 동향회와는 별도로 동업조직인 동업공회同業公会가 융성했다. 그러나 당대의 동향상회는 말 그대로 '동향회'와 '상회'의 기능을 합쳐 놓은 것으로, 생업을 도외시할 수 없는 회원들로 하여금 자발성, 결속력, 응집력을 발휘할 수 있게 한

19

다. 당대 동향상회가 향후 어떻게 발전할지 알 수는 없다. 그러나 회원 기업들이 고향의 정을 나눌 뿐 아니라 사업에서도 동반 성장을 기도하고 있고, 이를 통해 창출된 이익을 현지와 원적지의 발전에 기여하는 등 적극성을 띠고 있다는 점에서 현재의 동향상회는 전통시대의 회관이나 동향회에 비해 의미가 깊다.

현재 시작에 불과할 뿐인 동향상회가 고향의 정서와 사업이라는 두 마리 토끼를 다 잡을 수 있을 지는 두고 볼 일이다. 그러나 확실한 것은 민간조직 관리 측면에서 중국정부가 '작은 정부, 큰 사회'를 지향하고 있고 정권(권력의 일부)이 사회로 계속 이양되면 상회의 사회적 역할은 강화될 것이다. 정부로서도 상회를 더 이상 통치의 대상으로서가 아니라 관리 혹은 더 나아가 협력자로서 간주하게 되는 한, 동향상회의 발전 가능성은 그 어느 때보다 커질 것으로 보인다.

본서의 의의 및 가치

본서는 길림성 동향상회의 면담조사 내용을 토대로 재구성되었다. 길림성 동향상회가 실제로 어떻게 운영되는지, 어떤 기능을 하고 어떤 역할을 하며 어떤 문제점들이 노정되고 있는지 등에 관한 관련자들의 생생한 육성을 구술로 담아낸 것이다. 따라서 본서는 마치 현장에 있는 것처럼 때로는 가볍게 때로는 진지하게 피면담자의 생각과 감정들을 그대로 전달함으로써 현장감과 생동감을 높이고자 했다. 동북권역의 동향상회에 대한 이러한 심층면담은 지금까지 중국학자들에 의해서도 시도된 바가 없는 선구적인 작업니다.

특히 동향상회는 동북지역의 타지 출신 상공업자로 구성되어 있고 그 작동 원리는 전통시대의 지연조직의 그것과 흡사하다. 인천대 HK

사업단의 2단계 아젠다가 '관행의 근대적 재구성' 양상을 파악하는 것인 만큼 이에 대한 효율성을 높이기 위해서는 현지조사를 통한 1차 문헌의 발굴과 수집, 참여관찰, 심층면담 등 일련의 과정이 필요하다. 본서는 바로 그러한 동북지역의 동향상회에 관련된 현지조사 과정을 거쳐서 완성되었기 때문에 그 자체만으로도 상당한 의미와 가치를 가진다. 이를 통해 혈연, 지연을 결합원리로 하는 전통사회의 동향조직의 관행이 오늘날 어떠한 양상으로 드러나는지를 실제적으로 파악할 수 있을 것으로 기대된다.

또한 본서는 기존 연구 방법론에 대한 문제를 제기하고 새로운 방법론을 지향하고자 하는 의도를 가지고 있다. 기존 연구에서는 당-국가 중심적인 접근이나 국가-사회의 이분법적 틀에 기반한 접근법이 시도되고 있지만 이를 넘어서는 새로운 방법론이 필요해 보인다. 그런 의미에서 본서는 길림성 동향상회와 관련된 다양한 주체들의 목소리를 담고 있기 때문에 다양한 형태의 행위자들 간의 상호작용과 그 관계를 역동적으로 파악하는데 유용한 정보를 제공하고 있다. 이 또한 향후 민간조직에 대한 중층적인 양상을 탐구하는데 기여할 것으로 보인다.

특히 동북은 타 지역에 비해 국가의 영향력이 상대적으로 강하게 관철되고 있는 지역으로 국가-사회-시장 관계에 대해 보다 분명한 동북의 지역성을 드러낼 것으로 보인다. 동향상회는 현지에 뿌리내리기 위한 방편으로 국가와의 관계를 돈독히 하고 특히 현지 정부와의 관계 개선을 통해 지역사회의 일원으로서 역할을 다하고자 한다. 이것이 바로 동향상회가 현지사회에서 성장하는 방식이기도 하다.

본 사업단은 연구 활동 이외에 중국 사회경제 관행조사와 자료수집이 유기적으로 연결되어 있는데, 본서는 실제 동향상회의 기능, 운영방식, 발전 가능성, 지역사회에 대한 역할, 동향상회의 문제점 등 동향상회의 실질적인 현상을 관련자들의 입을 통해 생생하게 복원해냈기 때문에 아젠다 중심의 연구를 더욱 심화하기 위한 기초자료로 학술적 가치가 있다. 특히 근래 민간조직에 대한 정치적, 사회적 중요성이 부각되고 학술적인 관심이 커지고 있는데 이에 대한 국내외 연구를 뒷받침할 수 있는 체계적인 기초자료로서의 의미를 가질 것이다.

이 협력사업은 조사의 기획 단계에서부터 섭외, 준비, 면담조사 단계, 그리고 학술대회까지 거의 모든 과정에서 한국과 중국의 두 기관이 긴밀하게 소통하면서 진행되었다. 면담조사는 모두 35명을 대상으로 40여 차례에 걸쳐 이루어지는 등 상당한 시간과 공력을 들인 사업이었던 만큼 구술집의 내용도 풍부하게 채워질 수 있었다. 길림대 사회학과와 같은 민간조직에 대한 전문적이고 체계적인 연구기관을 만나지 않았다면 실현이 어려울 수도 있었던 프로젝트였다. 그러나 양 기관의 학문적인 열정과 신뢰를 바탕으로 했기 때문에 학술적으로도 상당한 성과가 있었고 국제 학술협력사업의 모범사례로도 소개할만하다.

본서는 앞서 출판되었던 『중국의 동향상회: 길림성 동향상회 면담조사 자료집』과 같은 체제로 구성되어 있다. 즉 제1부에는 길림성 광동상회 지도층과 회원의 구술 6편을 수록했고, 제2부에는 길림성 하남상회 지도층과 일반 회원 구술 18편을 수록했다. 제3부에는 기타 동향상회, 협력기관, 정부 관계자 등을 대상으로 한 구술 9편이 수록되어 있다. 원문 자료집에 수록된 면담조사의 전문을 번역한 것이 아니라 의미 있는 부분들을 중심으로 번역한 다음, 각 내용별로 사업단 아젠다에 부합하는 중제목과 소제목을 붙여 구술내용을 한눈에 파악할 수 있도록 구성했다. 본서가 관련자들의 구술 내용을 바탕으로 하다 보니 앞뒤 정황이 맞지 않은 경우가 있어 괄호를 활용하거나 주석을 붙여 현장 상황에 대한 이해를 돕도록 했다. 피면담자는 상회의 임원 혹은 회원들이지만 그들은 각각의 기업을 운영하고 있는 CEO들이다. 면담 중 피면담자에 대한 호칭은 혼선을 피하기 위해 상회 회장, 상무부회장, 회원 등 상회의 직분에 따른 호칭을 사용했다.

본서가 책으로 출판되어 나오기까지 많은 우여곡절이 있었고 여러 사람의 도움을 받았다. 까다로운 구술의 번역이나 이해하기 힘든 구어口语는 중국인 연구보조원들의 도움을 받았다. 특히 서울대 박사과정 강미선, 인하대 석사과정 최미령 군의 도움이 컸다. 교정 과정에서는 인천대 중어중국학과에 재학 중인 연구보조원들이 어색한 부분을 지적해주고 오탈자를 꼼꼼히 점검해주었다.

사업단의 중요한 연구 성과의 하나로 본서의 출판에 지대한 관심을 갖고 격려를 아끼지 않았던 HK사업단 단장 장정아 교수와 안치영 교수, 어려운 순간들을 해학과 웃음으로 승화하며 노고를 함께 했던 모든 HK사업단의 교수와 연구교수들, 소소한 일도 마다치 않고 늘 든든한 지원군이 되어 준 행정실 김난희 선생과 자료실 이민주 선생, 밤늦은 시각까지 편집과 출판에 수고해주신 학고방의 조연순 차장님과 박무선 팀장님께도 감사의 마음을 전한다.

손승희, 장호준 씀

목 차

1

길림성 광동상회

I-1. 길림성 광동상회 비서장 HJG 인터뷰

인물 : HJG, 최월금崔月琴[최], 동운생董运生[동], 장호준张豪峻[장]
일시 : 2013년 7월 9일
장소 : 길림성 광동상회 사무실

1. 개인정보

기본정보

길림인으로 장춘시정부에서 퇴직한 후 2009년 3월부터 광동상회 비서장으로 재직. 퇴직 전 시정부의 경제관리부문에서 근무. 품질기술감사국 국장, 경공업국 국장, 경제무역위원회 과장, 정협 전문위원회 과장 등 역임.

상회 가입동기

동: 상회에는 어떻게 가입하게 되셨어요?

H : 여기(길림성 광동상회) 회장은 제가 경공업국 국장시절에 친하게 지냈던 분이에요. 나중에 안 얘기지만 회장은 벌써 일찌감치 저를 비서장으로 점찍어 놓았더라고요. 1997년에 상회를 설립할 때부터 저를 비서장으로 두고 싶었대요. 하지만 제가 당시 시정부에 재직 중이었기 때문에 어쩔 수가 없었대요. 국가규정상 공무원 신분으로는 상회에 가입할 수 없거든요. 처음 상회에서 일을 하려고 하니 생소한 것 투성이었어요. 왜냐하면 상회의 일은 국가기관의 일과는 성격자체가 다르거든요. 상회는 민간단체에 속하는데, 지금은 통칭 사회조직이라고 부르죠. 길림성광동상회는 하나의 비영리조직으로 전 성省에 연합되어 있는 전략적 사회조직이에요. 이 상회는 2007년에 설립되었어요. 길림성 민정청에서 2007년 4월 16일에 정식으로 승인했고, 그리고 4월 25일 창립총회를 개최했지요.

H : 광동상회에서 저를 비서장에 앉힌 것은 길림의 발전을 도모하려면 무엇
보다 저처럼 길림지역 출신이 필요했기 때문이에요. 광동은 중국 개혁개
방의 최전방이다 보니 사회경제 발전이 아주 빨랐지요. 이는 전국의 귀
감이 되었고요. 그러니까 광동이 길림에 투자를 하는 것은 아주 좋은 일
이라고 할 수 있죠. 특히 저는 쭉 길림에서 일했기 때문에 인맥이 넓어
광동상회에는 득이 된다고 할 수 있죠.

2. 상회의 개황

상회의 창립취지 및 목적

동: 광동상회는 길림에서 설립 순서가 어떻게 되나요?

H : 3번째인 셈이에요. 첫 번째는 상해상회이고, 두 번째는 복건상회이고 세
번째가 광동상회에요. 상회를 세운지 얼마 안됐어요, 6년 정도 되었으니
아직 초창기라고 봐야겠죠. 광동상회는 설립되자마자 광동성 당위원회
의 관심과 지지를 받았어요. 초창기에는 심양沈阳에 광동성인민정부 주
재 동북사무소를 세우고 길림성경제협력기구经协와 관계를 유지했어요.
왜냐하면 광동은 계속 길림과 협력할 의향이 있었기 때문이죠. 처음 광
동성에서 길림성에 투자할 당시에는 인력이 12명밖에 되지 않았어요.
CMX회장이 리더가 되어 모두가 열정적으로 준비하고 기획했어요.

상회 주요활동 소개

H : 우리는 주로 큰 행사를 많이 했어요. 예를 들면, 사회봉사활동, 사회환원
활동, 사천성문천汶川지진 후원활동, 그리고 2012년에 있었던 길림성지
역 수재해 복구활동 등이 우리 상회에서 했던 중요한 행사에요. 상회 창
립기념일 같은 행사는 3순위 정도로 진행하죠. 그리고 그 외의 작은 행
사들은 모두 금융업체나 언론사 등의 협찬을 받아 이루어져요. 하지만
행사에 드는 비용은 늘 부족하기 마련이에요. 우리 상회는 1년에 큰 행

사만 4건(정기총회, 창립기념회, 하계 회원연합모임, 국경절&추석모임)
이나 돼요. 이런 행사를 한 번 할 때마다 돈이 백만 위안 정도 들어가
요. 작년에 있었던 총회 창립5주년기념회에서는 어떤 회원이 50만 위안
을 찬조해 주셨고 어떤 분은 10만 위안, 5만 위안씩을 기부해주셨어요.

동: 그럼 행사를 할 때마다 이렇게 일시적으로 협찬을 받나요?

H: 네. 공익사업이라면 누구나 크게 협찬을 하려고 해요. 우리는 공익사업
을 위한 활동을 서너 번 하거든요. 한번은 길림성 농안현農安县 빠지레이
巴吉垒초등학교에 35만 위안을 기부하여 희망학교를 세웠는데, 이것은
우리 상회의 상무부회장의 협찬으로 이루어진 거예요. 또 한 번은 길림
성 용길현永吉县 화얼타이华尔泰희망초등학교에 35만 위안을 기부했는데
이것도 우리 상회의 회원인 화얼타이华尔泰에서 협찬한 거예요.[1] 그리고
또 용길현 팔리촌八里村 마을건설에 협찬한 적도 있어요. 이 촌은 지난해
홍수재해를 입었었거든요. 그래서 우리 상회에서는 이 촌에 모두 28만3
천 위안을 기부해서 건물복구 하는 데에 힘을 보태주었어요.

동: 왜 이 지역을 선정하셨나요?

H: 이 지역이요? 우리는 이 지역의 부현장副县长과 예전부터 알고 지내던 사
이에요. 그는 우리가 외부기업의 투자를 유치할 수 있도록 도우려 했어
요. 그런데 마침 이 지역이 홍수재해를 입게 되자 우리는 광동정부의 부
비서장(그의 고향이 팔리촌)을 통해 이 지역에 20만 위안을 기부했어요.
이렇게 상부상조해서 상회와 향촌 당조직이 공동으로 활동을 주최하게
되었어요. 우리가 기부한 돈으로 마을에서는 새로 시설을 정비하게 되었
지요. 이때 마을 당지부와 우리 상회의 당지부는 연합하여 이 활동을 하
게 된 거예요. 우리는 공동으로 길림 용길농장을 세우기로 했어요. 회장
이나 저나 모두 농장을 세우는 것은 아주 좋은 일이라고 생각해요. 시진
핑习近平 총서기도 미국을 방문했을 때 농장을 둘러보았거든요.

동: 이 일은 오픈되어 있는 건가요?

---

1) 희망공정의 일환으로, 희망공정은 경제적 어려운 학생들의 학업을 지원하기 위해
   전개되고 있는 사회운동이다. 중국청소년발전기금회가 1989년 10월부터 전개하기
   시작한 것으로 정부의 재원만으로 해결하기 어려운 빈곤계층의 교육문제를 사회
   각계의 기부금을 유치하여 해결하고자 하는 민간 구조방식의 사회 공익사업이다.

H : 아직은 아니에요. 우리가 가보려고 했는데 회장이 지금 집안일 때문에 고향에 내려가 있어요. 하지만 우리는 이미 모든 계획을 짜놓은 상태이고요, 회장이 돌아오면 보여주고 나서 우리가 다 함께 그곳에 다녀오면 돼요. 이 일은 촌 위원회와 우리 상회가 함께 할 거예요.

3. 상회 조직구조

조직구조-당조직

동: 당조직은 상회를 건립 할 당시에 성립된 건가요?

H : 건립할 당시에는 없었지만 나중에 성립되었어요.

동: 지부서기支部书记는 누구예요?

H : 저예요. 중공지부中共支部의 요구와 지방 당 위원회地方党委의 요구였죠. 그런데 이 일은 말로는 중요하다고 하면서도 실제로는 그렇지 않았어요. 하지만 저희 자체적으로도 필요성을 느끼고 있었어요. 제가 당원이기도 하고 정부기관에 있을 때에는 당위서기党委书记와 당조직 서기党组书记를 담당했기 때문에 잘 알고 있어요. 그리고 길림성 민정청이 상회 비서실 전담 직원 중에서 당지부를 설립할 것을 요구해 왔지요.

동: 회원 중에서 아닌가요?

H : 아니요, 상회 비서실 전담 직원 중에서요. 지금 6명이 있는데 그 중 3명이 당원이어서 당지부를 설립했어요. 당지부 설립에 관해 잘 아는 사람이 아무도 없기 때문에 저는 할 수 없이 경제협력국을 찾아 갔어요. 길림성 경제협력국은 길림성 외부 상회의 업무주관단위이기 때문이죠.

동: 기타 상회에도 있나요?

H : 기타 상회에는 없어요. 그들은 회원 중의 당원들을 조직해 저희보다 큰 조직인 당 위원회를 설립했어요. 하지만 장춘시의 어떤 구区 가도街道에서 설립한 당위원회는 가도街道에서 관리해주지 않아요. 그런데 저희는 중국 공산당 기층조직관리조례규정에 따른 것으로 상회는 업무주관부문에서 비준을 받고 전담 직원들 중에서 설립해야 해요. 그렇기 때문에 저

는 길림성 경제협력국에서 기관당위의 당지부로 승인을 받았어요.

동 : 하급 당지부로 되어 있나요?

H : 네, 하급 당지부예요. (그래봐야) 저 한사람인데요, 중국공산당 정관과 기층조직 관리조례에 근거해서 만든 것이에요. 대부분 이런 조직을 설립하지는 않는데 아마 자체적으로 필요성이 없기 때문일 거예요.

동 : 그럼 이 당지부 조직은 여기서 상근하는 사람들로 이루어진 건가요? 아니면 일반 회원들도 포함되나요?

H : 이 조직을 비서실에만 국한시키고 싶지는 않아요. 상회 회원 중에 당원인 사람들과 함께 활동을 조직할 생각이에요. 봉사라든지 18대 정신학습이라든지, 7·1좌담회 등 행사를 조직해서 스스로가 당원임을 잊지 않도록 하려는 거예요. 상회에 당지부가 있게 되면 서로 간에 예속관계는 없지만 우리는 '당원 약속承诺', '당지부 약속' 같은 것이 다 갖추어져 있고 평소에 이걸 체현하기 위해 행사를 하는 거죠. 길림성위, 길림성 민정청에서 보면 광동상회 당조직 활동이 꽤 괜찮다고 느끼게 되는 거죠. 진짜 추진이 되고 있거든요.

작년 6월 중공중앙조직부에서 시상식이 열렸는데 각 성에 모두 기준을 내려 보냈어요. 사단조직社团组织 선진 당지부 선거지표예요. 민정부에서 길림성 민정청에 내려 보냈고 민정청에서 우리 광동상회에 내려 보냈어요. 이를 통해 작년 6월 28일에 전국창선쟁우선진집단당조직全国创先争优先进集团党组织으로 1,000개 조직이 당선되었는데, 그 중 상회는 다 합해서 3개밖에 안 되었어요. 그중에 우리 상회가 있었던 거죠. 길림성 사회조직 중에는 저희밖에 없었어요.

상회 업무는 쉽기도 하고 어렵기도 해요. 쉽다고 하는 것은 꼭 준수해야 하는 목표가 없기 때문이죠. 기업은 월급주고 보험 들어주고 하는 등 일련의 지표가 있는데 상회는 그렇지 않아요. 그런데 잘 운영하는 것도 정말 쉽지 않아요.

상회임원진 교체

동 : 중간에 임원진을 교체한 적 있나요?

H : 지금은 제2기가 운영되고 있는데 한 기수는 3년이에요.

동 : 한 기수가 3년이군요.

H : 이번 제2기는 4년이에요.

동 : 그럼 1기 비서장은요?

H : 제1기 때는 비서장이 없었어요. 그때는 제가 올 수 없었기 때문에 이 자리는 비워두고 대신 광동인 부비서장이 한명 있었어요. 저는 퇴직하고 바로 여기 왔고 그 분은 아직도 여기 부비서장으로 계시는데 지금 70세가 넘으셨어요. 그러니 제가 1기 비서장인 셈이죠.

동 : 기타 상회의 임기도 다 3년 정도 인가요?

H : 다 달라요. 3년도 있고 4년도 있고 그래요.

동 : 그 시간은 어떻게 정하나요?

H : 상회마다 자신의 정관에 따라서 규정해요. 위에서 명확하게 몇 년 해야 한다는 규정이 내려오지 않았어요. 정부처럼 한 기수가 꼭 5년이어야 한다는 법이 없어요.

동 : 민간조직의 경우 보통 2기씩 하죠? 더 넘으면 안 되죠?

H : 원칙상 2기 이상 할 수 없어요. 지금 회장이 다음 기에 하고 싶어 하지 않을 수 있는데, 그러면 모두의 의견을 들어보고 특수한 사정이면 위의 업무주관단위에 보고해서 동의를 얻거나 회원들이 지지하면 가능할 거예요.

동 : 3년이 한 기수라고 하면 시간이 다소 짧은 듯 하네요.

H : 그래서 이번 기수는 4년이에요.

동 : 한 조직에서 비서장의 역할이 제일 중요한 것 같아요.

H : 회장이 더 중요하죠. 비서장은 일상 업무를 보는 사람일 뿐이에요.

동 : 2010년 임원교체 할 때 이사는 60여명이 참가했던 것 같은데 선거 당시 비율은 어떻게 정해졌나요?

H : 기본적으로 절반은 되어야 해요.

동 : 나머지 절반은요?

H : 대부분의 경우 사업으로 인해 다른 곳에 가거나 고향에 돌아가요. 가끔 어떤 분들은 더 이상 직무를 담당하지 않겠다고 해요. 예를 들면 지난 기에 광동성의 투자유치은행에서 일하는 길림인 한명이 있었는데 원래 상무이사였고 상무부회장으로 모시겠다고 하니 거절하더군요. 그래서 그렇게 하시라고 했어요. 우리는 자발성과 자율의 원칙으로 운영하고 있어요.

4. 상회 운영방식

상회 가입 자격과 회원의 특징

동 : 상회에 가입하는 자격에 대해서 여쭤보아도 될까요?

H : 몇 가지 조건이 있는데 하나는 광동성 출신이어야 하고 길림성에서 투자하고 발전하는 사람이어야 해요.

동 : 꼭 그 본인이 광동성 출신이어야 하나요? 윗세대가 광동성 사람이면 안되나요?

H : 그건 상황을 봐야 할 것 같아요. 그런 경우는 매우 드물거든요. 두 번째는 광동기업에서 길림성에 사무실을 세운 경우에요. 즉 지사인거죠. 예를 들면 건설회사인 완커万科그룹은 장춘에 지사가 있어요. 세 번째 조건은 광동출신도 아니고 광동회사의 지사 사람도 아니지만 길림성에서 광동회사의 제품의 대리를 맡아하는 사람들이에요. 어떤 사람들은 관심이 없어요. 왜냐하면 대부분 동북인이고 특히 장춘인은 현지에 인맥이 있기 때문에 우리 상회에 매력을 느끼지 못하는 거죠.

동 : 예를 들어 저희 같은 사람들이 가입하려고 하면 되나요?

H : 안돼요. 민정관리부문에 개인 신분으로 가입하지 못하도록 규정이 되어 있어요. 학생이나 군인이 광동출신이어도 가입할 수 없어요.

동 : 지금 회원은 몇 명 정도 되나요?

H : 지금은 200여 개의 상회회원 기업이 있어요. 이들은 대체적으로 20여 개 영역에 분포해 있어요. 주로 건설회사에 종사하는 사람들이 많아요. 완성万盛은 광주 기업인데 전국 500강 안에 들어요. 또 다른 하나는 현대물류에요. 민간항공사인 중국남방항공회사 길림지사도 있어요. 남방항공사 총재는 우리 상회의 상무부회장이에요.

상회 내부의 의사결정 방식: 광동빌딩 건축을 중심으로

동 : 의사결정을 할 때 투표로 하나요?

H : 거수로 표결해요. 예를 들면 광동빌딩 건축 여부에 관해서 우리는 이사회에 토론을 맡겨서 회원들을 설득하게 하죠. 또 다른 예를 들면 이번에

길림대학과 합작하기로 했는데 당시에 LYY총장이 광동상회든 그 어디든 한쪽으로 기울지 않겠다고 말씀하셨어요. 거수 결과 저희 상회가 낙찰되었어요.

동: 그럼 건축부지는 이미 확보하신 거네요?

H : 아직이요. 먼저 부지의 건물만 확보했어요. 이 땅은 장춘시 국토국에서 관리하는데 먼저 매입(收储)[2]을 해야 해요. 왜냐하면 교육용 부지를 상업용 부지로 전환하려면 먼저 매입해야 하는데 아직까지 못했거든요. 그 원인은 우리가 길림대학의 지표 위 건물에 대한 보상비용을 너무 높게 잡았기 때문이에요. 정부에서 우리에게 다른 땅을 골라주겠다고 하지만 우리는 꼭 길림대학에 있는 이 부지를 가지려고 하는 거죠.

동: 정부는 어떤 생각인가요?

H : 정부는 토지관리 절차에 대해 상대방이 권한에 도전하는 것을 원하지 않아요. 또 우리가 정부의 평가 책정대로 보상비를 지불하지 않았기 때문이죠. 그래도 어쨌든 우리는 추진해야 해요.

상회 경비 조달 방식

동: 상회의 일상적 지출경비는 광동성 정부에서 제공하나요? 아니면 회비에서 지출하나요?

H : 상회 활동경비는 다양한 경로로 공급되지만 주요한 것은 회원이 납부한 회비인데 1년에 80만 위안 정도 돼요.

동: 구체적인 액수에 대한 규정이 있나요?

H : 있어요. 회원수첩에 다 적혀 있어요. 상회의 정관, 상회회비 납부방법, 회비사용 관리방법에 관한 내용이 다 있어요. 직무에 따라서 회비는 다른데 그것도 다 규정이 되어 있어요. 두 번째 공급 경로는 광동성정부가 타지역 광동상회에 지원하는 것이 있어요.

동: 광동성 말고도 다른 성의 정부도 이런 지원을 하나요?

H : 절강성은 다른 경로를 통해서 하고 있어요. 절강성 정부는 절강성 상품의 판매를 상회에서 도맡아 해주는 것으로 지원하고 있어요. 전국에서뿐

2) 시장 유통에 있는 토지를 정부에서 먼저 구입하여 용도 변경을 하는 수속.

만 아니라 유럽, 아시아 시장을 모두 포함하고 있지요. 시장을 개발하고 확장하는 사업에 대해 절강성 정부에서 10만 위안, 8만 위안씩 장려하고 있어요. 광동성은 타지 광동상회의 발전과 건설을 돕는 것이죠. 올해에는 15만 위안 정도 지원합니다.

동 : 길림성에서는 이런 지원이 없나요? 예를 들어, 지난번 토론에서 들으니 5A급 상회에는 1만~2만 위안씩 준다고 하던데 받으셨나요?

H : 아니요. 우리가 첫 5A급 상회로 평가 받았지만 상여금은 따로 없었어요. YM이 제게 길림성정부의 재정이 어렵기 때문이라고 말씀하시더군요. 그래서 제가 "정신적인 지지만 하고 물질적인 지원은 없네요"라고 했죠.

동 : 기부의 공급원은 없나요?

H : 잠시 후 말씀드릴 텐데요. 광동성 정부에서는 성장 명의의 기금회가 있어요. 기금회로부터 저희가 지원받고 있고요. 올해에는 기존의 15만 위안에서 10만 위안을 더 추가할 예정이라고 들었어요. 주로 외부에 있는 우리 같은 상회가 잘 발전하고 단결하라는 의미에서 주는 것이지요. 광동정부는 타성주재 사무실이 상회들을 평가하고 점수를 매겨서 다시 정부에 회보하도록 하는데, 광동성정부 동북주재 사무실주임이 전화를 주셔서 우리 상회가 1등급을 받았다고 하더라고요.

동 : 상회의 업적은 해마다 광동 정부에 보고해야 되나요?

H : 네. 우리가 주도적으로 하는 것 일뿐 요구를 받아 하는 것은 아니에요. 분기마다 길림성과 광동성의 업무주관단위에 보고하고 있고요, 서류로 작성해서 보고해요. 분기마다 하는 경우는 저희 말고는 없을 거예요. 세 번째 자금 공급원은 후원인데, 회원기업이나 사회각계로부터 후원을 받고 있어요.

5. 상회와 정부와의 관계

길림(장춘)정부-당기관과의 관계

동: 길림성정부를 포함해서 업무 중에 가장 많이 교류하게 되는 정부부문은 주로 어디인가요?

H : 가장 많이 연락하는 당위원회 부문은 조직부組织部와 통전부统战部에요. 통전부는 당파党派, 상공연합회工商联를 책임지는 곳인데, 그들과 연락하는 이유는 저희가 상회 구성원들 중에서 걸출하고 영향력 있고 개인 소양이 높은 자를 지방 당위원地方党委에 추천하고 그가 정치에 참여하여 정무를 논의할 수 있도록 하기 위해서예요. 인민대표대회 대표人大代表나 정치협상회 위원政协委员처럼 지방정치의 사무에 참여하게 하는 거죠. 또 하나는 조직부인데요, 조직부는 당 건설의 관점에서 연합단위를 추천해주고 저희들이 연합할 수 있도록 해주죠. 또한 그들은 저희의 "선진 기층 당조직의 창건 및 우수공산당원 쟁취创先争优"활동의 전개상황을 점검하러 오기 때문에 당 위원회 부문과는 주로 이런 방면에서 연락을 많이 해요. 정부부문 중에 연락을 많이 하는 곳은 길림성 경제협력국인데 그들이 상회와의 연락을 책임지고 있기 때문이죠. 길림성의 타지역 광동상회의 업무를 지도해주는 업무주관단위가 거기에 있어요. 또한 성 전체의 투자유치 업무를 맡고 있는데 상회에는 그들을 위해서 투자유치를 해야 할 의무가 있기 때문에 서로 연락을 많이 해요. 그리고 거기에서는 해마다 전 성 투자유치 업무회의를 개최하여 투자유치활동을 잘 한 자들을 장려하는데 해마다 저희 광동상회는 최고 수준에 속해요.

동 : 광동상회 중에는 이런 신분을 가진 사람이 얼마나 되나요?

H : 이번 기수에는 현재 길림성, 지시급地市级이상의 인민대표대회 대표와 정치협상회의 위원이 5명 있어요. 3명은 성급이고 2명은 시급이에요. 한명은 길림성 인민대표대회 상무위원과 장춘시 정치협상회 상무위원을 맡고 있는 CMX회장이에요. 또 한명은 FS미업米业의 LW인데 그는 성 정치협상회 위원이에요. 그리고 보온공정保温工程을 하는 CXC 부회장도 성 정치협상회 위원이에요. 그리고 장춘시 인민대표대회 대표로 완성부동산万盛地产의 ZJ사장이 있고 장춘시 정치협상회 위원으로 송안부동산松安地产 사장이 있어요. 구区 이하 급에도 있지만 시급이상만 얘기했어요. 주로 현, 구, 시 등급이고요 성급은 CMX 한사람이에요.

동 : 이런 부분은 상회에서 자발적으로 해야 하나요?

H : 상회에서 적극적으로 해야지 정부에서 나서서 찾아와 주지 않아요. 그렇기 때문에 비서장으로서 적극적으로 연락을 취해야 해요.

동 : 현재 전국적인 인민대표대회 대표가 있나요? 이건 가능한 얘기인가요?

H : 길림성에는 없는데 기타 성에는 있어요.

동 : 현재 상회들은 경제협력국에 속해 있나요?

H : 네. 모두 경제협력국에 속해 있어요. 이를테면 온주상회温州商会, 복건상회福建商会, 서안상회瑞安商会 등을 포함해서 총 11곳이 장춘시에 있는 시1급市一级 상회들인데 장춘시 상무국长春市商务局에 속해 있고, 성1급省一级 상회는 모두 경제협력국에 속해 있어요. 그래서 경제협력국과 자주 연락을 하고요, 기타 상공부문, 세무부문, 질량감독부문, 공안부문 등 부문들과도 연계가 많아요.

동 : 그럼 민정과는 연락이 많지 않은 편인가요?

H : 아니요, 민정도 포함해요. 길림성 민정청省民政厅의 길림성 민간조직 관리국省民间组织管理局과도 많이 연락해요. 길림성의 주요 업무주관단위는 성 민정청의 성 민간조직 관리국과 길림성 경제협력국이에요. 하나는 업무관리이고 다른 하나는 등기관리에요. 그리고 광동에도 업무주관단위가 있는데 광동성 경제 및 정보화 위원회经济委와 광동성정부 주동북사무처广东省政府驻东北办事处에요. 보고서를 작성하면 할 때마다 동시에 4곳에 제출해요. 길림성 두 곳, 광동성 두 곳이요. 나머지는 관련되는 사람을 찾아가요.

동 : 해결해야 할 문제가 있을 때 바로 영향력을 행사할 수 있는 주요부문은 경제협력국과 민정인가요?

H : 경제협력국과 민간조직관리국이에요.

동 : 전체적으로 볼 때 광동기업이 활동하기에는 길림성의 환경이 어떤가요?

H : 해를 거듭할수록 좋아지고 있어요.

동 : 이를 테면 현지와 갈등이 생기기도 하나요?

H : 전체적으로는 괜찮아요. 길림성 당정부에서는 환경건설에 관심을 갖고 소프트 환경건설 영도소조를 조직했는데 모두 성급 영도가 직접 인솔하고 있어요. 전체적으로 괜찮은 편이지만 광동성과 비교하면 여전히 부족한 점이 있어요. 주로 초기 환경구축을 잘 해놓았기 때문에 유치해온 투자자들이 정착할 수 있도록 작업을 잘하고 있어요. 하지만 정착 이후의 후속업무가 아직 제대로 되지 못한 부분들이 있어요.

정부부문의 영향

동: 길림성 정부부문에서도 상회에 대한 관리를 하고 있을 텐데 이러한 관리가 상회에 도움이 되고 있는지요? 상회의 발전을 방해하는 면은 없었는지요?

H: 그래도 촉진작용이 훨씬 많은 편이고 상회를 귀찮게 하는 일은 많지 않아요.

6. 상회의 기능

상회 가입의 장점

H: 전에 길림시에서 투자기업을 경영하는 광동사람이 공안에 잡혔어요. 그는 변호사를 대동하고 저희한테 와서 억울함으로 호소했는데 저희는 광동인이지만 회원이 아닌 그의 일에 개입해야 할지를 고민하다가 의논 끝에 개입하기로 했어요. 하지만 그는 19년형을 선고받았고 불복하여 항소를 했어요. 그 과정 중에 그가 직장암에 걸렸고 저희가 대신 보석신청을 해주었어요. 덕분에 그는 현재 집에서 보석중이고 항소를 준비하고 있어요.

동: 그런 일이 많나요? 몇 사람이서 다 해결해 나갈 수 있나요?

H: 별로 많지 않아요. 이런 중대 사건은 많지 않고 대부분 권익옹호 방면이에요. 이를테면 운전면허를 압류당하거나 상품을 빼앗기거나 호구문제와 같은 일들이죠. 실제로 이런 건 작은 일인데 당사자한테는 큰 일이 되기 때문에 저희가 앞장서서 해결해 주죠.

상회의 공익활동: 학생 전세기

동: 광동상회의 사이트를 보니까 학생들에게 전세기를 내주어 귀향시켜 준다면서요?

동: 맞아요. 사장님들과 학생들이 추진한 활동인데 학생들의 제안에 제가 응

답해 주었다고 할 수 있지요. 마침 남방항공의 사장님이 계셔서 바로 성사가 되었어요. 그리고 또 학생들의 주머니 사정을 고려해서 30%의 가격으로 (비행기표를) 구매할 수 있도록 혜택을 주었어요. 그래서 감사의 뜻으로 그들에게서 우승기錦旗를 여러 개 받았어요. 장학금도 해마다 2번씩 주는데 한번은 창립기념일이 있는 4-5월에 길림대학의 학생 위주로 20명에게 주었어요.

H : 선발기준은 뭔가요?

동: 쌍특생双特生인데 첫째로 가정형편이 어려운 학생들이고 둘째로 학습 성적이 우수하고 품성이 올바른 학생들이에요. 그리고 8월 15일 추석에는 학생들을 위주로 추석 및 국경절 맞이 회원 및 학생 연합회를 열어요.

H : 학생들이 참가하는 규모는요?

동: 모두가 참가 할 수는 없고 백여 명 정도 참가해요.

기타 성의 광동상회

H : 요녕성辽宁省과 흑룡강성黑龙江省에는 광동상회가 있나요? 있다면 언제 설립되었나요?

동: 동북3성에 모두 있어요. 길림성에서 광동인들이 설립한 상회는 저희 상회 한 곳뿐인데 흑룡강과 요녕은 저희와 달리 흑룡강성 광동상회黑龙江省广东商会, 흑룡강성 조산상회黑龙江省潮汕商会, 하얼빈시 조산상회哈尔滨市潮汕商会 등 여러 곳이 있어요.

H : 구역으로 나뉘었네요.

동: 네, 요녕도 마찬가지로 요녕성 광동상회辽宁省广东商会, 요녕성 조산상회辽宁省潮汕商会, 요녕성 경제촉진회辽宁省经济促进会, 요녕성 객가상회辽宁省客家商会 등이 있어요. 반면 길림성 상회의 비서장과 회장은 길림성의 여러 상회들을 통합했죠. 그들도 언젠가는 하나로 통합될 거라 생각해요.

H : 요녕성과 흑룡강성에서 광동상회가 설립된 것은 길림성보다 이른가요?

동: 요녕성은 저희보다 이르고 흑룡강성은 저희보다 늦어요.

H : 세 개 성의 상회를 비교했을 때 길림성의 통합이 우세하다는 생각이 드시나요?

H : 네, 점차 나타나고 있다고 볼 수 있어요. 이것의 장점은 혼자 싸우는 것

이 아니라 함께 모여 승리를 하자는 것이고, 지역적으로 상회를 설립하는 것이 아니라 성을 단위로 하는 제 2의 고향조직으로까지 발전하자는 거예요. 요녕의 하카상회, 조산의 조산상회와 광동상회까지 모두 하나의 조직으로 품고, 일이 있으면 함께 하게 되면 공통인식을 가질 수 있어요. 광동성으로부터 동북에 와서 발전한 기업은 많지 않은데, 이는 많은 절강, 복건, 강소의 기업들이 길림성에 와서 투자하는 것과는 다른 면이에요. 왜냐하면 (동북은) 본래 국유기업을 위주로 한 것이 아니라 민영, 사영기업으로 발전했기 때문에 동북과 가까운 곳이어야 했죠. 생활, 학습, 일 등을 목적으로 광동에서 길림으로 온 사람들은 3만여 명 밖에 되지 않아요.

동: 사람들의 이동에 대한 통계가 있나요?

H: 통계가 있어요. 왕래와 활동 모두 있어요. 상회의 활동은 보통 회원대회의 형식이에요. 회원대회는 해마다 한번 열리는데 상회의 최고결정기구가 되어 중요한 일들을 논의해요. 또 하나 상회의 주요 의사 결정기구는 이사회인데 저희는 회장, 상무부회장, 부회장, 이사 등을 포함하여 60여 명의 이사가 있으며 규범에 따라 업무를 진행해요.

동: 사람들이 이렇게 많은데 범위를 축소할 것을 고려해본 적이 있나요?

H: 없어요. 이사회는 회원대회가 열리지 않는 기간에는 최고 의사결정기구라 중대사건은 모두 이사회에서 제기해서 토론하고 결정해요.

동: 해마다 한번 열리는 회의에 60여명 모두 참석 할 수 있나요?

H: 네, 다 참석할 수 있어요. 하지만 참석할 수 없는 사람들에게는 회장단위가 고위관리인사를 연락원으로 삼아 연락하도록 해요. 하지만 이사회 연락인사는 많으면 안돼요. 저희에게는 또 회장접견 활동이 있어요. 회장님이 너무 자주 회의를 하면 안돼요. 사람들은 당정기관도 아니면서 회의를 자주 연다고 생각하기 때문이죠. 또 너무 회의를 안 하는 것도 안 돼요. 그러면 사람들은 생소하게 느끼고 정보도 막히기 때문에 저희는 (늘) 다 같이 모일 수 있는 자리를 마련하려고 하죠. 저희는 2010년부터 지금까지 회장, 부회장, 상무부회장, 관련 비서실 인사 등을 포함해서 20여 명씩 만나고 있는데 때마다 교대로 모임을 주최하고 있어요.

동: 거의 한 달에 한번 만나나요?

H: 네, 거의 한 달에 한번씩 2010년부터 지금까지 해오고 있어요.

동 : 절강상회나 하남상회와 같은 길림성의 기타 동향상회들의 비서장들은 현지인들인가요?

H : 대부분은 현지인이지만 현지인이 아닌 사람들도 있어요. 동향인도 있는데 예를 들어 천유상회 비서장은 사천인이에요. 그리고 여기 군인들이 전업한 후 여기로 왔어요.

동 : 어찌 됐든 여기에는 사회적 관계가 존재해야 하는 거네요.

H : 맞아요. 여기에 인맥이 있기 때문에 저희 회장님은 개인적인 일이나 상회의 일이나 모두 순조롭게 해결해주세요.

동 : 즉 길림성과 광동성을 연결할 수 있는 사람을 찾아야 하는 거죠?

H : 맞아요. 아니면 먼저 사람들과 친하게 지내면서 유대감을 형성해야지 그렇지 않은 상태에서 일이 생기면 그땐 이미 늦죠.

동 : 모든 상회가 그런가요?

H : 거의 그렇죠. 그것뿐 아니라 경력이 많은 사람들인데, 대부분 청장급이나 국장급의 간부에요.

동 : 그리고 또 다른 질문은 개인의 신분으로 상회에 가입하지 못한다고 하셨는데 이 상회 이외의 기타 조직 중에 개인이 가입할 수 있는 조직이 있나요?

H : 기타 종류는 있는데 학술적인 부분을 포함해서 협회 같은 데는 돼요.

동 : 법률협회는 변호사 개인이나 법률사무소 모두 가입할 수 있죠.

H : 하지만 상회는 허락되지 않아요. 왜냐하면 상회는 사업인사들의 모임이기 때문이죠. 본래 저희도 대학교수나 원장들을 고급고문이나 부회장으로 초청하려 했는데 결국 허가가 나지 않았어요. 그래서 특강 초빙정도나 하죠.

동 : 마치 일부 단체에서 개인 회원을 허락하지 않는 것과 같네요.

H : 다음에 기수를 교체할 때 길림대학에서 명예회장이나 고문으로 모셔올 수 있는지 초청해 볼 거예요. 왜냐하면 저희 상회의 명예회장名誉会长이나 고문주임顾问主任은 모두 성급간부이기 때문이에요. 제도적으로 사회조직등기관리기관社团登记管理机关에서 허락하지 않는데 등기관리기관에서 단위형식으로만 가입하도록 규정하고 있기 때문이에요.

7. 상회 운영상의 문제와 발전 전망

상회 업무의 어려움

동 : 업무상에서 어려운 부분이나 난제들은 어떤 것들이 있나요?

H : 제가 상회에서 일하는 4년 동안 어려움이 있긴 했지만 별로 큰 문제들은 아니었어요. 크고 작은 건 상대적인 것이긴 하지요. 주로 자기 업무에 대한 위치 결정인데, 원래 기관에서 영도로 있다가 여기에 와서 사람들에게 서비스를 해주어야 하는 입장이다 보니 어려운 부분들이 있어요. 그렇지만 마음을 잘 다스리면 어려움들도 작아지겠죠.

그 외에, 일을 할 때는 못하면 아예 하지 말든가 하려고 하면 제대로 해야 한다, 이런 마음가짐으로 책임을 다하려고 하고 있어요. 회장님은 저한테 길림성 광동상회는 전 성의 동향상회 중에서 3위 아래로 밀리지 말고 2위를 쟁취하라고 요구하시죠. 저는 이런 목표를 가지고 노력하고 있어요.

동 : 요 몇 년 동안 주요활동을 모두 상회간보会刊에 기록하셨나요?

H : 네, 모두 기록했어요.

동 : 3위를 유지하고 2위를 쟁취한다는 목표지만 실제로는 1위가 목표인거죠?

H : 저는 2009년 3월에 왔고요, 2010년 2월 26일에 인민대회당人民大会堂에서 상장 2개를 받았어요. 하나는 전국 선진사회조직全国先进社会组织이고 다른 하나는 사회조직실천과학발전관 선진단위社会组织实践科学发展观先进单位에요.

동 : H비서장님은 받을 수 있는 각종 방면, 각종 차원의 것을 모두 받았네요.

H : 맞아요. 2012년 2월에 국가 민정부는 인민대회당에서 총결표창대회를 열었는데 저희는 처음으로 국가급의 영예칭호인 전국선진사회조직으로 표창을 받았어요. 이 영예칭호는 길림성 상회 중에도 없고 다른 학과에도 없고 길림성 동향상회 중에서 저희가 유일해요. 또한 작년에 조직부에서 저희한테 전국 창선쟁우선진그룹당조직을 수여해주었어요. 이 세 개의 국가급 영예칭호는 전국적으로도 거의 없어요.

동 : 비서장님 재직기간에 받으신 영예는 나중에 다른 사람들이 뛰어 넘기 쉽

지 않겠네요.

H : 저희는 대외적으로 실제적인 것을 추구하는 부분이 아직 부족하긴 해요. 그래서 3위를 유지하고 2위를 쟁취하려고 하고 있어요.

동 : 실제로 민간조직은 국가에서 그다지 높은 지위가 아닌 건가요?

H : 네, 사회조직의 정치적 지위는 아직까지 별로 상승하지 못했어요. 하지만 국가가 중시하고 있는 것은 사실이에요. 지도적 의견, 사회조직의 유상서비스에 대한 구매를 포함해서 국가에서는 광동을 추천하고 있어요. 하지만 광동 쪽에서 하루아침에 할 수도 없고 저희도 아직 할 수 없어요. 이를테면 길림성 경제기술협력국은 민정부문으로써 등기관리기관에서 주관부문을 취소했지만 저희는 아직 그들을 통해 문제를 해결해야 하기 때문에 어쩔 수가 없어요. 하지만 문제보다 답이 많으니까 해결하지 못할 문제가 없죠. 다행히 제가 장기적으로 정부기관에서 일을 한 덕에 인맥자원이 있어서 어디를 가나 예전 영도老领导가 왔다고 하면서 저를 도와주고 협조해주죠.

상회의 발전 모델

동 : 비서장님이 상상하는 이상적인 상회모델은 어떤 것인가요?

H : 제가 이상적으로 생각하는 상회모델은 첫째로 좋은 장정章程이 있어야 하고, 장정에 따라 사무처리를 하는 거예요. 전국의 사회조직 장정은 기본적으로 비슷할 수밖에 없지만 한편으로는 자기만의 특징이 있어야 한다고 생각해요. 둘째로는 사회조직의 발전은 상급 주관부문이 없는 추세로 가야 해요. 정부에서는 등기등록과 연간 검사만 관리하고 조직에 대한 관리는 장정에 따르고 조직규율을 위반하면 이에 따라 고지하거나 금지해야 해요.

업무주관부문은 정부의 직무능력을 발휘해서 기업과 사회조직을 위해 서비스를 해주고 있어요. 만약 이 부문이 책임을 다하지 못해 단지 다리 역할만 한다면 있으나마나죠. 이를 통해서 주관부문이 없어도 되는지를 판단할 수가 있죠. 하지만 등기관리기관의 관리업무는 강화해야 해요. 셋째로 사회조직은 마땅히 자아관리, 과학적 관리, 규범적 관리를 실행해야 해요. 자아관리는 완전한 조직구조를 갖는 것인데 완전하려면 감사장, 상무이사가 있어야 해요. 저희는 없기 때문에 제가 기수교체 시기부터 이 문제를 제기했지만, 이사회에서는 광동상회는 아직 독립적인 감사장의 감독이 필요하지 않다고 생각해요. 집행회장과도 연관되는데 집행회장은 회장을 대신해서 부담을 짊어질 수가 있지만 사람들이 필요 없다고 생각하기 때문에 집행회장도 없어요. 이런 면에서 완전한 조직구조가 필요한 것은 사실이지만, 사회조직은 당정부 기관이 아니기 때문에 그 발전 단계에 따라 민주적으로 관리하는 것이 관건이에요. 사람들의 요구를 존중하고 공통적인 인식을 형성해야만 민주적인 관리가 되겠죠. 그리고 회원들의 의견이 이사회로 전달되어 정책결정으로 진행되어야지 회장과 비서장의 의견만으로 결정지어서는 안돼요.

동: 광동상회는 주로 어디에 중점을 두고 위치설정을 하나요?

H: 서비스형 상회에 주안점을 두고 이를 목표로 하고 있어요. 길림성 광동상회를 서비스형服務型, 조화형和諧型, 창의형創新型 상회로 건설하려고 해요. 서비스는 출발점이고, 회원에게 서비스하는 것이 바로 상회의 설립 자산이에요. 회원들에게 아무 것도 해줄 수 없고 회원들을 보호해 주지 않는다면 응집력과 구심력은 없게 될 거예요. 이는 회원들에게 서비스를 제공해주고 조정과 해결 등으로 구체화되죠. 이것은 가깝게는 권익옹호 서비스이고 멀리 내다보면 자원통합 서비스에요. 이를 테면 저희 상무부 회장 중에 보일러공정을 하는 사람이 있는데 마침 회원 중에 부동산개발을 하는 사람이 있어서 저희가 다리를 놔주었어요. 이런 자원공유를 통해 자원을 통합하고, 장점을 서로 보완하고 서로 혜택을 주는 이런 것이 멀리 내다보는 것이죠.

균형점 찾기: 상회에 대한 정부와 국민의 기대

동: 정부는 광동상회가 경제적 효율을 가져올 것으로 기대하고, 국민들은 사회조직이 공익활동을 더 많이 하고 더 많은 서비스를 해주길 기대할 텐데 이에 대해 광동상회는 어떻게 균형점을 잡을 건가요?

H: 균형점은 바로 비서장으로서 직원들을 돕고자 하는 태도인데 직원들의 도움요청을 귀찮아하면 안 되겠죠. 우리는 모두를 위해 서비스해야 해

요. 모두를 위한 서비스 개념은 몇 가지가 있는데 첫째는 회원에 대한 관리에요. 방금 말씀드렸듯이 어떻게 하면 회원님의 기업을 크게 발전하고 자원을 통합할 것인가 하는 거죠.

둘째로는 문제가 생기면 어떻게 해결할 것인가예요. 당연히 학생들도 포함해요. CXZ이라는 학생이 있었는데 그는 원래 간호학원 학생이었어요. 그는 전과를 하고자 회장한테 편지를 두 번 보내 왔어요. 저희도 해결하기가 어려운 문제였지만 해결하지 못하면 비서장, 광동상회가 무능해 보일 거라 생각했어요. 그래서 저희는 그 학생을 위해 상회 명의로 YY교장에게 편지를 보냈고 성공적으로 해결되어 마이크로 전자학과로 전과하게 되었어요. 또 하나는 제가 오기 전인 2008년에 사범대학에서 공부하던 광동의 한 학생이 교통사고로 숨졌는데 배상금이 4만 위안이었어요. 이에 저희 상회가 나서서 교섭한 결과 32만 위안의 배상금을 받아냈어요. 저희는 회원과 학생들에게 서비스를 제공하여 광동상회가 그들의 집이 되어 온기를 느낄 수 있도록 하려고 노력하고 있어요.

셋째로는 정부를 위해 서비스를 하는 거예요. 근래 몇 년 동안 저희 상회 구성원들이 투자한 금액을 합산해보면 1,000억 위안이나 되고 지불한 세금은 100억 위안이고 3만 명에게 취업 일자리를 제공했어요. 또 다른 면으로 저희는 100여 차례 해외진출과 해외자본 유치走出去引进来를 했어요. 올해 5월, 성 경제협력국省经合局에서는 저희한테 절강기업들을 길림성과 절강성의 경제무역협력투자환경 설명회에 초청할 수 있느냐고 물었어요. 저희는 광동성이면 가능하지만 절강성에는 아는 사람이 없었어요. 그래서 저희는 절강성의 경제협력사무소经合办를 찾아가 700개 기업을 추천해 달라고 청했고 CRG 부성장이 여는 투자환경설명회에 참가할 것을 부탁드렸어요. 절강성 경제 협력사무소는 길림성 경제협력국과 같은 곳이에요. 그들은 저희에게 몇 개의 상회를 찾아주었는데 그중에 절강성 광동상회 비서장도 참가했어요. 그는 길림성 경제협력사무처와 절강성 경제협력사무처에 20개 기업까지는 모실 수 있지만 그 이상은 어렵다고 했어요. 하지만 만약 길림성광동상회의 회장과 비서장을 초청한다면 100명도 초청할 수 있다고 했어요. 그러자 정부에서는 저희한테 도움을 청할 수밖에 없었고 저희도 돕기로 했죠. 이후 행사가 잘 되어서 정부는 상당히 흡족해 했고 경제협력국 국장, 부국장, 유관 국장은 저희한테 식사 대접까지 했었어요. 4월에도 장춘시당정대표단長春市党政代表团, 시위원회市委, 시정부市政府에서 장춘시 상무국을 통해 저희한테 도움을 요청해 왔어요. 저는 부비서장 H와 함께 250명을 초청했고 실질적으로 홍콩의 상인들을 유치했어요. 외국진출에서도 가교와 유대작용을 하여 상회의 존재 가치를 증명했고 정부에게도 이익이 되었어요. 이 밖에 저희는 농안현 허룽경제개발구에 길림 농안 광동공업단지를 건설했어요. 이는 정부에 서비스를 해준 사례인데 길림시, 통화시, 백산 등에서 늘 저희에게 도움을 청해요.

넷째로는 사회에 서비스를 제공하는 거예요. 저희는 홍수나 화재 그리고 회원들 집에 홍수나 화재가 날 경우 어김없이 기부를 해주고 있어요. 요 몇 년 사이 기부액만 천여만 위안이 되고 물품들도 많아요.
다섯째는 광동성 당위정부党委政府에 서비스를 제공하는 것인데 고향을 위해 서비스 하는 거예요. 고향지역의 영도가 여기 와서 투자조사를 할 경우 저희가 책임지고 대접해요. 작년 8월 9일부터 15일까지 광동성위원회 상무위원님广东省委常委과 통일전선부 부장님统战部部长이 당 외 인사 한분과 길림시찰단을 거느리고 오셨는데 총인원이 30여명 정도 되었어요. 그들은 길림성 통일전선부와도 연락을 했지만 주로 길림성 광동상회가 대접해 드렸어요. 저희가 계획단계부터 시작해서 끝까지 책임을 졌어요.

동: '서비스'라는 말에는 이런 부분이 다 포함된거죠?

H: 동향상회가 제2의 고향에서 내세우는 브랜드가 '서비스'에요. 이런 서비스에는 조화로운 조직이 필요하죠. 작년에 이사회에서는 제가 나서서 이사회에 업무상황 보고서를 제출할 것을 제기한 바 있어요.

동: 저도 업무 상황보고서를 본 적 있어요.

H: 업무 상황 보고서는 데이터로 모든 내역을 보여주는데, 예를 들어 이를 통해 자동차 기사님의 업무량이나 비서실의 업무량 등을 알 수 있었기 때문에 저희가 회장님과 의논해서 그분들의 급여를 올려줄 수 있었어요.

I-2. 길림성 광동상회 비서장 HJC, 부비서장 QX 인터뷰

인물 : QX, HJG, 최월금崔月琴[최], 동운생董运生[동]
일시 : 2013년 9월 12일
장소 : 길림성 광동상회 사무실

1. 개인정보

상회 가입계기 / 상회에 대한 인식

최: 비서장께서는 퇴임 전에 어디에서 근무하셨나요?

Q: 이분은 퇴임 전에 전국인민정치협상회 경제과학기술위원회政协经科委에서 주임직을 맡으셨어요. 그전에는 장춘시에서 기술질량감독국技术质量监督局국장, 경제무역위원회经贸委주임을 맡으셨었죠.

동: 부비서장님의 고향은 어디세요?

Q: 제 고향은 백성白城이에요.

동: 그러면 어떻게 광동상회에 가입하게 되셨나요?

Q: 예전에 제가 C회장님 회사에서 근무한 적이 있었는데 상회 성립초기에 사람이 부족해서 처음부터 와서 일하게 되었죠.

동: 현재는 전임인력으로 계시는 건가요?

Q: 네, 현재 전업직은 6명이에요. 광동상회지만 저희는 현지인으로 구성되어 있어요.

동: H비서장의 고향은 어디시죠?

Q: 대련이에요. 회장, 부회장 모두 광동인은 아니세요.

최: 회장님의 기업은 어떤 기업이죠?

Q: YL기업이에요.

최: WS건설과 같은 기업인가요?

Q: WS건설은 저희 상무 부회장님 회사에요. 이 사무실도 그분이 제공해 주신 거예요.

최: 그럼 (광동상회) 빌딩이 건설되면 이사를 가시는 건가요?

Q: 네, 저희 비서실 모두가 갈 예정이에요. 회원들은 사거나 임대를 하는 거죠. 상회가 건물을 살만한 경제 능력은 안 되죠. 전에 있던 곳도 회장님 회사였어요.

2. 상회의 조직관리

회원관리와 경비

최: 상회의 이념이 상당히 선진적인 것 같은데요, 우선은 '상업', 다음은 '사회발전에 적합한 민생'인데, 민생 쪽으로 발전하셨네요. 상회의 회장님이 바뀐 적이 있나요?

Q: 장정章程에 따르면 몇 년에 한 번씩 바꾸도록 규정되어 있어요. 저희는 처음에는 3년 임기로 규정하여 2007년부터 2010년까지 했고, 그 다음 기수부터는 4년씩으로 수정했죠. 저는 5년으로 수정했어야 한다고 봐요. 4년이면 시작했던 일을 마무리 짓지도 못하고 기수를 바꿔야 하는 일이 생기거든요. 연임은 2번까지 가능한데 민정청에는 연임할 경우 특별 비준을 받아야 한다고 규정하고 있어요. 우리 비서실에 대해 좀 더 소개해 드리면, 우리 비서실은 세 부분으로 나뉘는데 종합사무실綜合办, 유권발전사무실維权发展办, 경제합작사무실이 있어요. 주로 저희 비서장님이 주관하시고, 부비서장인 저는 종합사무실을 전담하고 있는데 주로 사무실 인사를 담당하고 있어요. 좀 전에 나이 많으신 분 보셨죠, 금방 나가신 분이요, 그분이 경제합작사무실을 전담하고 있는데 그분도 부비서장이에요.

최: 부비서장님은 모두 몇 분이세요?

Q: 둘이지요. 그리고 또 겸직으로 부비서장 한 분을 더 고용했어요. 비서실은 3개 사무실로 나뉘어 있고 직원은 6명이에요. 새로 오신 겸직 부비서

장님은 광동인이시고 주로 유권발전분야를 전담하실 예정이에요. 저희 세 사무실은 서로 협조하면서 운영되는데 분야는 나뉘어 있지만 최종적으로는 다 같이 모여서 일을 해요.

최: 상회는 광동측과 관계가 있는데 다 연락이 가능하신가요?

Q: 저희 회원들과 말이죠, 하나는 여기에서 발전하고 있는 광동인이고 둘째는 광동인 여부와 상관없는 광동기업의 자회사예요. 셋째는 광동상품을 판매하는 현지인이고, 넷째는 공업단지의 일원이죠. 쉽게 말하면 광동과 조금이라도 관계가 있어야 해요. 첫째는 홍보를 위해서이고 둘째는 지역 밖에 있는 기업가들에게 길림에서 귀속감을 갖도록 해주는 거죠.

동: 회원들에게 어떤 조건이 있나요?

Q: 지금 말씀드린 것처럼 사업의 크기와 상관없이 광동인이면 돼요. 기업이 작으면 회원이 되는 거고 기업이 크면 WK나 WS처럼 상무 부회장이 되는 거죠.

동: 일반 회원도 회비가 있나요?

Q: 네. 연회비가 있는데 저희는 많이 받지 않아요. 일반 회원은 연회비가 600위안밖에 안돼요.

동: 예를 들어서 저희 대학교수라든지 다른 사람들이 상회에 가입하고 싶어 하는 경우도 있나요?

Q: 광동인인가요?

동: 아니요, 제 고향은 하남河南인데요, 제가 상회에 가입할 수 있나요?

Q: 민정청에서 제한을 두고 있어서 허락되지 않아요. 교수님이 가입하시려 해도 길림대학 명의여야만 해요.

동: 개인 명의는 안 된다는 말씀이신 거죠?

Q: 네, 그렇습니다. '법륜공'法轮功 같은 것 때문에 민정청에서는 개인의 가입을 허락하지 않아요. 정부에서 상당히 신경을 쓰기 때문에 이런 부분은 여전히 제한이 있죠. 민정청에서 특히 요구하는 것은 바로 개인회원이 있으면 안 된다는 거예요. 저희도 처음에는 개인도 가입시키려 했어요. 개인이면 회비를 많이 받을 필요 없이 100위안, 200위안이면 될 것이고, 회비를 납입하게 되면 회원이라는 귀속감을 가질 수 있을 테니까요.

상회 빌딩

Q : 이쪽은 회원회사이고 다른 쪽은 정부에요. 정부에서 어떤 정책시행령을 하달할 때 혹은 회원측의 요청으로 정부의 지원이 필요할 때 저희 상회가 하나의 플랫폼이 되어 주는 거죠. 정부에 대한 서비스는 투자처나 투자를 유치해서 지방의 발전을 촉진하는 것이에요. 저희 회장님은 길림성 인민대표상무위원이라서 지방발전 촉진에 고민이 많으세요. 또한 광동인은 사고방식이 상당히 진보적이기 때문에 선구자적인 정신을 갖고 계세요. 그래서 우리상회가 성립된 지 1년도 채 안 되는 2007년도에 농안현农安县과 장춘합롱개발구长春合隆开发区를 기획한 바 있죠. 장춘합롱개발구는 길림성 광동 공업단지로 기획되었는데, 이것은 2년 전에 제가 만들었던 자료들이에요. 이 공업단지는 '정부의 영도, 상회의 무대제공, 기업의 퍼포먼스'를 기치로 농안현 현지의 경제발전을 위해 기업유치를 한 것이었죠. 처음 저희가 논의했을 때는 황무지였고 현지 정부는 수거도 비축도 하지 않았죠. 개발구는 2002년에 시작해서 2008년까지 6년 동안 어느 정도 규모가 되는 기업이 3-5곳 정도에 불과했어요. 전체적으로 비어 있어서 저희가 얻고 나서 수리를 좀 했어요. 나중에 기회 되면 그쪽에도 가서 한번 구경해 보세요. 수리하고 나서 농안합롱공업단지가 되었죠. 그 후에 일련의 활동들을 진행했어요. 2008년 6월 2일에는 착공식을 거행했는데 당시 WM서기, HCB성장省长도 와서 리본 커팅을 하셨어요.

최 : 성내에서는 핫한 사건이었겠네요.

Q : 지금은 전체 단지가 건설이 잘되어 있어요. 바로 저희 상회라는 플랫폼을 통해서 합롱경제개발구가 활성화되었고 농안현의 GOP도 급증했죠. 이는 저희의 첫 성공이었고, 전국적으로도 상회가 선두가 되고 정부가 공업단지를 해낸 건 처음이었어요. 새로운 선례를 만들어 냈다고 할 수 있는데, 그건 우리가 남보다 일찍 시작했기 때문이죠. 그 다음에는 저희 회장님이 길림성 각지의 자원의 상이성에 맞게 통화通化의 통강, 송원松塬의 석유부문, 길림吉林의 화공化工부문 즉 길화吉化 등 개발구와도 협력하여 사업을 진행했어요. 통화에서는 저희가 컬러 플레이트 프로젝트를 도입했는데 후속 작업에서 이 프로젝트가 별로 잘되지는 않았어요. 길림에서는 심천룽후과기深圳龙湖科技란 회사를 인수해서 건조혼합물干粉砂浆

項目 프로젝트를 추진했어요. 이것은 건설업계의 신흥재료인데 지금은 이미 생산단계에 들어갔어요. 그러나 별로 크지는 않아요. 그리고 나서는 길림대학吉林大学과 합작했죠.

최 : 길림대학과는 언제부터 시작하셨나요?

Q : 길림대학과는 WW교장 때부터였어요. 2011년 말쯤, 그분이 오신 이후부터죠. 그전에는 별로 교류가 없었는데 그분이 교장으로 오신 후 모두 광동인이기 때문에 대화할 때 지역정서들이 통했죠. 왜냐하면 WW교장도 길림대학의 채무라든지 이런 부분에 도움을 주고 싶어 하셨어요. 그분께 들은 바로는 국가정책이 토지의 용도를 바꾸는 것을 장려한다고 했어요. 특히 학교 용지요. 그래서 우리는 방법을 생각했죠. 저희 상회 회장님은 상회 설립초기부터 이쪽에 광동빌딩을 세우려는 생각을 갖고 계셨어요. 그러면 기업들이 입주할 수 있을 테니까요. 그런 다음 광동의 브랜드 중 유명하고 특색 있고, 품질이 우수하고 참신한 상품을 들여와서 마카오, 홍콩, 대만의 창구가 되어주는 거예요. 일찍부터 이런 생각을 갖고 계셨고 여러 곳과 상의도 하셨죠. 그 중에는 조양구朝阳区도 있었고 길림대학과도 여러 차례 상의한 바 있었고, 여러 곳을 소개시켜주었지만 모두 성사가 되지는 않았어요. 마침 이번에 샤오바이러우小白楼와는 서로 얘기가 잘 되었어요. 그 다음은 입찰이 있었고 당시 비서장은 열 몇 차례나 참가하셨어요. 샤오바이러우는 1.2만㎡인데 그 곳에 지하철이 건설되어 자리를 차지하면 크기가 그 정도까지 되지는 못해요. 거기는 지하철 입구인데 현재 건설 중이에요. 그 위에 있는 지상건물은 전부 이미 비운 상태예요. 지난주 금요일 저희가 접수서한接收函을 받았는데 그 곳을 매수해도 좋다는 허가서였어요. 이젠 정부가 기획해 주어야 하는데 아직 이 수속이 끝나지 않았어요. 마무리 되면 저희는 착공을 시작할 거예요. 길림대학에 1억 8천만 위안을 이미 보상했어요. 그러니까 이 프로젝트는 이미 진행 중에 있다고 할 수 있고 3년 이후 완공을 목표로 하고 있어요.

최 : 다들 이 소프트환경软环境을 얘기하고 있던데 이 일은 사무 처리가 아주 어렵나요?

Q : 소프트 환경은 주로 아래에서 이루어지죠. 장춘시는 조금 괜찮은 편이에요. 길림도요. 그 아래 현급 도시가 문제죠. 중앙정부의 법률과 제도가 미치지 않는 곳이기도 하고 광동인이라는 것을 알면 차별하죠. 제일 간

단한 예로 그 동네 시장의 고기 값은 저희가 나타나면 오른다고 해요. 다 알지만 사는 수밖에 없죠. 사고 나서 보면 또 별로 좋지 않은 걸 주었더라고요. 동북지역은 참 그래요. 저는 사람들한테 그건 다 사소한 것들이고 주류를 보라고 하죠. 하하하. 아니면 어쩌겠어요. 영도가 심혈을 기울여서 투자를 유치해도 유치된 기업들이 여기에서 전혀 안 되는 걸요. 저희 중에 정우靖宇에 공장을 운영하는 기업이 있어요. 모든 게 순조로웠는데 마지막에 정부가 여러 가지 이유를 들어 어떻게든 개업을 못하게 하는 거예요. 위에서 영도가 지시를 내려도 안 되는 거예요. 지방의 이런 보호주의는 아주 심해요. 그래서 경제적 측면에서 광동빌딩을 짓게 된 거죠. 전에 한동안 여러 회장들이 모여서 만약 조건이 된다면 여러 지역에서 각각의 민생빌딩을 건설하는 것을 상의한 적도 있어요. 민중에게 편의를 제공한다는 의미였죠. 지역사회에 서비스하는 유형인데 현지가 돈이 없다면 기업이 투자할 수 있게 할 거예요. 많이 투자할 필요도 없고 너무 높지 않은 빌딩 몇 개를 짓는 거예요. 1억 위안 정도만 투자하면 대충 비슷해요. 지금도 이런 방법을 계획하고 있는데 가능한 한 광동에서 많이 끌어오는 거예요. 어느 지역의 정책 환경이 비교적 호의적인가를 고려하고 고민하는 단계예요.

3. 상회 운영방식

상회 평가 및 당-정부기관과의 관계

동 : 등급은 어떻게 평가되었나요? 5A, 4A?

Q : 민정청에 평가제도가 있는데 거기에서 평가해줘요.

최 : 어제 Y국局 아래 직원한테서 전화가 왔는데 올해 평가에서 저를 평가전문가로 임명하고 싶다고 하기에 된다고 했어요.

Q : 지금 저희 성내에서 저희가 5A이고, 그리고 천유川渝가 5A로 평가 된 것 같아요.

H : 4A는 강소상회예요.

Q : 올해에도 평가가 진행될 텐데 최교수님 말씀으로는 Y국장님께서 그를 평가전문가로 초청하셨대요.

H : 작년에 저도 평가전문가로 강소상회와 천유상회를 평가했어요.

동 : 현재 A급으로 평가된 것은 이 세 곳뿐인가요?

H : 전체 성에서는 15곳이에요.

Q : 저희는 제일 먼저 평가된 곳이에요. 그들은 작년에 평가되었는데 저희는 재작년이었죠.

동 : 하남상회는 어떤지 궁금하네요?

Q : 전에 회의가 있어서 하남상회에 갔었는데 바로 화원华苑에 사무실이 있어요.

최 : 언제 한번 같이 가세요. 하남상회를 기점으로 이 몇 상회들 중에서 5A, 4A, 3A를 각각 조사하는 거예요.

H : 3A등급의 동향상회는 없어요.

최 : 그럼 5A와 4A만 평가하고 그 외는 평가를 안 하나요?

H : 아니요, 평가하죠. 보통 어떻든 3A정도는 되어야 해요. 작년과 같은 경우 두 곳은 충분하지 않았지만 각 방면을 고려해서 격려 차원의 배려를 해 준거죠.

최 : 당시에 어떤 평가표준들이 있었나요?

Q : 일부 기본지표들이 있어요. 교수님께서도 YM국장회의에 참석하시면 얻을 수 있을 거예요.

최 : 이것도 꽤 중요하죠.

Q : 투자유치 지표는 있을지 모르지만 중요한 것은 규범적 운영부분이에요.

Q : 기본적으로는 이렇고, 또 하나는 당의 건설 부분이에요. 저희 상회는 3개의 국가급 상패를 받았는데 하나는 민정국에서 중국선진사업조직中国先进社会组织으로 평가해 주었어요. 또 하나는 과학실천발전관영도소조科学实践发展观领导小组와 민정부에서 함께 학습실천과학발전관선진기업学习实践科学发展观先进单位의 상패를 수상했어요. 이 두 상패는 모두 인민대회당에서 수여해주었고 저희 H비서장님이 직접 올라가서 인민대표 부위원장 ZTN으로부터 수여받으셨어요. 그 때가 작년(2011년) 이었어요. 그리고 또 하나는 전국창선쟁우선진당조직全国创先争优先进党组织인데 이는 작년 6월 27일이었고 중조부中组部에서 수여했어요.

H : 이는 실제로 중조부, 중선부, 민정부의 합작이었어요.

Q : 성내에서 받은 건 너무 많은데요, 민정청에서 저희를 길림성선진사업조직으로 평가해 주었고, 다음 5A급, 그리고 또 공무원국(公務員局)에서도 뭔가를 평가해 주었어요. 해마다 성정부에서 투자유치우수작업기업 평가가 있고 장춘시에서도 우리한테 평가해 주었는데 뭐더라...

동 : 그럼 광동상회가 길림성내에서 제일이겠네요?

H : 아니요, 우리는 두 번째나 세 번째쯤 될 거예요.

최 : 그럼 5A는요? 처음으로 5A가 되셨잖아요.

H : 길림성 상회 중에서 첫 번째로 5A급을 획득했죠.

최 : 또 하나는 작년에 천유도 획득했다고 말씀하셨죠?

H : 네 그렇죠. 길림성 천유상회 외에 길림성 강소상회도 있는데 길림성 강소상회는 4A급이에요. 5A급은 현재 저희 두 곳이에요. 또 길림성에는 기타 상회, 재단, 학회, 5A급들이 있어요. 지난해 국가 민정부에서 300여 억 위안을 각 성 민정부문에 분배하여 사회조직 건설을 강화하고 연수원 개설을 진행했어요. 연수원에는 민정부에서도 나와서 강의를 했고 저도 회의에서 소개되었어요. 당시에 4곳이었는지 5곳이었는지 회의에서 서로의 경험을 주고받은 적이 있어요. 저는 상회라는 시스템을 대표했고 그 외에 컴퓨터협회计算机协会 등이 있었어요. 저희는 회의에서 각자의 경험들을 공유했어요.

최 : 그럼 지난해 연수과정에는 누가 참석하셨어요?

H : 제가 참석했어요.

최 : 아니요, 경험 소개뿐만 아니라 전체 연수과정에 참석한 사람이요.

H : 바로 저예요. 제가 전체과정에 따라 나섰는데 거기서 비서장의 참석을 요청했어요.

최 : 오, 계속 참석하셨네요. 저도 가서 강의했었는데요.

H : 아, 생각이 나네요! 맞아요, 최교수님, 기억나요.

최 : 올해에도 반을 개설하여 연수를 진행할 거예요. 원래 4월 중순에 진행하기로 했었는데 지금 5월로 미뤄졌어요.

H : 어디에서요? 그...

최 : 화위안호텔이요.

H : 맞아요. 국가 민정부에서도 참석하겠네요. 참 괜찮아요, 이론으로 승화

하지 않으면 안 되는 것이고, 또 학교에서 이에 대해 전문적으로 연구하는 것도 참 괜찮은 거죠.

최: 전에는 경합국经合局으로 불렸었죠?

Q : 길림성경제기술합작국吉林省经济技术合作局이요.

최: 양회两会가 열린 후 네 조직의 업무주관단위가 취소되었어요. 원래 안 좋은 것들이 여기에 많아서 특별히 힘들었어요. 그래서 주관단위를 찾게 되는 거죠.

Q : 원래 등록하려 하니까 먼저 경합국의 답변을 받고 난 다음에 거기서 등기를 해주더라고요. 지금은 등록은 민정청에서, 업무지도는 경합국에서 해요. 저번 양회 때도 민간조직의 주관단위를 없애는 안이 제기되었잖아요, 주관단위가 없도록 만드는 거죠.

상회와 현지 사회

Q : 그리고 사회학 분야에서도 저희 상회는, 예를 들어 회장님이나 기업가들은 사회 공익사업에 깊은 관심을 가지고 있고 사회에 따뜻한 마음을 전하려고 해요. 사회에 환원한다는 마음인데 향기는 언제나 장미를 주는 손에 머무르듯 모두들 사회에 공헌을 하고 있어요. 근래 몇 년 동안 저희는 주로 2개의 희망 초등학교에 기부를 했어요. 하나는 길림성 영길현永吉县의 화얼타이희망초등학교华尔泰希望小学에 기부했는데요. 2008년 10월쯤에 이미 (학교가) 완공되었어요. 이 영길현이라는 농촌지역에는 원거리로 인한 실학아동들이 발생하고 있었거든요. 다른 하나는 농안현에 기부했는데 저희 부회장 한분께서 바지리진쓰위안초등학교八几里镇四塬小学에 기부해서 건설했어요. 이 초등학교는 원래 있던 학교인데 학교가 너무 낡아서 30여 만 위안을 기부했죠. 그 외에 학교설비도 제공했어요. 작년에 저도 한번 다녀왔는데 좋았어요. 운영도 잘 되어 가고 있었고요. 이것이 저희가 기부해서 건설한 2개의 희망초등학교에요.

그리고 또 문천汶川지진과 길림 홍수재해 때 저희가 적극적으로 기부를 했는데 두 번의 기부금액을 합치면 인민폐 8백여 만 위안정도 돼요. 또한 길림에 살고 있는 광동 학생들을 돕고 있는데요, 길림에 있는 학생들은 대략 3천여 명 정도 돼요. 해마다 저희는 이들 중 쌍특생双特生, 즉 형편이 어렵고 학습능력이 우수한 학생들에게 생활비를 지원해주고 있어요. 여러 회장님들이 돕고 있는데 1년에 대략 20여 만 위안정도 돼요.

뿐만 아니라 저희 상회는 멀리 고향을 떠나 배우러 온 학생들의 향수도 달래줄 겸 매년 추석마다 모든 고등학교에서 100여 명의 학생대표를 선출하여 추석연합활동을 기획하고 있어요. 한 학교에서 뿐만 아니라 여러 학교에서 참가하고 있고 지역도 광범위하게 포함시키고 있어요. 월동粵东, 월서粵西 그리고 조산潮汕 지역 등 출신의 학생들로 구성되어 있어요.

해마다 학생들의 방학기간이 되면 저희는 심천항공을 포함한 남방항공 길림지사와 협조하여 최저 할인가에, 즉 기차요금과 맞먹는 정도의 항공티켓 요금을 적용하여 편의를 제공하고 있어요. 보통 원가의 25%-30%정도 요금으로 제공해 주고 있어요. 방학기간이 되면 티켓구매가 특히 어렵잖아요. 상회는 단지 협조를 요구하는 입장이고 주로 기업들이 저희 의견을 지지해 준 덕분이죠. 이 점에 대해서 학생들도 감사하게 생각하고 있고요.

광동의 학생들은요, 생각의 문제인데 늘 활동을 하려고 해요. 이 부분은 저의 관할 범위가 아니긴 한데, 예를 들어 해마다 연설대회나 농구대회, 순회전이나 학생들 간의 연합활동 등 말이에요.

4. 각종 동향 / 동업조직의 관계

최: 일반 사무인사는 몇 명이나 되세요?

Q: 6명이에요. 바로 비서실은 상회의 상설사무기구에요. 기타 인원은 모두 자신의 기업을 갖고 있죠.

최: 저희한테 상회를 추천해 주실 수 있으세요?

H: 어떤 부류의 상회를 원하세요?

최: 우수한 정도, 중간 정도, 보통 정도로 나누어서 추천해 주세요. 우수한 것만이 아니라요.

H: 저는 세 곳을 추천해주고 싶어요. 하나는 일찍이 설립된 상해上海상회이고 다른 하나는 지금 활력이 넘치는 천유상회에요. 그리고 하남河南상회도 활력이 넘치죠. 이 외에 다른 부류의 상회도 고려하셔야죠. 일반적인

상태, 즉 발전도 후퇴도 아닌 중간형과 운영이 어려운 부류요. 지금 운영상 여러 가지 문제에 봉착한 곳이 복건상회와 절강상회에요. 이 둘 중에서 하나를 선택할 수 있는데 현재 기수도 바꾸지 못하고 있고 회장과 비서장 사이에 갈등이 있어 말들이 많죠. 만약 연구를 하신다면 현재 사회조직의 상태를 연구하실 수 있다고 봐요.

Q : 그런데 저는 사회조직을 인터뷰하거나 기업가를 인터뷰하는 것은 큰 의미가 없다고 생각해요. 영도계층은 인터뷰를 해도 되지만 저와 같은 회원의 경우는 시키는 일만 하거든요. 전체 상회의 운영부분은 상회의 비서장이 현 상태에 대해 비교적 잘 이해하고 있죠.

최 : 상회끼리 연계가 많은가요?

Q : 많죠, 많아요.

최 : 상회 간에 모임을 갖기도 하나요?

Q : 네. 항상 모임이 있어요. 어제 저녁에도 모여서 식사를 했어요. 모이면 식사를 할 때가 많아요. 행업협회 같은 곳들은 대부분이 국영이에요.

최 : 상회와 같은 곳은 민영이죠.

Q : 네, 상회는 일반적으로 거의 민영이에요.

동 : 행업협회는 보통 일정한 방식을 통해서 회비를 받죠.

Q : 맞아요. 정부는 일부 직능을 이러한 협회에 주죠. 협회는 공무원은 아니지만 그래도 사업편제에 속해요.

I-3. 길림성 광동상회 이사 CM 인터뷰

인물 : CM, 동운생董运生[동], 장관张冠[관]
일시 : 2014년 5월 7일
장소 : 길림성 광동상회 사무실

1. 개인 정보

기본정보

고향은 광동성 산두汕头이고 해남대학 전자정보학 전공

동 : C이사님의 개인경력을 소개해주시겠어요? 광동에서 어떻게 길림성 장춘시에 오시게 되었는지 그 과정을 간단하게 말씀해 주시기 바랍니다.

C : 이유는 별다른 것이 없었고요, 2000년에 장춘에 왔고 상회는 2007년 조직되었죠. 상회가 조직되기 전 장춘이라는 시장은 다소 폐쇄적이었어요. 저는 남들보다 좀 이르게 시장에 들어왔을 뿐이에요. 장춘이라는 시장은 저에게 꽤 매력적이었고 좀 일찍 장춘에 온 것이 아주 적절했다고 생각해요. 원래 저희 광동상회가 추구하는 신의, 성실 경영의 이념을 계승하다보니 나머지는 자연스럽게 진행되었죠.

사업소개

동 : 이사님께서는 대학시절 전공이 전자정보학이셨는데 어떻게 나중에 관광시장 쪽으로 전환하셨나요?

C : 해남에는 여행사나 관광서비스 관련 기업이 대부분이어서 다른 직종을 찾기가 쉽지 않고 해서 여행사를 한 번 해볼 생각으로 여행 가이드를 했었죠.

동 : 관광가이드로 시작해서 나중에는 직접 여행사를 만드셨군요.

C : 아니에요. 그 후 바로 장춘에 왔죠.

동 : 장춘에는 어떻게 오시게 되었나요?

C : 해남의 여행사에서 장춘으로 파견되었어요. 저희 여행사가 장춘에 지점을 설립했는데 거기서 해남을 홍보하는 일을 주로 했죠. 홍보를 하면서 장춘이라는 상대적으로 폐쇄된 시장을 개방하려고 노력했죠. 지금은 해남으로 가는 일이 쉽고 해남에 집도 사고, 놀고, 여행하고 하는 것이 다 가능하죠. 하지만 당시에는 이런 일이 별로 가능하지 않았어요.

동 : 지금 현재의 회사는 이사님이 등록하여 설립하신 거죠?

C : 네. 제가 2005년도에 등록하여 설립했어요.

동 : 주요 업무는 역시 해남에 관한 것이었나요?

C : 모든 노선을 다 해요. 우리는 자질을 갖춘 여행사예요, 국가관광국에서 규정한 모든 노선을 다 하고 있어요.

동 : 아까 이 건물에 들어서면서 보니까 이 건물에는 여행사가 아주 많은 것 같은데요.

C : 맞아요, 8층에 또 하나가 있어요. 그렇게 많은 편은 아니지만 아마 3층에 티켓 판매소가 있고 6층과 8층에 여행사가 있어서 일 거예요.

2. 상회 가입 계기 / 상회에 대한 인식

동 : 상회에 가입하게 된 계기는 무엇인가요? 친구소개 인가요, 아니면 다른 경로를 통해 광동상회를 알게 되셨나요?

C : 저는 상회 비서실의 소개로 가입하게 되었어요.

동 : 상회의 비서실과는 어떤 관계가 있으셨나요?

C : 저희는 같은 광동사람이고요, 모 광동음식점에서 밥을 먹다가 우연히 알게 되었어요. 얘기를 나누다가 광동상회를 소개받아 가입했죠.

동 : 그러니까 그들 중에 먼저 가입한 사람이 있었다는 얘기네요?

C : 네. 2007년에 상회가 성립되었는데 저는 2008년에 가입했으니까요.

동 : 2008년에 가입할 당시에는 일반회원이셨어요 아니면 이사셨어요?

C : 가입할 당시에도 이사였고 지금도 이사에요.

동 : 상무이사나 부회장으로 직위를 더 높이실 생각은 없으세요?

C : 모든 건 능력과 기회가 따라야죠. 생각은 다 있죠. 하지만 개인적으로 아직 능력이 거기까지는 미치지 못하는 것 같아요.

동 : 이사님 회사와 정부 부문과는 관련은 많으신가요?

C : 당연히 많죠. 많아야 하고요. 저희 같은 서비스 업종은 정부부문과의 커뮤니케이션이 중요해요. 업무처리가 더 빨라지고 경로도 더 간편해지기 때문이죠.

3. 상회의 조직관리

상회의 현황소개

동 : 2007년 상회에 가입하셨다면 벌써 6, 7년이나 되셨네요, 그간 참여했던 활동에 대해 말씀해 주시겠어요?

C : 저는 상회 활동에 자주 참가해요. 길림성에 있는 상회 중에서 저희 상회가 단합이 비교적 잘되죠. 저희 상회는 2007년 성립 당시 회장의 임기가 3년이었는데 1기(2007년-2010년)가 끝난 2기(2010-2014년)부터는 임기를 4년으로 정했어요. 상회의 규정상 회장은 2회까지만 연임이 가능하기 때문에 초대회장은 2014년까지 두 차례 임기에만 연임할 수 있었지만, 2014년에도 그 분이 회장으로 당선되셨어요. 이후 상무부회장이나 이사들 중에서도 80%는 원래대로 연임되었기 때문에 저희 상회는 분열되지 않았죠. 뿐만 아니라 길림성내에서도 단합이 잘되는 상회로 꼽히죠. 어떤 상회는 회장이 바뀌면 상회가 둘로 분열되는 경우가 있거든요.

동 : 무슨 말씀이신지 알겠네요. 이사님은 주로 상회에서 어떤 활동에 참여하셨나요?

C : 전부요. 우리 상회의 이사회에는 무조건 참석하고요, 춘절행사나 학생들과의 모임도 거의 참가해요. 그리고 다른 상회, 예를 들어 천유川渝상회,

하남河南상회, 하북河北상회들과의 연합활동에도 가급적 참석하려고 해요. 상회들은 모두 서로서로 연결되어 있기 때문이죠.

동: 상회에서는 또 다른 업무도 하고 있지 않나요? 예를 들어, 광동상회는 자체적 사이트를 운영하고 있는데요, 거기에 상회의 7대 기능을 서술하고 있더군요. 이사님께서는 상회의 이러한 기능들을 어떻게 보시나요?

C : 상회 비서실에서 많은 작업들을 해왔어요. 하지만 아직도 개선해야할 부분들이 있다고 봅니다. 이 견해들은 이번에 기수가 바뀌고 나서 이사들이 새롭게 제기한 부분이에요. 회장이 전체적으로 통괄하고 부회장들이 각 산업분야의 직속 영도가 되어 이사들을 통솔하고 지도하는 방안이 제기되었어요. 예를 들어, 서비스 업종에는 음식점, 관광, 호텔 등이 있는데 한명의 부회장이 책임지고 저희 몇몇 이사들을 통솔하여 서비스업종의 회원들을 관리하도록 하는 것이죠. 이렇게 하면 분업이 명확해져서 회원들에게 더 좋은 서비스를 할 수 있을 거예요. 상회의 단결과 회장, 부회장, 이사 및 회원들의 공동발전에도 유리할 거라고 봅니다.

동: 3기 이사로 활동 중이신데 회비는 이전보다 올랐나요?

C : 20% 올랐어요. 1기와 2기 회비는 연 5,000원이었는데, 3기에는 연 6,000원으로 올랐죠.

동: 3기와 2기를 비교했을 때 회원 수는 어떤가요? 증가했나요, 감소했나요?

C : 지금은 좀 줄었어요. 자연스런 현상인데요, 평상시 신용도에 문제가 발생했던 기업은 상회에서 도태시켰죠.

동: 지금 내고 계신 회비가 많다고 생각하시나요?

C : 많지 않다고 생각해요. 상회의 회비를 인상하더라도 상회의 업무를 좀 더 세밀하게 해서 개인적인 차원까지 책임질 필요가 있다고 생각해요. 구체적으로 말하면 각 부회장 및 이사 책임제를 도입해서 우리 직종에 종사하는 회원들을 위해 소통의 기회를 제공해야 한다고 봐요. 모여서 식사만 하는 것이 아니라 자연스럽게 소통하고 적극적으로 회장, 이사, 회원들이 모여서 각 회원들의 기업들을 방문한다든지 말이죠.

상회의 회원가입 조건

동 : 광동상회에서의 지위에 대해 어떤 기대를 갖고 계신가요? 예를 들면 부회장 직위라든가 말이죠.

C : 저는 상회가 모두 잘되길 바라는 마음이에요. 상회도 그런 목표라면 저는 당연히 저의 능력을 발휘하는데 혼신의 노력을 다할 거예요. 만일 그렇게 해서 사람들의 인정을 받으면 저는 자연스럽게 그 자리에 올라갈 수 있을 거라 생각해요.

동 : 올해 기수가 바뀌었는데 부회장, 이사, 일반회원의 회비는 각각 얼마씩인가요?

C : 부회장은 4만 원, 이사는 6천 원, 일반회원은 600원이에요.

동 : 회원의 회비는 어떻게 관리하고 있나요?

C : 회비는 투명성과 공개성의 원칙을 준수하고 있어요. 매번 이사회에서 회비의 수납과 지출상황을 공개하고 있어요. 이사회에는 회장, 상무부회장, 부회장 및 이사들이 참석하고, 또 무작위로 선발한 회원 회사에서 각각 2, 3명의 직원들을 파견하여 이사회에 참석시키고 있어요. 이들한테는 모두 공개되는 거죠.

동 : 모든 사람들한테 공개한다는 말씀이시죠?

C : 네. 하지만 모든 사람들이 곧바로 동시에 알기에는 한계가 있어요. 하지만 이사회가 열릴 때마다 매번 다른 회원 회사들을 초청하고는 있어요.

4. 상회의 운영방식

상회의 특수사건: 회원대회

Z : 27일에 회원회의가 열렸는데 그 과정을 간단히 소개해주시겠어요?

C : 민정청의 규정에 따라서 우선 이사 회사 내부 선거를 진행했어요. 즉 상무부회장, 부회장, 전 회장 중에서 새로운 회장을 선거하는 것이죠. 보통 만장일치로 통과되는데, 바로 CMX회장을 회장으로 선출한 거죠. 선거가

끝나고 곧바로 전체 회원회의가 열렸는데 출석률이 80%이상 되는 것 같았어요.

Z : 현재 회원 수가 어느 정도인가요?

C : 200명이 넘어요.

Z : 그렇다면 150-160명 정도가 참석한 거네요?

C : 네, 회의에 참석해서 거수로 표결을 하는 거예요.

동 : 현장에서 거수로 표결해서 집계하나요?

C : 네, 현장에서 집계해요. 회의에서 CMX회장, 부회장, 이사 회사, 비서장 및 부비서장을 선출하고, 곧 바로 이사회를 열어 확정해요.

동 : 상회의 업무인사는 6, 70명 되죠?

C : 아니요, 그 정도는 안 될 거예요.

동 : 그래요, 인사배치부분은…

C : 여기서 꼭 해야 하는 것은 말이죠, 예를 들어 비서실에는 전문 관리인이 있는데, X비서나 XHJ 같은 전문 관리인이 저희 상회의 회원회사들을 전문적으로 관리하고 있어요. 그녀는 부비서장 중 하나인데, 회원회사만 전문 관리하고 있죠. 그녀가 하는 게 맞을 거예요. 전에는 부회장이나 이사들은 이 영역에는 적극적으로 관여하지 않았는데 올해는 변화가 생겼어요. 부회장이 적극적으로 비서실의 전문 관리인인 비서장이나 저희 이사들을 지도해서 회원들과의 감정커뮤니케이션이나 업무커뮤니케이션, 협력 등을 진행시키는 거예요. 제 생각에는 올해 변화가 있을 것 같아요. 왜냐하면 올해 모두들 새로운 아이디어들을 갖고 더 세밀하게 작업하려 하기 때문이죠.

동 : 이 아이디어는 어떤 방식으로 제안하는 건가요? 예를 들어 이사님이나 일반회원들은 어떤 경로를 통해 자신의 아이디어를 표출해 내고 있나요?

C : 바로 이 회원회의에서요. 회원회의에서 저희들이 이 아이디어를 제기했어요.

동 : 그렇게 많은 사람들이 다 같이 제기한 건가요? 아니면 팀으로 제기한 건가요?

C : 저희가 이사회를 진행하고 있을 때 회원들이 이사회가 끝나기를 기다렸다가 저희한테 왔어요. 자기들끼리도 토론을 했고 저희 이사회에서도 토론을…

동: 회원들의 의견은 서면형식으로 전달된 건가요 아니면 다른 형식이었어요?

C: 서면형식인지 저는 잘... 아마 비서실에서는 더 잘 알고 있을 거예요. 제가 듣기로는 최소 절반가량 이사 회사와 부회장급 회사에서도 이 아이디어를 제기했다고 하더군요. 커뮤니케이션이 진행되는 가운데 그들이 이런 아이디어를 제기했다는 것으로 볼 때 회의 이후 다음 작업은 (아마) 이 방향으로 추진하려고 노력하지 않을까요. 또 그래야만 앞으로 상회가 더 부흥하고 회원들도 더 많이 흡수할 수 있을 것이라고 생각해요.

상회 회원대회

동: 작년부터 올해까지 여러 가지 큰 일이 있었는데, 하나는 공업단지(문제)이고 다른 하나는 지금 준비단계에 있는 광동빌딩(문제)죠. 회장님은 상회 이사의 입장에서 (이에 대한) 참여정도는 어떠셨는지, 정책 결정과정에서 자신의 역할을 발휘했다고 보시는지, 그리고 이 과정에 대한 회장님의 견해는 무엇인지 말씀해 주시겠어요?

C: 정책 결정과정은 상당히 공개적이었고 회원들의 의견도 수렴했어요. 그리고 CMX회장님이 중간에서 결정적인 역할을 하셨는데, 그의 영도가 있었기에 광동빌딩이 건설될 수 있었다고 봐요. 그의 역할이 결정적이었죠.

동: 이사님도 광동빌딩 건설에 참여하셨나요?

C: 저희는 아직 힘을 보태지는 않았어요.

동: 아직 투자를 안 하신 건가요?

C: 네. 왜냐하면 이 건물은 저희가 유치한 광동의 한 개발상이 건설할 예정이고, 저희는 건물이 완공된 후 구매할 사무실의 개수와 평수를 결정하는 단계에서 참여할 예정이에요.

동: 그러면 앞으로 건물이 완공된 후, 이사할 계획을 갖고 계신 건가요?

C: 네. 계획하고 있어요. 이사여부를 떠나서 사무실을 구매하는 데 꼭 투자를 할 거예요. 건물이 완공되면 적어도 입지는 상당히 좋을 거 같아서요.

동: 회장님은 상회와 정부 관리부문은 어떤 관계여야 한다고 생각하세요? 앞으로도 상회의 발전을 위해서 정부기관의 개입이 필요하다고 생각하시는지요?

C : 현재는 민정청에서 상회를 관리감독하고 있는데 앞으로도 반드시 필요하다고 생각해요. 우리 중국에선 말이죠, 꼭 필요해요.

Z : 이번 회원대회 같은 경우 민정청이 참가했나요?

C : 네. 저희들의 중요한 이사회에는 항상 민정청을 초대하고 있어요.

Z : 항상 나서서 요청하세요?

C : 당연히 먼저 요청하죠.

상회의 기능

동 : 회사를 포함한 이사님의 개인적인 입장에서 이 6, 7년의 기간 동안 상회의 조정이나 사무적인 해결이 필요한 사건들이 있었나요?

C : 네. 기업과의 업무연결이라든지, 일부 분쟁이 발생해서 상회가 나서서 조정해주었죠.

동 : 그 효과는 어땠나요?

C : 아주 좋았어요. 저희 개인끼리는 두 개 기업 간의 커뮤니케이션뿐이지만, 만약 더 많은 플랫폼을 통해 커뮤니케이션을 한다면, 즉 상회와 같은 더 높은 차원의 플랫폼을 통해서라면 그 효과는 더 크고 일부 정부부문과의 접촉도 가능하게 되는 거죠.

5. 각종 동향 / 동업조직의 관계

개인적 차원

Z : 여기에 처음 오셨을 때 광동 친구들이 있었나요?

C : 처음에는 진짜 없었어요. 2000년도에는 상대적으로 사귈 수 있는 기회가 적었어요.

Z : 그 당시에 많이 접촉할 수 있던 사람들은 장춘인, 즉 현지인들이었나요?

C : 네, 현지인이었어요.

동 : 지금은 여기서 가정도 꾸리셨죠?

C : 네. 맞아요.

동 : 아내 분은 현지인이신가요?

C : 장춘시 사람이에요.

동 : 당시에 왜 같은 고향출신 중에서 찾지 않으셨나요?

C : 찾지 못해서요. 저는 2002년에 아내를 만났어요.

동 : 현재 아이는요?

C : 아직 없어요.

Z : 이사님은 광동상회에 가입 전에 만난 광동친구들이 많으세요, 아니면 가
입 이후에 많으세요?

C : 가입 이후에요.

동 : 상회를 통해서 관광 사업을 소개받은 적이 있으세요?

C : 있어요.

동 : 예를 들어 광동상회 회원의 여행 건이라든지, 사업을 소개 받는다든지
이런 것은 어떠셨어요?

C : 기본적으로 사업을 소개받을 수는 있어요. 하지만 지역적 차별이 있어서
고객유실도 존재해요. 광동의 기업은 장춘, 해남, 화동 운남 이런 데는
여행하려 하지 않아요. 지역적으로 가까우니까요. 오히려 러시아나 백두
산, 제주도로 여행을 하려 해요. 바로 지역적 선호도가 존재하는 거죠.

Z : 상회에는 대략 200명 정도의 회원이 있는데 그중에서 얼마 정도나 알고
지내세요?

C : 대부분이에요. 70, 80%정도요.

동 : 서로 알게 된 방식은 주로 상회의 활동을 통해서 인가요, 아니면 개인적
인 모임이셨나요?

C : 상회의 활동이죠.

동 : 주로 말씀이죠?

C : 네. 개인적인 모임은 각별한 사이에서만 하죠. 아마 절반쯤 될 거에요.

Z : 애초에 상회에 가입하실 때 상회를 통한 사업인맥의 확장을 더 중시하셨
어요, 아니면 광동의 향우들, 즉 향수를 더 중요시 하셨어요?

C : 처음 가입할 때는 향수를 더 중시했어요. 단합이 잘되고 커뮤니케이션이
더 잘된다는 점들 때문이었죠. 하지만 나중에는 차츰 향수 말고도 다른
일들도 하면 좋겠다고 생각했어요. 조직구조가 회장, 부회장, 비서실 등인

것은 하나의 회사 운영과 비슷하잖아요. 단지 호칭만 다를 뿐이죠.

Z : 그러면 이사님 주변에 아직 광동상회에 가입하지 않은 광동친구들이 있으신가요?

C : 있어요.

Z : 왜 아직 가입하지 않으셨대요?

C : 커뮤니케이션의 문제라고 생각해요.

Z : 광동상회의 홍보가 문제인가요 아니면 다른 이유라도 있는 건가요?

C : 생각해보니 홍보의 문제일수도 있겠네요. 커뮤니케이션과 홍보문제요.

Z : 그러면 그 친구 분들은 광동상회에 대해 알고 계신가요?

C : 알고 있어요.

Z : 그렇다면 그쪽에서 적극적으로 초청하지 않은 거네요?

C : 맞아요. 제일 전형적인 예가 바로 야태대로亚太大街와 번영로繁榮路가 교차된 곳에 있는 허지H푸和记H埔에요. 광동기업이잖아요. 그 기업이 가입하게 된다면 적어도 상무부회장급의 회사가 될 수 있을 텐데 가입을 하지 않고 있어요. 일부 작업이 아직 제대로 진행되지 않은 거라 봐요.

Z : 그럼 이런 가능성은요? 예를 들면 제가 광동인이지만 여기에서 기업을 크게 운영하고 있어서 상회의 도움이 필요하지 않고, 문제가 생겨도 자체적으로 해결할 수 있는 거예요.

C : (아마) 그런 이유 때문일 거예요. 아니면 이쪽 담당의 사장이나 회장, 아니면 홍보와 커뮤니케이션일수도 있고요. 다 그런 이유들이겠죠.

Z : 사업과정에서 상회가 이사님의 권익옹호에 관해 도움을 준 구체적 사안이 있으셨나요?

C : 저는 아직 없었지만, 저희들 중 부회장급 회사가 있는데 그런 경험을 한 적이 있어요.

조직적 차원

동: 관광산업도 경쟁이 꽤나 치열하죠?

C : 상당히 치열해요.

동: 장춘시에 있는 관광회사가 조직한 협회가 있어요?

C : 관광협회가 있어요.

동: 여기에 가입하셨나요?

C: 저는 협회에 가입하지 않았어요.

동: 그래도 이사님과 업무상의 연계는 있는 거죠? 예를 들어 연수를 받거나 문건발송 등을 해주거나 등이요.

C: 더 정확히 말하면 저희는 그들의 영도하에 있어요. 협회에서는 심사평가나 가이드 자격증 취득 등의 업무를 하고 있는데, 이런 부분들을 관광협회에서 관할하고 있어요. 전에는 관광협회가 아니라 관광국에서 관할했었어요.

Z: 관광협회에는 이런 요구가 있는지요. 예를 들어 광동상회는 자발적으로 가입하잖아요. 그런데 관광협회는 관광업종이라면 자동적으로 관광협회 회원이 되는 것인가요?

C: 기본적으로 구별은 있어요. 저희 광동상회는 자발적이고 비영리적이며 회원에게 서비스하는 단체에요. 상회는 아래로부터 조직되고 사업을 위해 구성된 단체죠. 관광협회는 위에서부터 이루어진 조합으로 아직은 심사평가 단계에 머물러 있어요. 심사평가는 관광업계에 의해 이루어지죠.

동: 협회에서는 어떤 책임을 지고 있나요?

C: 관광협회는 심사평가, 가이드 자격증, 사장자격증, 인솔자자격증 등에 대해 책임을 져요.

동: 제 생각에는 이러한 권리는 관광국의 관할일 것 같은데 그렇지 않나요? 그건 관광국이 자신의 권력을 일부 밖으로 이양한 것이나 마찬가지인가요?

C: 맞아요. 그렇다고 할 수 있죠. 저도 그렇게 느껴요.

Z: 그럼 이 협회는 관광국에서 관리하고 있나요?

C: 네, 당연히 그렇죠, 관광국의 지휘 아래에 있어요.

동: 이사님은 협회의 회원은 아니시지만 협회 관리하에 있으시다면 협회에 회비를 납부하고 계신가요?

Z: 저희 관광회사는 관광협회에 회비를 납부하는 것이 아니라 보증금을 납부하고 있어요. 은행에 저금하고 관광국에서 관리하는 이 보증금은 비용이 아니라 세금을 내는 것이죠.

동: 그럼 이 비용은 관광국에 내는 것이지 협회에 내는 것은 아니네요?

Z: 협회는 가이드의 돈을 받아요. 가이드는 가이드 자격을 취득한 후 저희

와 같은 관광회사에 소속되어 관광회사의 보험을 들거나, 아니면 관광협회에 소속되어 관광협회의 보험에 가입해요. 관광회사에서 받는 건 이런 돈들이에요.

동: 연수나 다른 형식의 것들은 비용이 있나요?

C : 네, 연수가 있으면 먼저 연수비용을 지불해야 하죠. 그건 자발적인 것이에요.

동: 그건 자발적인 것이죠? 강제성이 없는 거죠?

C : 강제하지 않아요.

6. 동향문화와 지역 정체성

민간신앙

동: 회장님은 해남에서 성장하셨는데 갖고 계신 지역적 문화가 있으신가요? 예를 들면 신앙으로 신을 모신다든지요.

C : 광동 그쪽 지역은 마조妈祖를 모셔요. 광동 민남闽南 그쪽 지역은 마조와 토지 혹은 관음을 모셔요.

동: 회장님 주변 친구 분들 중 장춘에 와서 생활하지만 여전히 남방의 마조나 관음 등의 형식을 가져온 사례가 있나요?

C : 있죠, 하지만 재물신을 모시는 사람들이 더 많아요.

동: 재물신은 전 국민이 모시는 것 같아요, 그렇죠?

C : 사실 이것들은 남방지역의 풍습이에요. 동북지역은 주로 호이선狐二仙이 잖아요.

동: 농촌에서요.

C : 맞아요, 구별되어 있어요.

신분인정-길림성 호구의 획득

동: 예전에 계셨던 해남에는 관광업을 하는 사람들이 특별히 많았죠. 길림성

장춘시에도 관광업을 하는 광주인들이 있나요?

C : 없는 것 같은데요.

동 : 회사를 장춘에서 등록할 때 호구에 대한 어떤 조건이 있었나요?

C : 별다른 조건은 없었어요.

동 : 자동차 판매를 하고 있는 L회장님이 계신데 그분 말씀으로는 장춘시 호 구가 아니면 일처리 하는데 불편이 많다고 하시던데, 이사님도 이런 상 황을 겪으신 적 있나요?

C : 그런 적은 없는 것 같은데요...

C : 예전에 제 차를 제 명의로 한 적도 있었고 회사 차를 회사의 명의로 한 적도 있었는데 호구문제는 전혀 없었어요.

동 : 그럼 2000년에 장춘에 와서부터 호구문제는 전혀 없으셨어요?

C : 임시거주증을 발급받아야 했어요.

동 : 지금도 발급 받아야 하나요?

C : 일부 지역에선 여전히 임시거주증을 발급 받을 필요가 있는 것 같아요. 제 기억이 틀리지 않다면 임시거주증이 필요한데 확신은 못하겠네요. 하 지만 전에는 (분명히) 필요했어요. 지금은 잘 모르겠지만요.

Z : 지금 호구는 여전히 광동이시죠?

C : 해남이에요.

7. 기업문화 / 협력파트너 / 산업분화

동 : 남방지역에서 사업하시는 것과 길림성에서 사업하시는 것 중 가장 큰 차 이점은 어디에 있다고 보세요?

C : 남방지역은 시장이 성숙하지만 동북지역은 아직 성숙되지 않았어요. 그 래서 상대적으로 기회가 많죠.

동 : 문화적인 면에서는 남방지역과 북방지역의 차이는 무엇이라 생각하세요?

C : 차이가 있긴 하지만 동북지역은 융합이 잘되고 진입하기가 쉬워요. 큰 차이라면 일처리 과정에서의 규칙과 규범들인 것 같아요. 예를 들어 남 방 지역에서는 상대적으로 간단히 처리되는 문제가 이 지역에서는 정서

적인 요소가 추가되죠.

동: 남방지역은 규칙성이 더 강하다는 거네요?

C: 이 지역에서는 규칙에 정서적인 것이 더 섞여있는 거 같아요.

Z: 이사님 생각에 남방인이 북방에서 사업하는 것은 쉬운가요? 어떤 어려움은 없으셨나요?

C: 어딜 가나 어려움은 있지만, 여기가 남방지역보다 어려움이 적은 것 같아요.

Z: 저는 장춘인이기 때문에 장춘에서 사업하는 것이 외지인보다는 상대적으로 쉬울 것 같아요.

C: 저는 외지인이지만 전혀 그런 느낌이 없어요. 오히려 남방지역이 어렵게 느껴지는데 거긴 시장이 이미 성숙해 있어서 모든 것은 실력에 따라 다르고 상대적으로 더 어려워요.

동: 아마 귀 회사가 이미 관광회사나 서비스 업종에서 현지 인맥이나 네트워크가 있어서가 아닐까요. 만약 길림성 장춘시 현지 관광공사가 정부의 각 주요 부문과 더 많은 네트워크가 있다면 상대적으로 이사님이 열세라고 느끼실 수 있지 않을까요?

C: 그런 생각은 안 들어요. 저는 여기 온지 14년이나 되었는데 잘 어울려 왔어요.

Z: 그럼 처음 오셨을 때는 어려움이 있으셨나요?

C: 제 개인적으로는 없었어요.

8. 상회 발전 계획

동: 광동상회를 제외한 중국 상회의 발전 방향에 대해 어떻게 생각하시나요?

C: 상회는 하나의 비영리 조직으로서 회원회사를 위해 서비스를 하죠. 상회가 비영리 조직이니까 이 플랫폼에서 회사를 설립하면 안 된다는 건 아니에요. 비영리는 회원에 한한 것이지, 이 플랫폼을 통해서 회장, 부회장, 이사 혹은 회원들을 결집하여 적합한 회사를 설립해서는 안 된다는 것은 아니라고 생각해요. 제가 보기에는 마땅히 이 플랫폼을 이용하여

길림성 광동상회

교류 뿐 아니라 회사를 설립해도 좋다고 생각해요. 저는 저의 업종 외에는 문외한이에요. 저희 상회의 기타 업종에 종사하는 분도 자기 업종 외에는 문외한일 수 있죠. 하지만 저희는 하나의 플랫폼을 통해 더 큰 회사를 설립한다면 기회도 더 많이 가질 수 있을 거라 생각해요. 저는 그 정도까지 도달할 수 있게 되는 것을 바라고 있어요.

Z : 네. 인터뷰는 여기까지입니다. 고맙습니다.

I-4. 길림성 광동상회 회원 CCR 인터뷰

인물 : CCR, 동운생董运生[동], 장관张冠[관], 장호준张豪峻[장]
일시 : 2013년 7월 10일
장소 : 우량예五粮液 전매점 CCR사무실

1. 개인정보

기본정보

광동성 조산潮汕인, 우량예 매장 운영, 2002년 길림성으로 이주, 2010년 동향상회 가입

사업소개

동: 회원님은 불산분이세요?

C: 네. 저는 원래 조산潮汕 사람인데 후에 불산대학佛山大学에 다니게 되면서 호구를 불산대학으로 전입했어요. 나중에 불산의 부동산회사에 배치되어 거기서 근무했어요. 1, 2년 하다가 생각이... 저희 불산사람들과 주변의 몇몇 친구들, 동창들이 모두 창업을 해서 저도 창업 대열에 뛰어들었어요.

동: 당시 (불산의) 부동산 경기가 막 좋아지기 시작했던 때라 전망이 아주 좋았을 텐데요.

C: 맞아요. 전망은 좋았지만 개인적인 성격 때문일 수도 있고요... 저희 회사는 국유기업国有企业이면서 시급의 집체기업集体企业이었어요. 그래서 (내부의) 인간관계가 조금 복잡한 편이었는데, 저는 개인적으로 좀 단순하고 편안한 작업환경을 좋아해요. 게다가 당시 저희 조산인들은 누구나 창업에 대한 열정이 있었어요. 그래서 저도 부동산 일을 포기하고 창업

에 뛰어 들었던 거죠.

동 : 얼마동안 일하셨어요?

C : 2년 일했어요.

동 : 1998년 인가요?

C : 네, 1998년이었어요.

동 : 장사에 뛰어드셨네요.

C : 하하, 네, 장사에 뛰어들었죠. 첫 사업은 바로 이 건축자재회사에서 시작해서 판매도 하고 전국각지에서 투자를 유치하는 일들을 했어요. 그리고 나서 2002년에 동북으로 파견되었고요.

동 : 건축자재회사에서 파견하신 건가요?

C : 네, 동북3성의 업무를 담당하도록 파견되었어요. 그 당시 저희 회사가 장춘长春에 있었어요.

동 : 장춘에 본사요? 실질적으로는 전체 동북3성을 조정하는 거였네요.

C : 네, 나중에는 그렇게 되었어요. 그 기간에 지금의 아내를 만났죠. 그 당시 바로 서른 되던 해였어요. 간단히만 소개하구요. 2002년에 동북에 처음 왔을 때는 동북처럼 이렇게 먼 곳에 와서 그런지 광동인이 얼마 없다고 생각했어요.

동 : 지금도 많은 편은 아니에요.

C : 맞아요! 그 당시에는 광동상회도 존재하지 않았고 또 제 개인적인 교제 범위도 좁았어요. 그래서 업무상의 동종업계인들과 연락하는 것 말고는 별로 연락할 사람들이 없었어요. 일부러 광동인을 찾아서 만날 수도 없는 일이고요. 저는 몇 안 되는 광동인 중의 하나였던 거죠. 나중에 현지 적응의 어려움 때문이었는지 저희 회사는 장춘이나 동북에서 운영이 잘 안 되었어요. 마침 그 당시의 사장님이 마침 광동 동완东莞에 회사를 설립하셨어요.

동 : 어떤 회사였나요?

C : 그것도 건축자재회사였어요.

동 : 역시 건축자재회사였군요.

C : 네, 거기서 사람이 부족해서 저를 부르셨고 2003년에 저를 광동으로 파견 보내서 돌아가게 됐던 거죠. 사실 (동북에) 1년 정도 있다가 떠난 거였어요. 이후 동완에서 2006년까지 일했는데 그 때부터는 건축자재사

업을 하기가 쉽지 않았어요. 그 이유는 첫째, 공사의 미수금压款 때문이었는데, 미수금 정도가 굉장히 심했어요. 당시 2005년에 한 사건이 있었어요. 동완은 당시 치안이 상당히 안 좋았는데 저희 가게가 새벽에 물건들을 도둑맞았고 가게 안에 있던 류아저씨刘叔가 폭행을 당했어요.

동: 동완은 말이죠, 저희도 잘 아는 건 아니지만 아무튼 늘 분쟁으로 사람들의 관심을 끄는 곳이에요.

C: 맞아요. (그래서) 2006년에는 하던 일을 그만 두었어요. 당시 한 친구가 있었는데 그는 산동성 청도에서 철물3)五金회사의 전국 판매총책임을 맡고 있었어요. 그 친구가 제게 청도를 추천해 주었어요. 청도에 아직 판매점이 없다고 하면서 저더러 청도의 총판매를 맡으라는 것이었어요. 저희 동완 쪽의 건축자재사업도 잘되지 않고 제 자신도 업종을 바꾸고 싶어서 청도로 갔던 거죠.

동: 몇 년도에 청도로 가신 건가요?

C: 2006년 연말이었던 것 같아요. 하반기에요.

동: 청도에는 얼마동안 계셨어요?

C: 청도에서 반년정도 있었어요. 그 기간 동안 탐색을 해봤지만 그것도 쉽지 않았어요. 첫째는 제 친구가 다녔던 회사 브랜드는 광동에서는 꽤 유명했지만 청도에서는 거의 알려지지 않았어요. 둘째는 제품의 가격대비 성능이 좋지 않았고 서비스도 따라가지 못했어요. 한 반년 정도 탐색해보다 (그냥) 포기했어요. 제 아내와 결혼하게 된 것도 포기한 원인 중의 하나였죠. 우리는 2006년에 결혼했고 장춘에 와서 2007년부터 다시 새롭게 시작했어요.

동: 그럼 2007년에 와서 지금의 사업 아이템을 선택하게 되셨네요.

C: 네, 현재 제가 하고 있는 사업은 2007년에 (장춘)에 온 후, 절강浙江에서 천장과 건설자재 사업을 하고 있는 한 친구한테서 동북3성의 업무를 배당받았어요. 다시 친구 밑에서 일을 하기 시작했고 2년 동안 했죠. 2년을 하고 나니 저도 나이가 들었다는 생각이 들어서 (그 일을) 계속 할 수가 없었어요. 저는 계속 여기 장춘에서 생활하고 싶었지만 친구도 별

---

3) 철물五金: 강철이나 알루미늄 등 금속을 주조, 압연, 절단 등 물리 가공하여 제조된 각종 금속기물.

로 없고 아는 광동인들도 없었어요. 나중에 생각해 낸 건 제가 평소에 차 마시는 것을 즐겨하니까... 하하, 차 사업이라는 플랫폼을 통해 친구들을 많이 만날 수 있을 거라 생각했어요.

동 : 처음에 장춘에서 하신 게 차茶사업이셨어요?

C : 처음에는 차 사업이 아니었어요.

동 : 나중에 2009년에 다시 돌아오셨잖아요. 그때 차 사업을 시작하셨어요?

C : 네, 맞아요.

동 : 지금 차 사업은 어느 정도로 하고 계세요?

C : 2009년부터 차 사업을 시작했는데, 사업을 시작한 계기는 여러 가지예요. 첫째로는 저의 아내가 회계를 했었는데 아내는 남의 밑에서 일을 하고 싶어 하지 않아서 아내한테 사업을 하나 만들어 주려고 했어요. 다른 하나는 차 사업이라는 플랫폼을 통해서 많은 남방인들을 만날 수 있을 거라 생각했어요. 저의 목적은 남방인들을 만나는 것이었어요.

동 : 현재 하시는 차 사업은 차 판매점인가요 아니면?

C : 차 판매점이에요, 차 판매점이고 앞으로 10년 내에 다른 사람과 협력하여 차 제조회사를 만들 거예요.

동 : 현재 장춘에 몇 곳 정도 있나요?

C : 현재 협력하는 곳이 5-6곳 정도 있어요.

동 : 5-6곳과 협력하고 있군요. 브랜드명이 뭐죠?

C : 하이티찻잎海堤茶叶이에요. 하이티는 하문厦门의 한 브랜드인데 중량집단中粮集团에 속해있는 주요 브랜드 중의 하나죠.

동 : 주로 어떤 사람들을 대상으로 유통하고 계신가요?

C : 하나는 기업인데 선물용이고 다른 하나는 공동구매团购에요. 그 밖에는 보통소비자들이죠.

동 : 라오징老井이나 보야博雅같은 찻집은 열지 않으셨어요?

C : 아니요, 저희는 아직 그런 능력은 안돼요. 찻집과 차 판매점은 달라요. 찻집은 서비스업종인데 저희는 주로 차 상품을 판매 하고 있어요.

2. 상회활동과 회비

상회 회원의 회비

동 : 가입하면 회비는 얼마에요?

C : 당시의 회비는 음... 2009년 이전에는 1,200위안이었고 나중에 저희가 일반 회원으로 바꿨기 때문에 600위안이었어요.

동 : 그럼 왜 회원등급을 더 높이지 않으셨어요?

C : 높은 등급이요, 솔직히 저도 그렇게 하고 싶죠. 좀 더 큰 회사를 차리고 나면 등급을 높이려고요.

동 : 일반 회원이 600위안이면 이사는 얼마인가요?

C : 이사는 5,000위안이요.

동 : 방금 말씀하신 1,200위안은 무엇인가요?

C : 예전에는 회원 회비가 1,200위안이었어요. 나중에 내렸는데 회원을 확대하기 위해서였죠. 회원의 문턱을 낮춘 거예요.

동 : 그래서 지금의 등급이란 얘기네요. 회비의 등급은 일반회원이 600위안, 이사는 5,000위안이네요. 이사보다 더 높으면 회장인가요?

C : 일반 부회장, 상무부회장...

동 : 일반 부회장은 얼마에요?

C : 2만 위안이요.

동 : 2만 위안, 상무는요?

C : 상무는 4만 위안, 회장은 8만 위안이에요.

동 : 그럼 이사 직위를 갖게 되면 5,000위안이고 (일반회원은) 600위안인데, 5,000위안을 내고 이사를 하면 더 많은 핵심인사들과 만날 수 있어서 좋잖아요.

C : 원래는 저도 그런 생각이 들어서 올해에 이사로 승급하려 했어요. 그런데 회사의 일부 사정들이 아직... 성립이 안 되었어요. 저도 남방에 가서 회사를 등록하려 했죠, 원래 하반기에...

동 : 네. 광주에 가서 하나 등록할 수 있겠네요. 회원님이 광주에서 등록하시는 것과 장춘에서 등록하시는 거는 어떤 차이가 있나요?

C : 왜냐하면 제가 언젠가는 여기를 떠날 것이기 때문이죠.

상회의 활동 참가

동 : 다시 상회 부분으로 돌아가서, 상회에 가입한 후의 활동 참가에 대한 것인데 일 년에 몇 차례 정도나 참가하시나요?

C : 저는 상회의 활동에 거의 다 참가하려고 해요.

동 : 일 년에 몇 차례정도 참가하세요?

C : 보통 다 참가하는데 당시의 규정은 일 년에 4차례에요.

동 : 주로 어떤 형식인가요?

C : 하나는 경축대회, 또 하계 관광활동, 그리고 추석연회, 마지막으로 연말 송년회에요.

동 : 주로 네 가지 형식인데 하나는 파티, 하나는 하계관광, 또 하나는 춘추 명절, 또 하나는 연말의 총결산 파티네요.

C : 네 맞아요.

동 : 보통 다 참가하세요?

C : 저는 보통 다 참가해요.

동 : 여기에 가입한 이후 사교 범위가 넓어진 것 같으세요?

C : 많이 넓어졌어요. 여기에 들어와서 고향사람들을 많이 만났고 또 그들을 통해서 많은 사람들을 알게 됐어요. 상당히 많이 알게 된 셈이죠.

동 : 현재 광동상회에는 200-300개 정도의 회사가 있는데 그중에서 얼마정도 나 알고 지내세요?

C : 60-70%요. 110-120개 정도 알고 있어요.

동 : 관계가 비교적 좋은 곳은 어느 정도나 되세요?

C : 관계가 비교적 좋고, 자주 연락하는 건 절반 정도에요.

동 : 그 정도면 상당히 괜찮네요.

Z : 그럼 상회의 기수 교체에는 참여한 적이 있으세요? 영도계층의 기수 교체에 참여한 적 있으세요?

C : 없어요.

동 : 2010년에 가입하셨으니 가입한 시기가 기수를 교체한 직후네요.

C : 맞아요.

기타 상회에 대한 견해

동: 잘 알고 있는 상회는 어디인가요?

C : 저희 고향의 조산潮汕상회라든지요, 심천深圳에 있는 조산상회에요.

동: 심천쪽, 광동쪽의 것이네요.

C : 사실 교수님들이 이 업계를 알고자 하고 사회조직에 대해 연구하시려면 상회조직은 그쪽에 가서 조사해 보실 수 있어요.

동: 길림성의 상회 중에 회원님이 비교적 잘 알고 계신 곳이 있나요? 아니면 길림성 빼고 동북의 두 개 성省에서요.

C : 길림성 말이죠, 길림상회는 분산되어 있는 편이고 복건상회도 분산되어 있는 편인데 그들은 한 성에 여러 개의 상회가 있어요. 천유상회는 홍보를 많이 하는 편이지만 구체적인 운영은 잘 모르겠어요.

동: 한 성에 하나의 상회만 있는 게 좋다고 생각하시나요, 아니면 조금 분산되어 더 세분화되는 게 좋다고 생각하시나요?

C : 제 생각에는 세분화되어 있는 것도 장점이 있고 한 성에 하나의 상회가 있는 것도 장점이 있다고 생각해요. 만약 한 성에 하나의 상회만 있을 경우 회장의 리더십이 강하면 상회의 발전이 빠르지만, 리더십이 별로 없으면, 예를 들어 절강의 여러 상회들처럼 운영이 잘 안되면 다른 상회에 가입하면 되죠. 하하하...

동: 그러면 복잡해지죠.

C : 조금 복잡하면 경쟁력도 생겨요.

동: 사장님은 광동상회의 여러 회원들과 만남이 많으세요?

C : 저희는... 음...가끔 만나요, 그러나 그다지...

동: 교류하고 소통할 기회가 많지 않으신가요?

C : 네, 깊이 있는 교류는 별로 없는 편이에요.

3. 상회의 기능

상회의 공익활동

C : 상회는 하나의 기구로서 상설조직부문이 있어야 한다고 생각해요. 여기에는 부장部長 한명, 부부장副部長 한명, 사무직원 두, 세 명을 고용해서 전문적으로 정보를 수집한 다음 각 사무실에 정보를 제공해요. 정보를 제공받으면 외부에는 일부 정보만 무료로 하고 회원에게는 (기본적으로 모든) 정보를 무료로 제공하는데, 이 사무기구를 통해 정보가 전달되고 세분화 되어 외부와 이어지는 교류통로가 되도록 하는 거예요. 그렇게 되면 회원들이 혜택을 받고 상회조직을 통해서 돈을 벌게 되면 조직에 대한 귀속감이 강해져요. 귀속감이 강해지면 상회에서 더 많은 회비를 요구하거나 더 많은 기부를 요구해도 다들 내려고 하죠. 돈을 좀 벌었을 때 기부를 하는 건 문제가 없지만 돈을 못 벌었는데 기부를 요구하면 돈을 내놓지 못하죠. 예를 들면 문천汶川 대지진이나 옥수玉树나 그리고 최근 무슨 사건이죠?

동 : 아안雅安지진이요.

C : 아안지진, 그렇죠? 만약 상회의 각 회원들이 돈을 벌게 되면 상회의 호소력은 커져요. 돈을 벌게 되면 이 정도의 돈은 개의치 않죠. 선행을 베풀어야 사회와 국가에 유리하고 돈을 사회에 환원하게 되죠. 그러면 국가와 사회에 대한 상회의 영향력도 커지는 거죠. 상호 촉진(작용)을 하는 거예요. 그렇기 때문에 상회의 조직을 잘 운영해 나가는 것이 관건인데 쉽지는 않겠죠. 일부는 여전히 상회조직 주변에서 배회만 하고 있는데 상회가 더 큰 역할을 하는 것을 보지 못해서 그래요. 나는 돈은 별로 많지 않지만 별 의미가 없고…

동 : 활동 참가에 대해 말씀하시는 거죠?

C : 큰 의미가 없어요. 열정이 높지 않아요. 만약 상회를 더 좋은 결합조직으로 만들고 상회가 더 활기찬 무대의 작용을 한다면 사람들은….

동 : 상회의 일이 더 구체화되고 전문화 되어야 한다는 말씀이시죠.

C : 네! 구체화! 여기에만 머무르지 말고…

동 : 전체인거죠.

C : 네, 전체는 너무 추상적이라서 세분화 할 필요가 있고 세분화 할수록 좋죠. 일 처리를 확실히 하고 분업이 명확해야 회원을 위해 실질적인 일을 할 수 있어요.

동: 구체화를 하려면 회원님이 전에 말씀하셨듯이 고정인원이나 그들의 인건비 지출 등으로 인해 원가의 증가로 이어질 텐데요.

C : 사실 이건 문제없어요. 솔직히 말해서 저희 회원들이 600위안 내고 있는데 만약 2,000위안을 내고 일을 잘 해준다면 2,000위안도 낼 수 있어요. 부회장들도 회비가 10,000위안으로 오른다 해도 문제없이 다들 제때 내려고 할 거예요.

동: 그러면 회원님께서 방금 말씀하신대로 만약 어떤 사람이 회비를 내고 나서 회비는 많지 않지만 활동에 여러 번 참가해도 별 의미가 없다고 느꼈어요. 그래서 일을 더 잘하고 싶어서 한 가지 방안을 제시하는데 그게 바로 회비 인상이에요, 그러면 다른 사람들은 이걸 수용할 수 있을까요?

C : 제가 보기엔 받아들일 수 있다고 봐요. 왜냐하면 한 번에 올려봤자 얼마 안돼요, 두 배 정도 더 내는 것뿐이잖아요. 두 배 정도 증가해서 일처리를 잘해주게 되면 사람들은 바로... 어찌 됐든 구체적인 방안을 제시하고 왜 회비를 인상할 수밖에 없는지 어떤 항목으로 인해 인상하게 되었는지를 설명하고 사람들에게 기대효과를 보여주면 사람들은 적극적으로 지지할 거예요. 적어도 저는 쌍수를 들어 환영이에요. 왜냐하면 다른 성의 일부 상회는 잘해내고 있거든요.

상회 가입의 장점

동: 상회에 가입하신지 거의 3년이 되어 가는데 이 3년 동안 어떤 특별한 일을 경험하신 적이 있으신가요? 예를 들어 어떤 어려운 문제에 봉착했는데 상회에서 나서서 해결해 주었다든지요?

C : 저는 문제가 생겨도 상회에 문제를 해결해달라고 요청하지는 않아요. 왜냐하면 저희도 잘 알고 있죠. 상회가 아직 초보단계라서 조직체계가 잘 갖추어지지 않았고 또 경제적인 것도 그렇고 인사배치도 제대로 되어 있지 않기 때문에 저는 특별한 일이 아니면 상회를 찾지 않아요.

동: 어떤 사람은 상회에 대해 큰일, 작은 일 가리지 않는다고 하던데요. 예

를 들어 한 분은 늘 술을 마시고 길에서 운전면허...

C : 있어요. 왜냐하면 사람마다 생각이 다르잖아요. 저는 보통 상회에 골치
    아픈 일을 주고 싶지 않아요. 제가 (상회에 바라는 것은) 상회라는 플랫
    폼을 통해 고향사람들을 만나 친하게 지내는 것이에요.

동 : 그러면 상회가 도와줄 필요가 별로 없네요. 회원님한테 상회의 최대 작
    용은 플랫폼으로써 고향사람들과의 연계네요.

C : 네, 그렇죠.

4. 동향문화와 지역 정체성

호적의 소재

동 : 회원님의 호구는 현재 어디에 있나요?

C : 저의 호구는 광동이에요.

동 : 회사를 등록하려면 꼭 호적소재지 여야만 하나요? 꼭 그런 건 아니죠?

C : 꼭 그런 건 아니에요, 어디든지 등록할 수 있어요. 여기서는 개인 사업
    자수体工商会에요.

동 : 이 호구는 지금도 쓸모가 있나요?

C : 호구요?

동 : 예를 들어 광동의 호구인데 고향 쪽에서 무슨 혜택 같은 것이 있나요?
    이 호구의 소재지에서요.

C : 누리는 혜택도 있죠.

동 : 고향에서는 어떤 혜택을 누릴 수 있나요?

C : 지금은요 제가 동북에 있다 보니 누리고 싶어도 직접 가서 누리지는 못
    해요.

동 : 도시호구에요? 농촌호구에요?

C : 제가 공부하기 전에는... 지금은 도시호구지만 예전에는 농촌호구였어
    요. 대학에 진학한 이후 도시호구로 되었죠.

동 : 양로보험이나 의료보험은 보통 호구에 따라 적용되는데 회원님이 현재

갖고 계신 광동 도시호구는 이 부분에서 어떻게 되어 있어요?

C : 저는 여기에도 있는데...

동 : 그런데 상업보험을 내시는 거죠.

C : 맞아요. 상업보험. 그쪽에서도 의료보험을 만들었어요.

동 : 바로 호구소재지에 따른 거죠. 주변 친구들 혹은 광동에서 온 사람들한 테서 장춘에 오래 살다 길림호구로 바꾼 경우를 들은 적은 있으신가요?

C : 있어요. 여럿 있어요. 제가 아는 것만 두, 세 명 돼요.

동 : 그들이 장춘 호구로 바꾼 이유는 주로 무엇 때문이었나요?

C : 그들이 바꾼 이유는 제가 듣기로는 증명서 같은 것들을 만들 때 편리하 게 하기 위해서라고 했어요. (고향에) 왔다 갔다 할 필요가 없으니까요.

동 : 차나 집을 포함해서 왔다 갔다 할 필요가 없이..., 그렇죠?

C : 네.

장 : 회원님의 친구들 중에서 현지 호구로 가입한 분들은 자신을 광동인으로 생각하세요, 아니면 동북인으로 생각하세요?

동 : 다시 말해서 회원님의 친구분들 중 현재 장춘 호구로 바꾼 사람들이 있 으실 텐데 그들과 교류할 때 그들은 자신의 정체성을 장춘으로 하는지 아니면 광동으로 하는지 말씀해 주세요.

C : 비유하자면 우리 중국인들이 미국에 갔을 때 우리는 여전히 화교의 신분 으로 화교들과 어울리죠. 호구라는 것은 법률적인 의미이고 인간적인 교 제에서는 역시 고향의 정서가 더 앞서죠. 이건 어찌 됐든 변할 수 없는 것으로 우리가 러시아나 영국에 가도 우리는 여전히 중국인이죠.

장 : 일부 광동인 중에는 이주해서 여기로 온 사람들도 있죠?

동 : 맞아요. 틈관동闯关东을[4] 말씀하시는 것 같은데 산동인들이 해방 이전에 동북지역으로 왔잖아요. 사장님이 알고 지내는 광동인들 중 제일 일찍 장춘으로 온 사람은 언제 왔나요?

C : 제일 일찍이요. 예전에 군인을 했을 거예요. 그가 일찍이 온 편이고 무

---

4) 청조 정부는 자신들의 본거지인 동북지역에 한족이 이주하는 것을 금하는 봉금정 책을 실시했지만 화북지역 특히 산동과 하북의 한족들이 산해관을 넘어 동북지역 으로 이주하여 정주했다. 봉금령이 해제된 이후 이러한 현상은 더욱 두드러져 동 북의 인구가 급증하게 되는 원인이 되었다. 이 이주민을 틈관동이라고 하는데, 틈 관동 현상은 장기간 중국의 인구와 사회 경제의 변화에 커다란 영향을 미쳤다.

역을 하는 사람들 중 제일 이른 사람은 1980년대에요. 저의 한 고향 친구가 1980년대에 광동에서 왔어요.

동: 오고 나서 다시 안 갔어요?

C: 네, 돌아가지 않았어요. 계속 여기에 있었는데 그들은 잘하고 있어요.

관: 그 당시 무슨 사업을 했어요?

C: 그는 해산물사업을 했어요. 보통 해산물사업을 하는 사람들이 많은데 그 당시에는 동북의 광동식 음식점이 한창 유행했었기 때문에 해산물사업은 수익이 높은 편이었어요.

장: 그럼 그분도 자신을 여전히 광동인이라 생각하세요?

C: 네.

장: 그분의 아이들은요?

C: 아이들이 만일 여기서 태어나서 여기서 학교를 다닌다면 그는 현지화 되어서 동북인의 신분으로 사람들과 교류하겠죠. 그들은 달라요, 여기에서 태어나서 성장했으니까요. 저희들처럼 고향에서 자라서 성인이 되어서 여기 온 것과 달리 그들은 여기서 유치원과 학교를 다니기 때문에 이 지역에서 현지화가 되는 거예요. 주변의 동창들도 현지인이다보니 그들은 동북문화에 대한 정체성이 강해요. 고향에 대한 인식이 오히려 적을 거예요.

동북문화에 대한 견해

동: 그 당시 동북인에 대해 어떻게 느끼셨어요?

C: 그 당시 동북인들은 낙후하다는 느낌을 받았어요. 차도 아주 적었고 어딜 가나 제다捷达 차일뿐 고급차는 거의 없었어요.

동: 뿐만 아니라 실업문제는 가장 심각했죠.

C: 맞아요. 경찰들도 버스를 타고 다니던 시절이었는데 오토바이도 없어서 자전거를 타고 다니는 것을 가끔 본 적 있어요. 2002년도에 제가 받은 느낌은 아주 많이 낙후한 것 같았어요. 또 인간관계도 복잡해서 그 당시 저는 동북인에 대한 느낌이 별로 좋지 않았어요. 예를 들어 식사할 때는 많은 것을 OK하지만 식사가 끝나고 다음날에는...

동: 술이 깨면 모두 잊죠.

C : 술이 깨면 모두 잊어요, 깨끗이 잊죠. 하하하...

동 : 회원님께서 보시기에 이건 문화차이라고 생각하지 않으세요?

C : 제가 보기엔 문화차이인 것 같아요. 저희 광동인은 음주여부를 떠나서 자기가 한 얘기는 무조건 이행하려고 해요. 그렇지 않으면 자신에 대한 상대방의 평가가 달라질 테니까요. 그러다 2003년도에 다시 동완으로 돌아갔는데 거기서도 사업은 꽤 잘되었어요. 그 때 장춘 출신의 제 아내를 알게 되었어요.

동 : 장춘에 이렇게 오래 사셨고 방금 술 마시는 습관에서 동북인들과 남방인들이 차이가 있다고 말씀하셨는데, 그 외의 다른 면으로 동북과 광동의 구별을 느끼신 적이 있으신가요? 문화에서든 행동에서든 또 다른 면들이 있는지요?

C : 얘기하기 시작하면 많죠.

동 : 두, 세 가지만 예로 들어주시면요.

C : 동북과 남방, 즉 광동은 문화적인 면에서 차이가 커요. 저희 광동은 해양문화여서 내륙문화와 차이가 있을 수 있고 역사적으로도 그렇죠. 광동은 지리적으로 바다와 인접해 있고 역사적으로도 무역하는 전통이 있어요. 동북은 원래 내륙이니까, 또 (그들은) 이주자들이니까, 즉 산동이나 하북에서 이주해온 자들이잖아요. 그래서 상업문화가 별로 없지만 저희 광동은 상업문화가 강하죠.

동 : 상업문화나 문화적인 전통大文化들이 많이 뒤떨어져 있지요?

C : 맞아요. 그렇기 때문에 저희들의 사고나 이념들은 상당히 실용적이에요. 실용적이지 않으면 사업을 할 수가 없죠. 그런데 여기는 문화나 예술 방면에서는 광동보다는 강한 편이지만 상업문화쪽은 광동보다는 좀 약하죠. 예를 들어 동북 이인전东北二人转 등등이에요.

동 : 회원님도 즐겨보시나요?

C : 저도 즐겨 봐요. 하하하. 동북인의 화술이 뛰어난 건 이인전과 관련 있다고 봐요. 매일 보다 보면 어느 정도 따라 배우게 되고 유머가 생기게 되는 거죠. 동북사람들은 저희보다 유머가 많아요. 저희 광동인들의 화술은 그냥 보통 정도예요. 그래서 가끔 표현능력이 별로 좋지 않아요. 저희는 어릴 때부터 착실한 환경에서 성장한 이유때문인지 아무튼 유머가 부족해요. 광동인들은 유머도 할 줄 모르고 말도 직설적이에요. 게다

가 개혁개방 전의 광동은 경제능력이 낙후한 지역이라 문화방면이나 문화수준이 조금 뒤떨어진 편이었어요. 나중에 개혁개방 이후 다들 창업을 시작했지만 그 시기에도 학습무용론读书无用论이 유행했었어요. 공부를 별로 안 해도 돈을 많이 벌 수 있었는데 오히려 공부를 많이 하면 돈을 잘 못 벌었어요. 왜냐하면 공부를 적게 하면 과감히 시도를 하게 되는데 공부를 많이 하면 오히려 이것저것 생각할 게 많아지게 되는 거죠.

동 : 지식도 하나의 구속이네요.

C : 저희 광동쪽을 보면, 특히 지난 세기인 2000년 이전의 많은 기업가들이나 벼락부자들은 대부분 농촌출신이었어요. 그들은 용감하게 시도했고 별로 고민들을 하지 않았었죠. 실패하면 집에 돌아가 농사를 지으면 된다는 생각으로 그들은 많은 기회들을 잡았고 얻을 수 있는 만큼 얻었어요. 그렇지만 지금은 달라졌어요. 21세기 초이고 시장경제도 점차 성숙해져서 경쟁도 점점 치열해지고 있어요. 문화가 없으면 어떤 일이든 그렇게 쉽게...

동 : 용기만 믿고 성장하기엔 부족하죠.

C : 맞아요. 안돼요. 그리고 저희 광동에서도 이제 교육을 중시하기 시작했어요.

동 : 나중에 술 사업은 어떻게 시작하시게 되셨어요?

C : 술은 저희 상회의 한 부회장, 바로 류씨사장님과 협력하고 나서 시작하게 되었어요. 그분이 브랜드를 선택할 당시 동북에는 술 문화가 상당히 성행하고 있었는데 라이마이주赖茅酒 브랜드가 꽤 오랜 브랜드였기 때문이었죠.

동 : 라이마이주는 근래 2, 3년 동안 장춘에서 꽤 잘나가는 편이에요. 사람들이 점점 많이 마시고 있어요.

C : 그 브랜드가 비교적 복잡해요.

동 : 네. 확실히 종류가 많기는 하죠?

C : 술사업은, 당시에 했던 것은 라이스자赖世家라는 귀주贵州지역에서 유명한 브랜드였는데, 라이마이주가 꽤 명성 있는 브랜드라서 이걸로 하게 되었어요.

동 : 네, 이 얘기는 이 정도로 하고요. 두 번째는 무슨 계기로 상회를 알게 되셨고 가입하게 되셨나요?

당대 중국 민간조직의 단면: 길림성 동향상회 구술집

C : 금방 차 판매점 얘기를 했었잖아요. 차 판매점을 열게 된 목적은 더 많은 고향친구들을 알고 싶어서였는데 차 판매점을 개설할 때 인테리어하고 조명기구들을 구매하면서 고향사람 한분을 알게 되었어요.

동 : 그분은 (이미 상회에) 가입한 분이셨나요?

C : (당시) 가입하지 않았지만 상회의 존재에 대해 얘기해 주었어요.

5. 상회인식

상회빌딩

관 : C회원님, 광동상회에서 광동빌딩을 건설하고 있는 중인데 이에 대해 알고 계세요? 얼마나 알고 계신가요?

C : 알고 있어요.

관 : 이에 대해 어떻게 생각하세요?

C : 저희는 당연히 빨리 완공되기를 기대하고 있어요. 이런 플랫폼이 있으면 상회가 좀 더 큰 공간에서 회원들을 발전시킬 수 있고, 사무기구도 더 설치하고 상회회원들끼리의 교류도 더 활발하게 할 수 있어요. 광동빌딩 자체가 오피스 건물이니까요.

동 : 광동빌딩에 대한 이런 생각은 영도들로부터 나온 것인데, 이걸 회원대회를 통해서 이해하셨나요, 아니면 차 마시면서 알게 되셨나요?

C : 대회에서 얘기한 적이 있어요.

동 : 빌딩의 자금은 자발적으로 준비하신 건가요 아니면 어떻게 준비하신 건가요?

C : 몇몇 설립자 즉 몇몇 주주가 주주의 방식으로 설립한 거예요.

관 : 이들 주주는 거의 상회 영도계층인가요?

동 : 그들은 거의 자금이 있는...

C : 맞아요. 일부 부동산회사에서 준비했어요. 그런 다음 저희 회원들이 임대하거나 구매하는 형식이었죠.

장 : 만일 회원님이 여기서 사업을 확장해서 더 큰 규모의 체인점을 만드신다

면 일부 협력파트너가 필요하실 텐데, 그런 경우 현지인과 협력하실 건
가요, 아니면 광동인과 협력하실 건가요?

동 : 제 생각에는 현지인이나 광동인이나 다 똑같아요. 다 중국인이니까요.
사실 광동인이라도 꼭 얘기가 잘 통한다는 보장은 없어요. 이웃끼리도
다 관계가 좋은 건 아니잖아요. 사람마다 성격이나 인생관, 친구에 대한
생각이 다르기 때문에 저는 협력파트너를 광동인으로만 한정하지는 않
아요. 제 친구들 중에는 외지인들도 많아요. 비록 광동쪽은 언어나 풍습,
사고방식 등이 비슷해서 친구가 될 가능성이 높지만 친구 사귀는 데에
다른 요인들도 많잖아요. 공통적인 가치관이나 공통의 취미가 비슷하면
친구가 될 가능성이 더 많죠.

동 : 협력파트너는 공통점이 많은 사람일 수는 있지만 꼭 광동성 사람이여야
하는 건 아니네요.

C : 네, 맞아요.

6. 각종 동향 / 동업조직과의 관계

동향인과의 관계

장 : 저희는 동남아 쪽과도 하고 싶지만 관계가 없어요.

동 : 그래요?

C : 이런 관계란 건 가능성이 있죠, 없는 건 아니에요. 저희 심천에 조산상
회라고 있는데 꽤나 영향력이 있어요. 조산상회에서는 부회장은 (회비)
만 50만 위안이나 납부하는걸요.

동 : 그것이 광주란 지역에 있기 때문에 회비 기준이 (동북과는) 다르겠죠.

C : 맞아요. 그래서 그들 조직체계는 상당히 완벽해요. 부회장이 50만 위안
이고 회장은 100만 위안이에요. 자금력이 튼튼하기 때문에 인사채용을
할 때 전문 인력들을 채용할 수 있고 전문 인력들이 많아서 많은 일을
조직적으로 처리할 수 있죠. 현재 저희 상회는 아직 초급단계에 머물러
있어요. 상회는 플랫폼을 제공하는 것 말고는 별로 큰 역할을 하지 못하

고 있어요. 인원과 자금력이 제한적이기 때문에 (아직) 많은 일들을 하지 못하고 있죠. 저희 상회도 하나의 방식을 만들어야 한다고 생각하는데, 예를 들어 상업에 따른 분류나 생산성과 상업성에 따른 분류를 할 수 있죠, 아니면 건축자재류, 소모품류, 부동산류 등으로 분류할 수도 있고요. 그런 다음 조마다 무슨 부비서장이나 회장을 배치하는 방식이죠.

동 : 산업에 따른 분류요.

C : 맞아요. 농업 및 법률위원회农业与法律委员会처럼, 혹은 기획종류로 분류를 하는 거예요. 조직마다 해당 사무기구를 설치해서 세분화하는 건데요, 예를 들어 제가 하고 있는 녹차나, 술, 소모품사업 등을 (묶어서) 하나의 부문을 만드는 거죠. 그런 다음 저희가 정기적으로 월례회나 모임을 만들어 동시에 서로 정보를 나누는 거예요. 그러면 서로 많은 정보를 교류할 수 있고 교류범위도 좁아져서 교류가 (더욱 긴밀하고) 원활해지죠. 범위가 넓으면 (서로를) 전혀 돌아볼 수가 없어요.

동업조직과의 관계

장 : 장춘시에 동종업계 협회가 있나요?

동 : 광동상회 이외에 광동성 호적의 구성원들이 다른 사회조직에 참여하는 것을 들은 적이 있으신가요?

C : 상회를 말씀하시는 건가요?

동 : 상회 이외에 예를 들어 현재 하고 계시는 녹차사업에 관해 길림성 광동녹차협회라든지가 있나요?

C : 현실적으로 녹차사업을 하는 사람은 첫 번째가 저이고, 고향인들 중에는 류사장님이 녹차 사업을 시작해서 우리 둘 뿐이에요. 둘이서 어떻게 조직을 하겠어요. 복건福建과 달리 규모가 안돼요.

동 : 저희가 만나 뵌 지 얼마 되지 않아 제 생각이 맞는지 모르겠지만, 회원님께서 아까 제기하신 것들은 어떤 결과를 초래할 수 있는데요. 상회 내에서 실력이 강한 회사들, 대개는 부동산회사들이 자금이 상대적으로 많고 실력이 강하죠. 회원님이 방금 말씀하신 것처럼 만일 업종별로 분류해서 몇 개의 작은 협회나 연합회로 나누었을 경우, 부동산처럼 실력이 강한 회사들끼리 하나의 분회가 되고 녹차, 담배, 술과 같은 회사들이

하나의 분회가 되죠. 이렇게 되면 실력이 강한 분회는 번창하는데 다른 분회는 그렇지 못한 경우가 있을 수 있는데 그런 생각은 해보셨나요?

C : 그런 건 비교할 필요가 없어요. 그건 당연한 거잖아요. 다들 똑같이 대학을 졸업해도 10년 후 어떤 사람은 억만장자가 되어 있고 어떤 사람은 가난뱅이가 될 수도 있죠. (그건) 정상적인 것이니 평정심을 갖고 대해야죠. 업종마다 차이가 있기 때문에 비교할 수가 없어요. 경쟁이 있을 수도 있지만 이런 것까지 생각한다면 아무것도 할 수 있는 건 없겠죠.

동 : 균형이 있어야 하는데 분회로 많이 나눠지면 서로를 비교하거나 내부 분회 간 불평등을 초래할 수 있지 않을까요?

C : 불평등해지지 않아요. 자기 분야의 할 일을 잘해내면 되죠.

동 : 자기 업종 내의 일을...

C : 맞아요. 중국과 미국처럼 말이에요. 미국이 어떻게 발전하건 그건 미국의 일이고 중국의 일만이 자기 일인 거죠. 중국이 어떻게 발전하건 중국에서 결정할 일이지 미국에서 간섭할 수는 없죠. 그렇죠, 각 업종마다 경쟁이 있는 건 어쩔 수가 없어요. IT산업과 부동산은 발전 속도가 빨라서 밥솥처럼 이윤이 낮은 것과는 다를 테지만, 그건 방법이 없죠.

7. 민간신앙

장 : 광동인이나 녹차나 술 업종에는 자신들만의 금기가 있나요?

동 : 금기하는 것 중에 어떤 게 있는지 물으시는 거죠? 미신은 아니고 신념을 말씀하시는 것 같은데, 불을 믿는다든지 같은 민간신앙 부분이에요.

C : 민간신앙이라... 사실 이것은 광동에서는 상당히 보편적이에요. 하지만 저는 개인적으로 이런 걸 그다지 믿지 않아요.

동 : 길림에 있는 광동인들을 관찰했을 때 대체로 믿는 것 같아 보이셨나요?

C : 음....

동 : 예를 들자면 원래 광동에서 기업을 설립할 때 절을 올려야 하는 특정 물건이 있는데 그걸 장춘에 와서도 기업을 창립 할 때도 반드시 이것이 있어야 하는 것인지요?

C : 네. 있어요. 연세가 많거나 교육수준이 특별히 높지 않은 사람들은 상당히 전통을 중시하죠.

동 : (원래 믿었는데) 여기에 오래 살게 되면서 더 이상 믿지 않게 되는 경우도 있나요?

C : 아니요. 마치 미국 차이나타운에 있는 우리 화교들이 50-60년이 지나도 생활습관은 그대로 유지하듯 여전히 습관으로 남아 있는 거죠. 젊은 사람이 아니라면 그런 부분은 변하지 않을 거예요.

8. 상회의 발전에 대한 기대

동 : 이상적인 상회의 조직체계는 어떤 것인가요?

C : 제가 이상적으로 생각하는 상회구조는 조직이 체계적이고 인원이 잘 배치되어 있고 상회의 활동을 지지할 수 있는 기본적인 재정능력이 있어야 한다고 생각해요.

동 : 상회의 활동이 적다고 생각하세요?

C : 지금은 상회가 회원이나 회원회사를 도울 수 있는 능력이 아직 부족하다고 봐요.

동 : 자금이나 사무인사 확충 같은 것을 하려면 회비의 인상이 필요하겠죠?

C : 네, 회비를 인상하면 되죠. 조직체계가 완전하면 사무능력이 향상되고 회원들도 자연히 귀속감이 강해져요. 그러면 회원회사들에서 좋은 일을 할 때 상회가 나서서 도와줄 수 있는데, 예를 들면 기증과 같은 것이죠. 그리고 (상회가) 이런 영향력이 있다면 저희 광동인들은 모두 가입하려 할 것이고 그 비서실의 동원력도 강해질 것이에요. 외국의 일부 상회조직은 엄청나게 강해서 여러 기구들이 있고 사무인사도 몇 십 명, 몇 백 명에 달해요.

동 : 중국의 많은 문제들은 서방과 직접 비교될 수 있는데요, 예를 들어 상회가 기증이나 회비의 인상으로 인해 보유한 자금이 커질 경우, 이에 대한 관리와 감독은 어떤 모델로 해야 한다고 보세요?

C : 관리감독은 자연히 기업화의 운영으로 하는 거죠. 회사에는 이사회董事

會와 감사회監事會가 있잖아요. 이러한 기구들로 감독을 하는 거죠. 일부 운영이 투명해지면 자연히 회원들도 믿게 돼요. 지금 일부 자선기구들에게 사람들이 기증을 하지 않는 이유는 그들이 투명하게 일을 하지 않기 때문이잖아요. 투명하지 않으면 사람들은 돈을 자기 호주머니에 넣지 않나 의심하게 되고 의심하는 사람이 생기면 조직력이 떨어지게 되고 이로 인해 사무처리 능력은 점점 떨어지게 되는 거죠.

동: 광동상회는 매년 열리는 회원대회에서 회원들에게 자금의 수입, 회비의 수입, 자금의 흐름 등에 대해서 공개를 하나요?

C: 저희는 아직 그 정도까지 되지는 않았어요.

동: 투명하다고 할 수는 없겠네요.

C: 저도 고위층들이 어떤 생각들을 하고 계신지 잘 몰라요. 제 생각엔 상회 조직이 본래의 창립 취지를 십분 발휘한다면 더 큰 역할을 할 수 있을 것이라고 생각해요.

동: 왜냐하면 그 성격이 비영리 사회조직이기 때문에 정부기관이 직접 관리하는 조직이나 회사와는 다르기 마련이겠죠.

C: 맞아요. 제 생각에는 현재 중국의 상회는 아직 초급단계에 머물러 있어요. 제가 듣기로는 태국泰国의 조산상회는 100년의 역사를 갖고 있다고 해요. 그들의 조직체계, 인원배치, 자금실력, 사무처리 능력, 영향력들은 아주 강하다고 해요.

동: 이는 아주 좋은 제안이라고 생각해요. 100년 이상, 역사가 긴 동남아 국가의 상회 중에서 하나를 골라 성립된 지 3-5년 된 상회와 비교연구를 하면 더 명확하게 알 수 있을 거예요.

C: 저도 상회조직에 대한 이런 연구를 좋아해요.

동: 회원님께서는 상회의 기능에 대해서 많은 회원들이 가입할 때 고려하는 것이 경제적인 이익의 유무라고 하셨는데, 이건 사실 상회의 위상을 말해주는 거예요. 경제적인 이익 이외에도 만일 저희라면 비영리사회조직으로서의 사회적 책임과 공익방면에 대한 작용들을 고려할거예요. 회원님께서는 상회의 경제기능이나 사회기능에 대해, 그리고 이들 사이의 관계를 어떻게 보세요?

C: 상회잖아요. 왜 상회라 불리겠어요. 상商에서 위치가 결정되는 거죠. 제 생각에 미래의 상회는 회원들에게 사무 처리를 제공해주는 중계 역할을

할 것 같아요. 한 회원이 무슨 일이 생기면 상회가 모두 해결해주는 건데 사업상의 일뿐만이 아닌 모든 일에서 말이에요. 왜냐하면 한 사람이 성공하는 데는 아주 많은 요소들이 혼합되어 있어요.

동 : 하지만 이것은 회원님이 말씀하신 구체화, 전문화와는 앞뒤가 맞지 않은 것 같은데요. 방금 말씀하신 구체화를 예로 든다면 광동상회 하부에 업종에 따라 분류한 연합회를 성립시켰을 때 이러한 플랫폼이 경제적 기능을 발휘하기에 더 적합할 수 있고 사업이나 경제적 수익에 더 좋을 수 있어요. 하지만 지금 말씀하신 기타 방면의 기능들은 상회의 종합적인 차원에 더 적합해요. 그렇게 되면 이건 모순이죠.

C : 모순은 아니에요. 전문적인 조직들도 있고, 독립적이고 통합적인 조직들도 있어서 상업 외적인 일들을 처리하는 거죠.

동 : (그런 건) 지금도 있어요. 종합사무실이 있어요. 경제사무실도 있고 권익 보호사무실도 있어요.

C : 하지만 인사배치가 부족해요. 교수님이라면 혼자서 그렇게 많은 일을 할 수 있으시겠어요? 교수님께서 못하신다면 다른 사람들도 역시 못하는 거죠.

동 : 현재 상회에 7, 8명의 직원이 있는데, 만일 사장님께 인원을 채용하라고 한다면 몇 명이나 고용하실 생각이시고 이들을 어떤 업무에 배치하고 싶으세요?

C : 상회의 조직규모를 볼 때 적어도 10-20여명은 필요하다고 봐요.

동 : 20명이라고 할 때 현재 7, 8명 있으니 앞으로 12, 13명은 더 고용하셔야겠네요. 그럼 이 12, 13명에게 어떤 업무를 맡기시겠어요?

C : 들어오면 방금 말씀드린 전문 업무를 하게 하는 거예요.

동 : 전문 업무, 예를 들면 부동산에 한 두 명이 가서 부동산에 대해 조정하고, 다음 녹차, 술 혹은 식품 등에 배치되는 거 맞나요? 그리고 전체가 한 플랫폼이고 거기에 한, 두 사람이 책임을 맡고, 그리고 또 소제품들을 생산하는 데도 있고요.

C : 맞아요. 그런 식이죠.

동 : 그렇군요. 평상시 활동은 매달 업종별 소모임을 갖는 거죠?

C : 맞아요.

동 : 아, 그리고 시간이 지나서 절기가 바뀌면 또 다시 모임을 갖고요.

C : 큰 활동은 상회 명의로 나서서 기획하고 업종별 소모임은 한 달에 한,

두 번 하는 거죠.

동 : 그럼 활동경비는 어떻게 하죠? 활동경비를 회비에서 마련해야 할까요, 아니면 소모임에서 별도로 내서 마련할까요?

C : 소모임에서 더 내도 되죠.

동 : 이 일은 단독으로 조정하고요?

C : 맞아요. 단독으로 조정하고요. 만약 이런 효과를 낼 수만 있다면 돈을 좀 더 내도 상관없어요. 예를 들어 상회의 몇 개 큰 활동 이외의 것은 이 소모임에서 조직하도록 하는 거예요. 그리고 비용은 AA제의 형식으로 나누어 분담하는 거죠.

동 : 아까 회장님에 대해 말씀하셨는데, 회장의 역할에 대해서 회장이 어떤 일들을 해야만 회원들과의 거리를 좀 좁힐 수 있다고 생각하세요?

C : 하하하

동 : 회장님에 기대하는 바요. 이를테면 (회원들 앞에) 자주 나타난다든지 이건 당연히 첫 번째 단계일 것이고요. 그리고 어떻게 해야 회장님이 자주 나타날 수 있게 할까에 대해서요. 회원이 200-300명이나 되는데 회장님이 매달 그들과 함께 한다거나 차례로 만날 순 없으니까요.

C : 회장이 실질적인 것들을 할 필요가 없어요. 정신적인 리더 작용, 카리스마, 호속력, 신뢰 등으로 회원들에게 믿음을 주고 의지할 곳을 주고 고향사람들에게 열정적이면 돼요.

관 : 상회를 어제 방문했는데 아주 잘 운영되고 있더군요. 내부에 깃발도 있고 간판도 있고 모두 다 제 나름대로...

동 : 제가 알고 있기로는 광동상회가 현재 길림성에서 체계가 가장 잘 되어 있는 상회예요.

C : 비서실의 사무처리 능력도 꽤 좋고 다른 상회들보다 낫죠. 하지만 제 생각에는 아직 초보단계라서 제 마음속의 이상적인 상회와는 거리가 멀죠. 우리 중국인들이 상회를 만들기 시작한지 얼마 안 되었기 때문일 수도 있어요.

관 : 그 간판들은 길림성의 각 정부기관에서 수여한 것일 테죠. 회원님의 생각에는 상회가 정부기관과 회원들 중에서 누구에게 더 많은 서비스를 제공해야 한다고 생각하세요? 아니면 회원님께서는 상회가 누굴 위해 서비스를 해야 한다고 생각하세요?

C : 제 생각에 상회는 회원들과 정부가 교류할 수 있는 중간지점이 될 수 있다고 봐요. 정부 측에서도 일부 정책 전달을 상회를 통해 할 필요가 있어요. 정부에서는 무슨 일이 있으면 상회를 통해 회원회사들을 불러 정보나 정책을 전달하려 해요. 그리고 저희 회원들도 어떤 정책이나 상회를 통해 정부기관과 연계를 하는 것이 필요할 때가 있어요. 상회는 아주 좋은 교류의 장이에요.

동 : 한 시간정도 저희가 인터뷰를 진행한 것 같은데 마지막으로 질문을 드릴게요. 회원님 자신에 대한 계획을 두 가지 방면으로, 하나는 본인의 상회에 대한 참여계획, 다른 하나는 장춘시 미래에 대한 본인만의 계획을 말씀해 주시겠어요?

C : 저는 앞으로 광동쪽의 발전에 중심을 둘 생각이에요.

동 : 되돌아가실 생각이신가요?

C : 맞아요. 여기도 포기하지 않겠지만 중심은 광동쪽이에요. 상회는 시대와 더불어 발전하겠죠. 저의 능력이 허락하는 한 공헌할 수 있을 만큼 공헌할 생각이고요.

동 : 인터뷰는 여기까지입니다. 고맙습니다.

I-5. 길림성 광동상회 회원 LZH, DFQ 인터뷰

인물 : LZH, DFQ, 동운생董运生[동], 장관张冠[관]
일시 : 2013년 10월 16일
장소 : 길림성 광동상회 사무실

1. 개인정보

사업소개

동: 주택 모형이외에 또 어떤 모형들을 만드세요?

D : 많아요, (중략) 전시장의 전시나, 기업, 농업박람회 등의 모형을 3D 프린터로 만들고 있어요.

동 : 아내분과 장춘시에 오셔서 창업한 과정을 소개해주시겠어요?

L : 우리는 2000년에 대련으로 먼저 갔다가 나중에 장춘으로 왔어요. 그 당시 도시개발이 상당히 활발했는데 대련에서 시작해서 심양, 장춘 등 지역을 다니면서 시장조사를 했어요. 장춘은 개발 가능성이 있는 곳이라는 것을 느꼈죠. 장춘은 남방 지역과는 달랐어요. 그 당시 남방지역은 거의 포화상태라 광주, 광동 같은 지역에서는 어떤 업종도 성공하기 어려웠기 때문에 장춘으로 오기로 결정했던 거죠.

동 : 두 분 모두 고등학교 졸업 후 여기에 오셨나요, 대학교 졸업 후 오셨나요?

L : 저는 고등학교 졸업 후 잔장사범대학湛江师范大学 미술실에 있다가 거기서 나와서 포장회사에서 일했어요. 1989년에 북경에 가서 차이나 궈마오国贸의 광고 일을 했어요. 1989년부터 1999년까지는 광동의 포장회사에서 평면설계를 했는데 지금 하는 일과 관련된 일이었죠. 이후 북경에 왔고 제 아내는 심천대학을 졸업하고 심천에서 모형에 관련된 일을 했어요. 1993년도 얘기인데 아내가 1996년도에 북경에 가서 회사를 설립해서 저도 1999년도에 북경으로 갔어요. 북경에서 부동산개발에 관한 일

을 하다가 다시 대련, 심양을 거처 결국 장춘으로 왔어요. 그 후에 장춘에서 회사를 설립하게 되었던 거죠.

동: 회원님은 북경, 대련, 심양, 장춘에 계셨는데 지금 현재 북경, 대련, 심양에도 회사를 가지고 계신가요?

ㄴ: 네, 있어요.

동: 그러면 회원님 회사는 연호적 성격을 띠네요. 현재 전국에 얼마나 있나요?

ㄴ: 심천, 상해, 장춘과 동북지역 등에 있어요.

동: 회원님은 공산당원이세요?

ㄴ: 아니에요.

2. 상회가입계기 / 상회인식

동: 회원님께서는 광동상회 설립 당시에 가입하셨나요?

ㄴ: 네.

동: 광동상회 설립 당시에 어떻게 알고 상회에 가입하셨어요?

ㄴ: 제 동생이 북경상회에서 부회장을 맡고 있었고 요녕성 광동상회에도 가입되어 있었어요. 또 다른 LZT라는 동생이 있었는데 이 일에 대해 잘 알고 있었고 여기에 상회가 설립된다는 말을 전해주었었죠.

동: 동생을 통해서 소식을 알게 되셨다고 하셨는데, 그 분은 어떻게 아셨어요?

ㄴ: 대련에서 요녕성 광동상회를 통해 알게 되었어요.

동: 그러면 회원님께서 직접 먼저 상회에 연락하셨나요?

ㄴ: 네.

동: 가입할 당시 이사를 맡으셨고 더 높은 직위를 신청하지는 않으셨네요. 동생은 그 쪽에서 부회장을 맡고 계셨는데, 여기서 왜 부회장을 맡지 않으셨나요?

ㄴ: 저희 기업은 아직은 규모가 작고 좀 늦게 시작했어요. 이 업종은 다른 업종처럼 이윤이 높지 않죠. 실력이 뒷받침 되면 나중에라도 전시나 디

자인 같은 분야로 전업을 고려해 볼 생각이에요. 그때 가서 영업이익이 있고 효율성이 좋으면 고려해 볼 생각이에요.

(중략)

동: 7년 동안 회비에는 어떤 변화가 있었나요?

D: 1년에 5,000원이었어요.

동: 회원님 회사는 상회와 연락이 많은 편이신 것 같은데, 그렇지 않고 상회 랑 커뮤니케이션이 별로 없는 기업도 있을 것 같네요. 그런 경우가 많은 가요? 예를 들면 상회의 도움을 별로 필요로 하지 않고 활동에도 별로 참가하지 않는 좀 덜 적극적인 회사들이요. 여기에 대해서는 어떻게 생 각하세요?

D: 저희도 상회랑 별로 어울리는 편은 아니에요. 저희도 상회의 도움이 크게 필요하지는 않아요. 저희는 단지 (상회를 통해) 이 업계에서 인맥을 쌓는 것이 필요할 뿐이지 상회가 고객을 유치해주기를 바라지는 않아요.

동: 상회의 업무부분에 대해서 말이죠, 저희가 몇 번 상회빌딩을 방문할 때 보니까 5, 6명 정도가 업무를 보고 있던데 회원님은 인사규모를 확대할 필요가 있다고 생각하시나요? (직원을) 10명 정도쯤 더 두고 더 많은 활 동들을 할 필요가 있다고 생각하시나요?

D: 상회는 비영리 조직이어서 지출은 회원의 회비나 정부의 보조금으로 충 당되고 있는데 사람이 많으면 지출이 커지는 거죠. 또 상회의 활동은 주 로 아웃소싱으로 하고 있기 때문에 그렇게 많은 인원은 필요가 없고 소 수 정예인원이면 된다고 봐요. 나중에 광동상회 빌딩이 완공되고 더 넓 은 영역으로 확장하게 되면 인원이 더 필요하겠죠. C회장은 상업복합단 지를 건설하겠다고 하는데 그렇게 큰 사업을 하게 되면 (당연히) 인원을 확충해도 되겠지만 현재 상황에서는 필요성을 느끼지 못해요. 또 인원이 많은 것은 좋을 게 없어요. 저희 기업은 이런 식으로 해왔는데 상회든 개인 기업이든 일을 너무 크게 벌리면 큰 문제들이 생기게 마련이죠.

3. 상회의 조직관리

동 : 광동상회 활동에 많이 참석하시나요?

D : 저는 상회와 폭넓게 접촉하고 있어요.

동 : 곧 상회의 기수가 바뀔 텐데 광동상회의 발전에 대해 어떤 기대를 하고 계신가요?

D : 현재 상회는 잘 발전하고 있고, 특히 C회장과 H비서장의 통솔 하에 비약적인 발전을 하고 있어요. 그래서 우리는 여전히 C회장이 회장직을 맡아주기를 바라고 있죠.

동 : 정책적으로 3번의 연임이 가능한가요?

D : 민간조직은 확정된 것이 아닌 것 같고요, 원래 첫 임기는 3년, 두 번째 임기는 4년이었어요. 정부에서 규정한 임기는 5년인데 회장의 임기기간을 볼 때 아직 10년이 되지 않았어요.

동 : C회장 이외에 다른 후보들도 있나요?

D : 후보에는 다른 회장들도 있지만 여론은 C회장에 대한 믿음이 커요. 저희를 포함해서 그래요. C회장은 저희한테 도움을 많이 주셨어요. 공업단지 건설을 C회장 회사가 맡았었는데 땅 사고 건물 짓고 모든 절차와 수속까지 전 과정에 참여해서 우리한테 큰 도움을 주었죠. 그리고 끝에 있는 몇 동의 건물은 상회의 이사회장들이 산 것이고 여섯 개 동은 C회장이 지은 것인데 그 안에 있는 70-80%는 광동상회의 사람들이에요. 그들 또한 회장의 도움을 받았죠. 토지증이나 정부의 소방 등 각 방면에서 도움을 받았어요.

동 : 현재 상회에 광동기업이 특별히 많은 것은 아니네요?

D : 그래도 절반이상은 돼요. 현지인도 개별적으로 상회에 가입해서 현재 광동상회의 회원이기도 하지만요.

동 : 광동상회가 설립되지 않았고 이 건물의 땅을 사지 못했다면 회장님 회사는 이곳에 없었을 수도 있겠네요?

D : 네 그렇죠. 상회가 농안農安 정부에 외부기업의 투자유치를 해주어서 정부에 큰 이익을 주었어요. 또 저희가 해마다 납세하는 금액이 상당히 크고 여기 생활이나 업무 등에도 영향을 주고 있기 때문에 정부는 광동상회를 특별히 신임하고 있어요.

4. 상회의 운영방식

상회빌딩

동: 7년 동안 광동상회의 발전에 변화가 있다고 생각하시는지, 있다면 어떤 변화가 있다고 생각하시는지 말씀해 주시겠어요?

ㄴ : 변화가 많죠. 길림대학으로부터 땅을 사서 광동빌딩을 지었고요.

동: 회원회의에서 이 사건을 언급한 적이 있으신가요?

ㄴ : 네, 언급했죠.

동: 어떤 지위여야 투자를 할 수 있었나요?

ㄴ : 회원, 이사회 모두 투자가 가능했어요.

동: 투자는 미래에 건물을 임대하는 형식인가요?

ㄴ : 구매할 수도 있는데, 1㎡당 투자한 액수에 따라 나중에 지급받을 사무실 개수가 결정되었죠.

동: 그럼 회원님도 투자를 하셨나요?

ㄴ : 아니요, 저는 여유자금이 별로 없어서요.

동: 기타 광동회원 기업 중에서 투자가 많았는지 어떤지 알고 계신가요?

ㄴ : 네, 기타 부동산이나 개발회사 중에는 크게 투자한 회사들도 있어요.

동: 그럼 회원님 개인 입장에서는 여기에 대해 찬성하시나요?

ㄴ : 네 물론이죠.

동: 광동상회의 조직활동을 통해 도움을 받으셨나요?

ㄴ : 큰 도움을 받았죠. 업무나 인맥은 모두 축적되어 쌓이는 것이기 때문에 이런 활동은 좋다고 봐요. 광동상회는 은행이나, 설계원, 발명인들에게 서로 연계 가능한 네트워크를 만들어 주고 서로 교류하고 돕고 융자하도록 만들었어요.

동: 아까 말씀하셨듯이 자금상 여유가 없었던 시기가 있었다고 하셨는데 광동상회를 통해서 융자를 해보신 적은 있으신가요?

ㄴ : 저희는 아직 그럴 필요까지는 없어서 도움을 받지는 않았어요. 하지만 상회를 통하면 민생은행에서 대출을 받을 수 있는데 광동상회와 함께 하니 이런 기회도 있는 것이죠.

동: 상회 빌딩이 있는 이곳의 발전 전망은 어떻게 보고 계신가요?

L : 꽤 좋아요. 장춘 시내는 집값이 무척 비싼데 이곳은 장춘과 붙어 있으니까요.

상회의 특수사건

동: 광동공업원广东工业院에 있는 것은 전부 광동인들 회사인가요?

D : 아니에요.

동: 그러면 광동기업은 얼마나 되죠?

D : 별로 없는데, 두 세 집 정도 있어요.

동: 당시에 왜 광동공업원이라고 이름을 지었나요?

D : 저희 광동상회 회장님이 이곳에 땅을 사셨던 것은 주로 광동기업들이 여기에 들어왔으면 해서였죠.

동: 여기에 있으면서 어떤 우대를 받고 계신가요?

D : 그런 건 없어요. 심지어 여기에는 부대시설이 전혀 안되어 있어요. 인터넷도 안 되죠, 뜨거운 물은커녕 수돗물도 없어요. 인터넷 카드는 너무 비싸고 인터넷 선을 설치하려면 여기가 너무 멀어서 1년에 2만 위안이나 들어요.

동: 그건 시정市政 관할 부분인 듯한데 기초시설이 잘 안 된 것 같네요.

5. 상회의 기능

동: 2007년도에 상회에 가입한 후 상회의 도움이 필요했던 일들이 있었나요?

L : 상회에 가입하고 나서야 지금의 이 땅을 사서 공장을 세울 수 있었어요. 큰 도움이 되었죠.

동: 그 전에는 이도二道쪽에 계셨죠.

L : 네 맞아요.

동: 그 땅은 임대였나요?

L : 네 임대였어요. 나중에 계약이 만료되어 팔리포八里铺로 이사했는데 그

당시에 이미 상회에 가입되어 있었어요.

동: 팔리포 쪽도 임대였나요?

ㄴ: 네, 임대였어요.

동: 이전의 두 곳 모두 상회와 연관이 없었던 거죠?

ㄴ: 연관 없어요.

동: 세 번째 이사할 때 상회가 이 땅을 준 건가요?

ㄴ: 네 맞아요.

동: 그 기회에 이사를 오신 거군요. 여기 공장의 방들은 직접 개조하신 거
죠? 설비들은 모두 직접 투자하신 건가요?

ㄴ: 네, 그렇죠.

동: 대지는 모두 얼마나 되나요?

ㄴ: 3000㎡요.

동: 이 땅의 비용은 광동상회와 상의했나요, 아니면 농안정부와 상의했나요?

ㄴ: C회장님이 광동상회 쪽에 얘기해서 제가 갖게 되었어요.

동: 이 땅은 임대인가요? 아니면...

ㄴ: 농안정부에서 등기권리증을 발급해 주었어요.

동: 그러면 회원님 땅이 맞네요. 나중에 사업을 그만두시면 팔아도 되겠네
요?

ㄴ: 네, 그렇죠.

동: 만약 광동상회가 아니라 농안정부와 직접 상의하셨다면 상대적으로 더
나았을까요?

ㄴ: 만일 광동상회가 없었다면 아예 사지도 못했겠죠.

동: 수속이 안 되는 건가요?

ㄴ: 네, 그렇죠.

동: 가격은요?

ㄴ: 가격은 아마 비슷할 거예요.

(중략)

Z: 외부기업이라서 권익에 피해를 본 적이 있으신가요? 정부부문도 포함해
서요.

당대 중국 민간조직의 단면: 길림성 동향상회 구술집

L : 이런 면에서는 저 개인적으로 장춘인들이 인정이 참 많다고 생각해요. 이 지역사람들과 교제를 하다보면 대체로 성격이나 마음가짐이 너무 좋아요. 이런 경우가 있긴 해요. 제가 아는 분이 쇼핑센터에서 가전제품 사업을 하는데 단속반원이나 해당 단위 사람들이 와서 심한 말을 하기도 하고 돈도 지불하지도 않고 제품을 가져가는 경우도 있었대요. 하지만 개별적인 경우라고 생각해요.

Z : 그런 경우에 상회에 해결을 요청하나요?

D : 그 분은 상회를 찾아갔대요. 제 생각엔 이런 경우 그렇게 큰일은 아니고 정상적인 사회현상들이라고 봐요. 길림의 D회장도 현지 기업과 마찰이 생겼을 때 상회가 나서서 해결해 줬잖아요.

동 : 저희도 H비서장한테서 들었어요.

D : 하지만 전체적으로 볼 때 장춘은 참 좋아요, 저희는 이 도시를 참 좋아해요.

6. 각종 동향조직 / 동업조직과의 관계

동향인과의 관계

동 : 길림성 광동상회 이외에 기타 광동인이 개설한 협회나 동향조직에 가입한 적 있으세요?

L : 없어요.

동 : 장춘에서는 상회만 알고 계신가요?

L : 네.

동 : 어떤 일이 있을 때 장춘인과 연락을 많이 하고 또 어떤 일이 있을 때 광동인과 연락을 많이 하시나요?

L : 주로 필요한 원재료를 북경에서 상해로 발송할 경우 장춘인들과 연락을 많이 하죠. 사업을 할 때는 주로 북방인들과 연락이 많아요. 일상생활에서는 광동인들과 연락을 자주 하면서 어울리죠.

동향상회와 동업조직의 효용

관: 왜 상인들은 업종에 따라 조직하지 않고 지역성에 따라 조직하는 걸까요?

D : 한 성省 안에 업종은 별로 많지 않아요. 저희 업종의 경우 광동인이 이 지역에서 사업하는 것은 저희 회사뿐이니 조직을 할 수가 없는 거죠.

관: 그러면 여기에서 사귄 친구들은 취향이 비슷해서인가요, 아니면 광동에 있던 집이 비교적 가까워서 인가요? 예를 들면 모두 오서粤西의 출신들이라든지요.

D : 그렇지만은 않아요. 북방지역에는 광동인이 특히 적어요. 그래서 여기에 온 후 다들 고향인이 되어 서로 보살피면서 친하게 지내는 거죠. 저희 오서粤西출신의 사람들만 모이면 수가 많지 않아서 조직을 만들어도 역량이 부족해요. 아무래도 큰 규모의 상회가 낫죠.

관: 그러면 상회의 많은 회원들 중 얼마나 서로 알고 지내세요?

D : 적어도 20-30명 정도와는 꽤 괜찮은 친분을 유지하고 있어요. 상회의 몇 백 명 중에서 작은 모임이 결성되기도 하는데 우리 모임은 자주 모여서 식사하고 얘기를 나누고 있어요.

관: 이건 생활 측면이고 사업 측면에서는 어떤가요?

D : 사업도 하죠. 우리끼리 서로 교류가 있어요. 회장이나 이사뿐이 아니라 아래 회원들과도 프로젝트를 하고 있어요. 그리고 우리가 할 수 없는 사업들을 회원들에게 주기도 해요. 우리 상회에서는 다차원적으로 교류가 진행되고 있어요.

관: 광동상회는 광동상인들로 구성된 조직인데, 이를 동향조직이라고 보시나요, 아니면 상인 조직이라고 보시나요?

D : 동향조직이라고 하기에는 그렇게 향토적 색채가 짙은 것 같지 않아요. 다들 사업하러 왔으니까요. 우리 고향에서는 동향조직이라고 하면 상인 말고도 공상이나 정부 등 각계의 인사들의 모임을 말하는데 여기 상회는 기업단위나 사업단위, 개인단위들의 조직이죠.

7. 동향문화와 지역 정체성

민간신앙

관: 저희가 전에 복건성 출신을 만났는데 그들은 마조신앙을 갖고 있더군요. 광동출신 상인들은 어떤 신앙을 갖고 계시나요?

L: 저희도 마조문화가 있어요.

관: 그럼 신앙을 장춘까지 갖고 오셨나요?

L: 아니요.

D: 신앙은 남방지역과 북방지역에 큰 차이가 있어요. 남방에는 불교가 있죠. 광동의 각 도시에도 조금씩 차이가 있어요. 산두汕头 지역만 해도 엽동叩东과 엽서叩西의 차이가 있어요. 해안가에서 생활하는 사람은 육지인과 신앙이 다르고 같은 불교, 도교 신앙이라도 차이가 있어요. 해안가에 사는 사람들은 묘우나 마조, 용왕묘, 관음묘를 모셔요.

동: 광동상회에서는 광동문화를 부각시키고 있나요?

D: 주로 인간관계의 교류에서 부각시켜요.

동: 예를 들면 나중에 광동빌딩이 완공되면 외부나 내부디자인으로 광동의 특색을 표현하나요?

D: 그런 부분도 있죠. 이 부분은 C회장과 주주들이 전에 상의한 적이 있어요. 용의 조형물을 상회의 빌딩 안에 만들기로 얘기가 되어 있었는데, 지금 여러 가지 도안들이 많아서 어떤 걸로 할지 결정을 못했어요. 하지만 광동문화권의 것일 거예요.

호적 소재

동: 제가 듣기로는 회원님 호구인지, 아내분 호구인지 장춘 현지로 옮겨오셨다고 얘기를 들었어요.

L: 네, 저의 것이에요. 저는 일찍 여기로 옮겨왔어요.

동: 언제인가요?

L: 2003년에 차를 구입하면서 호구를 옮겨왔어요.

동: 그러면 앞으로 장춘에 정착하시겠네요?

L : 네, 맞아요.

동 : 그러면 앞으로 일을 그만 둔 다음에는 광동으로 돌아가실 계획이 있으신 건지 아니면..

L : 저는 여름에는 북방 지역에 있고 겨울에는 광동으로 돌아갈 거예요. 겨울에는 남방이 좋고 여름에는 북방이 더 좋아요.

동 : D회원님의 호구는 아직 광동에 있죠?

D : 저의 호구는 광동에 있고 L회원님의 호구는 이미 여기로 옮겨왔죠.

동 : L회장님의 호구는 현재 여기잖아요, 만약 누군가가 그에게 어디 사람이냐고 묻는다면 광동인이라고 하시나요, 아니면 장춘인이라고 하시나요?

D : 당연히 광동인이라고 하죠. 말하는 방식이나, 일하는 방식이나 언어 표현 등 모든 면에서 여기 북방인과는 여전히 다른 부분들이 있잖아요.

관 : 그럼 추석과 같이 우리 중국에서 전통적으로 고향을 기리는 명절에는 상회에서 무슨 활동을 하시나요?

D : 사실 상회는 굉장히 세심하게 배려를 해줘요. 전에 보면 늘 생일에는 케이크를 보내주고 추석 같은 명절에는 회의를 열거나 사람들을 모아서 고향언어들을 쓰게 하여 친숙함을 느끼게 해주죠. 상회는 사람과 사람간의 교류나 인정에 대해 배려를 많이 하고 있어요.

8. 기업 협력 파트너 / 업종의 분화

동 : 2000년에 동북지역에 와서부터 한 14년이라는 시간이 흘렀는데 동북지역에 대한 인식이나 적응은 어떠세요?

L : 저는 동북지역은 문화의 뿌리가 깊고 외부인을 배척하지 않고 포용할 수 있는 곳이라 생각해요. 상해처럼 현지기업만을 보호하지도 않고요. 장춘시는 비교적 공정하고 공개적이고 시장경쟁이 가능한 이상적인 곳이에요.

동 : 광동과 북방지역은 신앙문화에서 차이가 있어요. 회원님이 알고 지내는 분들 중 광동의 문화를 동북으로 가져오거나 여기에 온 이후에도 광동의 생활방식이나 관념을 유지하시는 분들이 계신가요?

L : 있죠. 장춘에 와서 장춘인들을 접하면서 여기의 풍습을 따르고 동북지역

음식을 먹어요. 하지만 집에서는 광동식으로 음식을 해먹죠.

동: 장춘, 동북인, 광동인은 어떤 차이가 있는 것 같으세요?

L : 차이라면 일로 비유를 할 때 남방인은 일하는 것을 좋아하고 일을 멈추면 마음이 허해서 안 되고 꼭 밖에 나가 일해야만 안정감을 느껴요. 아마 몇 천 년 동안 내려온 문화일 거예요. 남방지역은 겨울이 없어서 게을러지거나 움츠러들지 않아요. 북방지역은 한 해의 절반은 추워서 한겨울에 일하는 것을 좋아하지 않고, 돈을 많이 주면 일하지만 돈을 적게 주면 아예 일을 하려고 하지 않죠. 이 사람들은 간단히 국수로 끼니를 때워도 괜찮다고 생각해요. 그런데 남방인들은 일하는 것을 좋아하고 습관이 돼서 돈을 많이 못 벌어도 일을 하죠. 저는 이런 차이가 있다고 생각해요.

9. 상회의 발전 전망

동: 광동상회에 곧 기수가 바뀐다고 들었는데, 기수가 바뀌면 새로운 영도들에 대해 어떤 기대를 갖고 계신가요?

L : 그들이 광동빌딩을 잘 지어주기를 바래요. 저는 이 빌딩이 저희 광동인들에게 아주 중요한 것이라고 생각해요. 자랑스러운 일이죠. 길림성 장춘에서 광동인들이 빌딩을 가지는 건 아주 가치 있는 일이에요. 고향의 영광이죠. 빨리 완공되길 희망하고 있어요.

(중략)

동: 광동상회가 어떤 부분에서 더 많은 발전이 필요하다고 생각하시나요?

L : 저는 상회가 계속해서 광동의 기업들을 이 지역으로 데려와 조사시키고 투자하도록 해야 한다고 생각해요. 아직도 많은 기업들이 여기 와서 회사를 설립해도 된다고 봐요. 이 부분에서 앞으로 더 노력해서 규모를 키우고 인원을 늘려야 한다고 생각해요.

동: 상회의 활동에 대해서는 어떤 기대를 하고 계신가요?

D : 매년 활동들은 모두 성공적이었다고 생각해요. 상회의 대부분은 상인으로 구성되어 있는데 개별적으로 보면 학교의 재학생이거나 단위에서 재직 중에 있죠. 이러한 인사구조로 볼 때 상인들이 많이 바쁘긴 하지만 이사회나 창립제, 추석, 친목회, 새해 회의 등의 단체 활동에 시간을 내서 참석하는 것이 아주 중요하다고 생각해요. 그리고 작년에는 백두산에 다녀왔는데 화룡시 정부가 협력 의향을 갖고 있더군요. 이런 것도 참 좋아요. 다만 기업과 기업 간의 교류가 좀 적은 편인데 앞으로 더 강화할 필요가 있다고 생각해요.

I-6. 길림성 광동상회 회원 ZCJ 인터뷰

인물 : ZCJ, 동운생董运生[동], 장관张冠[관]
일시 : 2013년 10월 23일
장소 : ZCJ 회사 사무실

1. 개인정보

광동성 미주湄洲 초등학교 졸업, 1990년대 후반 길림으로 이주, 광동상회
이사 직위, 도자기 사업 경영.

동: 몇 년도에 길림시에 오셨나요?

Z : 1990몇 년도에 왔어요. 한 16, 17년쯤 됐어요.

동: 어떻게 이 기업을 택하시게 되셨나요?

Z : 예전에 제가 친구 밑에서 일을 도와주었던 적이 있었는데 나중에 그 친구
가 저한테 사업을 넘겨주었죠. 그 친구는 심양沈阳으로 가서 했어요.

관: 처음에 어떻게 여기에 올 생각을 하셨나요? 친구와의 이런 관계 때문이
었나요, 아니면 고향친구라는 사실 때문이었나요?

Z : 그 친구 일을 도와주기 위해서였죠.

관: 그럼 처음 여기 오셨을 때 고향사람들은 많았었나요?

Z : 아주 적었어요. 저희는 5-6명 정도만 알고 지냈어요. 두 분은 남방지역
출신이 아니시죠?

동: 저는 하남河南출신이에요.

관: Z회원님의 친구분은 언제 여기로 오셨나요?

Z : 저보다 2년 정도 일찍 왔어요.

관: 그럼 왜 동북지역을 선택하셨던 건가요?

Z : 왜냐하면 이 지역은 도자기 사업하는 곳이 적어서 경쟁이 적은 편이었어요.

2. 상회 가입 계기 / 상회에 대한 인식

관: 언제 가입하셨나요?

Z : 저희는 가입한지 4년 되었어요.

관: 당시에는 어떤 경로로 알게 되셨나요?

Z : 한 친구가 있었는데 C회장과 알고 지냈죠.

동: 그러면 광동상회의 두 번째 기수 때 가입하신 거네요?

Z : 맞아요.

동: 그러면 기수 교체회의에서 가입하신건가요 아니면...?

Z : 평소에 가입한 거예요.

동: 아, 친구 소개로요?

Z : 네, 고향친구의 소개로요. 그는 예전에 여기 회원이었어요?

동: 상회 규정이 개인 명의로 가입할 수 없고 기업의 방식으로만 가입이 가능하게 되어 있어요. 회원님이 가입하셨던 시기에도 그랬나요?

Z : 저도 회사로 가입했어요.

관: 회원님은 가입할 당시에 바로 이사가 되셨나요? 회원에서 이사가 되신 게 아니신가요?

Z : 처음 가입했을 때는 회원이었고 나중에 이사로 승급했어요.

동: 언제 이사가 되셨어요?

Z : 2년 전에요.

관: 상회에서 추천해 주었나요, 아니면 자원하셨던 건가요?

Z : 저희가 자원했어요.

동: 그럼 왜 부회장을 한번 시도해보지 않으셨어요?

Z : 큰 차이가 없어 보였어요.

관: 회비에서 조금 차이가 있죠?

Z : 회비가 비싸요. 회비가 몇 만 위안이었는데 이사는 몇 천 위안 정도에요.

동: 만약 부회장이 되셔서 더 많은 장점이 있고 더 많은 사람과 접촉해서 사업 발전을 촉진한다면 저는 괜찮은 거라고 생각하는데요.

Z : 제가 이사이기는 하지만 다들 알고 지내요.

동: 그러면 전에 부회장을 맡았다가 이번에는 원하지 않는다, 그런 경우도 있나요?

Z : 그런데 내려올 수가 없어요. 한번 부회장을 하면 계속 해야 해요.

3. 상회의 운영방식

상회의 기수 교체

관: 상회가 기수를 교체할 때 C회장 외에 다른 경선후보가 있나요?

Z : 있었어요. 저희는 이미 교체를 끝냈어요.

관: 27일에 기수를 교체하지 않나요?

Z : 기수교체는 이미 표결을 마쳤어요. 다음 단계는 좀 형식적인 거예요.

관: 바로 공표를 하는 거네요.

동: 그럼 C회장이 계속 이어서 하시나요, 아니면...

Z : 계속 C회장이 해요. 하려는 사람이 없어요.

동: 전에 다른 상회도 인터뷰를 진행했었는데 제가 듣기로는 상회에서 회장 직위를 두고 경쟁이 심해서 마찰이 생기기도 한다고 하던데요.

Z : 저희는 그렇지 않아요. 다들 자기 사업이 있으니까요. 여기 오는 사람들 모두 자기 사업을 갖고 있어요. 일 없는 사람이 없죠. 아무 일도 하지 않는다면 회장직을 하는 것도 괜찮겠죠.

관: 그럼 C회장님 이외에 후보로는 누가 있어요?

Z : 없어요. 하고 싶다고 하는 사람이 없어요.

관: 투표과정에 모든 회원들이 참석하나요, 아니면 이사급 이상이나 부회장 급 이상인가요?

Z : 이사급 이상이에요.

동: 일반회원은 투표권이 없나요?

Z : 있죠. 27일 당일에 있어요.

동: 그럼 그전에 실시하는 거는 추천의 일종이겠네요?

Z : 맞아요. 그들이 회의를 여는 것은 상당히 형식적이에요. 기본적으로 통 과시키지 않는 사람이 없어요.

동: 정부 같다는 느낌이 좀 드네요. 인민대회 투표처럼 형식적인 것과 같이

말이에요.

Z : C회장님이 잘하세요. 요 몇 년 동안 저희는 그분을 상당히 신임하고 있
어요.

상회 빌딩

동: 광동상회 빌딩 얘기는 들어 보셨나요?

Z : 들었어요.

동: 어떻게 생각하세요?

Z : 광동빌딩 좋죠, 우리 광동인을 대표하는 빌딩이잖아요.

동: 회원님은 투자하셨어요?

Z : 매입할 계획은 하고 있지만 돈은 아직 내지 않았어요. 아직 짓지 않았잖
아요. 짓고 나서... 땅은 길림대학 땅이죠, 길림대학 학장은 LYY인가요?

동: 그분은 원래 화남이공대학华南理工大学 학장이셨는데 길림대학으로 옮겨
오셨어요. 그분도 광동인이세요.

Z : 그는 저와 같은 고향 출신인데 미주湄洲 사람이에요.

4. 상회기능

상회 가입의 장점

동: 그럼 회장님의 발전이 곧 회원의 발전이 되는 것의 장점에 대해 간단히
설명해 주세요.

Z : 저희가 이걸 매입할 때 많은 돈을 쓸 필요가 없이 그분(회장)이 먼저 대
신 지불해 주고 나중에 대출해서 갚는 것이에요. 능력이 별로 없는 저한
테는 아주 좋은 기회이기 때문에 큰 지지를 받는 것 같은 느낌이에요. 그
래서 저희는 그분을 아주 신뢰하고 있어요. 친구의 친구한테서 소개를 받
았어요. 교수님들께서 이렇게 오셔서 우리가 서로 알게 된 것처럼 말이
죠. 어떤 일이든 연계될 수 있고 자원을 공유할 수 있죠. 저희 C회장님은

아주 좋아요. 어떤 좋은 일이 있으면 저희들을 많이 생각해 주세요.

동: 이 브랜드를 알고 있어요, 2006년에 저희 집 인테리어 할 때 이용한 적이 있어요.

Z: 오, 고객님이셨군요.

동: 이 브랜드 참 좋아요.

관: 그럼 상회에 대해서 어떻게 평가하세요? 상회에 가입하신지 4년 되셨는데, (상회가) 회원에게 도움을 준다든지 융자를 해준다든지요.

Z: 저는 아주 좋게 평가해요. 무슨 일이든 매번 저희들의 (일을) 아주 잘 처리 해줘요.

관: 그러면 일상에서 상회 회원들과 협력하신 적이 있으신가요?

Z: 있어요. 완성万晟 Z사장님과 협력한 적이 있어요. 그분이 인테리어사업을 할 때 저희 제품들을 사용했어요. 많아요, 여러 개인데 한 5-6개 정도 돼요.

관: 다 상회에 가입한 이후셨나요?

Z: 그렇죠. 관계들이 좋아서 늘 같이 어울려요.

관: 여기에는 광동인들이 많나요?

Z: 광동인들은 아주 적어요. 저밖에 없는 것 같아요. 한분은 D사장님이고 몇 없는 것 같아요. 복건福建출신 한 분이 있고 광동인은 적어요.

동: 초기에 이곳을 광동공업단지라고 이름 지었었는데 왜 광동인들을 모으지 않으셨나요?

Z: 일부는 광동기업이지만 광동에서 투자를 유치한 거죠.

동: 이곳에는 사장님의 공장 외에 납세상의 어떤 정책적인 우대가 있나요?

Z: 없어요. 내야 할 것들은 다 내야 해요.

동: 다른 기업들보다 적게 내거나 혜택을 받는 부분들은 없나요?

Z: 없어요. 똑같아요.

관: 상회에서는 회원들에게 권익 보호서비스 같은 것은 제공하고 있나요?

Z: 있어요. 그런데 저희 회사의 업무에는 그런 경우가 없어요.

관: 저희가 다른 상회를 인터뷰할 때 (들은 얘기인데), 정부나 현지인들이 타지인들을 배척하는 현상이 있다고 하던데 그런 경우가 있으셨나요?

Z: 제 경우에는 없었어요. 저는 괜찮다고 느껴요, 배척 같은 건 없었어요.

관: 소프트환경에 관해서 소프트환경 사무실에서 소프트환경 감독원을 수여

115

하는데 귀 회사는 거기에 포함되나요?

Z : 저희는 아니에요. 받지 못했어요.

관: 아, 한 상회 당 정원이 5개 정도였던 것 같아요.

동: (혹시) 최근 몇 년 동안에 상회가 나서서 해결하고 조정해야 했던 곤란한 문제가 발생한 적이 있었나요?

Z : 저는 거의 없었어요.

동: (그러면) 주변에서 광동기업에 관련된 문제들을 들으신 적 있으세요?

Z : 있어요. 상회에 도움을 청한 곳들이 있었죠.

동: 어떤 문제였는지 (혹시) 들으셨어요?

Z : 잊어버렸어요. 길림의 것이었을 거예요. 잊었어요.

동: 범죄와 관련된 해결은 아니었나요?

Z : H비서장님 얘기로 잘 처리된 적이 있다고 하셨어요. 그들한테서 들은 거라서 저는 누구인지 몰라요.

동: 회원님 지인들 범위 내에서는 없었나요?

Z : 그건 없었어요.

관: 회원님은 평상시에 정부부문과 연락을 많이 하시나요?

Z : 적은 편이에요.

5. 각종 동향 / 동업조직과의 관계

동향인과의 관계

관: Z회원님은 평소에 동북인들과 교류를 많이 하시는 편이세요, 아니면 광동인들과 교류를 더 많이 하시는 편이세요?

Z : 복건출신과 동북출신과 많이 해요.

관: 그럼 광동동향회인가요, 아니면 휴식활동인가요?

Z : 상회에서 모일 때에는 휴식활동이죠. 그런데 광동인들이 도자기사업을 하는 경우는 드물어요. 이곳은 저희 광동상회 회장님의 것이고 저희가 그분한테서 구매한 것이에요.

관: 그럼 회원님과 상회에서 알고 지내는 상회 친구분들의 경제적 수준이 자신과 비슷하다고 생각하시나요, 아니면 개인적 차이가 있다고 생각하시나요? 예를 들어 상회 내부에서 부회장이나 이사기업들은 비교적 규모가 크고 회원들은 개체 상공인일 가능성이 많을 텐데, 이런 경우 상회 내부에서 모임이 나뉘지 않나요?

Z : 기본적으로 어느 정도 있기는 하죠. 접촉하고 말하는 방식이, 일하는 방식들이 조금씩 다르고 공통언어도 달라서 어느 정도 있는 것은 당연하겠죠. 인간관계를 인위적으로 묶어놓을 수는 없으니까요. 그들끼리도 상호소통이 필요하고요. 사업장에서도 이익이 우선이잖아요.

관: 그러면 상회에서 추석활동이나 회원대회를 할 경우 관계가 비교적 좋은 사람들끼리 같이 앉게 되나요?

관: 네, 다들 그렇죠.

관: 상회의 회원들이 많을 텐데 그중 친하게 지내는 사람과 그냥 알고 지내는 사람은 얼마나 되세요?

Z : 기본적으로 많이들 알고 지내요. 그런데 그다지 잘 알지는 못하고요. 저희는 부회장이신 동북도자기 사장님, Z사장님과 주로 관계가 좋아요. 회장님은 말할 것도 없고요, 저희도 같이 자주 모여요.

동: 저희가 제일 먼저 인터뷰했던 분은 차(茶)사업을 하시는 C회원님이셨는데 그분과 오랜 시간 얘기를 나누었어요.

Z : C회원님이랑 저희는 굉장히 잘 알아요. 자주 같이 식사하고 모임을 가지거든요.

관: 그럼 이런 건 회원들의 개인적인 모임에 속하나요? C회원님과 D회원님 모두 상회에 가입한 이후에 알게 되셨나요?

Z : 네.

관: 친구들 중에 광동출신이 광동상회에 가입한 경우가 있나요?

Z : 기본적으로 거의 다 가입했어요.

관: 가입하지 않은 사람들은 무슨 이유 때문인가요?

Z : 사장이 가입하면 직원들은 가입하지 않은 경우가 있어요.

관: 평상시의 홍보나 선전들이 길림성에 있는 광동기업들에게 다 인지되고 있나요?

Z : 홍보가 그다지 많지 않아요.

관 : 예를 들어 천유상회는 버스정류소에 광고판을 만들잖아요.

Z : 그렇죠, 저희는 광고가 없어요.

관 : 실용주의적이시네요.

Z : 광고도 별로 없지만 보통 다들 가입해요. (회비가) 얼마 되지 않기 때문에 사업을 하러 여기에 와요.

관 : 예를 들어 제가 상회에 가입해서 회원이 되면 소문이 나고, 그렇게 해서 주로 고향사람들을 데려오는 이런 방식으로 진행이 되는 거죠?

Z : 맞아요.

동업조직과의 관계

동 : 주무九牧라는 브랜드는 광동의 것이 아닌가요?

Z : 복건의 것이에요.

관 : 그럼 회원님은 복건상회 소속인들 중 잘 아는 분이 있으신가요?

Z : 네, 조금 알아요.

동 : 이 브랜드를 하시면서 복건상회에 가입해야 하나 고민은 안 하셨나요?

Z : 가입하지 않았어요. 저더러 가입하라고 하는 친구도 있었지만 저는 계속 가입하지 않았어요. 저는 도자기상회에 가입되어 있고 비서장이에요.

동 : 그건 장춘에 있는 길림성의 것인가요, 아니면 다른 어느 지역 것인가요?

Z : 길림성의 것이에요.

관 : 그것도 등록된 것인가요? 그럼 비교를 해보면 광동상회는 지역에 따른 광동상인들의 조직이고 도자기상회는 동종업계 조직인데 어느 조직의 형식이 더 좋다고 생각하시나요?

Z : 광동상회조직의 형식이 더 좋아요.

관 : 어떤 이유에서 인가요?

Z : 차원이 다르고 정서가 다르죠. 광동상회는 회장 직위를 차지하려고 서로 경쟁하거나 하지 않고 (기를 쓰고) 회장을 할 필요가 없어요. 그런 의미에서 도자기상회와는 차원이 달라요.

동 : 그럼 회원님이 보시기에 도자기상회 회장이 되면 어떤 이익들이 있나요?

Z : 있죠, 사람에 따라 다르고 하는 일에 따라 다른데, 어떤 사람들은 하고 싶어 하고 어떤 사람들은 하지 않으려 해요. 저더러 회장을 하라고 하면

하지 않을 거예요. 왜냐하면 저희는 일이 너무 바빠서 회장까지 할 수가 없어요, 할 필요도 없고요.

관: 그럼 회원님이 보시기에 광동상회는 동향회와 가까운가요, 아니면 상인 조직과 가까운가요?

Z: 제 느낌으로는 상인조직에 더 가까운 것 같아요. 하지만 여기에도 역시 고향에 대한 정서가 존재하죠.

6. 동향문화와 지역 정체성

민간신앙

관: 광동쪽에는 민간신앙이 비교적 많은데 민간신앙을 여기까지 갖고 오셨나요? 관우신앙이라든지요.

Z: 예전에는 있었지만 현재는 없어요.

동: 자오번산趙本山의 이인전二人轉에 대해서는 어떻게 생각하세요? 개인적 입장에서 받아들이시나요, 아니면 어떻게 생각하시나요?

Z: 이인전이요, 좋게 생각하고 있어요.

동: 하지만 저희가 인터넷에서 검색해 보면, 남방인들은 많은 것들을 이해하지 못하고 거부하면서 동북의 문화를 세속적이고 저속하다고도 생각하는 것 같아요. 이에 대해 어떻게 보세요?

Z: 처음에 가서 볼 때는 좋았어요. 하지만 볼수록 안 되겠더라고요. 여러 번 본 후부터 다시는 보고 싶지 않았어요. 대체로 그냥 그렇고 비슷한 말에 비슷한 일들이었어요. 당시에는 웃겼지만 진정한 의미를 찾지는 못했어요.

동: 처음에만 신선하게 생각하셨군요.

Z: 네, 동북인의 개방성이라든지 이런 저런 면을 볼 수는 있었지만 현실에서 사업을 할 때 대인관계 발전에 별로 큰 의미는 없었어요. 어떻게 돈을 벌어야 하고 어떻게 발전해야 하는지는 가르치지 않죠. 이런 관념은 없고 즐거움과 쾌락뿐이죠.

동: 그럼 주로 어떤 방식을 통해서 자기 계발을 하세요?

Z : 저는 여전히 많이 배우고 있어요.

동: 어떤 경로를 통해서요?

Z : 저보다 능력 있는 사람을 자주 만나요.

동: MBA는 하지 않으셨나요?

Z : 예전에 신청하고 다닌 적이 있었는데 나중에 시간문제 때문에 참석을 잘 못했어요. 파트너도 없이 혼자 다니는 게 재미가 없더라고요. 두세 명이 같이 다니면 괜찮았을 텐데 혼자서 들으니까 아무리 좋은 강의라도 재미가 없었어요.

동: 회원님은 평상시에 독서를 어떻게 하세요?

Z : 조금 보긴 하지만 별로 많이 하지 않아요.

동: 외부에서 경영이나 경제방면으로 유명인들의 강연이 이루어지고 있는 걸 봤는데 많이 참석하시나요?

Z : 한두 번 들은 정도에요.

호적 소재

동: 회원님의 호구는 어디에 있으신가요?

Z : 저의 호구는 여전히 광동에 있어요.

관: 1년에 몇 회 정도 가세요?

Z : 7-8회 정도요, 자주 가는 편이에요. 그쪽에도 회사가 있어요. 공장도 있고 ODM도 하고 있어요. 주문자들에게 제품들을 생산해 주죠.

8. 기업 협력파트너 / 행업분화

동: 회원님의 현재 관점에서 동북인에 대한 정체성은 어떤가요?

Z : 아주 좋아요. 동북인은 아주 열정적이에요. 솔직하고 시원시원한 편이죠. 사업을 해도 하기 좋은 편이고 경쟁도 적은 편이에요.

관: 그렇다면 처음 오셨을 때는 동북지역에 적응 할만 하셨나요?

Z : 처음에는 적응이 안 되었었죠. 생활이나 식사에 적응이 안됐어요. 천천히 습관이 되었죠.

동: 그럼 현재는 별 문제 없으시죠?

Z : 현재는 문제없어요. 다 습관이 되었어요. 그리고 저의 아내도 여기 사람이에요.

관: 중국에는 전통적으로 산서상인晉商, 복건상인閩商, 광동상인粤商이 있는데 그중 광동상인은 어떤 특징이 있다고 생각하세요?

Z : 한마디로 사소한 일에 대해 별로 따지지 않아요. 저희는 높이가 달라요. 마치 돈 많은 대기업가들이 작은 일에 대해 따지지 않는 것처럼 어떤 일을 처리하는데 맞든지 틀리든지 별로 간섭이 없고 자주 언급하지도 않아요. 다들 사회에서 경험들이 있고 오늘 여기까지 온 것도 쉽지 않았기 때문이죠. 그리고 사소한 것들을 놓고 길고 짧은 것을 비교하지 않아요. 저희는 전력을 기울여 돈을 버는 것에만 목적을 두죠.

9. 상회의 발전 전망

동: 상회의 미래 발전에 대해 어떤 기대를 갖고 계신가요?

Z : 광동빌딩이 빨리 지어졌으면 좋겠어요. 광동인들의 체면이 세워질 거예요. 한편으로는 저희 회장님이 잘하시고, 그분이 하시는 사업도 커졌으면 좋겠어요. 이런 공식적인 일들은 저 개인과는 별 관계는 없어요.

동: 상회에서 주선하는 활동에는 어떤 기대를 갖고 계신가요?

Z : 너무 자주 주선하지는 말았으면 좋겠어요. 너무 잦으면 우린 (거기에 할애할) 시간이 없어요. 지금과 같으면 딱 좋아요. 너무 많지 않으니까요.

관: 일반적으로 활동들은 다 참가하시죠?

Z : 보통은 다 참가해요. 장춘에 있으면 다 참가하죠.

관: 현재 광동상회에 5-6명의 직원이 있는데 사장님이 보시기에 인원이 많은 것 같으세요 아니면 적은 것 같으세요. (그 정도면) 상회의 일상 업무들을 잘 처리할 수 있다고 보시나요?

Z : 가능할 것 같아요. 그들은 아주 잘하고 있어요. H비서장님은 아주 대단

한 분이신데 이런 일들에 대해 명확하고 잘하고 계세요.

관: 상회에 활동이 있으면 어떤 방식을 통해서 전달해 주나요? 전화통화인가
요?

Z : 상회에서 저한테 문자를 하거나 위챗微信을 남겨요. 그리고 QQ단체방에
도 공고를 하고 전화통화도 해요.

관: 상회 인터넷 사이트의 역할은 큰가요?

Z : 저는 별로 관심이 없어요.

2

길림성 하남상회

II-1. 길림성 하남상회 회장 LWS 인터뷰

인물 : LWS, 최월금崔月琴[최], 동운생董运生[동], 장관张冠[관]
일시 : 2013년 11월 12일
장소 : 하남상회河南商会 사무실

1. 상회조직 및 관리

최 : 상회의 새 임기를 맞아 회장님께서는 어떤 새로운 목표가 있으신가요? 상회에 대한 어떤 새로운 계획이나 조치들을 포함해서 말씀해 주세요. 현재 국가에서 사회조직의 활동을 장려하고 있는데, 제가 제일 관심을 두고 있는 문제이기도 해요.

L : 아! 상회요, 제 생각에는 어떤 상회의 좋고 나쁨, 성공과 실패는 모두 회장한테 달려 있다고 생각해요. 옛말에 이런 게 있죠. "기차가 빨리 달릴 수 있는 건 기차머리가 이끈 덕분이다." 그러니 솔직히 말해서 이 회장이란 자리는 정말 쉽지 않아요. 제 생각에는 상회 회장은 서양에서 말하는 국가와 개인을 연결시켜주는 기제 같아요. 왜냐하면 상회 회장은 말하기 좋고 듣기는 좋지만 하긴 쉽지 않고, 한편으로는 일을 생각하고 추진하고 성사시켜야 하니까요. 상회의 회장은 자기의 감각만으로는 할 수 없어요. 태국의 잉락총리를 봐요. 그녀는 자기가 아주 잘하는 줄로 알고 있었지만, 다른 사람들은 그녀가 사적인 감정을 공적인 일과 혼동하고 또 마음대로 간부들을 등용했다고 해서 탄핵을 했잖아요. 중국은 아직 이런 정도까지는 아니지만 아무튼 이렇게 상회는 점점 서양 국가에 근접하고 있다고나 할까요. 특히 회장은 사리사욕을 채우면 안 되고, 일을 하지 않으면 안 되고, 심혈을 기울이지 않으면 안 되고 책임감이 없으면 안 되고, 마음이 좁고 품위가 없으면 안 되는 거예요. 이 3년을 돌아보면, 처음에는 회장을 하고 싶은 생각이 없었어요. 사람들이 강력하게 추천하고 적극적으로 지지했기 때문에 3년이나 유지해왔죠. 이 3년은 솔직

히 저한테는 큰 수확이었어요. 많은 사람들과 접촉하고 많은 일들을 겪으면서 여러 플랫폼을 접촉하게 되었어요. 물론 저의 시간과 자금 등 여러 면에서 희생도 있었어요. 그래도 제일 큰 수확은 제2기 회장선거 때 회원들의 노력과 지지 속에서 만장일치로 제가 회장에 당선되었다는 것이에요. 이건 저에게 아주 큰 영광이고 또 압력이기도 해요.

최: 회장님도 안 계신 상황에서의 (당선)이었죠.

L : 맞아요. 그런데 이건 그냥 사례에 불과해요. 교수님들께서도 강의를 하실 때 하나의 사례로 쓸 수 있을 거예요. 우선 저는 표심 잡기를 거부했고, 두 번째는 모든 사람들이 무기명 투표를 했다는 거예요. 투표 전날 저는 장춘長春행 비행기를 타지 못했고 다음날 광주廣州에서는 비행기가 뜨지 않았어요. (여기에) 오자마자 (회장 당선을 알게 되었는데) 이것 자체가 저에게는 일종의 에너지를 준 것이었기 때문에 제가 회장을 잘하지 못할 이유와 변명을 찾을 수 없었어요. 어제 아침에도 보세요. 아침 일찍 북경으로 갔다가 야근까지 하고 돌아오는데 비행기가 늦어져서 결국 3시 반이 넘어서야 집으로 돌아왔고 3시간밖에 못 잤어요. 우선 주타이은행九台銀行으로 가서 GM을 만나서 은행설립 문제를 해결했어요. 다음은 상회의 경축대회慶典大會에 관한 일들을 준비했어요. 그러고 나서 성에 가서 영도들한테 보고했고, 또 시 영도들한테도 보고했어요. 또한 사업프로젝트를 하나 따내기 위해 관광국旅游局 국장님과 미팅을 했어요. 그날은 하루 종일 상회 일만 했죠.

　오늘 하루도 마찬가지예요. 제 스케줄은 분分 단위로 계산해야 해요. 상해 미팅에서 (들은 바로는) 북경에 곧 그룹회사를 설립한다고 해요. (상회의 역할을) 수천 가지로 말할 수 있겠지만 무엇보다도 상회 회원의 이익, 수확, 성장이 핵심이 되어야 해요. 작은 일이라도 상회회원이 찾아오면 무조건 도와주어야 해요. 아니면 밥 한 끼 먹고도 뇌물수수가 될 수 있죠. 이런 플랫폼이 아니면 누가 이렇게까지 할 수 있겠어요.

　두 번째로는 여러분들이 꼭 상회를 잘 이용해야 한다는 거예요. 상회는 아주 좋은 무대예요. 지난 한 해 동안 저는 성장省長한테 업무보고를 여섯 번이나 했는데 이는 곧 중국의 체제변화를 의미하는 것이에요. 개혁이 심화되면 권력이 이양될 텐데 어디로 이양하냐 하면 그건 바로 상회예요. 상회가 자율적으로 법을 지키고 경영을 하고 책임을 지도록 하

당대 중국 민간조직의 단면: 길림성 동향상회 구술집

는 것인데, 이 모든 것이 상회에 이익이 되고 상회를 핵심으로 만들어 줄 거예요. 또한 상회가 능력을 충분히 발휘할 수 있도록 공간을 제공해 줄 거예요. 누가 관리를 하는 것이 아니라 스스로가 자율적으로 법을 지키도록 하는 거죠. 예를 들어 제가 신호를 위반한 어떤 사람의 문제를 해결해주고 있다고 쳐요, 그런데 만일 그 사람이 올해도, 내년에도, 그 다음해도 계속해서 신호위반을 한다면 저는 그 사람은 자율성이 없다고 생각할 거예요. 제가 제일 중요하게 생각하는 것은 상회가 자석처럼 사람들을 흡인해야 한다는 거예요. 이런 경험은 물론 아주 많아요. 일부 에피소드나 인물들은 너무 많아서 한마디로 말하기 어려워요. 종합적으로 말하면, 상회조직은 민간조직으로서 사람들을 강하게 연합해야 하고, 결속해서 힘을 얻어야 하고, 흐름을 타고 흐름을 빌리고 흐름을 얻어야 해요. 창장상학원长江商学院의 학훈이 바로 "흐름을 알고, 길의 방향을 알며 능력을 우수하게 할 것"이에요. 따라서 저는 상회는 흐름을 타고 흐름을 빌리고 흐름을 알아야 한다고 봐요. 특히 지금은 각급 상회를 아주 중요하게 생각하고 있어요. 이런 기회는 꼭 잡아야 하고, (그러기 위해서는) 우선 이에 대한 인식이 있어야 하죠. "빠르게 가려면 혼자서 가고, 멀리 가려면 함께 가야한다"는 말이 있는데 이치는 이 안에 있어요. 제 생각에 저는 (상회의) 참여자이고 헌신자이고 수익자 중의 한 사람이에요. 그 수익이란 (실제로는) 몇 년 동안 제가 상회에서 일전 한 푼 받은 것이 없지만, 대신 지혜를 얻게 되었고 제 영향력을 확대했고 인맥도 넓혔다는 것이에요. 예를 들어 저희 상무부회장 한분이 계신데 그는 상회 설립 당시에는 안 계셨고 나중에 가입하셨어요. 우리는 같은 현 출신인데도 서로알지 못했는데, 그분이 지금은 상무부회장으로 계시니 이 얼마나 좋은일이에요. (그는) 사랑의 마음으로 가득해요.

다른 하나는 상회는 상회로서의 책임을 질 수 있어야 해요. 예를 들어우리가 길림제일룽쥔병원吉林第一荣军医院에 항미원조시기 병사들을 보러갔는데 (저희를 보자) 노전사들이 모두 우시더라고요. "당신이 안하고 그도 안하면 대체 누가 하나요" 그러시더군요. (마찬가지로) 저는 (우리 모두가 상회를) 잘 이용해야 한다고 생각해요.

2. 상회의 조직운영 모델

최: 딩칭鼎庆의 기업문화는 어떤가요? (하남)상회의 문화와 (회장님) 회사의 운영방식이 연관되는 부분이 있나요?

L : 지금은 아주 많죠. 모두 저의 이 이념을 참고로 해요. 딩칭에서 매주 열리는 조회만 봐도 그래요, 이건 회장인 저와는 아무 상관이 없어요. 각 부분마다 순서대로 사회를 진행하고 끝나면 문제를 제기해요. 저희의 장점 말고 단점으로 예를 들죠. 오늘 아침 조회에서는 바로 운전자가 교통위반을 하면 어떻게 처리할 것인지에 대한 문제가 나왔어요. 저희 회사에 200여 명의 운전자들이 있기 때문에 아주 많은 의견들이 제기되었죠. 그런 후 최종적으로 회장이 책상을 치고 결정을 내리죠. 제 생각에는 이 모델이 아주 좋다고 생각해요. 하남상회도 이 모델을 사용해야 한다고 생각해요. 장점은 꽤 많으니까 더 말할 것이 없고 결점과 부족한 부분을 찾아야죠. 한 달에 한 가지 문제만 해결해도 그게 어디에요? 기업이나 상회는 모두 인체의 오장육부와 같아서 통하면 아프지 않지만 통하지 않으면 아프죠. 그래도 상회에 딩칭의 모델을 완전히 가져온 건 아니라고 생각해요. 그대로 가져오면 다들 견디기 힘들 거예요. 딩칭은 반군사적인 관리였거든요.

최: 회장님만의 관리모델이 있으셨네요.

L : 그럼요. 하나의 과도기가 필요해요. 인정하고 이해해야 해요. 방금 기자가 저를 인터뷰할 때도 마찬가지예요. 이해를 못하면 안 되고 인정을 안 하면 안 돼요. 사람과 사람이 함께 한다고 그룹이 아니라 마음과 마음이 함께 해야 그룹이죠. 지금 부회장이 "회장님 우리 ○○하죠" 하면 저는 그렇게 좋을 수가 없어요. 예를 들어 제가 저 앞에 100만 위안이 있으니 우리 함께 가서 줍자고 하면 처음에는 안 믿을 거예요. 이때가 과도기죠. 시간, 기회, 신용 등이 필요하죠. 제 생각에는 미래의 하남상회는 아주 잘 될 것 같아요. 첫째는 사람들의 응집력이 강하고, 둘째는 서로 딴소리가 없고, 셋째는 모두 일을 하려고 해서 내부적인 소모가 없기 때문이에요. 넷째는 저한테 누가 맞는 말을 하면 저는 그 사람의 말을 들을 것이기 때문이에요. 만약 누군가가 저한테 우리 상회가 북경에 가면 좋은 일이 있을 거라고 하면 다 같이 갈 거예요. (회장은) 내려놓아야 해

요. 영도자의 최고경지는 내려놓을 줄 아는 거예요.

저희 하남상회를 포함해서 길림성 19개 상회 중, 제가 만들어낸 상무부 회장 교대당직제도常务副会长轮值班制는 길림성에서 새로 설립한 석유제품협회油品协会에서 벤치마킹 한 것이에요. 석유제품협회는 중석유 회장 님께서 회장을 맡아서 해요. 각 상무부회장이 교대로 한 달씩 당직을 서도록 하는 건데, 첫째로 회장의 느낌을 체험해보게 하고 둘째는 일을 생각하고 처리하도록 하는 거예요. 셋째는 회장이 구석구석 살피지 않아도 돼요. 예를 들어 하남에서 영도가 오거나 길림에 회의가 있으면 그를 참가시키는 거죠. 이렇게 하면 충분히 사람들의 일에 대한 적극성을 불러 일으킬 수 있어요. 아니면 사람들이 이 한 달 동안 뭐 했냐고 물을 거예요. 실제로 많은 회원들이 우리가 무슨 일들을 하는지 잘 모르는데 그렇다고 모든 사람들에게 (일일이) 보고할 수는 없잖아요. 두 눈으로 직접 일하는 걸 봐야만 상회가 일을 했다고 하죠. 그러니까 저는 저희 하남상회 비서장은 아주 큰 희생을 한다고 생각해요. 그는 이것을 하나의 직업, 하나의 돈 버는 기구로만 생각하지 않아요. 한편으로는 사람들이 모두 단결을 잘해요. 이건 미래가 아주 밝다는 거죠.

崔: 조만간 기금회나 플랫폼 같은 것을 건립할 계획이 있으신가요? 회의할 때 이런 것도 의논하시죠?

L : 작년 연말에 이미 담보회사担保公司 설립과 운전자교육학교驾驶员培训学校 설립을 확정했어요. 현재 땅을 보고 있어요. 그리고 은행도 설립해야 해요. 올해 이 세 가지 임무만 완성하면 저희는 성공한 거죠. 또 하나는 공항空港쪽에 예상공업단지豫商工业园를 설립하려고 하는데 이건 프로젝트가 이미 있어요. 80만㎡의 땅을 사용하기 위해 정부의 승인을 기다리고 있는데, 만약 정부측에서 된다고 하면 저희는 바로 토지를 수용征地할 거예요. 제 생각에 이건 힘들 것 같지 않은데, 물이 흐르는 곳에 도랑이 만들어지는 것과 같은 이치라고 봐요. 이번 프로젝트도 제가 바빠서 (직접) 이행하지는 못했어요. 제가 보고 나서 적합한 자에게 일을 시키고 저는 따르기만 했어요. 넘지 못할 문턱은 제가 넘도록 도와주고 넘은 문턱은 앞으로 나아가게 하는 거죠. 이끌어주기만 하면 일은 성사돼요. 돈을 (자기) 호주머니에만 넣지 않으면 돼요. 이런 생각 때문에 지금은 모두 다 아주 적극적이에요.

저희 상회에는 또 하나의 특징이 있는데 하남인이 아니라도 하남상회에 가입하려 한다는 거예요. 이유는 첫째, 저를 보고 오는 것이고, 둘째, 상회의 단결을 보고 오는 것이에요. 3년 동안 불협화음이 발생한 적이 없었거든요. 제일 중요한 건 회장이 넓은 아량으로 사람들의 다양한 의견과 목소리를 담아야 하고, 누구나 의견을 제기하고 잘 안 풀리는 일이 있으면 다양한 방법을 모색해야 한다는 거예요. 최교수님도 이런 경험을 널리 전파해 주셨으면 해요. 저의 이런 경험은 하루아침에 만들어진 것이 아니고요, 딩칭도 이렇게 만들었어요. 딩칭그룹은 저의 독자기업이지만 제가 회장으로서 혼자 관리하거나 명령식으로 한 적은 없어요.

3. 상회 창립 구상과 추진 계기

관: 회장님께서는 당시 어떻게 상회를 설립할 생각을 하셨나요?

L : 2009년에는 상회가 한두 개밖에 없던 시기였는데 저희 하남인들을 한 곳에 모이게 할 수 없을까를 생각해봤어요. 그러면 능력이 서로 다른 사람들이 모일 테니까 능력 있는 사람들이 도움이 필요한 사람들에게 도움을 주면 이들이 빨리 발전할 수 있을 거라는 생각이 들었어요. 그때는 그냥 꿈만 꾸고 있었는데 마침 저의 청화대학의 동창생인 L사장이 저한테 하남에서 온 친구가 있는데 소개시켜 주겠다고 하더군요. 그렇게 해서 SDY사장님을 만나 국수를 먹으면서 알게 되었어요. 알고 난 후 저는 저의 꿈을 얘기하면서 여럿이 더 있으니 같이 하남상회를 설립하자고 했어요. 그는 (상회를) 왜 설립해야 하느냐고 되물었고 저는 나중에 사람들에게 무대를 만들어 줄 것이라고 했어요. 그때부터 다들 지지해 주었고 저는 그들의 눈에서 밝은 빛을 보았어요. (그런데) 상회가 설립될 당시에는 별 다른 생각이 없었지만 갈수록 너무 힘들었어요. 누구나 회장을 하고 싶어 했죠. 그래서 저는 뒤로 물러났어요. (그런데) 그 동향인들이 여기 2층에서 홍문연鴻門宴을 열고 저한테 만약 회장 자리에 나서지 않으면 (상회에) 참여하지 않겠다고 했어요.

최: 바로 성립 전이었네요.

L : 네 성립 전이요.

최: 다들 그런 생각을 하는 시기가 잠깐 있었을 거예요.

L : 그의 얘기로는 (제가) 앞에 나서지 않으면 자신들이 곤경에 빠질 거라고 하더군요. 그중에는 이 직위를 감당할 만한 인물이 없다는 거예요. 나중에 제가 보니까 그들도 다 알고 있었고 그래서 그냥 그렇게 하기로 했죠. 지금 돌이켜 보니 솔직히 당시에는 제 그릇이 그렇게 크지 못했어요. 하하하. 책임을 감당할 용기가 없었거든요. 만약 지금의 그릇이라면 대수롭지 않게 목표를 향해서 앞으로 나아갔을 거예요. 좀 전에 제가 왜 수확이 제일 많았다고 했느냐 하면 그릇이 커지고 지혜도 많이 늘었기 때문이죠. 애당초 저를 위해 뭔가를 얻겠다는 것보다는 마음이 끌리는 대로 따랐어요. 저는 이것도 저에 대한 단련이라고 생각해요. 요 3년 동안 각양각색의 사람들을 만났어요. 저희 딩칭에서는 회의를 하게 되면 1분도 늦어서는 안 돼요. 시간이 되면 회의가 시작되고 회의가 시작되면 몇 백 명이라도 휴대폰소리가 나지 않아요.

저번에 사람들한테 알렸더니 몇몇이 그러면 안 된다고 하면서 회의에 일찍 오는 사람도 있을 수 있고 늦게 오는 사람이 있을 수 있지 않느냐고 하더군요. 반시간이나 기다리는 것은 절대 안 돼요. 하지만 이 3년 동안 제가 말하지 않았던 이유는 적절하지 않다고 생각했기 때문이에요. 다들 관망하고 있는데 속박하면 더 괴로워지잖아요. 지금은 모두가 희망의 빛을 보았고 방향이 잡혔기 때문에 모두들 잘하고 싶어 해요. 저는 비행기를 타는 시간이 아니면 휴대폰을 끈 적이 없고 전화번호를 바꾼 적이 없어요. 여러 해 동안 5시에 일어나서 6시에 회사에 도착해 회의를 열었죠. 기업가라면 이런 정신이 필요해요. '병사가 곰이면 곰 한 마리이지만, 장군이 곰이면 곰 한 무리'[1]인 것처럼 기업이든 상회이든 중요한 건 영도자의 능력이에요.

최: 그럼 회장이 되신 후 그 책임을 감당하면서 자신만의 이상과 목표를 가지고 계신 건지 아니면 단지 명예뿐이었는지요? 자신만의 더 높은 이상과 목표가 있으셨을 텐데요.

---

1) 능력이 없는 사람이 영도가 되면 안 된다는 뜻으로 영도가 무능하면 대체해야 한다는 의미도 포함하고 있음.

L : 방금 제가 말씀드렸듯이 흐름에 따르고 흐름을 타고 흐름을 빌리는 거예요. 흐름을 따른다는 것은 이 무대를 잘 만들어 나가는 거예요. 제가 딩칭에서 자주 하는 얘기가 돈을 벌든 못 벌든 일을 하고, 제 곁에 남아서 사업을 돕고 저를 지지한다면 나중에 돈은 자연스레 벌게 될 것이라는 거예요. 상회도 마찬가지예요. 이 흐름을 잘 만들어야 해요. 한 집단을 다스려야 하는데 사람마다 천차만별이라 긍정적인 사람, 부정적인 사람, 적극적인 사람, 소극적인 사람들이 있죠. 그들 전체를 소극적인 사람으로 만들면 힘들어질 뿐만 아니라 꿈도 실현하기 힘들어요. 긍정적인 에너지가 넘치게 해서 어려움이 있으면 어려움을 해결하고 문제가 있으면 문제를 해결해서 앞으로 나아가야 해요. 이건 흐름을 따르는 거예요. 흐름을 타는 것은 말이죠, 솔직히 저는 길림성과 하남성에서 진짜 많은 사람을 알게 되었고 많은 인맥을 쌓았어요. 이런 인맥이 있으면 사업을 못하기도 어려워요. 예를 들어 어제 북경의 동창을 만났는데 항공회사를 설립하겠다고 하더군요. 항공회사에 대해서는 아무리 생각해봐도 WS 만한 능력을 가진 사람이 없어요. 그는 정부나 상회쪽, 실력이나 경력, 인품 등에서도 모든 면을 갖추었죠. 위탁은 제가 나서서 했고 길림성에서 항공회사를 설립할 준비를 한다는 소식에 그는 물을 만난 고기 같았어요. 상회라는 이 플랫폼이 없으면 그런 기회도 잡지 못했을 거예요. 또 다른 예를 들면 이틀 전, 2월의 어느 날이었는데 제가 9일이라는 시간을 들여 600명이 참가하는 기념대회를 열었어요. 이 항공프로젝트도 그날 대회에서 알게 된 거예요. 제가 9일이라는 시간 내에 전국 각지에서 70%나 되는 타 지역 기업가들을 불러서 활동을 조직했다는 것을 그날 현장에 온 사람들은 아무도 믿지 못하더군요. 솔직히 말해서 저는 상회에서 뭘 얻겠다는 것보다는 일종의 책임감이 있어요. 저는 하남사람이지만 지금은 길림성의 정계나 상계에서 큰 기대를 모으고 있고 좋은 평을 받고 있어요. 저는 이런 사명을 나 몰라라 하지 않을 것이고 사람들을 실망시키지 않을 거예요. 저는 제2기에서는 저만 시키지 말고 능력 있는 사람이 회장을 맡으라고 했어요. 하지만 제 마음속으로는 생각이 있었죠. (저 자신) LWS가 해서 성과를 냈는데, 예를 들면 근래 3년 동안 5A급 상회를 수여받았고 작년에는 3만 위안의 장려금을 받기도 했어요. 돈이 문제가 아니라 이건 일종의 영광이죠. 한발 크게 내디딘 것이니까 아무나 쉽게

이어받기 힘들어요. 저 LWS가 무조건 계속 놀아야 하는 거죠.

동 : 흐름을 빌리는 건 어떻게 이해해야 하는 건가요?

L : 바로 상대방의 인맥을 이용하고 자원을 활용하는 거예요. 예를 들어 상대가 자금이 있으면요. 그렇죠, 이 세 마디를 이해하면 완전히 달라요. 흐름을 타는 거는 현재의 기회를 잡는 거예요. 예를 들어 저는 오늘 오전에 또 하나의 프로젝트를 성사시켰어요. 저는 북경에 그룹회사를 설립하려고 하는데 이것은 제 꿈이에요. 마침 막 은퇴한 지도자가 계셔서 그를 주주로 모시고 싶다고 말씀드렸더니 말이 끝나자마자 별 문제없다면서 "WS가 이 형님한테 하라고 하는 건 이 형님이 다 해줄게"라고 하셨어요. 본사는 북경에 있어요. 제가 지금 갖고 있는 모든 자원들을 다 상회에 집중시킬 생각이에요. 상회는 제가 밖으로 사업을 더 확대하도록 보장해 주지는 않아요. 저는 인맥이 무척 넓은데 길림성의 여러 상회의 회장들 중 아무도 제 인맥을 따라 올 수 없다고 (감히) 말할 수 있어요.

최 : L회장님의 인품이나 지명도는 상당히 높죠.

L : 최교수님, 이건 제 자랑은 아닌데요, 다른 사람들이 갖고 있는 건 저도 다 갖고 있어요. 예를 들어 정부의 저에 대한 평가나 민중들의 저에 대한 이미지를 봐도 저를 만난 사람 중에 저를 싫어하는 사람은 하나도 없어요.

최 : 맞아요, 다들 인정하죠. 모든 면에서 인정하죠.

L : 이것도 사람을 알고 사람을 읽고 사람을 쓰는 과정인데, 모든 이가 좋다고만 하지는 않고 모든 이가 일을 해주려 하지도 않죠. 상회에서 몇 개 프로젝트를 제가 누구에게 나눠 주는 것도 마찬가지죠. KGS 같은 경우 그는 상무부회장은 아니고 상무부비서장인데, 하루는 제가 그를 회사로 불러 얘기를 했어요. 저는 그에게 상회를 위해서 이렇게 이렇게 할 수 없는지를 물었고 우선은 충성심, 즉 상회에 대한 충성을 생각하라고 했어요. 제가 문제가 없을 수가 없기 때문에 저를 보고 어디가 부족하다고 하면 저는 수용할 수 있다고 했어요. 걱정되는 것은 부정적인 것만 보고 긍정적인 것을 보지 못하는 거라고 얘기해 주었어요.

4. 상회의 구체적 운영 사례

동: L회장님은 2011년부터 현재까지 3-4년 동안 회장직을 맡으셨는데 그동안 부딪혔던 문제나 처리하기 힘들었던 일들을 몇 가지로 개괄해서 소개해 주세요.

L : 하나는 상회성립 초기에 (회장 후보가) 세 명이 있었는데 나중에 둘이 되었어요. 저희 둘은 지금 관계가 아주 좋아요. 문제는 누가 회장을 할 것인가였는데 관건은 마음가짐이죠. 방금 말씀드렸듯이 회장직을 명예로만 보고 하면 안돼요. 집에서처럼 대해야 해요. 저희는 길림성에서부터 하남성까지 3년이라는 시간을 (함께) 지내다보니 CYZ는 제가 어떤지 잘 알아요. 그는 "WS 넌 인품도 좋고 공평하고 정의롭고 대범하니 회장은 네가 하고 나는 상무부회장을 할게" 하더군요. 때리지도 않았는데 스스로 자백하는 격이 된 사건이었죠.

　　두 번째로 상회가 겪었던 어려운 일은 정부가 십 몇 년 동안 질질 끌고 갚지 않았던 빚을 받아왔던 것이에요. 저희 회장단 중에 LJB라는 분이 계세요. 조양구朝阳区정부에서... 어느 정부라는 거까지는 얘기할 것 없고요, 거기서 그분에게 빌린 100여 만 위안을 십여 년 동안이나 갚지 않았어요. 그래서 제가 가서 받아다주겠다고 했죠. 조양구 서기书记 말은 상회를 봐서가 아니라 저를 봐서 준다고 하더군요. 지금은 이미 계약서에 사인을 했고 몇 년에 나눠서 갚기로 했어요. 두 번째는 이름이 WMQ이라는 자의 일이었는데, 녹원구绿园区 정부에서 난방공정暖房子工程을 시키고 그에게 돈을 갚지 않았어요. 저한테 찾아오면 한마디로 해결될 일을 그는 반년이나 쫓아 다녀야 했어요. 이건 돈도 이미 다 해결 되었어요.

　　가장 어려웠던 문제는 저희 (상회의) 한 회원의 일이었어요. 그 사람이 민사분쟁에 휘말려서 남관구 법원南关区法院에서 5년 동안 재판을 받았어요. 중급법원에 상소했지만 중급법원中法에서도 원심과 같았어요. 그 후에 상회로 찾아왔는데 정황을 듣고 보니 문제가 있는 것 같아서 성 고급법원省高法에 편지를 썼어요. (그러자) 성 고급법원에서 빠르게 처리해주어서 1개월 만에 안건을 되돌리고 무죄로 석방해주었어요. 이 몇 가지 안건으로 충분하다고 봐요. 상회에서 일 처리하는 과정은 사람을 개변하는 과정이기도 한 것 같아요. 제가 금방 최교수님께 말씀드렸듯이 딩칭의 이념으로는 상회를 관리할 수 없어요. 절대 안돼요.

최: 기업조직과 민간조직은 완전히 다르죠.

L: 하하하… 예를 들어 이번 22일 같은 경우, 22일 대회를 거행하고 난 후 저는 저녁에 랑방廊坊으로 달려갔어요. 이유는 저희 고향 현장乡县과 화르가구华日家具가 그 회사 회장을 만나려고 하는데 회장이 그들을 만날 시간이 없다고 했다더군요. 이 프로젝트도 제가 하남 고향에 유치해 준 거에요. 현장이 찾아와서 부탁하니 제가 나서서 회장과 약속을 잡았고 23일에 (회장이) 저를 만나려고 기다리고 있더군요. 이게 바로 책임과 이타利他라고 생각해요.

최: 이타적인 목표에서 출발했기 때문에 회장님의 신뢰와 권위가 세워진 거네요.

L: 그렇게 말할 수 있죠. 돈이 좀 있으면 어느 정도 사업을 할 수는 있지만 돈을 추구해서는 안 돼요. 사업, 사명, 책임을 추구하다 보면 돈은 그냥 뒤따르는 거죠.

5. 상회 이외의 활동

최: 애심연맹爱心联盟은 무엇인가요?

L: 민간조직이에요.

최: 민간조직이요, 주로 무슨 일을 하나요?

L: 저희 애심연맹은 주로 아이들이 변화하도록 돕는 일을 해요. 또 해마다 2개의 공익수업을 추천해서 교사들을 교육하고 있어요. 그리고 빈곤산간 지역을 대상으로 무료로 백내장수술을 해주고 있어요. 운남云南이나 신강 新疆은 해마다 한 회씩 해요. 자금은 저희 상회의 기업가들이 내요.

최: 이건 상회에서 조직하는 건가요?

L: 아니요. 이건 저의 원래 조직이에요. 상회와는 별개예요. 저희 기업가들이 돈을 내는 것 중에 직원들을 교육하는 마음여행이라는 것이 있는데, 직원들이 감사해 할 줄 알고 노력해서 자기 일을 잘해내도록 하기 위한 (취지)예요. 또 하나는 기업가를 교육시키는 것인데, 기업가들의 아량을

넓히고 경지를 높이고 책임을 다하도록 하기 위한 것이에요. 또 각성반醒来班이 있는데 해외에 나가 견문을 넓히는 것이에요. 다들 (해외로) 나가서 한번 부딪쳐보고 기업가들과도 부딪쳐 보는 거예요. 제가 미래를 아름답다고 느끼는 건 저희 플랫폼이 너무 좋기 때문이죠. 마음이 다들 따뜻해요. 제일 큰 기업에서는 1년에 내는 세금만 6-7억 위안이 돼요. 저의 회사는 상회 내에서 그렇게 큰 편은 아니지만 영향력은 제일이죠. 바로 사람들이 저를 인정해주기 때문이에요.

최: 회장님은 실제로 이러한 일들을 선도하고 계시죠, 다시 말하면 하남인들을 포함한 기업가들을 통솔하고 계시죠.

L : 맞아요. 말로 가르치는 것보다 몸으로 모범을 보이는 것이 낫고, 몸으로 모범을 보이는 것보다 환경을 만들어 가르쳐주는 것이 낫죠. 백 마디 말보다 직접 일을 실행해서 보여주는 것이 낫고, 열 가지 일을 실행해서 보여주는 것보다 직접 나서서 이런 환경을 마련해 주는 것이 낫죠.

여러 해 동안 여러 대학과 전문학교에서는 저더러 연구발표를 하라고 했지만 저는 하지 않았어요. 저는 정신을 집중해서 제 사업을 해야 하기 때문에 할 수가 없어요. 이틀 전에도 시 위원회 당교市委党校 교장선생님께서 전화하셔서 시 위원회 당교에서 강연을 해달라고 하더군요. 남관인민대표대회南关人大 WS주임이 제가 하길 요구했다는 거예요. 재작년에도 시 인민대표대회市人大에서 강의한 적이 있어요. 저는 대표이기 때문에 조직의 안배를 따라야 해요. 하지만 말하는 것은 적절하지 않기 때문에 이 얘기는 안 하겠어요. 또 농업대학农业大学에서도 사람을 시켜서 제게 학생들을 대상으로 강연을 해달라고 요청을 해왔어요. 이건 모두 티를 내는 일인데 저는 (오히려) 제 분야의 일들을 잘해내고 싶어요.

6. 동향문화와 지역 정체성

동: 하남인의 단체로서 자신들만의 중원문화를 갖고 있을 것이고 상업을 하는 사람으로서 하남의 상업문화도 갖고 계실 텐데요, 몇 년 전에 전국각지에서 하남인을 오해해서 사회적으로 반향이 뜨거웠는데 사장님께서

직접 겪으신 일은 없으셨는지, 그 사건에 대한 생각은 어떠신지요?

L : 이것은 하남인의 화젯거리이기도 한데요, 저는 여러 측면으로 나눠 말씀 드릴게요. 첫째는 하남인이 많아요. 열 명 중 한명은 하남인일 거예요. 이것이 하나의 원인이죠. 모두가 나쁜 영향을 끼치는 것은 아니고 그 중 한 두 명이 그러는 건 정상적인 거죠. 둘째로, 듣기로는 안휘성과 산동 성 사람들은 좋은 일은 산동과 안휘사람들이 한 것이고 나쁜 일은 하남 인이 한 것이라고 한다고 하더군요. 제일 중요한 건 다들 알고 있고 최 교수님도 알고 계시겠지만 저희 하남은 사람이 많고 땅이 적어요. 세계 는 중국을 보면 알고 중국은 하남을 보면 알 수 있다고 얘기 할 수 있 죠. 하지만 진정한 하남인의 정신은 전국 인민과 각 민족 인민들이 배울 만한 가치가 있어요.

동 : 자오위루焦裕禄도 하남인 이잖아요.

L : 맞아요, 이번에 시진핑习近平 주석이 두 번이나 난고兰考에 갔어요, 다시 난고에 간 거예요. 왜냐! 저희 고향 청풍현清丰县을 예로 들자면, 저희 청풍현은 전국에서 효도마을로 꼽히는 곳이에요. 원래는 돈구현顿丘县이 라 불렀다고 해요. 후에 장칭평张清丰이라는 인물이 있었는데 그는 어머 니를 공경하고 선한 일을 해서 널리 알려졌어요. 당시 관청에서 그에게 관직을 맡으라고 했는데 그는 가지 않았어요. 그가 가지 않은 이유는 집 에 80세 노모가 계신데 그는 사오빙烧饼 장사를 하면서 매일 아침마다 첫 번째 사오빙을 노모가 드시도록 해야 한다고 했대요. 첫 사오빙은 얼 마를 준다고 해도 팔지 않았대요. 나중에 상부에서 이 일을 알고 나서 돈구현을 청풍현清丰县이라고 바꿨다고 해요. 그리고 비석을 세워서 그 를 칭송했고 인물조각상도 세웠어요. 지금 저희 고향에서는 옛날에는 장 칭평이 있었고 오늘날에는 LWS가 있다고 해요. 이 얘기에서 알 수 있는 건 하남인은 뼈 속까지 자력갱생하고 고군분투하고 자립자강하려는 의 지가 있다는 것이에요.

하지만 방금 동교수님이 말씀하신 그런 하남인에 대한 평가는, 특히 심천사건이 발생한 후에 하남인에게 끼치는 영향이 컸어요. 제가 만난 하남인들은 누구한테 사기를 치거나 해치는 사람이 없어요. 부모가 안 계시는 고아를 키우는 사람들을 보면 하남인들이 많아요. 이 점에 대해 저는 하남인으로서 그들에게 감동을 받아요. 동교수님, 최교수님 두 분께서는 학술을 하시고 연구를 하시지만 솔직히 말해서 저는 많이 배우지 못했어요. 하지만 이 몇 해 동안 열심히 배웠어요. 저의 꿈은 정정당당한 하남인이 되는 거예요. 저는 재산을 얼마큼 소유해야겠다고 생각한 적이 없어요. 저는 이미 다 쓰지도 못할 만큼 있어요. 저는 하남인을 위해서, 적어도 하남인의 체면을 세워 주고 하남인이 어떤 건지를 보여 주고 싶어요. 특히 2009년 시 위원회 시정부에서는 저를 본보기로 삼아 주었고 전 시 700만 인민에게 저를 따라 배우도록 선전했어요. 그 당시 저는 동의하지 않았지만요. 5년이 지난 지금도 전 그냥 저 LWS이고요, 오히려 더 성장했죠. 저는 수확이 제일 많은 사람이에요. 사람들은 WS는 일을 많이 하고 상부에 얘기할 때는 적게 얘기한다고들 말해요. 저는 이런 건 중요하지 않다고 봐요. 그건 남들이 저한테 하는 평가라기보다는 저희 하남인에 대한 평가라고 봐요.

최: 하남인, 맞아요. 저희 길림대학에 계시던 ZWX도 그러셨어요.

L : WX요, WX도 저희 (상회의) 명예회장이세요. 오늘 오전에 그분께 전화를 드렸는데 안 받으시더라고요.

최: 아, 거기 명예회장이세요?

L : 명예회장, 명예회장이 4명 있어요, LYZ.

최: 아, LYZ...아, 하남사람이었군요.

Ⅱ-2. 길림성 하남상회 상무부회장 YWJ 인터뷰

인물 : YWJ, 최월금崔月琴[최], 장관張冠[관]
일시 : 2013년 11월 26일
장소 : 하남상회 사무실

1. 개인정보

기본정보

최 : 이번에 새로 당선되신 회장님이신가요?

Y : 저는 상무부회장이에요.

최 : (그러면) 새로 당선된 상무부회장이신가요?

Y : 네. 출장 다녀오느라 시간을 맞추지 못할까봐 많은 일을 준비하지 못했어요.

관 : 어떤 업종에 종사하시나요?

Y : 저는 건축방수 분야에 종사하고 있어요.

관 : 개인경력에 대해서 소개해 주시겠어요? 언제 동북에 오셨나요?

Y : 처음에는 남방으로 북방으로 다니면서 일하다가 여기에 남게 되었어요.

관 : 하남에서 바로 여기에 오신건지 아니면 남방에 갔다가 오신건지요?

Y : 먼저 남방에 갔다가 나중에 북방으로 왔어요. 북방에 오니까 북방의 사람들과 문화가 제 성격에 잘 맞는 것 같았어요. 사람들의 진실하고 솔직한 면들이요. 그래서 여기에 남기로 했죠.

관 : 그때는 다른 사람 밑에서 일을 하셨는데 언제 자기 회사를 설립하게 되셨나요?

Y : 1996년에 처음 시작할 때는 기업이라 할 수 없을 정도로 몇 사람 거느리고 하청 일을 맡아 했어요. 그리고 나서 2003년부터 기업을 설립했어요.

관 : 동북에 오신 것은 고향분을 통해서 인가요?

Y : 네. 그 전에 이미 동북에 온 사람의 소개로 왔어요.

관: 처음 동북에 오셨을 때 음식이나 생활방면에서 적응 할 만하셨나요?

Y : 처음에는 적응되지 않았어요. 인간관계는 괜찮았지만 생활방면에서는 어려웠어요. 온돌이라서 자고 일어난 다음날에는 입을 벌리기조차 힘들었어요.

관: 오셔서 줄곧 장춘에만 계셨나요?

Y : 처음 왔을 때는 구태九台에 있었어요. 나중에 장춘으로 왔어요.

관: 연세가 많지 않으신데 오셨을 때는 이십 대 정도밖에 안되었겠네요.

Y : 맞아요.

2. 상회 가입 계기 / 상회에 대한 인식

관: 어느 해에 하남상회에 가입하셨나요?

Y : 초기부터 가입했었어요.

관: 최초회원이신 건가요?

Y : 네. 하남인들 중에 방수사업을 하는 사람은 많아요. 하지만 건축 산업의 방수부문에서 정식으로 규모를 갖춘 곳은 아주 적어요. 올해 중앙방송국에서도 두 번이나 보도한 것처럼 방수문제에 대해 다들 작은 프로젝트로만 여기고 중시하지 않기 때문에 규범적이지 않아요. 전국적으로 시공을 하는 자들 중에 정말 자질이 있고 영업허가증을 갖고 있는 사람은 아주 드물어요. 다들 사람 몇 명을 거느리고 영업허가증도 없이 일을 해요. 하지만 저는 2003년에 회사를 등록하고 (자격증을 받았는데) 길림성에서는 처음 발급한 자격증이었어요. 올해 길림성에 몇 군데가 늘었지만 작년까지만 해도 길림성에서 2급 방수자질二级防水资质을 가지고 있는 회사는 저희뿐이었어요.

3. 상회 운영모델

상회의 설립 구상과 추진계기

관: 어떻게 해서 하남상회를 설립하려 하셨나요?

Y : 저희 고향은 산동과 안휘의 접경지대에 있는데 너무 못살아서 거기서 나왔어요. 사람이란 본성이 착하기 때문에 늘 다른 사람들을 도와주려 하죠. 하남인들도 똑같아요. 그 시기에 저희는 같이 플랫폼을 건설해서 하남인들도 좋은 사람임을 증명하고 싶었어요. 사람들 중에는 좋은 사람도 있고 나쁜 사람이 있으니까 그것도 비례해서 생각해야 하는데요, 중국의 십 몇 억 인구에서 하남인이 1억 명을 넘어 16%를 차지해요. 그러니까 평균적으로 좋고 나쁜 하남인들이 더 많은 건 정상이에요.

관: 가입 시기는 2011년도인가요, 2009년도인가요? 2009년부터 하남상회 설립준비를 하셨는데 그 시기부터 이미 상회에 계셨나요?

Y : 네 맞아요.

관: 하남상회를 설립한 기업가들은 몇 명이나 되나요? 지금 핵심적인 인물들인가요?

Y : 초기에는 회장, 비서장, L씨, C씨, S씨 등이 있었는데 당시 고생을 많이 했어요.

최: 모두 그 당시의 핵심 구성원이셨어요?

Y : 초기에는 열 몇 명 정도 있었어요.

관: 상회 설립 동기는 방금 말씀하셨지만, 지금 상회를 설립한지 3년이 되셨는데 상회가 이런 면에서 어떤 변화가 있었나요?

Y : 변화했어요. 이를 테면 외부와 큰 계약을 논의할 때 저희가 하남상회 소속이라고 신분을 밝히면 사람들이 "오!"하는 반응을 보여요.

관: 기본적으로 신용이 확립되었다는 거네요?

Y : 맞아요. 신용이 확립되었다는 거죠. 저희 방수업종은 건축 산업에서 하나의 작은 가지일 뿐이지만 저는 완커万科나, 귀지国际나 중국의 대기업들과 협력할 때에는 신용을 지켜요. 만약 신용을 지키지 않으면 저희도 그들과 협력하기 힘들 뿐 아니라 사업도 잘 해나가기 어려워요.

최: 회사 직원들은 얼마나 되나요?

관: 1,000여 명 정도 돼요.

최: 1,000여 명 정도면 대기업인가요 아니면 공장인가요?

Y : 저희는 공장, 시공, 판매점 등이 있어요.

등기과정 및 당-정부 기관과의 관계

관: 근래에 길림성에서는 소프트환경을 개선하기 위해 중소기업의 발전을 고무하는 정책들을 발표했는데 이 부분은 부회장님께서 사업을 막 시작했던 시기와 비교하면 어떤 변화가 있는지요?

Y : 이 부분은 특히 감회가 새로운데요, 저는 공장을 1990몇 년도, 2000몇 년도, 2007년도에 건설했는데 지금 보면 확실히 많이 개선되었어요. 하지만 남방과 비교해보면 아직도 개선할 필요가 있어요. 솔직히 말하면 제가 2007년, 2008년에 공주령에서 공장을 건설할 때 도중에 그만두려고 했어요. 이후 시장이 현장에 와서 8개국의 국장을 불러 현장회의를 열고 현장에서 (문제를) 해결하고 난 다음에 저를 남아 있게 했죠. 소프트 파워 측면에서 확실히 근래 몇 년 동안 해마다 좋아지고 있어요. 처음 시작할 당시 저의 모든 열정을 온통 공장에 집중해야 했었는데 지금은 갈 필요도 없어요. 이런 점에서 본다면 길림성의 소프트 파워가 좋아지고 있는 건 확실해요. 하지만 아직도 남방과는 차이가 있다고 보는데요, 제가 올해 남방쪽 공장에 투자했는데 두, 세 달에 한번만 가면 될 정도로 많은 일을 정부부문에서 체계적으로 해결해줘요. 제가 관여할 필요가 없어요. 영업허가증을 낼 때도 체계가 잘 갖추어져서 있어서 제가 모든 일을 처리하고 허가증을 받아왔어요.

4. 상회 기능

관: 기업규모가 이렇게 큰데 상회가 사업에 어떤 도움을 주었나요?

Y : 아주 큰 도움을 줬죠.

관: 구체적으로 말씀해주시겠어요?

Y : 시작은 동북3성에서 했지만 저희는 동북 밖으로 발전해나갔어요. 작년부
터 시작해서 하북, 하남, 안휘, 산동, 강소, 하북 등 성으로 확장시켜 나
갔는데 이 몇 개의 성에 모두 저희 자회사, 영업점이 있어 판매도 하고
공정도 해요. 각 지역으로 나갈 때마다 저희는 상회라는 플랫폼을 통해
서 현지와 연계를 맺어요. 이는 저희한테 많은 곤란한 문제들을 해결해
주는데, 예를 들면 장소를 임대할 때 어느 구역이 좋고 어떻게 임대해야
되는지를 알 수 있으니까 비용을 가장 적게 지출할 수 있죠. 업무에서도
마찬가지로 많이 편리해요. 현지에 대해 잘 아는 인맥을 갖고 있기 때문
에 사업상에서 많은 도움을 받아요.

최 : 이 플랫폼을 통해서 사업 확장에 도움이 되셨겠네요?

Y : 이런 자원은 아주 귀한 거예요. 사장들마다 자신만의 경력과 장점을 갖
고 있고, 또한 정도에는 차이가 있겠지만 다들 자기 일을 잘해내는 사람
들이기 때문에 이들을 한 곳에 모이게 한 것만으로도 큰 수확이라 생각
해요.

최 : 기업관리 같은 것도 이 플랫폼을 통해서 서로 배워서 자기 회사에 적용
할 수 있겠네요.

Y : 맞아요. 바로바로 써보죠. 저희 상회 자체도 서로 배울 수 있는 조직이
기 때문에 함께 배워가요.

최 : 관리방법 같은 것도 자주 교류를 하시는지요?

Y : 네. 사장들을 조직해서 학습하게 하고 직원들도 교육시켜요. 예를 들어
저희 기업이 딩칭을 방문 한 적이 있었는데, 돌아와서 직원들에게 딩칭
에서 배울 점들이 무엇인지를 교육하고 서로 배우도록 했어요.

최 : 근래 몇 년 사이에 권익보호가 필요한 적은 있으셨나요? 상회를 통해 해
결했나요?

Y : 저는 아직 없었어요. 하지만 만일 정말 그런 일들이 생길 경우 상회를
통해 정부의 상관부문과 소통한다면 훨씬 편리할거라고 생각해요.

관 : 상회의 사장들과 협력한 적이 있으신지요?

Y : 있죠. 서로 협력하기도 해요. 각자 다른 소재의 사업들을 하면 상호이득
이기 때문에 윈윈할 수 있어요.

관 : 그런 경우가 많나요?

Y : 많아요. 그렇게 하면 좋은 점들이 많은데 이를 테면 제가 방수를 하기

때문에 부동산을 하는 사람과 거래를 하면 제가 할인해서 저렴하게 해줄 수 있어요. 서로 신뢰가 있기 때문에 제가 일을 끝내면 그가 바로 돈을 줄 것이라는 믿음이 있어요. 제 입장에서는 돈을 빨리 받을 수 있어서 운영상 좋죠. 이렇게 서로 지지해 주는 거죠.

5. 각종 동향 / 동업조직과의 관계

관: 장춘에는 또 장춘시 하남상회가 있다고 들었는데 맞나요?

Y: 하나 있는 것 같은데 사람이 별로 없을 거예요. 초창기 상회가 없을 때 두 개의 플랫폼이 있는 것도 아주 정상적인 일이라 봐요. 하남과 가까이에 있는 사람들끼리 자주 만나니까 함께 모이게 되죠. 사평四平이나 연길도 마찬가지에요. 사평에도 상회가 있어요.

최: 길림성 하남상회처럼 각 지역마다 갈래가 있는 거죠?

Y: 맞아요.

최: 회원도 전국적인 범위에 있나요?

Y: 네. 사평이나 길림과 같은 경우 방수협회처럼 설립되진 않았지만 사람들이 모이게 되고 일이 있으면 서로 돕죠.

최: 방수에도 행업협회가 있어요?

Y: 있어요.

최: 있군요, 가입하셨나요?

Y: 길림성에는 아직 정식으로 된 협회가 없어요. 이 협회도 사실은 제가 준비하고 있는 거예요. 아직은 정규 조직이 아니지만 곧 설립될 거예요.

관: 아직 등록을 안하신거죠?

Y: 네 아직 등록하지 않았어요. 하지만 일이 있으면 다 같이 모여서 상의해요.

최: 그 협회와 이 상회를 비교할 때 업무가 어떻게 분화되어 있나요? 두 군데 다 참여하시는 이유는 무엇인가요?

Y: 그쪽은 전문성이 강해요. 제가 에너지절약협회节能协会의 부회장도 맡고 있는데요. 방수 협회는 정규직은 아니지만 생산하는 사람도 있고 시공하는 사람도 있는데, 성 전체의 몇 십 군데가 한 곳에 모여서 서로 상의하

기 때문에 전문성이 아주 강해요.

최: 전문성이 강하다는 것은 산업표준이나 사용재료와 같은 것들도 포함되나요?

관: 맞아요. 에너지 절약 부분도 마찬가지로 전문적인 부분들이 많아요. 하남상회에서는 다들 서로 배우고 있는데 모든 방면의 사람들이 다 있어요. 경영에서나 업종에서나 관리 등 모든 방면에서 서로 배우고 도와줄 수 있어서 아주 좋은 플랫폼이에요.

관: 방수에 관해 일하는 사람들 중에 하남인이 많다고 하셨는데 방수협회에도 하남인들이 큰 비중을 차지하는지요?

Y : 네, 당연히 하남인들이 큰 비중을 차지하고 있죠. 저희 고향쪽은 '중국 방수의 고향中国防水之乡'인데요 국가에서 수여한 것이에요.

최: 어디세요?

Y : 하남성 평여현河南省平輿县인데 이곳은 국가에서 수여한 중국 방수의 고향이에요. 방수의 고향이란 시공을 말하는데 저희는 주로 시공을 해요. 생산은 산동山东, 요녕辽宁에서도 하지만 주로 산서山西에서 해요. 하남인들 중에 생산을 하는 사람들도 있지만 시공을 하는 사람이 절대적인 비중을 차지해요.

관: 그럼 협회 내에는 길림성 하남상회에 가입하지 않은 사람이 있나요?

Y : 네 있어요.

6. 동향문화와 지역 정체성

관: 상회의 측면에서 볼 때 상인조직 같은가요 아니면 동향회 같은가요?

Y : 하남상회란 이름에서 알 수 있다시피 하남이란 하남인의 모임이란 얘기이고, 상회는 상인들의 모임이란 얘기죠. 동북이란 곳에서 저희가 모였는데 일부는 영업허가증이 있고 일부는 없지만 똑같이 상업에 종사하고 있죠. 정부부문의 사람도 있지만 상대적으로 볼 때 여전히 기업을 하는 사람이 많아요.

최: 몇 년생이세요?

Y : 1971년생이에요.

최: 1971년생이군요. 1970년대생이면 젊은 거죠.

관: 처음 왔을 때는 적응이 안 되셨겠지만 차츰 적응이 되신 거죠?

Y : 네. 차츰 적응했어요. 이제는 이미 여기가 고향이 됐어요. 하하.

최; 가족들도 여기에 정착하신 거죠?

Y : 저희 가족들도 모두 여기에 있어요. 적어도 3대가 모두 여기에 있어요.

최: 여기 오시기 전에 가족들이... 아니면 오신 후 가족들 모두...

Y : 본래는 모두 하남에 있었는데 제일 먼저 제가 오고 나서 한참 있다가 남
동생과 여동생을 데려오고, 그 후 아버지, 어머니, 아이들도 모두...

최: 그럼 나중에도 여기에 정착하시겠네요.

Y : 네, 이제는 거의 움직이지 못해요.

호구 소재

관: 그럼 호구는요?

Y : 호구도 사업도 인맥도 모두 여기에 있어요.

관: 호구는 어느 해에 옮겨왔어요?

Y : 호구는 2003-04년도에요.

관: 호구를 옮겨오고 나서 사업에 어떤 점이 좋으셨나요? 타 지역 호구면 사
무 처리할 때 어려움들이 있는지요?

Y : 그때 호구를 옮겨왔던 이유가 전화번호를 사기 위한 것이었어요. 그 시
기에는 장춘호구가 아니면 전화번호를 사지 못했어요.

최: 아이가 학교 다니는 것은요?

Y : 아이가 학교 다니는 것, 차를 사는 것 등 호구가 없으면 불편하죠.

최: 그 시기에 호구를 옮기는 것은 어렵지 않으셨나요?

Y : 어렵지 않았어요. 왜냐하면 그때 집을 샀으니까요.

최: 집을 사면 가능한가요?

Y : 네.

관: 처음 오셨을 때 여기에 고향분들이 많으셨나요?

Y : 많았어요.

관: 알고 지낸 분들도 많으셨던 거죠?

Y : 네.

최 : 건축산업에 특별히 하남인들이 많았던 것 같아요.

Y : 제가 방수를 하잖아요, 전국 곳곳에 방수를 하는 사람은 대부분 하남인
이에요. 지금 적어도 80%이상이에요. 10년 전에는 아마 95%거나 그 이
상이었을 거예요.

7. 상회 발전계획

최 : 근래 상회의 첫 기수가 끝나고 제2기가 시작되었는데, 제가 듣기로는 상
회에 새로운 조치들이 있다고 하더군요. 사장님은 회원으로서, 상무부회
장으로서 상회의 방향과 차원에서 어떤 개혁과 제고가 필요하다고 보시
는지요?

Y : 상회라는 것은 하나의 공공 플랫폼이라고 생각해요. 공공 플랫폼은 규칙
을 제정할 필요가 있는데 게임 룰은 필수적인 거죠. 또한 전체적인 플랫
폼을 통해 상회 회원들을 위해서 서비스를 제공하고 상회의 회장이나 비
서장은 규칙을 통해 이 플랫폼을 발전시켜야 해요. 이를테면 은행, 운전
학교, 담보사업, 상회빌딩 건설 등과 같은 것이죠. 이는 모두 상회를 한
걸음 한 걸음 발전시켜 나가는 것이죠. 이 또한 상회의 모든 사람들과
관계가 있는 것이기 때문에 모두가 모여서 각자의 힘을 내야만 하는데
그렇게 된다면 우리는 해낼 수 있어요. 상회는 아직 2년밖에 안되었기
때문에 저희가 점차 개선해 나가야할 부분이 있지만 작년과 비교하면 많
이 발전했어요. 물론 저희는 더 길고 훌륭한 비전을 갖고 저희의 계획에
따라 개선하고 제고해 나갈 거예요. 나중에 저희는 이 플랫폼 뿐 아니라
현지에 이익을 가져오고 또한 사회를 위해 서비스하는 방향으로 나아갈
거예요.

최 : 공공 서비스 플랫폼이네요. 진심으로 고맙습니다.

II-3. 길림성 하남상회 상무부회장 GZ 인터뷰

인물 : GZ, 동운생董运生[동]
일시 : 2013년 11월 28일
지점 : 하남상회 사무실

1. 개인정보

사업소개

G : 우선 본사 상황에 대해 말씀드리지요. 본사는 하남쓰핀터식품유한회사河南思品特食品有限公司이고 하남성 초작시 무척현 서화풍河南焦作武陟县西华丰에 있어요. 장춘쓰핀터유한회사长春思品特有限公司는 하남쓰핀터유한회사의 자회사인데 저희는 전국에 5개 회사가 있고 본부는 초작焦作에 있어요.

동 : 초작은 시인가요 아니면 현인가요?

G : 현이에요. 서화풍 그쪽에 있어요. 두 번째는 산서陕西의 기산岐山에 있는데 보계宝鸡 아래쪽 기산현에 있어요. 세 번째는 호남湖南의 상주常州에 있고 또 하나는 하남 주구경제개발구河南周口经济开发区에 있어요. 저희 장춘회사는 덕혜경제개발구德惠经济开发区에 있고요.

동 : 이 컵라면 브랜드는 뭐죠?

G : 하남쓰핀터회사의 SY브랜드에요. TV광고에 나와요.

동 : 면 이외에 또 무엇을 제조하시나요?

G : 현재 회사는 국가 농업산업화 중국유명상품 전국안전우량식품회사에요. 저희의 주요상품은 밀가루와 건면挂面이에요.

동 : 밀가루는 봉지포장의 흰 밀가루인가요?

G : 네. 밀가루는 만두 빚는 밀가루와 면 밀가루가 있는데 마트에서 볼 수 있어요. 건면 밀가루나 빵 밀가루도 있죠. 라면은 아이용으로 건조한 상태로 먹는 것과 인스턴트 라면이 있어요. 그리고 당면파트너라는 것이

있는데 당면과 면을 한 그릇에 포장한 거예요.

동: 같이 섞은 거네요.

G: 하나는 당면이고 또 하나는 면이에요. 먹으면 마라탕麻辣燙 같은 느낌이 나는데 안에 당면도 있고 면도 있는 거죠.

동: 길림성의 쓰펀터회사는 언제 설립되었나요?

G: 공장은 2005년 설립되어 2006년부터 정식으로 생산했으니까 8년 되었네요. 2006년도에 제1대 회장님이 1년하고 본부로 돌아가셨다가 2013년 8월에 다시 오셨어요. 현재는 본사의 부회장을 맡고 계세요.

동: 부회장님은 화풍華丰의 어떤 회사에...

G: 저의 상황을 말씀드리자면 저는 서화풍 주변마을 출신이에요.

동: 그럼 서화풍 기업은 비교적 일찍 시작하셨겠네요?

G: 네, 저희가 이 기업 공장을 1995년도에 건설했어요.

동: 공장을 건설할 때부터 거기에 계셨던 건가요?

G: 저는 공장 건설할 때 있었는데 당시에 저는 영업사원이었고 거기에서 일을 하다가 2년 후 지역 경영관리자가 되었어요. 그 후 다시 판매 총책임자가 되었고 나중에 본사를 포함해서 외부 5개 회사의 영업판매 부사장이 되었어요.

동: 쓰펀터회사는 성격상 어디에 속하나요?

G: 전 국민이 주식을 갖는 협동기업集体企业이에요.

동: 그럼 공장을 건설한 회장님은요?

G: 그는 현재 우리의 서기이고 마을서기, 마을위원회 주임, 회장님이세요.

동: 그럼 이 기업은 성격상 이 마을에 속하는 건가요?

G: 네 맞아요.

동: 그럼 마을주민들도 나중에 연말 이익분배에 참가하겠네요. 그럼 그분은 이것을 민영으로 전환할 생각은 없었나요?

G: 그분은 현재 그런 생각을 갖고 계시지만 아직 기업을 전환하지는 않았어요. 그분은 마을에 여러 기업을 가지고 있는데 전기선, 종이공장, 자동차 XXX공장, 플라스틱 강철 공장 등이 있고 서화풍은 그중에 하나예요.

동: 알아요. 가본 적은 없는데, 가까워도 가보지를 못했어요.

G: 저희 원래 서기는 전국선진대표이자 전국노동모범이세요.

동: 그럼 서화풍은 하남에서도 유명한 현인가요?

G : 네, 앞자리를 차지하는데 첫 번째라고 해도 문제는 없을 거예요. 현재 저희 회장님이자 서기는 전국인민대표대회의 대표예요.

2. 상회 가입 계기 / 상회 인식

동 : 길림성하남상회에 가입은 언제 하신 건가요?
G : 저는 작년 8월에 왔는데 2006년에는 상회가 아직 설립되지 않았고 2011 년에야 설립되었어요. 제가 여기 온 후 원래 알고 지내던 친구들과 교류 하다가 하남상회 얘기를 듣게 되었고 그래서 제가 H비서장의 연락처를 알아내서 상회로 찾아갔지요.
동 : 그럼 여기를 떠나신 후에도 여기에는 여전히 사람들이 남아 있었네요.
G : 제가 떠난 이후 3대 사장이 바뀌었어요.

3. 상회의 조직관리

동 : 친구들은 당시에 가입을 하지 않았나요?
G : 가입하지 않았어요.
동 : 동향인이 소개해준 것인가요?
G : 동향인과 상회 얘기를 나눌 때 그는 제가 가입할지 어떨지를 알지 못해 서 (소개를) 안 했어요. 회사가 덕혜에 있고 도시 내에 있는 것도 아니 기 때문이었죠. 제가 9월에 비서장을 찾아갔고 가입할 때부터 상무부회 장이 되었어요. 이것은 회장님께서 저한테 주신 명예라 생각해요.
동 : 그 시기에는 어떻게 바로 상무부회장 직위를 할 수 있으셨어요?
G : 잘 맞아서라고 생각해요. 그 당시에 저는 상회에 가입하려는 열망이 가 득했고 저희 본사도 초작의 모 상공연합회에 가입한 상태였어요. 저나 저희 회사는 상회라는 조직을 상당히 중시하고 있었고요.
동 : 그럼 고향에서부터 알고 계셨네요. 길림의 상회는 알고 계셨어요?

G : 몰랐어요. 제가 온 후에야 알았어요.

동: 기타 지역의 상회는 알고 계신가요?

G : 몰라요.

동: 상무부회장의 회비는 얼마인가요?

G : 비서실의 말을 빌리면, 회비는 기업의 역량에 따른대요. 그 역량은 15만 위안에 달하죠.

동: 비싸군요. 작년 8월부터 현재까지 1년이 채 안 되지만 상회활동에 참가 하시면서 느끼신 점은 무엇인가요?

G : 제 생각에 이 상회에는 확실히 긍정적 에너지가 있는 것 같아요.

동: 여기에 자주 있는 편이세요, 아니면 하남에 자주 있는 편이에요?

G : 저는 하남에 있는 시간이 많은 편인데 5분의 3정도 돼요.

동: 1년이 채 안 되는 기간이지만 상회 내의 어떤 활동에 참가하셨나요?

G : 일부 참가했어요. 중요한 행사에는 참가했어요.

동: 기수교체 때 계셨나요?

G : 아니요, 휴가 중이었어요.

4. 상회의 운영 모델

등기과정 및 당-정부기관과의 관계

동: 상회도 부속부문이 있나요?

G : 관리부문은 있는데 부속부문은 없어요.

동: 조금 다른 것 같네요. 길림성의 안전생산감독관리협회安監协会는 안전생 산감독관리국安監局 소속이에요. 상회가 기업의 발전이나 개인 인맥 확 장에 어떤 영향이 있다고 보세요?

G : 저는 잘 되어 있다고 생각해요. 방금 회의 중 회장님께서 말씀하셨듯이 (상회는) 우선 사람들에게 정보를 제공해주고 더 많은 친구들을 사귀고 서로 배울 수 있도록 플랫폼을 만들어줘요. 또한 개인들에게 무대를 제 공해주는데 기업이 바로 무대가 되는 거죠. 기업들은 더 많은 상업기회

를 얻는다기보다는 소비자들과 직접적으로 대면할 수 있는 기회가 소중한 거죠.

동 : 사장님은 마트로 바로 유통하시나요?

G : 유통 경로는 마트도 있고요, 공업기업들과도 접목할 수 있어요. 철강재료 생산을 접목할 수 있는 것은 기업에 아주 좋은 무대가 돼요. 그리고 개인에게도 하나의 도약판이 될 수 있는데 여기에서 타인들의 정보를 습득하고 이용할 수 있어요. 상품회의도 같은 원리에요. 여기에서 어떻게 상품을 업그레이드 시킬지를 알려주죠. 저희는 집단이기 때문에 집단은 당연히 개인의 역량보다 크죠.

동 : 근래 2년 동안 상회에서 나서서 해결해야 했던 문제들이 있었나요?

G : 그런 건 아직 없었어요.

5. 각종 동향 / 동업조직과의 관계

동 : 상회에 참가하는 것 이외에 다른 전국적 규모의 행업협회에 참가하시는지요?

G : 네, 저는 하남성 면제품협회面制品协会 회원이에요. 길림성에는 없는 것 같은데 전국적인 거예요.

동 : 그럼 하남성 면제품협회에는 전문적으로 책임지는 주관부문이 있나요?

G : 면제품에는 있는 것 같아요.

동 : 어떤 활동에 참가하셨어요?

G : 장식품공예협회에 참가했었어요.

동 : 그런 협회와 상회는 어떤 차이가 있나요?

G : 그런 협회들은 제한성이 있는데 면제품으로 한정되어 있고, 용어 선택이나 관련 문제 등에서도 아주 전문적으로 논의해요. 하지만 상회는 각종 업계가 포함되어 있기 때문에 얻을 수 있는 정보량이 전방위적이죠.

동 : 밀가루협회의 책임자는 어떻게 탄생하나요?

G : 그것은 비정부 조직이에요. 선거로 선출되기도 하고 정부에서 임명을 하는 경우도 있어요. 저희 하남식품협회는 하남과 연결되어 있고 면제품面

制品은 주식主食 부분과도 연결되어 있어요.

6. 동향문화와 지역 정체성

동 : 하남과 길림성의 문화를 비교했을 때 어떤 차이가 있나요? 사업 중에 만
난 사람들을 포함해서요.

G : 각각 특징이 있어요.

동 : 전체적인 소통은 어떤가요?

G : 괜찮아요. 동북 사람들은 외향적이고 하남사람들은 내향적이죠.

동 : 현재 기업 규모는 어느 정도인가요?

G : 전체 회사는 400여 명인데 덕혜에 300명이 있어요.

동 : 300여 명 중 길림인과 하남인의 비율은 어떤가요?

G : 하남인은 적어서 몇 십 명 정도에요.

동 : 이 몇 십 명의 사람들이 식사를 같이 하나요 아니면 따로 하나요?

G : 같이요. 밥도 있고 면도 있어요.

동 : 그럼 하남인의 주식은 밥인가요 아니면 면인가요?

G : 하남인들은 역시 면을 먹어요.

7. 상회발전계획 / 기대

동 : 미래의 상회는 어떤 모습이 되기를 기대하시나요?

G : 제가 기대하는 상회의 모습은 시간에 따라서 변하기도 하는데요, 지금
생각에는 다 잘되고 있다고 생각해요. 다들 서로 잘 알지는 못하지만 제
고향이 하남 낙양洛阳이라는 얘기를 하면 다들 가깝게 느껴요. 그래서
우선 하남상회는 온정이 느껴지는 단체 조직으로, 마음으로 지지하는 게
느껴져요. 저는 이점이 제일 좋다고 생각해요. 둘째로는 현실적인 부분
인데 사람들에게 집단이라는 플랫폼을 제공해줌으로써 상회의 존재만으

로도 정신적으로 든든함을 갖게 하죠. 현실적으로 사람들이 소통할 수 있고 정보를 교류하고 협력할 수 있는 플랫폼을 제공한다는 거죠. 방금 회장님께서도 말씀하셨지만 프로젝트는 모든 사람이 참여할 수 있다고 했는데, 이들은 사회에서 선택한 사람보다 훨씬 차원이 높아서 믿음이 가요. 앞으로 우리는 주주제의 성격이 없는 대집단이 될 거예요. 모든 사람들이 진입할 수 있고 이 안에서 차츰 직위 상승을 할 수 있을 뿐만 아니라 인맥, 사상 개방정도, 정보 공급원 모두 확대할 수 있을 거예요. 이러한 플랫폼은 큰 창고가 되어 어떤 자원이든 수용할 수 있을 거예요.

동 : 개인적으로 상회를 위해서 앞으로 더 많이 의무적으로 참여하실 의향이 있으신지요?

G : 당연히 있지요. 기업이 어느 정도 발전한 후 아주 작은 것이라도 상회를 위해서 도움을 주고 싶어요. 이러한 것들이 실제로 사회에 보답하는 것이라 생각해요.

동 : 원래 목적은 돈 벌기였지만 현재는 가치를 실현하는 것이군요.

G : 사람이 돈 버는 것도 가치를 실현하기 위한 것이에요.

동 : 그렇죠.

II-4. 길림성 하남상회 상무부회장 CBX 인터뷰

인물 : CBX, H비서장[중도 진입 후 나감], 최월금崔月琴[최], 장관张冠[관]
일시 : 2014년 4월 11일
장소 : 하남상회 사무실

1. 개인정보

기본정보

관 : 1999년에 어떤 계기로 (장춘에) 오게 되셨어요?

C : 초기에는 호텔용품 사업을 했어요. 호텔용품 사업을 하면서 이곳의 호텔
들과 왕래가 있었는데 해마다 정기적으로 장춘 같은 도시의 큰 호텔들과
협력했어요. 주로 장춘이었는데 이곳의 친구를 통해서 호텔에서 의료 분
야로 직종을 바꾸었어요. 남방 모회사의 동북지역 경리를 했었는데 말하
자면 시장의 총감독 같은 성격이었어요. 그 시기에 이미 이쪽 시장에 대
해 거의 숙지했었죠. 이후 1999년부터 정식으로 했고 장기적으로 되면
서 여기에서 회사를 등록했어요.

관 : 그럼 그 친구들 중에는 고향사람도 있었나요? 아니면 현지의 일부 친구
들인가요?

C : 고향사람들이 있었어요.

관 : 고향사람을 통해서 동북에 오신 거네요.

C : 초기에 제가 경영했던 기업은 하남 의료산업의 선두기업이었는데 제가
동북3성 지역의 시장을 책임지는 거였어요. 시장 총감독과 시장 영업과
판매를 제가 책임졌죠. 그러다 시간이 지나 이 분야에서 인맥과 자원을
형성하게 되면서 회사를 나와서 자체적으로 대리사업을 시작했죠.

관 : 그 당시에는 동북지역의 시장이 성숙하지 못했을 텐데 왜 남방지역으로
가지 않으셨어요?

C : 제가 제일 먼저 책임졌던 곳은 동북지역이었는데 초기에는 북경, 천진 그리고 그 이북지역이었어요. 후기 주요 업무는 동북, 길림성 이쪽을 중심으로 했어요. 그렇게 북방인들과 오랜 시간 교류하다 보니 저의 성격이 이런 체제 속에 융화되어 버렸어요. 만일 다시 남방지역으로 가서 정주한다면 교류나 성격, 생활습관에서 큰 차이가 있을 거예요.

관: 그럼 1999년에 처음 동북에 오셨을 때는 생활습관이나 사업관례 등에 적응 할 만하셨나요?

C : 제가 말한 1999년은 제가 여기로 정주하러 온 시기예요. 1999년 이전에는...

관: 제일 처음 언제 동북인들과 교류하셨나요?

C : 24세 때에요. 제가 1969년생이니까...

최: 1990년대 초인가요?

C : 맞아요. 1993년일 거예요. 그 당시에 호텔용품 사업을 했었는데 줄곧 동북인들과 교류했어요. 이제는 적응되기도 했고 (저는) 하남인이지만 북방인의 성격이 있어요. 저는 처음에 북경의 외국자본기업에서 일한 적이 있어요. 그 시기에 호텔용품을 관리하는 업무가 많아서 이 분야에 차츰 적응되었어요. 제가 남방으로 출장가도 제 키가 남방인들과 다르고 어투도 동북인들과 비슷해서 (적응이 잘돼요).

최: 대학에서는 어떤 학문을 전공하셨나요?

C : 공상관리工商管理 였어요.

최: 어느 학교셨어요?

관: 정주대학鄭大이요.

최: 몇 년에 입학하셨어요?

관: 1989-90년 일 거예요.

사업소개

관: 전에는 어떤 업종에 종사하셨나요? 몇 년도에 동북으로 오셨나요? 하남인이신가요?

C : 장춘에 장기적으로 머물기 시작했던 것은 1999년부터였어요. 초기에는 호텔용품 사업을 했었는데 세면도구 같은 일용품들이 아니라 유리 닦는

유리 세제나 카펫세탁 설비와 같은 첨단 용품들이었어요. 당시는 제가 미국기업의 중국지사에 1년 근무한 것이었어요. 그 후 2001년부터는 의료 설비분야에 종사하게 되었어요. 해외의 의료설비는 개인들이 판매할 수 없게 되어 있어요. 그래서 중국에 무역회사를 설립하고 사무처에 위탁해서 중국에서 대리 역할을 하는 것이었는데 저는 길림성을 책임지고 이제까지 하고 있어요. 이것 외에 저희는 현재 공장도 하고 있는데 바로 선리기중기神力起重机에요. 위치는 창춘녹원경제개발구长春绿园经济开发区에 있어요. 저희 길림성 하남상회가 설립되기 전에 어떤 하남인이 그곳에 공장을 하고 있었는데 당시에 회사를 개조하고 조정하는 중이었어요. 나중에 제가 이 기업의 주식을 보유하게 되었고 그중 51%지분을 매입하게 되면서 기계가공제조에 종사하게 되었지요.

2. 상회 가입 계기 / 상회에 대한 인식

관 : 하남상회는 어느 해에 가입하셨어요?

C : 처음 설립될 때였으니까 2011년이에요.

최 : 제1기 회원이셨나요?

C : 저희 상회 회원의 99%는 전에는 모르는 사이였다가 설립되고 나서 알게 되었어요. 근래 2-3년의 각종 활동을 통해서 서로 잘 지내고 사업상의 협력도 하고 있어요.

관 : 그 시기에는 어떤 계기였어요? 친구 소개였나요, 아니면 하남상회의 홍보를 보고 상회에 가입하셨나요?

C : 상회 설립을 준비할 때 오랜 시간 시끄러웠어요. 저도 들은 건데 당시에 두 그룹에서 시작되었다고 했어요.

최 : 두 그룹이요?

관 : 네, 한 그룹은 임주林州가 HZK을 따르던 때였는데 건설을 하는 사람들이었어요. 다른 한 그룹은 LWS 무리였는데 저는 이 두 그룹 다 잘 몰라요.

최 : 그들은 지금도 있나요?

C : 가입하지 않았어요. 그래서 거기에서 비서장을 하는 사람이 저에 대해

알고 저를 찾아와 상회가 설립되는데 참가하지 않겠느냐고 물었어요. 그래서 제가 참가하게 되었어요. 두 그룹이 있었는지 몰랐지만 나중에 회의 때 알게 되었어요. 한동안 무마하고 이해하느라 시간을 보냈어요. 나중에 저희가 LWS를 회장으로 선출했어요. 그의 이념과 사회에서의 영향력을 근거로 했죠. 하남상회의 회장으로서 좋은 이미지가 있어야 하고 돈뿐만 아니라 사회의 각 방면에 공헌하고 선두적인 아이디어가 있어야 해요. 상회는 같은 하남 호적의 사람을 모아서 함께 돈을 버는 것 뿐 아니라 어떻게 사회에 보답하고 어떻게 가치를 창출하는지를 알아야만 한다고 생각해요.

3. 상회조직의 관리

최: 저번 기수에는 부이사장이셨나요?

관: 부회장이세요.

C : 저희는 상무부회장이라고 불러요.

최: 그럼 두 기수 모두 상무부회장이시네요?

C : 맞아요.

최: 그럼 절대적으로 핵심이네요?

C : 저희는 매달 한명의 상무부회장을 정해서 교대로 당직을 서게 해요. 그러고 나서 이번 달에 어떤 일을 처리해야하고 회장을 대신해서 어떤 일을 해야 하는지를 얘기하죠.

최: 집행회장과 같은 거죠?

C : 맞아요. 집행회장이요. 기타 상회는 한 사람을 정해서 집행회장을 하지만 저희는 당직을 서는 사람이 집행회장을 해요.

최: 이 방법은 상당히 좋은 것 같네요. 모든 사람들에게 책임감을 느끼게 하니까요.

C : 책임감을 갖게 되죠. 예를 들어 당직인 달에 회장과 상회를 대표해서 일을 처리하게 되면 책임감이 생기죠. 그리고 모두가 이 권리를 누리면서 일을 해보면 헌신도 할 수 있고 상회를 위해서 무언가를 할 수 있게 돼요.

최: 상회의 상무부회장은 몇 분 정도 되나요?

C: 현재 장춘에는 6-7명 있는 것 같은데 정확히 기억하진 못해요. 이건 비서실에 물어보세요.

관: 상무부회장의 회비는 얼마인가요?

C: 상무부회장은 제1기 때에는 연회비가 10만이었어요. 2기부터는 5만이에요.

관: 회비가 낮아지면 상무부회장의 수가 많아지나요?

C: 아니요. 저희는 인원수에 제한이 있어요. 상무부회장 수는 거의 변하지 않아요. 부회장의 수는 정해져 있어서 돈을 낸다고 마음대로 되는 것이 아니에요.

관: 일부 상회에서는 돈만 내면...

최: 규범화되어 있지 않은 거죠.

C: 기타 상회에는 이런 상황들이 있는 것 같은데 예전에 한 회의에서 명단을 보니 집행회장이 무척 많더라고요. 저는 "귀 상회는 모두가 집행회장이네요?"라고 했었어요.

관: 하남상회의 크고 작은 일들 중 정책결정의 범위는 어디까지 인가요?

C: 큰 활동이 있을 경우 먼저 상무회의를 열어요. 이를 테면 비서실에 자선기부활동이 생겼을 경우 우선 저희 상무들이 회의를 열고 대부분의 돈은 저희 상무들 중에서 해결하고 처리해요. 하지만 어떤 경우는 일부 회원들을 동원하여 참여하도록 하는데 회원들도 돈을 내도록 하죠. 그들은 자기 기업의 규모 등을 이유로 적극적이지 않을 수도 있어요. 아시다시피 이번 경축대회의 비용도 저희 개인들의 기부로 모았어요. 그리고 평상시의 자선이나, 백혈병에 걸린 학생이나, 룽쥔榮軍병원의 사람들에게 기부한 돈은 거의 상무들이 모은 거예요. 나머지는 부회장이나, 이사나 회원들 중에서 원하는 사람이 있으면 자발적으로 참여하도록 해요.

관: 상무들이 결정을 내리고 부회장, 이사, 회원들의 참여여부를 보는 거네요.

C: 저희는 메시지로 통지하는데 그러면 적극적인 사람들은 지원하고 아니면 반응이 없어요. 반응이 없는 이유는 시간이 없거나 하고 싶지 않아서인데 저희는 강요하지 않아요.

관: 오늘 회의는 어느 직급까지 인가요? 이사까지 인가요? 회원까지 인가요?

C: 이 회의는 22일 경축대회를 위해 업무 분담을 하는 자리에요. 그리고 아이디어를 갖고 있으면 제기하고 분배된 업무에 이견이 있는지의 여부와

자신의 시간을 할애할 수 있는지의 여부를 확인하는 거예요. 만약 시간을 안배할 수 없으면 빠른 시일 내로 비서장에게 회보하도록 하고 만약 다른 의견이 없으면 그대로 집행하도록 하는 거죠.

관 : 그럼 회원들 중에도 참여하는 사람이 있다는 얘기죠?

C : 회원도 참여해요.

관 : 그럼 3월의 회의는 어느 직급까지 인가요? 3월 22일에 열린, 저도 참여했던 회의요.

C : 기수 교체 대회요?

관 : 맞아요. 회원들까지 왔나요? 전부 참석한 건 아니었죠. 제가 보기에 대략 34명 정도 오신 것 같던데...

C : 네, 다 오진 않았어요. 당시에 저희는 경제협력국의 기준에 따라 올 수 있는 사람은 오고 올 수 없으면 어쩔 수가 없는 거죠. 그건 당연한 거죠.

최 : 저번 기수교체 때 L회장이 현장에 없는 상황에서 만장일치로 통과된 것인가요, 아니면?

C : 만장일치예요.

최 : 이건 확실히 전형적인 사례네요. 민간조직인데 이정도의 명망이 있다는 건 쉽지 않은 일이죠.

C : 이건 정부의 선출도 마찬가지인데 어차피 선거할거면 100%로 통과시키는 것이 선출자에게도 하나의 압력이 될 수 있을 거라고 생각해요. 60점 합격점을 넘기는 것과 만장일치가 주는 압력이 다를 거예요. 만장일치로 선출되면 모두가 신뢰하고 있다는 뜻이기 때문에 책임이 더 막중해지죠.

최 : 귀 상회가 상당히 단결이 잘 되어 있다는 것을 방증하는 것이기도 하죠.

관 : 현재 회원은 모두 얼마나 되나요?

C : 구체적으로는 기업으로 세는데 작년에는 190개 정도 되었던 것 같아요. 자세한 수는 기억하지 못하는데 비서실에 물어보셔야 할 것 같아요.

관 : 100여 명의 회원들 중 얼마나 알고 지내는지요?

C : 이름을 기억하고 있는 사람들은 절반 이상이에요.

관 : 회장이나 H비서장과 얘기하면서 한 가지 문제점을 제기했는데 귀 상회는 아직 그렇지 않을지라도 현재 대부분의 상회에서 발생하는 문제에요. 예를 들어 제가 10만 위안을 내면 부회장을 할 수 있고 20만 위안을 내면 상무부회장을 할 수 있는데, 이렇게 되면 동향인들 중에서 분층이 생

기지는 않나요? 돈이 있을 경우 어느 정도까지 할 수 있지만 조금 부족할 경우 이사를 하거나 조금 더 부족할 경우 회원이 된다든지 경제실력에 따라서 상회의 동향인들 사이에서 분층이 생기는 현상이 나타나지는 않을까요?

C : 그렇지는 않을 거예요. 적어도 저희 상회에는 존재하지 않아요. 방금 제가 말씀드렸던 것처럼 상무부회장은 해마다 정해진 수가 있어요. 장춘시를 포함해서 몇 명이라는 구체적인 수가 있어요. 저희 비서실도 마찬가지구요. 예를 들어 연변延边이나 사평四平, 길림시吉林市 등 각 지역마다 있어요. 또한 구역마다 저희가 적어도 1-2개의 상무부회장 자리를 줘야 해요. 기업의 크기나 돈의 액수에 따라서 직위를 주는 건 불가능하고 저희 상회에는 이런 정책이 있지도 않아요.

H : 저희들은 모두 공헌을 많이 하는 사람들이에요. 모두 설립자들이고 상회에서 열정적으로 일하는 사람들이에요.

최 : 사실 그렇게 되어야 정상이죠. 하지만 일부 상회에서는 돈을 내기만 하면 상무부회장을 주기도 하죠.

H : 그 안에 어떤 요소가 있느냐 하면요, 우리는 우선 돈을 낸 사람의 실력을 검토해요. 1년에 20만 위안을 낼 수 있는 사람이라면 당연히 10만 위안을 내지는 않을 거예요. 그렇기 때문에 저희는 상무부회장을 하게 되면 실력이 있는지도 보고 공헌정신이 강한지도 봐요. 이런 협찬은 모두 저희 상무부회장들의 몫이에요.

최 : 실제로 귀 상회의 상무부회장들은 우선 공헌을 많이 해야 하는군요.

H : 맞아요.

최 : 어떤 일이든지 장래를 봐야 해요.

H : (필요할 때) 차를 제공하는 것은 모두 상무들인데 모두 좋은 차들이죠.

C : 선두 역할을 해야죠. 저희를 잘 모르는 사람들은 저희가 제공해야 마땅한데 (오히려) 회원을 찾는다고 하지만 솔직히 말해서 저희 마음은 그렇지 않아요.

H : 비교해서 말씀드리면 일부 회원들은 그런 능력이 안 되기도 해요. 차를 제공하지도 못하죠. 금방 제가 명확히 말씀드린 것처럼 비서실에도 전용차가 없어요. 모두 그들의 차예요. 뿐만 아니라 가끔은 사장들이 직접 운전하기도 해요. C사장님은 자주 저희들을 위해 차를 운전해요.

최 : 개인의 발전과 사회의 발전에 있어서 상회의 주요한 역할은 무엇이라 생각하세요?

C : 우선은 개인의 사고방식에 발전을 가져다주죠. 예전에 제가 상회에 가입하기 전에는 자선에 관한 일을 하고 싶어도 접촉할 수 있는 기회가 아주 적었고 자선 기구에서도 적극적으로 저를 찾아오지 않았죠. 그들이 저의 기업에 대해서 잘 알지도 못할 뿐더러 저도 그들을 적극적으로 찾아가기에는 멋쩍은 것이 있었어요. 그런 측면에서 본다면, 상회에 가입함으로써 정부를 통해 상업을 하는 사람들 중 저희의 도움이 필요한 어려운 사람들이 있다는 것을 알게 되었어요. 이런 식으로 자신의 사고방식을 제고할 수 있는 거죠. 기업에 대해 이런 사고방식을 갖게 되다보면 자연적으로 저의 기업의 발전에 영향을 주게 되죠.

4. 상회의 운영 모델

상회 설립 구상과 추진계기

관 : 상무부회장님께서는 하남상회가 2009년에 설립되기 이전의 동향회에서 변화된 것이라고 보시나요?

C : 상회의 본체는 동향회와 직접적인 관계가 있다고 생각해요. 저희 원래 비서장한테 들은 바로는 상회가 설립되기 이전에 작은 모임이 있었는데 군대에서 전역한 전업군인들의 동향회였다고 하더군요.

최 : 상회에 가입한 이후 다들 기대를 갖고 계신가요? 이 플랫폼을 통해서 기업 자체의 발전이나 자원 혹은 인맥 같은 것에 기대를 한다든지요.

C : 당연하죠. 상회에 오는 모든 사람들은 이것을 보고 온다고 생각해요. 첫째로는 상회라는 단체가 하남성과 길림성의 관련 정부조직의 인정을 받은 조직이라는 거예요. 하지만 상회에 참가한 일부는 상회에 가입하자마자 바로 많은 이익들을 얻으려 해요. 장기적인 생각으로 이를 통해 인맥을 쌓으려 해야지 바로 프로젝트를 따거나 할 수는 없어요. 하지만 대다수 사람들은 이런 생각들을 갖죠. 저는 상회를 통해 인맥을 쌓아 미래의

기업에 도움이 되도록 하는 것이 중요하다고 생각해요.

관 : 고향사람들을 많이 알게 되는 건가요?

C : 맞아요. 고향사람을 통해서 많은 친구들을 알게 되는 거지요. 사람마다 자신의 사교 범위가 있기 때문에 그런 자원이 공유되는 거죠.

최 : 기업을 하는 사람들은 자기 업종과 관련된 사람들과만 어울리게 되기 마련인데 만약 더 많은 종류의 인맥을 쌓고 싶다면 더 많은 활동에 참가하고 상회와 같은 플랫폼을 이용해 일종의 사회관계를 형성할 수 있죠. 이런 요구를 갖고 계시는지요?

관 : 일종의 귀속감인거죠?

최 : 귀속감이기도 하죠.

C : 그런 건 있어요. 예를 들어 저희 기업이 상회에 가입하게 되면서 내적으로 의지할 곳이 생긴 것 같은 느낌이 들어요. 만약 불공평한 처우나 탄압을 받게 될 경우가 생긴다면 제가 믿고 의지할 수 있는 곳이 있는 것 같고 상회라는 조직을 통해 정부와 교류할 수 있을 것 같아요. 제 개인 명의로 정부와 교류하게 되면 정부 간부에게 뇌물을 주고 일처리 하는 것처럼 비춰질 수 있는데 상회를 통하면 이러한 의심들이 사라지고 정부에서도 공적으로 처리해주게 되죠.

당-정부기관의 관계

관 : 근래에 길림성에서는 소프트환경을 개선하기 위한 조치들이 취해졌는데 처음 여기 와서 사업을 시작한 시기와 비교할 때 어떤 변화가 있으신지요?

C : 변화는 있지만 너무 느려요. 남방에 비하면 늘 뒤쳐져 있어요. 솔직히 말해서 저희도 소프트파워 회의에 참가한 적이 있어요. 간부들의 사고방식은 아주 좋지만 하부에서의 집행력이 떨어져요. 정부 간부들은 회의에서 어떻게 실시할지 얘기들은 잘하고 있지만 실제로는 실행력이 많이 떨어지죠. 하지만 전체적인 법 집행은 상공세무를 포함해서 문명도가 많이 제고 되었어요. 기본적으로는 괜찮아요.

5. 상회의 기능

상회 가입의 장점

관: 권익 유지 측면에서 구체적으로 어떤 일을 겪으셨는지 말씀해주시겠어
　요?

C : 솔직히 말하면 저 개인이 겪은 일은 없어요. 저희 상회 내부에는 이런
　일이 있기도 했는데, 부채를 지거나 경제 소송 중일 경우 저희 WS회장
　님이 나서서 처리해준 적이 있어요. 저희는 이것을 홍보하지는 않지만
　상무회의 때 논의해요. 일전에 이런 일을 처리한 적이 있지만 많은 편은
　아니에요.

관: 비서실에서 들은 건가요?

C : 아니요. 매월 진행되는 상무회의에서 그동안 일어난 사건들을 회보하는
　데 이를 통해 알게 돼요.

관: 집안의 경조사에 왕래를 하는 사람들은 어느 정도 되시나요?

C : 기본적으로 비서실에서 이에 대해 알게 되면 메시지를 보내는데 저희는
　무조건 참가해요. 개인적인 친분과 상관없이 가서 성원해 줘요.

최: 이는 영도계층의 하나의 규정...

C : 회원들끼리는 둘 사이가 친하지 않다면 참가하지 않을 이유가 되지만 저
　희 상무들은 친분과 상관없이, 전에 식사를 한 적이 있든 없든 상관없이
　무조건 참가해요. 이는 회원들을 성원하는 것이기도 해요.

관: 고향사람들을 성원하는 것이군요.

C : 개인적인 친분이 없으니까 참가하지 않는다고 한다면 상회를 설립한 의
　미가 없는 거죠. 그렇지 않아요?

6. 각종 동향 / 동업조직과의 관계

동업조직과의 관계

관: (동향)상회를 상인조직이라고 생각하세요, 아니면 동향회라고 생각하세요?

C : 내부에는 동향과 상업 모두 있어요. 사업의 비례가 80%이상이에요. 하지만 중국은 정감을 중시하는데 사업을 포함한 모든 방면에서 마찬가지에요. 우선은 사람이 되고 나서 일을 해야 한다는 통속적인 말이 있는 것처럼 정감이 있으면 물건을 생산해도 상품의 질이 좋고 기업도 신용을 지키게 되죠. 자연적으로 행해지는 거예요.

관: C부회장님은 의료산업에 종사하시는데 길림성에는 의료산업 행업협회가 있는지요?

C : 아직 제 모양을 갖추지는 못한 것 같아요. 제가 이 업종에 진입하기 전에 있다고 들은 것 같기도 해요. 하지만 나중에 이 업종이 상당히 특수한 업종이라 다들 한곳에 모이기가 힘들고 표면적으로는 문제점이 보이지 않지만 뭔가를 하려고 하면 모순들이 많이 발생했어요. 아마 시장이 비교적 좁아서 그럴 거라고 생각해요.

최: 대중적이지 않기 때문이죠?

C : 맞아요. 이 업종에는 아마 없는 것 같아요.

관: 만약 이 행업협회가 있다고 가정하면 상회와 비교할 때 어디에 더 많이 참가하실 것 같으세요?

C : 상회와 협회는 성격이 달라요. 협회는 자체가 민간조직인데 일부협회는 상관기관을 통해서 회신 공문서를 보내줘요. 하지만 제가 여기에 대해 잘 알지는 못해요.

동향인과의 관계

관: 처음 오셨을 때 친분이 있는 하남 고향사람들이 많았나요?

C : 많았어요. 1999년 전에는 꽤 많았어요.

최: HZK이 성 위원회 서기省委书记를 맡을 시기였죠.

C : 저는 그들과 같은 파가 아니었어요. 그들은 건축을 하는 사람들이었는데 건축하는 사람들이 많아요. 저희 이곳에도 건축을 하는 사람들이 많은데 몇몇은 그 시기에 그를 따라 온 사람들이에요.

관 : 그 시기에는 동향인들과의 접촉도 많았겠죠?

C : 저는 그들과 접촉이 없었어요. 저희가 많이 접촉했던 사람들은 안경업종 사람들이었고 의료분야 업종의 사람들도 있었어요.

관 : 주로 사업상의...

C : 모두 사업상이죠.

관 : 일상생활에서 휴식을 함께하는 친구들은 적은 편이신가요?

C : 휴식이란 무엇을 말씀하시는 건가요?

관 : 식사하고 얘기하고... 생활 방면에서요.

C : 가끔은 고향쪽 친구를 통해 고향사람을 알게 되죠. 예를 들면 제가 처음 장춘에 왔을 때 저의 한 친구의 친구가 여기서 일을 하고 있으니까 어려움이 있으면 서로 도우라고 하면서 소개해주는 경우가 있었어요. 또 한 번은 그 친구를 통해 하남인을 알게 되었고 얘기하다보니 통하는 것 같아서 친구가 되었어요. 거의 이런 상황이에요.

호적 소재

최 : 현재 집은 이미...

C : 네. 여기로 옮겨왔어요.

관 : 그럼 호구는요?

C : 현재 호구도 이미 여기로 옮겨왔어요.

관 : 실례지만 부인은?

C : 그도 고향사람이에요.

관 : 1999년에 같이 오셨어요?

C : 제가 먼저 오고 아내는 후에 2004년도에 왔어요. 아이가 있었기 때문에 두 곳에 떨어져 있을 수 없었어요.

최 : 그때 이미 그쪽에서 결혼하셨어요?

C : 네. 여기는 저의 제2의 고향이에요.

관 : 그럼 나중에 돈을 어느 정도 벌고 나이도 좀 더 들면 계속 동북에 남으

실 건가요 아니면 하남으로 돌아가실 건가요?

C : 제 개인적인 생각으로는 돌아갈 계획이 없어요. 저희 집에 형들이 있기는 하지만 제 개인적으로 돌아갈 생각은 없어요. 왜냐하면 그쪽의 친구나 친척들과는 사이가 소원해졌기 때문에 인맥에서 다시 융화되기 힘들어요.

6. 기업 협력파트너 / 산업분화

관: 만약 협력파트너를 선택해야 한다면 협력의 기준은 무엇인가요? 우선적으로 고향출신 사장을 선택해서 협력하시는지요?

C : 우선적으로 당연히 동향인 중에서 선택하죠. 첫째로 같은 품질과 상등한 브랜드 가치일 경우 당연히 동향인을 선택하죠. 그에 대한 신용도가 있기 때문이죠. 둘째로는 나중에 분쟁이 생기거나 문제가 발생할 때 소통이 용이하기 때문이에요.

II-5. 길림성 하남상회 상무부회장 SDY 인터뷰

인물 : SDY, 부원원傳园园[부]
일시 : 2014년 4월 10일
장소 : 하남상회 사무실

1. 개인정보

기본정보

1985년에 길림 장춘으로 옴, 전에는 건축공정을 했고 현재는 호텔사업에
종사.

사업소개

부: 간단히 자기소개를 해주시겠어요?

송: 저는 1985년에 길림성 장춘시에 왔어요. 전에는 건축사업에 종사했었는
데 지금 현재는 업종을 바꿔서 8년째 호텔을 운영하고 있습니다.

부: 동북에는 혼자 오셨나요, 아니면 팀으로 오셨나요?

S : 저희는 팀으로 왔어요. 그들도 아직 여기에 있는데 하나는 부동산회사를
하고 하나는 물류회사를 해요. 저는 혼자 호텔을 하고 있어요.

2. 상회 가입 계기 / 상회에 대한 인식

부: 그럼 언제 하남상회에 가입하셨나요?

S : 하남상회에는 2010년 아니면 2011년일 거예요. 상회가 성립하자마자 바

로 가입했어요.

부 : 어떻게 해서 상회에 가입하게 되셨어요?

S : 상회는 하나의 사회조직이기 때문에 상회를 통해서 많은 친구들을 사귈 수 있으니까요.

부 : 그럼 이익을 보셨다고 생각하시나요?

S : 그럼요, 그런 면에서는 두말 할 것도 없이 많은 이득을 봤죠. 하남상회를 통해서 길림성 내의 많은 하남인들을 사귀게 되었을 뿐만 아니라 전국의 하남상회들과도 연락이 있기 때문에 전국 어느 도시를 가든 하남의 조직들을 찾을 수 있죠. 그래서 저희가 타 지역에 가더라도 하남상회에 연락만 하면 마치 (자기) 집을 찾은 것 같게 되는 거죠. 친구 해주는 사람이 생기고 해결할 문제가 있거나 길을 모를 때 안내해 주는 사람이 생기게 되는 거죠. 또 프로젝트가 있어서 정부와 교류하거나 기업과 교류해야 할 때에도 도움이 많이 돼요.

부 : 상회에 가입하는 데에는 어떤 조건이 있나요?

S : 상회에 가입하려면 우선 상인이어야 해요. 개인은 안 되고 조직의 형식이어야만 가입이 가능한데 회원기업은 매매계약서买卖合作와 사업자등록증执照이 있어야 돼요. 특별히 저희 상회회장님 LWS는 딩성鼎盛그룹의 회장님이신데 길림성 내에서 아주 유명한 인물이에요. 그는 전국노동모범全国劳模이기도 한데, 저희한테 미치는 영향력이 아주 커요. 그는 봉사 헌신 정신도 강해서서 학생들에게 기부도 하고 어려운 가정들도 도와주세요. 이런 면에서 저희도 영향을 받아서 많이 배우고 있어요. 그렇기 때문에 상회조직은 의미가 커요.

3. 상회의 운영모델

상회의 설립구상과 추진계기

부 : 초기에는 사람이 어느 정도나 있었나요?

S : 초기에는 3-5명 있었는데 나중에 (몇은) 불만을 품고 스스로 탈퇴했어요.

부: 상회 성립 당시에는 상인들이 어느 정도나 가입했었나요?

S: 처음에는 20-30명 정도였어요. 나중에 탈퇴할 사람은 탈퇴하고 또 많은 사람들이 새롭게 가입했어요.

부: 제가 듣기로는 추천이 있어야 한다던데 예전에는 추천이 필요 없었나요?

S: 추천이 없으면 서로 알지 못하니까 예전에도 마찬가지로 추천이 필요했죠. LWS와 알고 지낸 첫 3년 동안에는 하남상회를 설립하자는 얘기는 오갔지만 별로 신경을 쓰지 않았어요. 그러고 나서 한참 지난 다음에서야 상회 설립을 고민하게 되었죠.

부: L회장님 혼자서 하신 건가요?

S: L회장님은 그 몇 사람 중의 하나였어요. 실제로 많은 동향인들이 같은 생각을 가지고 있었는데 특히 H비서장님이 아주 적극적이셨죠. 사람들이 잘 협조할 수 있도록 회의를 잘 조직했기 때문에 사람들 사이의 갈등들을 해소 할 수 있었고, 공동화제가 점점 많아지니까 일하기도 쉬워졌어요. 이건 모두 좋은 비서장이 있었던 덕분이죠.

부: 그럼 상회와 장춘의 당정기관, 그리고 하남 현지의 정부와 연계가 있나요?

S: 현지 하남성 성정부河南省省政府에 전국연합회全国联谊会라는 조직이 있어요. 정치협상회의 주석이 연합회 회장을 겸임하고 계신데 그가 아주 잘하고 계세요. 상회 설립이라든지 각지의 상회에 큰 활동이 있으면 그는 늘 사람을 현장에 보내 축하하거나 정부를 대변해서 발언하도록 하죠. 하남상회에는 매년 많은 연합회가 열리고 해마다 여러 차례 활동이 있는데 그 중 하나가 회장회의예요. 8월에 열리는 전국회장회의全国会长会议는 전국에서 한 도시를 정해서 함께 회의를 개최하는 거예요.

상회활동과 사건

부: 상회에서 주최하는 활동에는 어떤 것들이 있나요?

S: 저희 상회는 교대당직제도를 실행하고 있는데 매달 상무부회장이 한명씩 교대로 당직을 서는 거예요. 그리고 매달 교대회의交接会를 열어요. 뭔가 좋은 프로젝트가 있다던지 자금이 부족하다던지 도움이 필요하다던지 집에 경사가 있다던지 큰 일이 있다던지 등등을 모여서 논의하는데

서로서로 참석해 줘요.

부: 그럼 이런 상회활동에 모두 참석하시나요?

S : 저는 제일 많이 참가한 사람 중의 하나예요. 저는 가장 일찍, 상회가 설립되자마자 들어온 첫 기수예요. 또한 저는 호텔을 운영하고 있기 때문에 이 방면에서 접촉도 많아서 상회를 설립하고자 논의할 때도 적극적으로 참여했어요.

부: 하남상회의 공익사업에는 어떤 것들이 있나요?

S : 저희 상회는 비교적 적은데 해마다 기부를 하고 있어요. 학생들에게 라든지요.

부: 전에 회장님한테서 듣기로는 그 돈들은 모두 회원들이 기부한 거라고 들었어요. 그러면 거둬들인 회비는 어떻게 사용하고 계신가요?

S : 다들 활동에 기부하고 있어요. 그 돈들은 평상시 외부회의 견학, 각종회의, 홍보물 책자, 광고 등에 쓰이고요, 평상시의 큰 활동들은 회원들의 모금으로 진행하고 있어요. 이번 활동에도 회장님은 20만 위안 정도 기부하셨는데 거의 30만 위안이 되고요, 저는 2만 위안을 기부했어요. 활동을 지지한다는 의미인거죠.

등기과정 및 당-정 기관과의 관계

부: 상회 설립을 신청할 때 심사비준에서는 어떤 것들을 고려하는지요, 그리고 설립 당시에 어떤 어려움은 없으셨는지요?

S : 하남상회는 민간조직으로 설립기간에는 당연히 어려움들이 있고 순조롭지 못했어요. 사람들의 의견이 달라 동의하지 않을 경우 한 동안 조정과 협의가 필요했어요. 그러고 나면 탈퇴할 사람은 탈퇴하고 전진할 사람은 전진하는 거죠. 다들 서로 맞아서 같이 할 수 있으면 같이 하는 거고 누구든 원하지 않는다면 강요하지 않아요. 이 조직은 자발적인 조직이에요.

부: 중공당원中共党員의 활동도 있나요?

S : 여기에도 당지부党支部가 있는데 당지부 활동은 적은 편이에요.

부: 그럼 하남상회는 5A급 상회인데 어떻게 5A급으로 평가되셨나요?

S : 맞아요. 저희는 5A급인데 국가에는 표준이 있어요. 저희는 작년에 발급받았는데 거기에는 회원이 얼마 있어야 된다는 등등 조목별로 다 규정이

있어요. 호텔의 인증과도 같은 건데 정부에서 서비스를 구매할 때 참여할 수 있어요.

부 : 그럼 상회의 자금은 어떻게 운영되나요? 정부의 자금도 있나요?

S : 상회에는 (정부 자금이) 없어요. 저희 회원들이 납부하는 회비를 경비로 사용하고 있어요. 이 경비는 홍보물 책자나 광고 같은데 사용돼요. 상회에 가입할 때 쓰는 몇 만 위안은 아깝지 않은데, 상회가 회원을 대신하여 많은 홍보를 해주는 매체와도 같은 역할을 하기 때문이죠.

부 : 그럼 장춘정부나 하남정부에서는 돈을 주지 않나요?

S : 정부는 이쪽에 아직 돈을 주지는 않아요. 민간조직 활동, 투자유치 프로젝트나 일부 개발구가 있지만 정부에서 자금을 내놓지는 않아요. 정부에 무슨 돈이 있겠어요.

부 : 그럼 정부에서 투자 유치할 때 상회로 찾아오는지요?

S : 늘 저희를 찾아 연락을 하죠. 상인들을 유치해야 하잖아요.

부 : 그럼 허가가 나지 않는 경우도 있나요?

S : 허가는 나요. 하지만 정부도 정부의 상황이 있고 저희도 투자유치를 하지 않으면 안 되죠. 그게 저희 상회의 하나의 활동인데 허가를 내주건 안 내주건 상관없이 할 건 해야 하죠. 기업에도 어느 정도 좋은 점이 있어요.

4. 상회의 기능

가입의 장점

부 : 상회에 가입하면 어떤 이익이 있나요? 허허, 방금 말씀하시긴 했지만요.

S : 방금 회장님이 말씀하셨듯이 상회에 있으면 얻는 것은 인간관계라는 것을 알게 될 거예요. 인간관계를 통해서 일을 하면 무한한 거예요. 만약 상회에서 무언가를 얻으려 한다면 그건 불가능하죠. 상회에서는 받은 돈으로 광고만 하는 거예요. 그리고 다들 서로 이 플랫폼을 통해서 교류하고 연락하는 거죠. 보시면 아시겠지만 다들 협력해서 사업을 해요. 이를

테면 회사를 설립하거나 은행이나 부동산개발이나 실버산업 등등 같이 할 수 있는 게 무척 많아요.

부 : 그럼 권익보호 방면에서는 어떤가요?

S : 있죠. 저희 회원들 중 많은 사람들이 길림성 장춘시吉林省长春市의 집법감독원执法监督员이에요. 저희 회원들이 만일 어디에선가 가짜 약을 수령하게 되면 저희를 통해서 신고할 수 있어요.

부 : 그럼 회원들이 상회에 대한 소속감은 높은가요?

S : 지금은 괜찮은 편이에요. 다들 모두 상회에 대한 소속감이 상당해요. 보통은 회의에서 말다툼정도는 있다던데 저희는 그런 것도 없어요. 오늘 저희가 회의제도를 정했는데 앞으로 회의에 참가하지 않으면 벌금을 내야하고 늦으면 1분에 10위안씩 내기로 했어요. 오늘 제가 1시간 늦었으니 1,000위안을 내야 해요. 저는 집에 가서 양복을 갈아입고 오느라 늦었는데 양복을 갖춰 입는 게 공식적이죠.

부 : 그럼 회원들도 활동에 적극적으로 참여하나요?

S : 네, 다들 적극적으로 활동에 참여하고 있어요. 대부분의 사람들은 적극적이에요.

부 : 하남상회는 기타 상회 혹은 동향회와 어떤 연계가 있나요?

S : 동향회도 있지만 아주 적어요. 춘절 명절을 쇨 때 다들 모이기도 하죠. 그렇지만 저희는 정규 상회와 이런 일을 해요.

5. 각종동향 / 동업조직과의 관계

부 : 들리는 바에 의하면 장춘에서도 장춘 하남상회를 설립한다고 하던데요?

S : 자기가 직접 작은 상회를 설립하고 싶다면 그렇게 할 수 있어요. 능력만 된다면 말이죠.

부 : 그럼 왜 같이 합병하지 않는 걸까요?

S : 그건 뭐라 얘기하기 어려운데 서로 공동 화제가 없거나 상대방이 동의하지 않을 수 있는 거죠. 그들이 상회를 설립하는 목적과 생각들이 있을 텐데 모두 다 같이 합치긴 힘들어요.

6. 동향문화와 지역 정체성

부 : 장춘과 하남의 차이가 크다고 생각하시나요? 음식이나 생활방면에서요.

S : 꽤 차이가 있죠. 동북의 추운 지역은 겨울이 너무 길어요. 하남은 동북과 비교하면 좀 더 따뜻하죠. 제가 4월에 하남에 갔는데 이미 따뜻해져 있었어요. 하지만 여기는 아직도 이렇게 춥죠. 춥긴 하지만 방안에 난방이 되어있어서 좋아요.

부 : 호구는 옮겨 오셨나요?

S : 옮겨 왔어요.

부 : 사람들이 (동북인으로) 인정해 주나요?

S : 어떻게 인정하지 않을 수 있겠어요. 당연히 인정해 주죠.

부 : 그럼 길림성은 타지역 사람들을 어떻게 본다고 생각하세요?

S : 길림성은 타지인을 별로 배척하지 않아요. 왜냐하면 길림성 내부에 동북인이 적기 때문이에요. 모두 타지인들이죠. 산동山东, 하남河南, 강소江苏 등등 모두 타지역 사람들이에요. 그래서 사람들이 그렇게 배척하지 않는다고 생각해요.

7. 기업 협력파트너 / 업종 분화

부 : 합자기업合资企业을 설립하고자 길림성에서 협력파트너를 선택할 때 어떤 요소들을 주로 중시하시나요? 이를테면 정치배경, 교육배경 등이라든지요.

S : 그건 뭐라고 정하기 어려워요. 사람도 봐야 하니까요. 맞아요. 관건은 상대방에 대해 잘 이해하는지의 여부겠죠. 정치배경이 있다 해도 잘 알지 못하면 어렵겠죠, 사람도 상황도 잘 모르는 거고요.

부 : 그럼 협력파트너는 어떻게 선택하세요? 모두 친척들인가요?

S : 협력파트너를 선택할 때 굳이 친척일 필요는 없어요. 공통된 생각을 갖고 있으면 주주제股份制 같은 거로 하면 되죠.

부 : 지금은 정보 불균형의 상태라 다들 상대방에 대해 더 많이 알고 싶어 하

겠죠. 길림성에 있는 하남인들이 종사하고 있는 업종에는 주로 어떤 것들이 있나요?

S : 꽤 많은 것 같은데 그리 크지는 않아요. 음식서비스업종, 건설시공, 물류 등 각 방면에 다 있는 것 같아요.

부 : 그럼 상회에는 축복을 기원하는 활동이 있는지요? 그리고 그에 대해 정부에서 어떤 금지 행위를 하나요?

S : 그런 건 없었어요. 지금 정부에서는 이쪽에 비교적 개방적이어서 뭘 하지 못하게 막지는 않아요.

8. 상회의 발전 전망

부 : (부회장님이 생각하시는) 이상적인 상회는 어떤 모습인가요?

S : 제 마음속에 이상적으로 생각하는 상회는 모두가 같이 일하는 상회예요. 상회가 돈을 주기를 바라지 않아요.

부 : 그럼 하남상회에 대하여 어떤 소망이나 건의사항이 있으신가요?

S : 다들 더 잘해내길 바라고 더 멀리 가길 소망하죠. 평상시에 하고 싶은 얘기를 다 하기 때문에 특별히 건의사항은 없어요.

부 : 네, 고맙습니다.

II-6. 길림성 하남상회 상무부회장 CSC 인터뷰

인물 : CSC, 섭석중聶石重[섭]
일시 : 2014년 5월 6일
장소 : 창허기계설비유한회사 사무실

1. 개인정보

기본정보

섭: 부회장님은 언제쯤 동북 길림에 오셨어요?
C : 저는 1984년에 왔어요.
섭: 1984년에 여기 오신 목적은 창업이셨나요?
C : 네, 창업하러 왔어요.
섭: 부회장님 회사의 이름은 뭐죠?
C : 길림성 창허기계설비유한회사吉林省昌和机械设备有限公司예요.

2. 상회 가입계기 / 상회에 대한 인식

섭: 부회장님은 언제쯤 상회에 가입하셨어요?
C : 3년 전에요.
섭: 그러면 상회 설립초기인데, 2011년도죠?
C : 맞아요.
섭: 당시에는 어떤 상황이셨어요? 누가 모집을 했나요?
C : 네 맞아요. 하남상회가 설립된다는 얘기를 들었어요. 첫째는 저희 같은 타지의 하남인들을 한데 모을 수 있고, 둘째로 일을 할 수 있고, 셋째로

상회는 하나의 상업조직으로 한데 모이면 정보들을 공유할 수 있다고 하더군요. 그래서 가입했어요.

섭: 지금 직책이 상무부회장이시죠?

C: 네 맞아요.

섭: 상회의 선거 과정은 어땠나요? 상회 설립초기에는 모집하는 사람이 있어서 다들 모였는데 그 다음에는 어떻게 회장, 부회장, 상무부회장이 탄생한 건가요?

C: 설립 당시 첫째는 자발적인 신청이 원칙이었고 둘째는 정규 영업허가증이 있는 기업을 갖고 있어야 하고 기업규모가 커야 해요. 여기에 따라서 회장과 부회장이 결정되었죠.

섭: 방금 정부와의 협력을 말씀하셨는데 상회에 가입하면 정부와 교류를 더 많이 할 수 있나요?

C: 네. 회의 같은 경우, 경제협력국经合局이나 상회를 책임지는 정부기관에서 개최하는 회의에 참석해요.

3. 상회의 기능

가입의 장점

섭: 상회라는 조직에 가입하신 후 어떤 혜택들을 누리셨나요? 상회가 기업에 어떤 도움을 주었나요?

C: 상회는 기업에 어느 정도 도움을 주죠. 첫째는 상계나 정계 쪽의 인사들을 알 수 있고, 둘째는 제가 하고 있는 건축기재 쪽은 부동산 혹은 건축 쪽과 관계가 있기 때문에 같이 협력할 수 있어요.

섭: 상회를 통해 관계를 맺는 것은 대부분 홍보 쪽인데, 이를 테면 방송국 선전부문 아니면 대외경제협력을 책임지는 부문이죠. 그러나 기업에 실용적인 작용을 하는, 예를 들어 영업허가증 주관부문이나 재정국, 회계감사 측면에서도 도움을 주나요?

C: 그런 측면에서 예전에는 정규 수속절차가 있었는데 지금은 필요 없게 됐

어요. 예를 들어 경영사업을 한다면 예전에는 정식으로 수속절차를 밟았는데 지금은 이것이 필요 없어졌어요.

섭 : 이를 테면 건축기계 관련 일을 하시는데 부동산업을 하는 동향인들과 협력하게 되면 건축부지에 대해서 심사 비준이 필요하지 않으신가요?

C : 예전에는 이렇게 큰 프로젝트를 한 적이 없어요. 지금 한창 적응기라 천천히 접촉하고 작동시키고 있어요. 이전의 3년 동안에는 이런 것이 없었어요.

섭 : 첫 3년 동안에는 큰 협력이 없었다는 얘기네요?

C : 네, 예전에는 이렇게 큰 문제가 없었어요. 이런 수속...

섭 : 상회가 설립된 지 3년이 된 오늘에서야 다들 모여서 공동출자로 프로젝트를 모색하게 된 건가요?

C : 맞아요.

4. 각종 동향인 / 동업조직과의 관계

섭 : C부회장님께서는 기계설비업 쪽에 종사하시는데 여기에 동업 업종조직이 있나요?

C : 있어요.

섭 : 참가하시는지요?

C : 참가하죠.

섭 : 그럼 기계설비 행업협회와 상회를 비교해 주시겠어요?

C : 두 조직은 의미가 많이 다르고 성질도 다르죠. 행업협회 모임은 업종에 관한 일들을 논의하고 주로 업무관계에요. 상회는 주로 하남에 대해서 논하게 되고 정서적인 요소가 개입되죠. 이 둘은 서로 다른 느낌이에요.

섭 : (동향)상회가 설립된 기간은 비교적 짧다고 하셨는데 그럼 기계설비 동업 업종조직에 참가하신지는 얼마나 되셨나요?

C : 한 4-5년 정도 되었어요.

섭 : 상회보다 조금 오래 되었네요. 행업협회 모임에서는 협력이 많나요?

C : 일부 있죠.

섭 : 그렇군요. 다들 동종 업종인데 주로 경쟁 관계인가요, 협력 관계인가요?

C : 기본적으로 저는 그들과 경쟁을 별로 하지 않아요. 왜냐하면 이 업종에서는 저와 같은 일을 하는 사람들이 적어서 거의 협력이 많아요.

5. 동향문화와 지역 정체성

섭 : 1984년에 여기로 오셨는데 1984년 이전에 고향 하남에서도 사업을 하셨는지요?

C : 네, 1984년 이전에 저는 하남에서 기계를 판매했어요.

섭 : 그럼 당초에 어떻게 동북으로 오실 생각을 하셨나요?

C : 당시 제가 했던 것은 목공 기계였는데 당시 동북에 나무가 많았기 때문에 여기로 왔어요.

섭 : 그럼 동북에 온 후 길림성 장춘과 고향은 문화나 생활상에서 어떤 차이가 있나요? 요 몇 십 년 동안 느낌이 다르다면요.

C : 별 차이가 없어요. 중국이 개방되고 많은 시간이 흘렀으니 거의 통일되었죠. 또 저는 한족인데 여기에도 한족이 많은 편이죠. 여기에서 생활하다보니 습관이 됐어요. 장춘 이쪽 지역은 살기가 참 좋아요.

섭 : 날씨가 좋은 편이죠...

C : 네, 여러 면에서 조건들이 다 좋은 편이에요.

섭 : 지금도 여전히 하남 고향 쪽과 경제협력이 있으신가요?

C : 네 있어요.

섭 : 귀 회사가 하남 고향 쪽에 업무가 있는 건가요?

C : 맞아요. 업무가 꽤 많아요.

섭 : 하남에서 사업하는 것과 여기에서 하는 것을 비교했을 때 어떤 차이가 있으신가요? 어떤 느낌이신가요?

C : 지금은 동북에 습관이 되어서 이제는 고향에서 사업하기가 힘들어졌어요. 왜냐하면 이 업무는 인맥과 관련이 있는데 현재 대부분 사람들과의 인간관계가 여기에 있는 상황이라 거의 이쪽을 위주로 해요. 돌아가도 거의 생소한 곳이나 마찬가지라서 사업상으로 여기만큼 익숙하지 못해요.

섭: 그렇죠, 20-30년 동안 축적된 것들이라 인맥이나 자원들이 모두 여기에 있겠네요. 또 다른 질문은 보통 하남인에 대해서 편견들을 갖고 있는데 동북에 온 이후에 이런 질문을 받지는 않으셨는지요?

C: 초기에는 이런 문제들이 있었는데 나중에는 없어졌어요. 본인 스스로 인간적으로 잘해서 그들이 상상하는 것과 달리 하면 돼요. 인간적으로나 사업상에서나 성실하게 잘해내기만 하면 그들이 (저희를) 달리 보게 될 거에요. 여기에 대해서는 저희 하남인들이 많기 때문이라고 말할 수밖에 없죠. 인구가 전국에서 제일 많은 성이기 때문에 비례로 계산하면 문제가 많을 수밖에 없어요. 다른 하나는 하남이 인류의 발원지라서 하남인들은 스마트한 편이에요. 유동성도 큰데 유동성이 크게 되면 문제도 많아지죠. 마지막 하나는 타지인들은 사업상에서 보통 하남인을 능가하지 못하기 때문에 겉으로는 무시하는 것 같지만 속으로는 시기하는 마음이 있는 거죠. 사업은 논하는 것인데 사업논의에서 진다고 하남인을 나쁘다고 말해서야 되겠어요?

6. 상회 발전 계획 / 기대

섭: 현재의 하남상회의 발전에 대해 만족하시나요?

C: 현재는 여전히 신흥조직이기 때문에 당연히 문제들이 있지만 이런 것들은 점차 개선할 수 있어요.

섭: 그럼 어떤 측면에서 개선이 되어야 한다고 생각하세요? 즉 어떤 협력이나 관계처리 측면에서 강화해야 한다고 생각하시는지요?

C: 하나는 사람들의 단결이고, 다른 하나는 이 사람들이 오랫동안 함께 했으니 하나로 연합하여 일을 해야 한다고 생각해요.

섭: 그 밖의 질문은 상회의 운영에 대해서인데, 각 회원이 회비를 납부해서 운영되는 건지 아니면 다들 협찬하는 건지요?

C: 주로 회비에요.

섭: 회비로 일상적인 운영을 한다는 얘기네요. 그러면 회의나 대형 활동들은 어떻게 주최하나요?

C : 그것은 거의 기부로 이루어지죠.

섭: 인터뷰는 여기까지 입니다. C부회장님 고맙습니다.

C : 고맙습니다.

II-7. 길림성 하남상회 부회장 LCH 인터뷰(1)

인물 : LCH, 장관张冠[관]
일시 : 2014년 4월 21일
장소 : 화웬호텔 619호실

1. 개인정보

기본정보

관: 우선은 개인경력에 대해 말씀 나누고 싶은데요, 어떻게 동북 길림에 오
　　서서 사업을 하시게 되셨는지요?

L : 저는 일찍 왔는데요, 개혁개방 초기에 동북으로 왔어요.

관: 그럼 1980년대인가요?

L : 1979년에 왔어요. 1978년에 개혁개방이 막 시작되었잖아요.

관: 그 시기에 어떻게 여기에 오겠다는 생각을 하셨나요?

L : 그 시기에 하남은 여기보다 가난했어요. 사람은 많은데 땅은 작았죠. 그
　　시기에 농촌에서는 막 책임제를 실행했는데…

관: 가족 단위 농업생산책임제家庭联产承包责任制 말씀이시죠?

L : 맞아요. 막 실행되었는데 사람이 많고 땅이 적어서 개인은 농작을 할 수가
　　없었어요. 그리고 하남 복양濮阳은 하남, 하북의 경계지역인데 주변에 산
　　도 없고 강도 없고 철도마저 없었어요. 그래서 동북으로 오게 되었어요.
　　그 시기는 막 개방할 무렵이라 도시 내에서 일자리 찾기가 어려웠어요.
　　저는 일단 농촌에 갔다가 나중에 인맥을 통해서 도시로 오게 되었어요.

관: 동북 이쪽의 농촌으로 가셨던 건가요?

L : 맞아요.

관: 그럼 그 시기에 어떻게 동북 쪽을 선택하게 되셨어요? 동북지역은 하남
　　보다 형편이 조금 나았지만 개혁전선은 남방에 있었잖아요. 그쪽 시장이

더 좋은 거 아니었나요? 왜 그쪽으로 가지 않으셨나요?

ㄴ : 농촌의 여건이 좋지 않아서 외부로 나오는 것이었지만 나오더라도 있을 곳이 있어야 하잖아요. 동북에 친척이 계셔서 그래서 왔죠. 그 시기에는 농촌에서 도시로 올 때 거주할 곳이 마련되지 않으면 안 되었어요.

관 : 호구가 없으면 허락되지 않았던 건가요?

ㄴ : 그런 것은 아니었지만 어디 가서 지내겠어요? 마중 나올 사람조차 없으면 안 되죠.

관 : 그 친척이 장춘에 계셨나요?

ㄴ : 장춘에요. 그는 1940년대 막 해방했을 때 오셨어요.

관 : 처음 오셨을 때 하남 고향사람들이 많았나요?

ㄴ : 처음 왔을 때 저는 농촌으로 갔어요. 그러고 나서 꽌시关系를 통해서 여러 가지 일들을 찾았어요. 그때는 나이가 어렸기 때문에 접촉할 수 있는 기회가 적어 알고 지내던 사람도 적었어요. 근무하면서 하남 고향사람의 존재를 알게 되었고 서로 친하게 지내다보니 아직도 연락을 하고 있고 친척처럼 지내요.

관 : 그 시기에는 하남인 자체가 적었죠?

ㄴ : 사업하는 사람이 적었어요. 제가 알고 있던 몇몇은 모두 회사에서 근무를 했어요. 제가 일찍이 온 편이잖아요.

관 : 맞아요. 그 시기에는 동향회 같은 조직도 없었죠?

ㄴ : 없었어요. 동향회에는 가입하지 않았어요. 농촌에 온 이후 저는 관계를 통해서 성 건설청省建에서 일하게 되었어요. 그 후 제유회사粮油公司에서 한동안 일했어요. 나중에는 임금이 너무 적어서 시우사무소西武办事处에서 근무하게 되었어요. 막 개방했던 시기라 시우사무소에는 공업사무실工业办이 있었는데 거기를 다니게 되었어요. 그때부터 저는 조금씩 상업계에 진입하기 시작했어요. 상업계에 들어와서 저는 작은 장사를 하거나 물건을 중개해주는 일을 했어요.

사업소개

관 : 그 시기가 1990년대였죠?

ㄴ : 네. 1990년대였어요. 나중에는 직접 식품잡화점食杂店을 열었는데 투자

규모가 작았기 때문에 넓은 장소도 필요 없이 방 한 칸만 있으면 됐어요. 그 다음에는 작은 음식점도 했었어요. 여러 가지 일을 경영하고 나서 차츰 지금의 일을 시작하게 되었죠. 식품잡화점을 통해 이 업종에 대해 대체적으로 이해하게 되었죠. 이 일은 이윤은 작지만 리스크가 별로 없었어요. 점차 주류 판매와 음료수 판매까지 확대하게 되었죠. 이를 통해 많은 상인들을 알게 되었는데 특히 하남 고향사람들을 많이 알게 되었어요. 1990년대, 2000년대에는 알고 지낸 하남상회 사람들이 적었어요. 이후 절강, 온주, 강소 등 지역의 사람들이 상회를 조직해서 단체로 발전하기 시작했어요. 개인의 능력은 한계가 있기 때문이죠. 그 시기에 저희 하남출신 몇 명도 몇 년간의 교류를 바탕으로 하남상회를 설립하기로 했어요. 지금 상무부회장으로 있는 몇 명들인데 하남과 동북 두 곳의 발전을 위해서 그리고 개인…

관: 개인 사업의 발전을 위해서요.

L : 사업발전도 좋고, 개인적으로도 재력이 부족할 때 단체로 하면 좋겠죠. 이것은 몇 년간 서로 교제하면서 이루어진 거예요. 그러나 뭐니 뭐니 해도 하남상회의 제일 큰 장점은 인간관계가 원만하고 인품들이 좋다는 점이에요.

관: 제가 여러 차례 활동에 참가해 봤는데 저도 그런 느낌을 받았어요.

L : 인간관계가 원만해서 분열의 위기가 없었어요. 몇 년 전, 처음 성립된 이후 저희는 서로 솔직하게 얘기를 나눴어요. 저희는 인간관계를 통합하는 것을 우선으로 했어요. 인간관계를 이해 못하면서 어떻게 모여서 함께 사업을 할 수 있겠어요? 제1기 기수를 마치고 현재 제2기 기수에 들어오면서 구성원들은 모든 조건들을 잘 구비하게 되었어요. 회의를 열 때 보면 아시겠지만 모두들 긍정적인 에너지를 갖고 적극적인 방향으로 나아가고 있어요. 단체가 결성되어 프로젝트를 진행하게 되면 좋은 점은 혼자 못하는 건 둘이 할 수 있고 둘이 못하는 건 셋이 할 수 있다는 거예요.

2. 상회 가입계기 / 상회에 대한 인식

관: 상회에서 어느 정도의 회원을 알고 지내세요?

L : 상회의 회원들은 거의 다 알고 지내요.

관: 현재 상회에 대략 어느 정도의 회원이 있나요? 여러 차례 회의에서 보니 회원 수가 들쭉날쭉 하더라고요.

L : 저희 상회는 민간조직이라 정부의 공직자와 달리 대부분은 사업하는 사람들이죠. 때문에 회의를 열 때 다 같이 모이기는 힘들고 그런 경우도 드물어요. 다들 개인 사업들을 해야 하니까요.

관: 그럼 상회 회원들한테 경조사가 있을 경우 관계가 비교적 친밀한 사람들끼리 참석하나요?

L : 그런 경우에는 저희가 거의 다 참석해요. 하남인들끼리 기본적으로 가서 성원을 해주어야죠. 돈과 예의를 떠나 서로 왕래하면서 성원 정도는 해주어야죠.

관: 방금 말씀하신 운전자학교 설립에서도 똑같은 상황을 반영하시는 건가요?

L : 맞아요. 하남상회 회원들의 인격이 좋은 걸 안다면 상대방이 해도 그만 안 해도 그만인 일을 왜 하남상회 회원들에게 해주지 않겠어요. 만약 인격이 좋지 않으면 해도 그만 안 해도 그만인 일은 안 해주겠죠.

관: 그렇다면 상회는 하나의 신용으로서 작용을 하는 거네요?

L : 장사하는 것처럼 브랜드가 만들어지는 거예요. 정부에서는 민영기업을 육성해야 하지만 저희 같은 민간조직한테는 (정부가) 도움을 줄 수도 있고 주지 않을 수도 있어요. 만약 평판이 좋고 신용도가 높으면 자연스럽게 도와주겠지만 도와주지 않아도 뭐라 할 말이 없어요. 다들 알고 있는 것처럼 운전학교 설립은 쉽지 않아요. 주로 두 개의 (정부)부분과 관련되는데 하나는 교통국交通局이고 다른 하나는 공안국 운전관리소公安局驾管处에요. 하지만 저희가 말을 꺼내자마자 거기에서 부지 마련 등과 관련해서 적극적으로 반응을 해 주었죠.

관: 그건 L회장님의 인맥과…

L : 직접적인 관계가 있어요. 그가 영도자인데 영도가 좋으면 좋은 평판들이 나죠.

185

3. 상회의 조직관리

관: 상회에서 부회장이시죠?

ㄴ : 네 부회장이에요.

관: 처음 가입했을 때도 똑같으셨나요?

ㄴ : 처음에는 회원이었고 나중에 이사가 되었어요.

관: 천천히 진급하셨네요. 상회에는 또 상무부회장이란 직급도 있죠?

ㄴ : 이사, 회장, 집행회장, 상무회장, 상무부회장, 상무이사 등이 있어요.

관: 그럼 상무부회장을 하려는 생각은 없으신가요?

ㄴ : 저희 기업의 발전과 저의 능력에 따라 결정하려고요.

관: 즉 기업을 더 성장시킬 경우를 말씀하시는 거죠?

ㄴ : 상회는 민간조직이고 수익을 창출하는 기업이 아니라 무대를 만들어 주는 기능을 하죠. 상회는 자체적 상회 지출도 있는데, 공간을 임대하고 사무 처리를 해야 하며 물자관리 담당자, 비서, 비서장 등 직원들을 고용해야 하기 때문이죠. 그리고 활동이 있거나 외부에서 손님이 올 경우 일부는 상회에서 접대해야 하는데 이는 저희들이 돈을 내서 모아야 하죠. 이를 테면 흑룡강 하남상회와 같이, 일부 외부상회에서 오는 동향인들에 대한 비용들의 일부는 개인들이 지출하기도 하지만 밥값 이외의 접대비용은 모두 상회에서 내줘야 해요. 상회는 수익을 창출하는 곳이 아니라 사람들에게 무대만 제공하는 곳이에요. 회장님도 말씀하셨듯이 상회를 통해 사람들을 알게 되면 나중에 어디에 가서든지 상회가 (사람들을) 소개시켜주고, 그렇게 되면 신분이 상승되고 체면도 서게 돼요. 또한 지름길로 갈 수 있으니까 돈도 아낄 수 있어요. 그리고 개인이 처리못하는 어떤 일을 하남상회를 통해 다른 사람이 처리해줄 수도 있어요.

4. 상회의 운영모델

상회 설립 구상과 추진계기

관: 2009년부터 상회를 준비하기 시작했죠?

L : 그때부터 준비했느냐고요?

관: 네. 상회가 써 준 자료에 2009년에 성립되었다고 되어 있어요. 그럼 그 시기에 어떻게 2년 동안 준비하고 시작할 수 있었는지요. 2011년에야 정식으로 설립된 것으로 2011년 민정청에 등기등록을 하셨죠. 2009년에서부터 2011년까지 준비회에서는 어떤 작업들을 하셨는지요?

L : 우선은 인맥을 통합해서 사람들의 관계를 수립했어요.

관: 2009년 당시에는 저희 고향사람들이 적은 편이었어요. 저희 열 몇 명밖에 없었죠.

L : 당시 장춘에 하남인이 적지는 않았어요. 하지만 서로 연락이 적었어요. 몇 년 사이 한 사람씩 주선해서 사귀게 되었죠. 다단계식 인맥이었죠.

관: 2009년에는 이미 이 범위 안에 들어왔나요?

L : 2008, 2009년도에 저도 들어왔어요.

관: 그 시기 현재의 지도자들 중 누구누구 계셨나요?

L : 회장, S회장, Q회장, C회장, C회장 등 노老회장들이었죠.

관: 이들 중 현재 퇴출한 분은 계신가요?

L : 아직까진 없어요.

관: Q회장님은 어떤 업종에 종사하셨어요?

L : 군대에서 전역하셨어요.

관: 방금 말씀하신대로 1980년대에 막 들어오셨을 때 하남인들 사이에 고향의 정이 매우 깊었는데 이후는…

L : 깊었죠, 사람이 적었으니까요.

관: 그 시기 정감과 현재의 동향인들 사이의 정감을 비교했을 때 다른 점이 있으신지요?

L : 그때는 그냥 알고 지내는 정도였는데 지금은 거기에 업무가 추가되고 교류가 추가되니 정감이 더 깊어졌어요.

관: 깊어졌군요. 사업상의 협력이 있으니까 말이죠?

L : 네. 맞아요.

5. 상회의 기능

상회 가입의 장점

관: 상회에 가입한지 꽤 되셨는데 상회의 도움으로 해결한 문제들이 있으셨
   는지요?

L : 저는 여태 그런 문제는 없었고 오히려 상회를 귀찮게 했다고나 할까요.
   하지만 말씀드렸듯이 상회에 가입하는 것은 우선 우리의 인품을 가입하
   는 것이고 인품이 되면 소양이 높아지죠. 그리고 사업도 그렇지만 뭐든
   지 우선 규범을 지키고 법을 지켜야 해요. 또 정부에서도 (저희가) 하남
   상회에 소속되어 있는 것을 알면 높이 평가를 해주고 봐줄 수 있는 상황
   이면 보통 잘 돌봐주죠.

6. 각종 동향 / 동업조직과의 관계

관: 주류 사업을 하시는데 이 업계에는 행업협회가 있으신지요?

L : 근래 2년 사이에 교류가 적었어요. 저는 2003년에 장춘시 주류음료수상
   회長春市酒水飲料商会를 설립했고 거기에서 회장을 맡고 있어요.

관: 그러세요? 그 시기에 어떻게 상회를 설립할 생각을 하셨죠?

L : 첫째로 조직으로 모이기 위한 것이었고, 둘째로 경영 규모를 확대하여
   위조품을 저지하기 위한 것이었어요.

관: 당시에 이 조직을 등록하셨나요?

L : 장춘시에서 등록했어요. 장춘시 주류 음료수 상회로요.

관: 이 업무에 대한 주관부문은 어디에요?

L : 똑같이 시 상공연합회市工商联였어요.

관: 이 상회와 하남상회는 어떤 차이가 있다고 생각하세요? 이것도 "아래로
부터 위로"의 방식이고 정부의 부문은 아닌데요..

L: 대개 성격이 비슷하지만 차이는 있어요. 왜냐하면 저희는 판매를 하고
일부 정책들은 공장에서 결정하는 것이기 때문에 저희가 어쩔 수가 없어
요. 추첨 같은 것도 정당하지 않은 방법으로 경쟁하게 되면 아랫선에서
는 어떻게 할 수가 없어요.

관: 그럼 상회가 설립된 이후에도 기업의 파워에 대항할 수 없었던 건가요?

L: 어떤 일들은 그랬죠, 왜냐하면 맥주의 경우 현재 장춘시에 진스바이金世
百, 쉐화雪花, 하얼빈哈尔滨 등 3대 브랜드가 있어요. 쉐화 같은 경우는
잘 팔리기 때문에 정책이 적은 편이지만 하얼빈은 잘 안 팔리니까 활동
이 많은 편이죠. 이런 것이 바로 경쟁인데, 민간기업들이 제지할 수 없
는 부분이고 정부조차도 제지할 수 없죠. 하지만 저희는 적어도 기본적
으로 가짜 상품을 저지할 수 있고 협회 내에서 가짜 상품을 판매하는지
를 서로 감독하죠.

관: 가격 측면에서 너무 낮게 책정하는 일은 없나요?

L: 가격도 통제하기 무척 힘든데 거의 공장에서 결정하는 대로에요.

관: 당시 상회의 회원은 어느 정도였나요?

L: 그 당시에는 백여 명 정도였어요.

관: 장춘 전체에서는 어느 정도나 차지한 거였나요?

L: 그 시기에는 절반 정도였어요.

관: 그래도 많은 편이죠. 그럼 현재는 어떤 상황인가요?

L: 지금은 일이 있으면 서로 돌봐주고 교류하고 공장과도 조정을 하죠. 저
희는 주로 공장과 협조해야 해요.

관: 지금도 그 상회의 회장이신가요?

L: 네.

관: 줄곧 이 상회의 회장을 맡으신 건가요? 사무실이나 비서장은 있는지요?

L: 저희는 너무 많은 곳이 도태되어서 지금은 몇 십 군데만 남았어요. 비용
이 많이 들기 때문에 일이 있으면 오늘은 상대방의 장소에서 그 다음에
는 제가 있는 곳에서 모이고 그러죠. 아니면 찻집에서 모이기도 하고요.
그리고 일이 있으면 다 같이 돈을 내요. 현재는 이런 상황이에요.

관: 오랫동안 사업을 하셨는데 사업에서 제일 중요한 것은 무엇이라고 생각

하세요?

ㄴ : 사업에서 첫째는 인품과 신용이에요. 이것이 제일 순위인데 인품이 좋고 신용을 잘 지키면 무엇을 하든지 모두 자연적으로...

관: 근 몇 년 동안 장춘시를 포함한 길림성에서는 민영기업을 아주 중시하고 있는데 사장님께서 보시기엔 처음 사업을 시작할 때와 지금을 비교하면 어떤 변화가 있는 것 같으세요?

ㄴ : 예전에는 여러 가지로 꼬투리를 잡아 불합격을 주었는데 지금은 그런 경우는 별로 없어요. 지금은 상품의 품질도 좋아져서 규범화 되었고 다들 법을 이해하고 있죠.

관: 예전에는 법 집행 환경이 좋지 않았던 거죠?

ㄴ : 예전에는 맥주 뚜껑을 열면 '한 병 더'라고 당첨되는 것과도 같은 식이었어요. 예전에 주류 전매국에서는 술을 판매만 하면 몰수해 갔는데 나중에 저희가 상회를 설립한 것도 그들이 이런 식으로 저희 술을 몰수하는 것이 부당하다고 생각했기 때문이었어요. 그 시기에는 법이 불완전한 상태였는데 저희는 판매자이지 생산자가 아니니까 그들은 큰 (생산) 공장에 찾아가 돈을 받고자 했던 거죠. 법은 불완전했고 사람 마음도 다 같지는 않았어요.

관: 그럼 그 시기에 상회를 설립한 것은 상회를 설립하여 분산된 파워를 결집해서 정부와 담판하려는 것이었네요.

ㄴ : 맞아요. 권익을 보호하려는 것이었어요.

관: 그럼 상공연합회 소프트 환경사무실工商联软环境办에서 수여하는 행정집법감독원行政执法监督员을 수여받으신 적이 있으신지요?

ㄴ : 저희는 성 소프트파워 사무실省软环境办에서 수여하는 소프트 환경 감독원软环境监督员을 수여받았어요.

관: 당시 상회 내에서는 몇 군데나 수여받은 건가요?

ㄴ : 이사급 이상으로 교육을 받아야만 수여했던 것 같아요. 증서를 발급하기 전에 이 영예를 희망하는 자는 먼저 교육을 받아야 했어요. 먼저 규범을 지키고 법을 지켜야만 수여해줄 수 있었죠. 증서를 갖고 직권을 남용하면 안 되잖아요.

7. 동향문화와 지역 정체성

동북문화에 대한 견해

관: 동북에 오신지 꽤 오래 되셨는데, 하남인으로 처음 동북에 오셨을 때 동북문화나 음식습관 같은 것에 적응은 되셨는지요?

L : 처음에는 너무 적응하기 힘들었어요. 우선은 너무 추웠고 둘째로는 밥 먹는 일상 부분인데 그 시기에 동북에서는 옥수수죽과 수수밥을 먹었었죠.

관: 먹는 것들에 적응이 안 되셨던 거군요. 그럼 동북인들과 사업하는 것은요?

L : 동북인들도 그 시기에는 받아들이기 힘들었어요. 나중에 천천히 그들 속에 어울려 들어갔어요. 음식, 생활환경, 기후 등 모든 면에서요. 제가 17세 때에 왔는데 겨울이 되면 남녀가 구분되지 않았어요.

관: 너무 많이 입었기 때문인가요?

L : 많이 입은 것도 있고 모두 큰 털모자를 쓰고 장갑을 꼈기 때문이었죠. 그리고 입김 때문에 마치 흰 수염이 있는 것처럼 되어 버렸는데 남녀를 불문하고 모두 흰 수염이어서 남녀를 구분할 수가 없었어요. 말을 하거나 걸음걸이를 봐야만 알 수가 있었어요.

관: 지금은 완전히 습관이 되셨나요?

L : 제가 처음 왔을 때는 모자를 쓰지 않은 사람이 없었는데 지금은 모자를 쓴 사람이 없잖아요. 습관 되었어요, 모두 다 습관 되었어요.

호적 소재

관: 현재 호구는 어디에 있나요? 장춘 이쪽인가요?

L : 네 진작에 옮겨왔어요.

관: 그럼 나중에 사업을 어느 정도 하고 나서 나이가 들면 다시 하남으로 돌아가실 건가요 아니면 여기에 남으실 건가요?

L : 모두 다 습관이 되어서 어디에 있든지 다 똑같아요, 집도 없어졌고요.

관: 그럼 현재는 동북인과 많이 접촉하시나요, 아니면 하남인과 많이 접촉하시나요?

L : 동북이죠, 왜냐하면 저는 올해 53세인데 제가 17세 때 동북으로 왔으니

까요.

관: 무척 오랜 시간이었네요.

ㄴ: 그렇죠. 30여 년이나 됐어요.

관: 그럼 지금은 동북인이 되신 거네요?

ㄴ: 저는 동북인이죠. 저는 관성구宽城区 인민대표대회 대표人大代表에요.

관: 회원대회에서 부회장님을 소개하는 것을 들었어요.

ㄴ: 제17기인데 올해로 3년째에요.

8. 기업 협력파트너 / 업계분화

관: 상회에서 다른 사장님들과 협력하신 적이 있으신지요?

ㄴ: 저는 아직 없어요. 지금은 서로 홍보해주고 있죠. 제가 하고 있는 주류 음료수 사업 쪽의 친구들에게 사람들을 소개해 보내주죠. 다들 동향인들 이고 그쪽에 가면 적어도 물건들이 진짜이고 가격도 적절하기 때문이죠.

관: 동향인들을 통해서 추천을 하는 거네요.

ㄴ: 현재 많은 하남사람들이 여기에서 사업을 하고 있어요. 만약 저희 상회 에 가입하지 않았거나 마트 혹은 음식점을 운영하고 있는 사람들이 있고 또 저희들 중에도 주류와 음료수 사업을 하는 동향인이 있으면 여러 가 지 방법으로 저희의 정책이나 공장혜택 정책들을 소개해주는 거죠. 쌍방 향적으로 한쪽은 물건을 팔 수 있어서 좋고 다른 한쪽은 혜택을 받아서 좋은 거죠.

관: 알고 있는 하남 동향인들 중에 하남상회에 가입하지 않은 사람이 있나 요?

ㄴ: 있기도 하죠.

관: 있군요. 사업하는 사람들 말인데 그들은 어떻게 생각을 하고 있나요?

ㄴ: 하나는 늦게 알게 된 것인데 예전에는 알지 못해서 가입을 못한 경우가 있고, 또 하나는 일부가 아직도 관망하고 있는 상태로 그들은 자신들의 사업이 작다고 생각하는 거죠. 하지만 상회 회원이 아니더라도 하남사람 이면 무슨 일이든 저희는 서로 돕고 있어요. 회사에 다니든지 작은 사업

을 하든지 가입을 하든지를 불문하고 일이 생기면 저희 모두는 서로 지
원해줄 수 있어요.

관: 하남인이 하남상회를 찾으면 다 가능하다는 거죠?

L : 네, 기본적으로 하남인이어야 해요. 한편인데 자기편을 돕지 않겠어요?

II-8. 길림성 하남상회 부회장 LCH 인터뷰(2)

인물 : LCH, 부원원傅园园[부]
일시 : 2014년 4월 23일
장소 : 화원호텔 619호실

1. 상회조직 관리

부: 상회에 가입하는 조건은 무엇인가요?

L : 우선은 소개해 주는 사람이 있어야 되고 다음은 인품이 좋아야 해요. 기업의 규모를 불문하고 인품이 좋으면 돼요.

부: 하남상회 회원들은 상회에 대한 정체성이 강하죠?

L : 맞아요. 다들 상회를 좋아하고 적극적으로 참여하는 이유는 상회라는 플랫폼을 통해서 기업을 발전시키고 이미지를 제고할 수 있기 때문이죠.

당-정부기관과의 관계

부: 장춘에서 하남상회에 투자유치 요구를 많이 하나요?

L : 지금 많은 것들이 협의 중에 있어요.

부: 그럼 그들은 약속들을 잘 지켜주나요?

L : 정부가 최대한 맞춰줘요.

부: 그럼 상회에서는 정부에 자금을 출자하는 건가요?

L : 상회는 하나의 플랫폼 역할만 하기 때문에 출자는 하지 않아요. 상회는 인맥과 관계를 수립하는 것만 하고 있어요.

부: 그럼 길림, 장춘, 하남정부에서는 상회에 (어떤) 도움을 주고 있는지요?

L : 도움을 받고 있어요. 우선은 하남상회의 이미지가 좋아졌고, 소프트환경 측면에서도 저희들에게 파란 불이 들어왔어요.

2. 동향문화와 지역 정체성

부: 하남상회는 다른 상회와 연계가 있나요?

L : 연계가 있어요. 상회에 가입하는 사람들은 모두 상업을 하는 사람들이기 때문에 상회라는 플랫폼을 통해서 서로 교류를 하고 있어요.

부: 하남과 장춘의 문화 차이는 크다고 생각하시는지요?

L : 어떻게 말씀드릴까요, 서로 달라요. 저희는 하남인들의 전통을 이어받아 성실하게 처신하고 근면하게 일해서 부를 축적해요. 근면하게 노동해야만 부자가 될 수 있어요.

부: 그럼 본토인 하남성에서는 귀 상회에 대해서 어떤 요구가 있는지요?

L : 하남성에서는 우선은 저희가 타 지역에서 발전한 것에 대해서 자랑스럽게 생각해요. 그리고 미래에 고향으로 돌아와 투자하기를 바라고 있죠.

부: 사장님 호적은요?

L : 여기는 제2의 고향이에요. 모두가 여기에 있고 아이들도 여기에서 취업했어요.

푸: 주류사업을 하고 계신데 협력파트너를 찾을 때 인품을 비교적 중시하시는지 아니면..

L : 우선은 인품이에요. 무엇이든 신용이 있어야 해요. 신용이 첫째죠.

II-9. 길림성 하남상회 이사 SLS 인터뷰

인물 : SLS, 장관(张冠)[관]
일시 : 2014년 5월 8일
장소 : 장춘MG산장

1. 개인정보

고향은 하남 화현华县

2. 상회 가입계기 / 상회에 대한 인식

관 : 어떤 계기로 상회에 가입하셨나요?

S : 차를 몰고 가다 우연히 발견해서 올라가 보게 되었어요.

관 : 그 시기 준비회에는 사람들이 몇 명 정도 있었나요?

S : 그 시기에 S회장, C회장, L회장, C회장, 사평의 LWS회장, 연길의 ZXM 회장이 있었어요. 현재 Z회장님은 연길의 하남상회로, L회장은 사평의 사평하남상회로 분리해서 나갔어요.

관 : 준비회에는 어느 정도의 사람이 있었나요?

S : 회장급들은 이 몇몇 주요 인사들이었어요.

관 : 준비회의 회원들은 현재의 회장이나 상무부회장 급인가요?

S : 상회에 참가하는 사람들은 모두 자신의 회사를 소유하고 있기 때문에 그들의 회사 규모나 재력에 근거해서 정해져요.

관 : 제 말은, 이를 테면 먼저 왔기 때문에 상무부회장을 맡게 되는지의 여부예요.

S : 아니에요. 처음에 저희도 그런 열정이 있었지만, 재력이 부족하다면 우선은 이사나 상무이사부터 시작하는 것이 맞는 거죠.

관: 그렇군요.

S: 만일 제가 아직 그렇게 크게 발전하지 못하고 도달하지 못했다면 우선은 회원에 가입해서 시작할 수 있는 거죠.

3. 상회의 조직관리

관: 하남상회는 비교적 단결이 잘되지만 기타 상회에서는 분열이 생기는 상황이 발생하고 있는데 이에 대해 어떻게 보시는지요?

S: 그런 상황은 상회의 방향이 잘못되어 상회를 이용하여 이익을 얻으려는 것 때문에 발생하는 거죠. 현재의 발전을 위해 민간이나 정부나 모두 조화를 제창하고 있고, 상회도 마찬가지로 조화롭게 발전해야 해요. 저도 들었는데 회장 자리를 놓고 다툼하다가 발생한 일이라지요? 저희 상회가 잘되는 것은 첫째 회장님이 방향을 잘 잡고 계신 건데, 즉 길림성의 발전을 위해 저희가 공헌을 하고 있고 둘째는 저희 동향인들을 한 곳에 모아 저희가 해야 할 일들을 하게 하기 때문이에요. 만약 회장이 자신의 이익만을 도모한다면 당연히 잘못된 방향으로 나아갈 거예요.

관: 상회라는 플랫폼이 회장을 만들지만 마찬가지로 회장도…

S: 이 둘은 상호적인 관계라서 상회가 잘나가면 회장도 잘나가고 회장의 명성이 크면 상회도 잘 돌아가요. 하지만 상회는 잘 돌아가는데 회장이 별로면 상회에서도 그런 일들이 발생하는 거죠.

관: 상회의 미래 발전에 대해 어떤 기대를 갖고 계신가요?

S: 현재 상회의 발전을 주도하는 것은 상무부회장이나 재력인사 혹은 각 측면에서 종합적인 능력이나 재력이 강한 사람들이에요. 하지만 다음 단계에서는 작은 규모의 발전과 큰 규모의 발전이 동시에 이루어져야 한다고 생각해요. 회원급부터 이사급까지 재력이 별로 크지 않은 사람들에게도 플랫폼이 제공되길 기대해요.

관: 현재는 부회장급 이상이나 그에 맞먹는 규모의 사람들의 발전이 빠르죠.

S: 실제로 소형이나 발전 초기의 기업들이 크게 발전할 때 역시 공헌을 하죠. 처음 시작할 때에는 작을지라도요.

관: 현재는 이사이신가요?

S : 저는 이사에요. 말씀드렸다시피 저는 여기에 일찍 왔지만 이사부터 시작했어요.

관: 앞으로 기업이 잘되면 더 진급할 생각은 있으신지요?

S : 당연하죠. 잘된다면 무조건 높게 진급할 거예요.

관: 현재 사업은 잘되세요?

S : 올해는 그다지 좋지 않아요. 큰 환경들과 연관되는데 부동산이 불황일 때 건축자재나 시공이나 건설과 같은 보완기능의 기업들도 따라서 영향을 받아요.

4. 상회의 운영모델

상회 설립구상과 추진계기

S : 저는 2010년에야 여기로 와서 건축자재 사업을 시작했어요. 상회는 민간조직으로서 길림성과 하남성을 연결해주는 역할을 한다고 봐요. 상업적인 협력뿐 아니라 정부의 투자유치를 가능케 하는 정부와 민간의 결합장인 거죠. 이를테면 길림성에서 하남으로 조사를 가거나 투자유치국에서 하남성으로 조사를 가거나 각종 프로젝트나 투자를 유치할 때, 저희 상회가 중간에서 가교작용을 해서 그쪽과 연계를 하고 그쪽의 일부 프로젝트를 접목해주죠. 하남기업이 길림쪽으로 와서 발전하거나 지사를 열 경우도 마찬가지고요. 상회는 저희 하남에서 온 사람들의 플랫폼으로서 상회 회원들의 권익을 옹호하는 역할을 하고 회원들을 지도하거나 방향을 제시하는 역할을 하죠.

　　또 하나 상회 내부의 발전은 산업 발전을 촉진시키는데 이 플랫폼을 통해 정부투자를 받게 되면 저희가 정보를 얻을 수 있고 관련 산업을 촉진시킬 수 있어요. 이를테면 어떤 프로젝트가 있을 경우 상회를 통해서 수시로 정보를 전달받을 수 있어요.

　　마지막으로 상회라는 집단을 통해 함께 발전하는 것인데 현재 각 상회에서는 집단적으로 함께 발전하자는 구호를 외치고 있어요. 이를테면 복건상회, 천유상회, 광동상회, 상해상회 등이 있어요. 상회 내부의 발전이라는 것은 예를 들면 접대를 할 때 상회 내부 인사의 펜션이나 음식점을 이용함으로써 서로의 발전을 도와주는 거예요. 그리고 상회에 기념품 사업을 하는 사람이 있을 경우 개업하는 친구에서 소개시켜주면 서로 편의를 볼 수 있는데, 한쪽은 품질을 보장받을 수 있고 다른 한 쪽은 가격이나 서비스에서 편의를 볼 수 있어요. 주류나 요식업종은 저희가 일상생활에서 이용할 수 있는 부분들이고요.

관 : 운전학원이나 소액대출회사 같은 곳의 주식도 사셨나요?

S : 아니요.

관 : 주식을 사는 것은 기본적으로 부회장 (정도는 되어야) 하죠?

S : 회원이라도 운전학원 쪽에 대해 잘 알거나 협력회사에 이익을 가져올 수 있거나 일부 측면의 조건을 제공해줄 경우 주식을 살 수 있지만 저는 해본 적이 없어서 참여하지 않았어요.

당-정부기관과의 관계

관 : 사실 정부도 상회가 필요하죠.

S : 소프트 환경이란 정부 스스로가 자기만족을 하기 위한 것이에요. 다시 말하면 정부의 공안기관, 검찰청, 인민법원公檢法 등이 잘하고 있는지를 외부 사람들로 하여금 명확히 알게 하기 위한 것이에요. 길림성의 소프트 환경은 한때 좋았던 적이 있었는데 바로 WM서기가 재직하던 시절이었고 근래에는 다시 뒷걸음 치고 있어요.

5. 상회의 기능

관 : 현재 길림성에 있는 하남인은 대략 얼마정도 되나요?

S : 아주 많은데 하남인들이 이런저런 이유로 상회에 가입하지 않은 경우가 있어 정확한 통계를 내는 것은 어려워요.

관: 방금 상회의 기능에 대해서 플랫폼 건설과 권익 옹호를 말씀하셨는데 권익 옹호부분에서 직접 체험하신 일은 있으신지요?

S : 저는 아직 없어요.

관: 그럼 회원들을 통해서 들은 얘기는 있으신가요?

S : 들은 적은 있어요. 상회의 주요기능이기도 하기 때문에 각 부문의 사무 처리 과정에 익숙지 못해 발생하는 부당한 대우에 대해 상회가 나서기도 하고, 저희 플랫폼은 정부의 보호를 받고 있어 이런 일들을 그들이 조정해 주기도 해요.

6. 각종 동향 / 동업조직과의 관계

관: 준비회 기간에 두 편으로 나뉘었다고 들었는데 현재는 장춘시 하남상회를 설립했다고 하죠?

S : 맞아요.

관: 그 시기에는 어떤 상황이었어요?

S : 저희는 성급 상회이고 시에서도 상회의 설립이 가능하니까 민정상에서 민정부문 영도가 승낙하면 장춘도 타지역이니 설립할 수 있는 거죠.

관: 법률상에 문제가 없는 거군요?

S : 저희는 그들과 부자 관계가 아니라 형제 관계에요.

관: 그 시기에 왜 두 편을 하나로 합병하지 않았나요?

S : 좋은 질문인데요, 장춘은 성 정부 소재지인데 왜 장춘시 정부를 길림성 정부에 합병하지 않았느냐?

관: 하지만 그것과는 차이가 있는 것이 그건 여전히 예속 관계잖아요.

S : 연길의 상회 설립을 허락하면 장춘시의 상회 설립도 허락해줘야 하죠. 왜냐하면 그들은 모두 지급시地級市이니까요. 바로 이 경우와 똑같아요.

관: 법률상으로는 합법적이지만 고향의 정 때문에 그런 건가요?

S : 법률상에는 규정이 없는데 일반적으로 연길의 하남상회 회장이 이쪽(길림성하남상회)에서 상무부회장을 겸직하고 있고 장춘쪽의 회장이 이쪽의 상무부회장을 겸직하는 상태예요. 이렇게 해서 범위를 넓히는 거죠.

현재 저희 하남상회에서 동북3성 연합회를 설립했는데 사실상은 이런 식으로 범위를 확장한 것이나 다름없어요.

관: 강소상회는 해마다 회장을 바꾸더라고요. 상회의 회원들 중 얼마나 많은 사람을 알고 계세요?

S : 어떻게 말하면 좋을까요, 같이 모이면 거의 다 알아요. 60-70%는 알고 있어요. 상회는 이러저러한 상황들 때문에 다 참석하기 어렵기도 하고 해마다 신규회원들도 늘어나기 때문이죠.

관: 사업상으로 협력을 하신 적이 있으신가요?

S : 아직은 없어요.

7. 협력파트너 / 행업 분화

관: 상회 내에서 어떤 업종에 종사하시는 분이 제일 많은가요?

S : 건축하시는 분들이 많아요. 건축, 요식업계, 자동차 부품, 식품 등이 있어요. 이를테면 상회에 건축기업이 있을 경우 개발을 하게 되면 밖에서 보다는 상회 내부에서 찾게 되죠.

관: 건축자재나 방수 업체를 말이죠.

S : 내부에서 선택하는데 내부의 몇 곳 중에서 비교해서 선택해요.

관: 그렇게 하면 거래 단가를 낮출 수도 있고 공정이 끝난 후에 돈을 못 받을 염려도 없겠네요.

S : 거래 단가를 절약할 수가 있어요. 또 두 기업의 협력은 상대방에 대한 이해가 필수인데요, 예를 들어 상대는 광동인이고 저는 길림인일 경우 사업을 논할 때 상대방의 성격이나 일처리 방식에 대해서 확인하려 하죠. 하지만 같은 지역 출신이면 이런 염려가 적어져요. 일처리 할 때 남방인들은 간단하고 바로 요건을 얘기하는 것을 좋아하고 일을 확실히 하는 것을 좋아하죠. 의상은 캐주얼하게 입는데 저희 길림인들은 체면을 중시하고 사업할 때는 정장을 입어요. 그리고 손님을 초대를 할 때 남방인들은 차나 커피를 마시고 볼링 하는 것을 좋아하지만 길림인들은 식사하고 마작麻将 하는 것을 좋아해요.

II-10. 길림성 하남상회 감사장 CXM 인터뷰

인물 : CXM, 최월금崔月琴[최], 부원원傅园园[부]
일시 : 2014년 5월 19일
장소 : 하남상회 사무실

1. 개인정보

기본정보

동북에 삼촌이 있어서 1972년 구태九台로 옴, 뎬리(电力)그룹 창설, 2012년에 상회가입, 기수 교체 전 상무 부이사, 기수 교체 후 감사장 역임.

사업소개

최: 당시에는 친척을 믿고 오신 거였나요?

C: 네 저의 삼촌이 계셨는데 목공이셨어요.

최: 그럼 (여기) 와서도 노동자이셨겠네요.

C: 노동자가 될 수 없었어요. 배우지는 못하고 심부름만 했었어요. 저는 삼촌 옆에서 한 열흘 정도 있다가 나와서 아르바이트를 했어요. 뭐든지 다 했어요. 아르바이트를 한 3년 하고 1,000위안을 벌었어요. 그 당시에 1,000위안을 번 것은 대단한 거였어요.

최: 당시 저희 대학 졸업생 월급이 46위안이었어요.

C: 1,000위안을 벌고 나서 집에 갔더니 어머니가 저한테 동북에서 배우자를 찾는 것은 안 된다고 하셨어요. 저는 장남인데 동북에서 배우자를 얻으면 데릴사위가 되기 때문에 안 된다고 하셨어요. 다시 하남으로 돌아와야 한다고 하셨죠. (그런데) 하남에서 맞선을 보면 맘에 들어도 동의해야 하고 맘에 안 들어도 동의를 해야 했어요. 이미 20개의 사오빙烧饼을

지불했기 때문이었는데 사오빙이 20개면 돈이 20위안이었어요. 납채定礼가 비싸서 동의하지 않을 수가 없었어요. 1975년에 돌아가서 배우자를 구했는데 하남사람이었고 1976년에 결혼했어요. 예전에는 배운 게 없으면 업신여김을 당한다고 했는데 지금은 돈이 없으면 업신여김을 당하죠. 두 아이를 낳았는데 가난했기 때문에 다들 업신여기더라고요. 1978년에 개혁개방하고 바로 다음해에 저는 안 되겠다 싶어서 다시 동북으로 오기로 마음먹었어요. 아내한테는 두 아이와 함께 집에 있으라 하고 30위안의 차비를 가지고 동북으로 왔어요. 동북에 와보니 상황이 무척 좋았고 열심히 노력해서 목공, 기와공에 이어 청부업자도 했어요. 3년을 했는데 당시 했던 것은 청포공淸包公²⁾이었죠. 출신이 안 좋아도 돈을 벌 수가 있었어요. 3년 동안 몇 만 위안을 벌었는데, 문득 돈보다는 아내가 아직 오지 못했으니 아내부터 데려와야겠다는 생각이 들었어요. 몇 만 위안이 있었으니까요.

최: 1980년대 초에 몇 만 위안이 있었다면 만원호³⁾万元户이셨네요.

C : 대단했어요. 나중에는 하지 않겠다고 했고 아내도 하고 싶지 않으면 하지 말라고 했어요. 호구는 구태로 가져왔어요. 하지 말자고 했죠, 무서웠고 저희 것도 아니었기 때문에 이 돈은 불법적인 것이라 생각했어요. 나중에 누군가가 저에게 청부업자를 하지 않을 거면 삼배원參培员을 하라고 하면서 저를 작은 농기구공장으로 데려갔어요. 한 달에 100위안 남짓 벌 수 있었는데 저는 이 일이 안전해서 좋았어요. 1년 정도 하다가 흑룡강에 가서 업무를 대행해주는 일을 했어요. 어차피 별 능력이 없으니 이걸 해도 괜찮다고 생각했어요. 제가 사장을 하는 거니까요.

　　1982년에는 점점 개방되었고 제가 사장이 되어 5-6명의 직원을 데리고 시작했어요. 당시에 구태현 구교九交에서 관리하는 구교금구장九交金具厂을 세웠어요. 선로금구인데 배선할 때 사용하는 거였어요. 흑룡강의 수많은 마을에는 전기가 들어가지 않아서 제가 이 제품들을 그쪽에 보내주었어요. 제가 길림대학에 관심을 갖기 시작한 것은 제가 금구장을 설립

---

2) 인테리어 회사의 청부공사 작업반장.
3) 저금 혹은 수입이 10,000 위안 이상의 가정을 가리키는 것으로, 20세기 70년대 말에 생겨났는데 그 시기에 만원호는 상당히 대단한 집이었음.

하고 몇 년 되지 않았던 1986년부터였어요. 저는 길림대학에 전자컴퓨터학과电子计算机系와 전기공업연구소电工研究所를 설립했어요. 당시 민영기업으로는 전국에서 처음으로 협력하여 연구소를 설립한 거였어요. 당시 길림대학에서 제품을 연구하면 제가 생산했어요. 제가 그들한테 연구경비를 제공하면서 2-3년을 협력했어요. 그렇게 보일러경보기锅炉报警器를 연구해냈는데 물이 마르면 경보를 해주는 거였어요. 또 다른 하나는 전동기보호기电动机保护仪였는데 전동기가 타거나 단로 되면 자동경보를 해주는 것이었어요. 저는 그때부터 과학기술의 힘이 얼마나 큰 지를 알게 되었어요. (그렇게) 협력하고 나서 저희 기업은 승승장구 했는데 대경大庆의 보일러공장锅炉厂을 포함한 모든 전기공업상자电工箱는 모두 저의 제품을 사용했어요.

최 : 그럼 몇 년 협력하고 나서 나중에는 어떻게 되었어요?

C : 그것 뿐이에요. 저는 동종 업종끼리 악성경쟁을 하기 싫어서 물러났어요. 그 당시에 대경을 끌어들인 것이 좀 있어서 손실이 100만 위안 가까이 났어요. 당시에는 다른 사람이 끼어들면 일을 잘 해나갈 수가 없었어요. 나중에 전력으로 방향을 바꿔서 뎬리그룹电力集团을 설립했어요. 장춘전력국长春电力局과 구태전력국九台电局, 길림전력공사吉林电力公司와 협력해서 지금까지 하고 있어요.

최 : 그럼 현재의 기업규모는요?

C : 전력 분야에 관한 한 길림성의 3강 안에 들어요. 1년의 전력설비와 전기공정을 합치면 1억 정도예요.

최 : 그럼 생산도 하나요, 아니면 공정만 하고 있나요?

C : 설치, 제조, 송전 등을 해요. 하지만 이전의 회의에서도 얘기했듯이 일부 사람들은 민영기업이 어떻게 송전하는지를 몰라요. 결국 많은 기업들이 먼 길을 돌아가죠. 모두들 전력산업은 독점산업으로 알아요. 그들은 민영기업도 가능하다는 것을 몰라요.

최 : (감사장님은) 하남상회의 최초 모색기인 2009년부터 가입 하셨나요?

C : 2009년에는 제가 여기에 없었어요. 북경에 있었죠.

2. 상회 가입계기 / 상회에 대한 인식

최: 그럼 언제 소식을 알고 가입하셨어요?

C: 2010년이었던 것 같아요. 2009년에 설립되었는데 다른 사람이 얘기해주었어요. 북경에 있어서 모른다고 했더니 회장인 LWS가 저희 청풍현淸丰县 사람이라고 하더군요.

최: 같은 현의 동향인이네요.

C: 맞아요. 그래서 가보겠다고 하고 와 봤더니 확실히 좋았어요. 예전에는 혼자 일대일 싸움을 했다면 지금은 단체로 발전하니 참 좋아요.

최: 2011년에 정식으로 설립되었죠.

C: 2009년이에요.

제3자: 저희 상회는 2011년에 정식으로 설립되었지만 2009년부터 준비기간을 거쳤어요.

C: 그럼 저는 2012년에 (가입했네요). 1년이 지난 시기였고 연말이었으니까요.

최: 그럼 상회 가입할 당시 감사장님은 상무부이사장이셨어요?

C: 맞아요. 회장, 이사장들과 관계가 계속 좋았고 지금은 사람들이 저를 감사장으로 선출해주었어요.

3. 상회의 운영모델

최: 이번 기수부터 상회에 감사장監事长이 생겼다는 것은 상회발전의 중요한 신호라고 봐요. 이 감사장이라는 직책은 아직 잘 알려져 있지 않은데, 감사장이 상회에서 어떤 역할을 하는지 소개해 주시고, 또 이를 어떻게 보시는지 말씀해 해주시겠어요?

C: 제 생각에는 (상회가) 찬가만 부르고 있으면 안 된다고 생각해요. 부족한 부분도 찾아야 하죠. 회장이나 비서장이 만약 주도면밀하게 생각하지 못할 경우 제가 감사장으로서 민중을 위해 얘기해야 한다고 생각해요. 지각문제를 예로 든다면, 저는 (지각을) 반대하면서도 인간이 되어야 한다고 말해요. 길에서 차가 막힐 수 있으니 3-5분 정도 지각하는 것은 지

각이 아니죠. (하지만) 어떻게든 정의를 지키려고 해야 하겠죠.

최: 이사장과 비서장을 감독하고, 그들이 권력을 행사하는 과정에서 부적절한 문제가 발생하면 이를 조정하고, 결의집행 과정 중에 발생하는 문제에 대해서도 마찬가지겠지요. 만일 그 과정에서 틀렸다고 생각하면 문제를 제기하시나요?

C: 네, 회의를 열 때 (그렇게 하죠). (예를 들어) 비서장이 어느 정도의 기념품에 얼마의 돈을 쓸 것인지에 대해 회장과 이사장한테 100위안 정도의 기념품이 적당할 것이라고 문제를 제기했지만 저는 거기에 반대했어요. 제가 통이 커서가 아니라 기업가들 중에는 컵이나 펜에 신경 쓰는 사람은 없을 거예요. (그들에게) 그다지 쓸모가 없기 때문에 그 돈으로 실용적인 일을 하는 것이 낫죠. 저는 장애인이나 대학생을 도와 줄 것을 제안했어요. 기념품이 5만 위안 정도 드는데 제가 이 돈을 상회에 내놓을 테니 이것을 장애인에 기부하자고 했어요. 저희가 금상첨화를 할 것이 아니라 설중송탄을 해야죠. 국가는 돈은 있지만 장애인에 대해서는 승인이 내려오지 않아요. 저는 이렇게 여러 가지 방법을 강구하는 것도 좋다고 생각해요.

4. 상회의 기능

공익활동

최: 감사장님도 기업에서 출발하셔서 많은 공익활동들을 하셨죠?

C: 저의 원래 기업은 이랬어요. 공익사업으로 장애인을 돕는 것이 의미 있다는 얘기를 하려는 게 아니에요. 그렇게 생각해서라기보다 여기까지 왔으니 방법이 없었어요. 저희 회사에는 20여명의 장애인이 있는데 제 아들이 회사 일을 시작하고 나서 장애인 직원을 쓰지 않겠다고 했어요. 과거에는 장애인의 수에 따라 국가에서 주는 혜택이 많았는데 지금은 적어서 그렇게 큰 메리트가 없어요. 저는 사람이 행복할 때 근원을 생각할 줄 알아야 한다고 생각했어요. 장애인들을 10년 동안이나 돌봐왔는데 다

시 그들을 사회로 밀어내는 건 어려운 일이었어요. 저는 아들한테 만약 그들을 고용하지 않으면 아들을 해임시킬 거라고 했어요. 이건 원칙의 문제에요. 나중에는 방법이 없게 되었는데 고용은 계속한다고 해도 (그들에게) 출로를 마련해 주어야 했어요. 2009년에 저는 장애인을 북경에 있는 막 설립된 로봇을 연구 개발하는 곳에 파견시켜서 배워오도록 했어요. 저희 공장은 계절성을 띠기 때문에 겨울에는 일이 없어요. 나중에 북경기업이 이사를 가게 된다는 걸 알고 저는 성 장애인연합회省残联와 연계하여 거기에 교육센터를 설치하고 그들더러 직접 작은 로봇 만드는 것을 배우도록 했어요. 그 장애인들은 오전에는 학교에 가고 오후에는 일이 없으니 오후에 가서 배워오라고 시키고, 대신 돈을 주고 학교 버스도 제공해 주었어요. 밖에 나가면 일을 찾기 쉽지 않잖아요.

최 : 상회에 참가하기 전부터 이미 이런 일을 하기 시작하셨던 건가요?

C : 네 상회에 참가하기 전부터요.

최 : 그럼 상회에 가입한 이후 상회가 플랫폼을 제공해주었는데 개인적인 각도와 기업적인 각도에서 볼 때 그 중에서 얻은 제일 중요한 것은 무엇이라고 생각하세요?

C : 개인적으로 할 때보다 힘이 많이 커진 것 같아요. 장애인을 돕는 일은 이제 상회를 통해서 하죠. 저희는 길림성 하남상회 장애인돕기애심협회吉林省河南商会助残爱心协会를 성립할 예정이에요. 저희는 조직을 만들고 길림성 장애인연합회에서는 큰 스크린을 설치하여 수시로 (장애인들을) 모집해요. 사람들이 저마다 일부 장애인을 고용한다면 장애인들은 저희 조직에서 열심히 배우려 할 거예요. 그러니까 저희를 믿고 따르면 장애인 후원부대에 참가하는 것과 같은 (효과가) 있는 거죠.

최 : 장애인 돕기 협회는 요즘에야 설립된 건가요?

C : 네 맞아요. 길림성 장애인돕기애심회 현판식에 장애인연합회 주임이 와서 현판을 걸어주었어요. 그리고 이건 장기적인 사업이에요. 한번 기부하고 끝나는 것이 아니라 영구적인 성격이에요. 방금 WS와 얘기했는데 장애인연합회 장소에 운전학교를 개설하자는 저의 말에 그도 동의했어요. 길림성 장애인연합회 하남상회운전학교吉林省残联河南商会驾校인데 장애인을 돌볼 수 있고 돈도 벌 수 있어요. 정상인들도 신청할 수 있어요. 거기 마당이 넓어서 연습장으로도 쓸 수 있고 건물도 많은데 다 사용할

수 있어요.

최: 감사장님께서는 30년 동안 분투하시면서 상회에 오게 되셨는데 상회에서 수확한 것들 중에 제일 가치 있는 것은 무엇이라고 생각하세요? 돈은 아니실 테고 개인적으로 느끼는 가치요.

C: 저희는 돈이 필요 없어요. 제일 큰 수확은 인맥이에요. 인맥이 있으면 기업은 발전해요. 먼저 일을 하고 나중에 인간이 되는 것인데 인맥이 있으면 시장이 커져요. 과거에는 성장省长이나 부성장副省长을 만날 기회가 저희 민영기업에게는 아주 적었어요. 저번에 WS가 부재중이라 제가 대신 저희 상회를 대표하여 길림성 상회 회장회의吉林省商会会长会에 참석했어요. 회장들만 참가하기 때문에 모두 최고 책임자들이었고 저만 부회장이었어요. 부성장과 만나 교류한다는 것은 돈을 얼마를 들여도 할 수 없는 거잖아요. 당시에 성장은 길림성의 좋은 점들만 늘어놓으셨는데 저는 솔직한 편이라서 마음이 조급해졌어요. 저는 "성장님께 어려운 문제를 하나 내드리죠. 저는 택시를 탄 적이 없다가 하루는 택시를 타게 되었어요. 한 시간을 잡았지만 잡지를 못해서 결국 버스를 타야만 했어요. 장애인들을 돌보기가 어렵고 택시를 잡기가 어려워요. 성장님께서 목표를 설정하시고 승인해주시는 것이 어떠신가요? 즉 100대의 택시로 장애인이 사장이 되는 장애인 택시회사를 만드는 것은 어떻게 생각하세요?"라고 했더니 그분께서 "C사장님, 진짜 어려운 문제를 내셨군요. 방금 말씀하신 건 정말 좋은 말씀이에요. 장애인들은 문을 나서기가 더욱 어렵겠죠"라고 하셨어요. 저는 이어 "저희가 애심택시회사를 설립해서 한 달에 2, 3일 정도 무료로 운전하게 해요. 장애인이 차를 운전할 줄 몰라도 상관없어요. 그들한테 차가 있으면 그들이 차를 갖고 운전기사를 쓰면 되고 그들은 집에서 사장을 하면 돼요. 제가 알아봤는데 정상적으로 기사들은 하루에 240위안을 택시회사에 납부하는데 그 돈을 (택시회사가 아니라) 장애인들한테 주면 그들이 돈을 벌게 되는 게 아닐까요?"라고 했더니 이에 대해 3개월 후에 대답해 주겠다고 하면서 아직은 대답하기 어렵다고 하더군요. 이 일은 장춘시와 협의해야 한다면서요. 만약 이게 가능하면 택시회사를 늘릴 때 제일 먼저 저희의 장애인들을 생각하게 될 거예요. 만약 상회에 가입하지 않았더라면 이런 힘이 없었을 거예요. 이 세계에서는 높이 설수록 멀리 볼 수 있는 것 같아요.

당대 중국 민간조직의 단면: 길림성 동향상회 구술집

최 : 그리고 감사장님의 뜻을 집정자들에게 반영할 수 있는 기회도 되겠군요.

C : 나중에 비서도 얘기하길 어려움이 많다고 하더군요. 저는 그에게 어려움이 있으면 해결해야지 어렵다고 안 하면 안 된다고 했어요. 지금 장춘에 200만 정도의 인구가 있는데 나중에 400만으로 증가하면 이 택시회사들만으로 가능할까요? 도시는 발전하고 인구는 증가해요. 2시간 동안 택시도 못 잡는다면 (말이) 안 되죠. 도시가 발전되지 않았는데 외부에서 투자자들이 와서 투자를 하겠어요? 그분도 이런 문제들은 처리해야 한다면서 검토가 필요하다고 하더군요.

C : 장애인에게 발언권이 필요한 것이지 관료가 되겠다는 건 아니에요. 저희 상회는 참여권도 발언권도 없어요. 저희 상회도 정치협상회의에 참여하고 싶지만 발언권이 없어요. 그분은 이 일은 통일전선부에서 관리한다면서 길림정치협상회의에 참여할 수 있도록 한 상회에 2명의 인원을 배정하도록 조정할 것이라고 했어요.

최 : 사실 하나 더 있어요. 상회는 모두 민간 기업가들로 구성되어 있는데 상회를 통해서 참정 의정을 할 수 있어요. 예전에는 없었지만 지금은 상회를 통과시켰어요. 국가도 (상회를) 중시하기 시작했어요.

C : 그렇기 때문에 현재의 민간조직은 과거의 향진기업국乡镇企业局과는 달라요. 상회에는 동향인들의 열정, 친숙, 단결이 있어요. 향진기업국은 행정만 하죠.

5. 동향 / 동업조직과의 관계

동향인과의 관계

최 : (동향)상회는 지연적으로 하남호적의 동향인들이 모여서 관계를 구축한 것이죠. 해방 전에도 많은 동향회가 있었는데 현대의 기업들이 발전하여 만들어진 동향회와 비교할 때 어떤 차이가 있다고 생각하세요?

C : 저는 상회가 동향회보다 더 큰 의미가 있다고 봐요. 상회는 정부와도 연계될 수 있어서 난제가 생기면 직접 정부에 보고할 수 있지만 동향회는

정만 있죠. 상회를 중시해야 한다고 보는데 상회의 (기능)과 정이 모두 있기 때문이에요.

최: 한편으로는 정이 있고 다른 한편으로는 시장이나 정부와 교류하고 사회를 위해 공헌을 한다는 거죠.

C: 상회는 방치된 자원과 유효자원을 결합시켜 준다고 생각하는데 이는 최대의 장점이에요. 예를 들어 ZD는 쌍양双阳에 2만무亩의 땅이 있었는데 100여만 위안을 공장에 투입했다가 가동도 못하고 버렸어요. 만약 상회에서 그곳을 하남인을 위한 정원으로 만들어 주었다면 저희는 주말마다 아내와 아이들을 데리고 가서 지내면서 채소를 심고 닭과 오리를 키우다가 떠날 때는 채소들도 갖고 올 수 있었을 거예요. 이렇게 되면 ZD의 일도 해결되고 저희 일도 해결되었을 거예요. 이런 것이 바로 자원결합资源整合이죠. 만약 상회에 가입하지 않는다면 팔려고 해도 팔기 쉽지 않을 거예요.

최: 여기 회원들끼리도 서로 돕는다는 거죠.

C: 맞아요. 성실과 믿음으로 일을 할 수 있는 거죠. (그러니) 의미가 대단하다고 생각해요.

최: 그날 실버산업단지를 조성할 것을 말씀하시던데요?

C: 맞아요. 여기서 할 것이냐고 묻기에 ZD의 땅에서 할 거라고 했어요. 2만무亩의 땅에 실버산업단지老年产业园를 건설하자고 했어요. 저는 ZD와도 얘기했어요. 그 곳은 신가촌信家村인데 쌍양에 있는 농촌지역이에요. 그래서 신가촌의 서기와도 얘기했어요. 신가촌에 문화원이 있는지를 묻고, 없다면 저희 하남상회에서 실버산업단지를 건설해서 문화원을 만들어 마을사람을 위해 서비스하고 노인을 위해 서비스 할 거라고 했어요. 양쪽에 모두 좋을 거예요.

최: 당시 감사장님이 이에 대해 말씀하실 때 (사실) 더 많은 얘기 나누고 싶었어요. 이 산업단지가 어떻게 설계되는지에 대해서요. 일정한 나이가 된 직원들을 대상으로 하시는 건지 아니면 외부의 어떤 사람들을 (대상으로) 하실 건지, 그리고 임차 방식인지 아니면 다른 어떤 형식인지도요.

C: 저는 이렇게 상상해 봐요. 정식방안은 아직 안 나왔지만 저희 하남상회의 기업들이 매년 이를테면 10개 기업들이 각각 사합원四合院을 하나씩 짓는다면 거기서 기업인들이 요양할 수 있고 더 이상 굳이 밖에 보내서 요양할 필요가 없게 돼요. 한 평생을 기업에서 일하고 은퇴하게 되면 거

기 가서 요양할 수 있는 거죠. 두세 달만 있다가 돌아간다고 해도 기분이 아주 좋을 거예요. 노인들이 잘 안착하는 것을 밑에 있는 젊은이들이 보면 (우리) 사장님은 (우리가) 은퇴한 후에도 아주 잘 보살펴 줄 거라고 생각할 거예요.

최 : 맞아요. 일종의 기업문화죠.

C : 저는 이런 생각인데 역설적으로 (만일) 기업에 (들어올) 노인이 없다면 사회에서도 들어오게 하는 거예요. 돈을 내면 되잖아요.

최 : 맞아요. 건설하고 운영을 잘해내기만 하면 문제없어요.

C : 뭐든 자기가 심은 거라 친환경적어서 안전해요. 닭이나 오리를 키우는 것도 친환경적이죠. 주말에는 아내와 아이들을 데리고 가는데, 이는 노인들을 위문하는 것일 뿐 아니라 신선한 채소들을 얻을 수 있어 자신의 건강도 챙길 수 있어요. 저는 ZD와 산업단지에 투자해 박 종류를 심거나 딸기농장을 만들고 나머지 사합원을 짓는 일은 기업이 나눠서 하면 된다고 말했어요.

최 : 맞아요. 이렇게 함으로써 서로 돕고 윈윈하는 상회를 구현하는 거죠.

C : 그때 가서 하남상회 실버산업단지河南商会老年产业园라고 (이름을) 내걸고 하남상회의 명성을 높여야죠. 저희 모두 하남 호적의 사람들이니까요. 다른 사건이 하나 더 있는데, 저의 운전기사 한명이 장애인이 되어 버렸어요. 정주郑州 사람으로 2012년에 차사고가 났는데 지금이 2014년이니까 2년이 지났네요. 그는 부대에서 군인으로 있다가 장춘시가 저에게 추천해 주었어요. 그의 아버지가 견의용위가정见义勇为家庭을 수여하였기 때문에 저한테 배치가 되었던 거였어요. 이 청년이 참 괜찮아서 제가 특별히 좋아했어요. 그가 계속 차를 운전하고 싶어 해서 저한테 차를 몰고 집에 가도 되냐고 묻곤 했죠. 그래서 사고 내지 말고 운전하라고도 했어요. 그런데 한번은 저한테 허락도 받지 않고 허락받았다고 거짓말을 하고는 차를 운전해 나갔어요. 승합차를 몰다 나무와 충돌해서 척추가 망가졌고 아직까지도 마비되어 있어요. 이제는 2년이 넘었고 그한테 들인 돈만 100만 위안이 넘어요. 저희가 원래 장애인을 돕고 있는데 하물며 자신의 운전기사에게 장애가 생겼으니 더 말할 나위가 없죠. 그가 (허락도 없이) 차를 운전해 갔지만 저희도 책임이 있으니 돌봐야죠. 자세하게 얘기는 안했지만 나중에 실버산업타운이 생기면 애심원爱心大院을 세워

서 이 운전기사를 포함해 몇몇 일자리가 없는 사람들까지 노인들과 함께 로봇산업을 하고자 해요. 로봇을 조작하는 데는 문제가 없고 그들한테도 할 일이 생기는 거죠. 한번은 장애인들을 학교에 모셔다가 자신이 직접 겪은 경험과 어떻게 자강자립 해야 할지를 아이들한테 들려주었더니, 그 아이들이 이제는 햄버거도 먹지 않겠다고 하더군요.

최: 중학교에 가셨어요? 초등학교에 가셨어요?

C: 초등학교 6학년이요.

6. 동향문화와 지역 정체성

최: 하남상회의 다음단계에서 실제로 이사장, 감사장, 비서장이 그 핵심인데, 사장님은 상회에 대해 어떤 생각과 기대를 갖고 계세요? 감사장님께서는 미래의 상회에 대해 더 높은 이상이나 목표를 갖고 계신지요?

C: 첫째로는 이번 대표대회를 통해서 저희 하남인을 널리 홍보하고 저희 하남인의 이미지를 수립해야 한다고 생각해요. 왜냐하면 전에는 이름이 나거나 이런저런 이유로 그럴 필요가 없었지만 지금은 힘써서 홍보해야 해요. 비서장님이 말씀하셨듯이 외부에는 많은 사람들이 하남상회를 사칭하고 다니는데 좋은 일이기도 해요. 하남인이 실력이 있고 하남인이 괜찮아야 사칭도 하는 거죠. 이것은 소프트웨어 부분이에요. 하드웨어 부분에서는 반드시 빠른 시일 내로 하남상회를 준비하고 건설해야 해요. 그러면 1층이나 2층까지 하남의 토산물을 진열해서 사람들을 불러올 수 있을 거예요. 그리고 하남의 영도자들이 여기에 오면 제일 먼저 하남빌딩에 들리게 하는 거예요. 그러면 저희 하남빌딩은 하남상회의 사무장소일뿐만 아니라 하남의 창구 역할을 해서 하남인의 문화를 널리 전파하고 하남의 장점을 널리 전파할 수 있어요. 하남의 천목산약天目山药, 녹말가루국수绿豆粉皮 등은 동북인들이 먹어보지 못한 거예요. 저희는 순녹두로 만드는데 저희 집에서 먹는 것도 모두 하남에서 보내온 거예요. 하남에는 좋은 것들이 많은데 빌딩의 특산 코너에 모두 진열할 수 있어요.

하나는 이론적인 홍보이고 다른 하나는 하남빌딩을 짓는 거예요. 저란 사람은 성격이 안 좋은데 예를 하나 보여 드리죠. 1990몇 년도에 장춘의 한 민가에서 불이 났어요. 현장에서 불을 진압한 사람은 하남사람이었고 그는 여기에 와서 구두수선을 하고 있었어요. (제가) 왜 동북인들을 안 좋다고 얘기 하느냐 하면요, 그가 불을 끄다 화상을 입게 되었는데 아무리 돌아다녀 봐도 누구 하나 의료비를 책임져주지 않았어요. 당시 저는 보도를 보고 화가 치밀었어요. 하남인이 뭘 어쨌기에 불을 꺼줘도 아무도 관심을 갖지 않는 것인지 이해할 수가 없었어요. 저는 저희 사무실주임한테 얘기해서 가서 의료비를 물어주고 오라고 했어요. 저란 사람은 불의를 못 참는 성격이에요. 저희 하남인이 구두수선을 하면서 지내는 게 어디 쉬운 일인가요. 돈이 어디 있었겠어요. 안 그래요? 불을 꺼줬는데 약값도 내주지 않다니요. 나중에 그의 배우자와 아이가 저한테 인사하러 사무실까지 찾아 왔었어요. 저는 이 일로 하남인이 다 나쁜 것도 아니고 동북인이 다 좋은 것도 아니라는 생각이 들었어요.

최 : 사람들이 일종의 여론을 형성해서 일을 크게 만들어 놓는 현상이 있어요.

C : 재작년에 신강에서 길림성 장애인연합회가 조직한 신강 원조매칭미팅援疆对接会에 참가했어요. 전국의 장애인연합회가 모두 갔고 길림성 장애인연합회도 참석했죠. 저희 기업도 초대되었는데 기업은 전국에서 저희 한 곳뿐이었어요. 현지의 신강인들은 하남인들에 대해 특별히 감사해했죠. 어느 해인가 신강에 폭동이 일어났는데 군인으로도 진압을 못했어요. 하는 수 없이 저희 하남상회에서 어릴 때부터 무술을 배운 무술에 능한 사람들을 조직해 보냈어요. 그랬더니 가서 폭동을 진압한 거예요. 이후 정부에서는 하남인을 다시 보게 되었고 하남인을 용감하고 불의를 보고 그냥 넘어가지 않는 사람으로 생각하게 되었어요. (그런데) 진압과정 중에 과하게 때려서 몇 명이 사망했어요. 정부도 어쩔 수 없어서 상징적으로 몇 명에게 죄를 선고했지만 사형은 내리지 않았어요. 이 일은 신강에서 영향력이 커서 하남인에 대한 이미지를 단번에 높여 놓았고 하남인이 인정받게 되는 계기가 되었어요.

최 : 이런 것이야말로 사회에 대한 공헌이죠. 실제로 장애인이나 약자를 돕는 것은 단순히 돈을 기부하는 것이 아니라 일을 할 수 있게 해서 그들한테 신실함을 세워주는 거예요. C감사장님께서 이렇게 하시는 것도 상회를 널리 전파하고 인정받는 과정인 셈이죠.

II-11. 길림성 하남상회 비서장 HZQ 인터뷰(1)

인물 : HZQ, 최월금崔月琴[최], 장관張冠[관]
일시 : 2013년 11월 6일
장소 : 하남상회 사무실

1. 개인정보

기본정보

1965년 입대해서 1989년 전업, 경제협력국 부처장 역임.

상회의 가입계기 / 상회에 대한 인식

관: 그럼 하남상회는 언제 가입하셨나요?

H : 상회는 2009년부터 준비해서 2011년에 등록했어요. 저는 5월에 퇴직했는데 (실제로) 3월부터 상회에 관여했어요. 상회가 창립된 이후 두 지역 정부의 관심과 지지, 그리고 회장님의 동솔 하에 상당한 성과가 있었어요.

2. 상회의 조직관리

상회의 선거 회비 및 경비관리

H : 2012년 저희는 민정부에 등록되었는데 민정부로부터 5A급 상회로 인정받아 작년의 '15개의 아름다운 상회十五佳商会'가 되었어요.

관: 이 호칭은 (수가) 아주 적죠. 길림성의 5A급은 몇 곳뿐이죠.

H : 세 곳이 있는데 저희가 세 번째로 선정되었어요. 저희와 광동, 천유상회 죠. 작년에 저희는 또 길림성 투자유치걸출공헌단위 및 선진단위吉林省招 商引资突出贡献单位、先进单位로 선정되었는데 총 6곳이 선정되었고 올해 4 월에 시상도 했어요. (저희) 상회는 지명도에서 괜찮은 편이에요. 회장 의 지명도가 높고 명예가 높기 때문이죠. 장춘시 노동모범长春市劳动模范, 장춘시 모범공산당원长春市模范共产党员, 길림성 노동모범吉林省劳动模范, 길림성 인대대표吉林省人大代表, 전국 5·1상장획득자全国五一奖章获得者, 전 국 노동모범全国劳动模范 등등이죠. 올해도 전국 도덕모범추천상全国道德模 范提名奖을 받았는데 시진핑习近平주석도 접견했어요. 각종 명예들을 조 사해봤더니 30여 개로 거의 40개에 가까웠어요.

관 : 그럼 비서장님은 제1대 비서장이시죠?

H : 네.

관 : 이사장, 비서장 모두 제1대셨나요? 모두 기수교체를 안 하신 거죠?

H : 맞아요. 모두요. 내년에 기수교체를 해요.

관 : 장정章程에는 어떻게 규정되어 있나요?

H : 3년마다 교체하도록 되어 있어요.

관 : 지금 회원은 얼마나 되나요?

H : 회원은 백 몇 곳 인데 통계로는 107곳이에요. 최근에 가입한 곳도 있는 데 아직 상세한 통계는 나오지 않았어요.

관 : 처음 창립 당시에는 몇 곳이나 되었어요?

H : 처음 창립 때에는 67곳이 신청했어요. 실제로 회비를 납부한 곳은 40곳 이 안 되었는데 신청만 하고 회비는 납부하지 않았어요. 그리고 당시 저 희도 회비를 거두는데 신경을 별로 쓰지 않았어요. 첫해에 회장이 30만 위안, 상무는 10만, 부회장은 5만, 상무이사는 1만, 일반 회원은 2천 위 안을 납입했는데, 내면 받고 안내면 말고 그랬어요. 하지만 회의나 활동 에는 다들 참석하게 했어요. 지금은 107곳으로 발전했고 최근에는 2곳 이 더 가입했어요. 저희는 부동산, 음식, 건축기기, 의료기기, 서비스 업 종 등 많은 업종들을 섭렵했는데 20여 업종이나 될 정도로 잘 발전했어 요. 저희의 최대 장점은 단결이에요. 여러 가지 구체적인 것들이 있는데 하나는 당직제도를 실시하는 거예요. 한 달에 한 번 한 명의 상무부회장 이 당번을 서는데, 일상직무를 수행하거나 일부 활동에 참가하기도 하

고, 교대시간에 그달의 업무를 보고해요. 이때 다음 달의 업무를 안배하고 상회의 발전계획을 세우고 상회에서 해결이 필요한 문제들을 점검하죠. 상회가 창립되면서부터 한 번도 거른 적이 없어요. 이 제도의 좋은 점은 모두들 상회에 관심을 갖고 상회에서 일을 하고, 연말총결산 때에는 한 해 동안의 업무를 비서장이 보고할 수 있고 회장이 해석해 줄 수 있다는 것이에요. 이렇게 되면 상회에서는 각자의 뜻을 모아 공동 관리하는 효과를 볼 수 있어요. 현재 천유상회川渝商会, 산서상회山西商会, 하북상회河北商会 등에서 모두 회장당직제会长值班制를 실시하고 있어요.

관: 이것은 여기에서 제일 먼저 실시한 건가요?

H: 네, 맞아요. 이것은 하남예상대회河南豫商大会와 길림성 경제협력국에서도 인정하고 있죠. 일부 기관에서는 적극적으로 저희 당직제 내용을 요청하고 있어요. 이는 겸직제도와 관계있는데 저희 상회는 장정과 목표를 준수하는 것 말고도 제도적으로도 지키려고 하고 있어요. 저희의 목표는 단결하여 발전을 촉진하고 이미지를 수립하고 공헌하는 거예요. 장정에 따라 상회를 꾸려 나간다 해도 중요한 또 하나는 제도를 지켜나가는 것이에요. 당직제도뿐만 아니라 재무제도, 회원회의제도들도 모두 잘 지키고 있어요. 민간조직들은 초기에는 모두 열정적으로 시작하지만 일정 시간이 지난 후, 상회에서 해결해야 할 문제들을 해결하지 못하고 발전해야 할 부분에서 발전하지 못하게 되면 제기되는 문제들에 대해서도 해답을 찾을 방법이 없어요. 당시 모 국장님이 저한테 제도를 완전하게 제정해야 한다고 말씀해 주셨어요. 저희는 회비납부제도까지 포함해서 완전한 제도를 갖추고 있어요. 결속을 다지는 것도 중요하지만 이것 말고도 제도도 반드시 견지해 나가야 해요. 또 하나 중요한 것은 현재 해결해야 할 문제인데 바로 발전이에요. 만약 상회가 발전하지 않으면 그건 예전 상회나 다름없이 돈 내고 밥 먹고 끝나 버리는 식이 되어 버리죠.

상회는 무조건 발전해야 하는데 그중 중요한 것은 프로젝트가 있어야 해요. 프로젝트를 가지고 촉진하고 움직여야 해요. 상회라는 것 자체가 상인들의 플랫폼으로, 상인들은 발전을 해야 하고 이익이 있어야 해요. 정부처럼 없어도 월급을 꼬박꼬박 줄 수 있는 게 아니에요. 프로젝트가 없으면 발전이 없어요. 오늘날 상회의 발전은 (다 그렇고) 전국상회가 마찬가지예요. 10월 12일까지 하면 하남성의 국내외 상회는 100개를 셀 수 있는데, 성 1급은 요녕과 티벳 빼고 다 있고 지역급은 성마다 있고 루마니아, 호주, 미국, 뉴질랜드 등 국내외를 포함하면 꼭 100곳이 돼요. 이들 중 절반은 제대로 작용을 하지 못하고 있고 심지어 하남예상대회河南豫商大会에 회비도 납부하지 않고 활동에 참가도 안하고 단결도 되지 않고 있어요. 이는 현재 시급히 해결해야 할 문제로 개선할 필요가 있어요. 일부 회장들은 심지어 상회의 추상적인 개념도 모르고 있어요.

예를 하나 들어 보죠. 장춘에서 장춘시 하남상회를 설립했는데 회장은 ZJ로 하남 상구河南商丘 사람이었어요. 성립할 당시 제가 얘기를 듣고 반대하자 그가 저를 찾아왔어요. 저는 그에게 첫째로 길림성 성 상회가 있고 둘째로 그가 이쪽의 사람들과도 잘 알지 못하니 함께 참가하면 된다고 했어요. 하지만 그가 분열해 나갈 것이고 따로 우두머리가 될 것이라는 사실은 언급하지 않았어요. 나중에 그는 자기네끼리 창설할 것이고 자기가 조건이 조금 좋으니 우두머리가 될 거라고 했어요. 결국 저희는 (이 문제로) 하남성예상대회에 문의하게 되었죠. 회장은 CYC주석이었는데 그는 원래 하남성 제9기 정치협상회의政协 부주석이었어요.

그분은 (상회는) 민간조직이니 이미 창설된 것은 인정해 주어야 하기 때문에 장춘시에서 허락하면 창설할 수 있도록 해야 한다고 하셨어요. 그 후 한번은 장춘시 상공업자연합회에서 식사도중 ZJ에게 왜 상회를 설립했냐고 물었더니 그도 잘 모르겠다면서 H형님한테 물어보라고 하더군요. 이런 상황들이 꽤 많아요. 결국 그는 1년 넘게 겸직을 하다가 병을 이유로 상회를 XQW란 사람한테 넘기려고 했는데 10만 위안을 내놓으면 넘겨준다는 조건이었어요. 장사처럼 말이죠. 정상적으로 한다면 민주선거를 통해서 본인이 신청하거나 누군가가 추천하고 선거를 거쳐야 해요. 전에 하남에서 100곳 상회에 대한 이해와 조사연구를 진행한 적이 있어요. 저희 상회에도 왔었는데 그에 대해서 알고자 했지만 아무것도 알아내지 못했어요. (그가) 2년 동안 아무것도 한 것이 없고 어떤 업무도 추진한 적이 없으니 저더러 오지 말라고 하더군요.

(또 한 번은) C주석이 지명해서 10개 상회를 조사했는데 그중 하나가 우리였어요. 하남대학河南大学의 SXL교수님이 왔다 가셨는데 상회들 중 아주 많은 상회들이 아무런 역할도 하지 못했어요. 이러한 상황에서 어떻게 해야 할까요? 눈에 콩깍지가 벗겨지는 것과 똑같은 상황인데 많은

곳들에서 역할들을 제대로 하지 못했고 단결도 없고 발전도 없다보니 두 번째 해에는 회비를 걷는 것조차 힘들어졌어요. 창립된 지 1년 후 저는 이게 문제라고 느끼게 되어서 적극적으로 프로젝트를 찾았어요. 그리고 상무회의에서 이 문제를 제기했고 일련의 작업을 거쳐 길림성 구태시九 台市 공항신도시空港新城와 협약을 맺었고 길림성 하남상회 공업단지를 건설하기로 했어요. 80만㎡의 땅에 7개의 기업이 들어가기로 했고 20여 억 위안을 투자하기로 했어요. 저는 지금 여기에 필요한 자료들을 준비하는 중인데 정부 쪽에서는 10일에 회의를 하자고 하네요. 저희가 원하는 만큼 정부 쪽에서 땅을 줄 수 있는지 어떤지, 그리고 들어갈 수 있는 시기 등에 관해서죠. 이런 프로젝트를 통해 회원들은 상회라는 플랫폼은 기능이 있고 희망과 능력이 있다고 느끼게 될 거예요.

관: 그럼 경비는 상회가 내나요, 아니면...

H: 이건 좀 어려운 문제이긴 한데요. 저희가 십여 만 위안을 썼는데 개별회원들은 생각들이 다른 것 같아요. 회비는 당연히 회원들한테 사용되어야지 투자유치에 사용되면 안 된다는 거예요. 경제협력국에서는 프로젝트가 있는 회사들이 한곳에 모이면 안심을 못해서 일부를 막을 수도 있대요. 작년에 저희는 선진단위先進單位 상여금으로 3만 위안을 받았지만 이건 비교조차 안 되는 거죠.

관: 선진단위라고 하면 5A인가요?

H: 아니요. 투자유치걸출공헌상이요.

관: 경제협력국에서 준 거예요?

H: 네. 어제 저희가 농담으로 장려금이 제대로 왔다고 했어요. 투자유치상도 상여금이 있는데 장춘시에서 실행하지 않았어요. 정부는 별로 신용을 지키지 않아요. 저희만 권익보호를 하고 있고, 투자유치나 어떤 부분에서는 정부와 상당히 긴밀하게 연결되어 있어요. 지금 상회가 직면하고 있는 문제는 회장과 회원 사이에 갈등이 생길 경우, 즉 의견이 불일치할 경우 어떻게 해야 할지예요.

관: 누가 (나서서) 조정하나요?

H: 정부는 조정도 하지 않고 조정할 용기도 없어요. 예를 들어 절강상회浙 江商会같은 경우, 잘 아실 텐데요. 작년에 기수교체를 해야 했는데 아직도 못하고 있어요. 지난번에 L회장을 만났어요. 술을 많이 마신 상황이

었는데 몇몇 비서장이 무슨 일을 이렇게 했냐면서 기수도 못 바꾸고 오히려 자기 형제인 Y비서장을 내려앉게 했다면서 그에게 따지더군요. 민정국이나 경제협력국에서도 모두 갔었지만 해결을 못했어요.

관: 그럼 나중에 해결을...?

H: 네 나중에 해결해야죠. 이 비서장은 희생양이어서 교류가 잘되면 모든 게 잘되지만 교류가 안 되면 조정을 못한다고 지적받죠. 모든 상회들에 이런 문제가 있어요. 회장과 회원들도 파를 가르죠. 복건은 4개 파로 갈렸는데 길림성 복건상회, 장춘시 복건상회, 장춘시 복주상회, 길림성 융자融资복건상회 등이에요. 요즘엔 또 길림성 민대闽台상회를 창설하려 하는데 LJG가 300여 곳을 빼온 거죠. 이런 경우 누가 어떻게 협상해야 하나요? 그리고 회장과 회원이 불일치할 경우 누가 협상을 해야 하는 거죠? 이게 문제예요. 현재 회원들이 잘 모르는 것은 상회가 그들에게 조건들을 제시해주고 문제를 해결해줄 것이라 생각해요. 사실 그렇지 않아요. 마땅히 모든 회원들이 상회에 무언가를 해주어야죠. 상회는 하나의 플랫폼이기 때문에 이 플랫폼에서 어떻게 자신을 발전해나가느냐가 중요해요. 실제로 회원들은 모두를 위한 종업원이지 향수나 누리는 사람들은 아닌 거예요. 회원들은 저한테 이 상회에 가입하면 자신에게 어떤 점이 좋은지, 회장이 자기에게 무슨 역할을 할 수 있는지 많이 물어요. 하지만 회장도 (자기) 회사가 있기 때문에 (회원 간에) 가교역할만 하는 것도 대단한 거예요. 회장은 통찰력을 갖는 역할을 하는 거죠. 하지만 이러한 모순은 상회마다 있어요.

관: 저희 학자들도 노력해서 낙후한 동북지역을 더 좋게 변화시키려 해요. 상회의 회장과 회원 간의 모순에 대한 조정을 정부도 관할하지 않으니 누가 하겠어요. 회장과 비서장의 역할이 중요할 수밖에요. 상회의 일상운영에는 비서장이 핵심이죠. 그렇기 때문에 상회가 5A급 상회를 획득하기까지 H비서장님이야말로 특등 공신이에요.

H: 요 몇 년 사이에 저도 상회에 대해 느낀 게 많아요. 하나는 개념이 명확해야 된다는 것이에요. 상회가 무엇을 하는지를 알고 그것을 정확하게 해내야 해요. 장정도 명확해야 하고 취지도 실제에 부합해야 하죠. 둘째로는 목표가 명확해야 한다는 거죠. 상회가 어디로 가야할지를 알아야 하고 단기계획, 중기계획, 장기계획을 세워야 해요. 그리고 제도가 완전

해야 하고 조치에도 힘이 있어야 해요. 중요한 것이 하나 더 있는데 정감이에요. 중국인은 말을 잘하고 능력 있고 논리적인 영도에 대해서는 인정을 해요. 이런 사람은 능력 있는 영도자에요. 다른 하나는 정감 있는 영도인데 능력은 탁월하지 않더라도 정감이 있고 사람들을 잘 대해주는 사람이 있어요. 제일 능력 있는 사람은 정감과 능력이 있는 사람이지만 어려운거죠. 비서장 같은 직위는 사나이는 하기 싫어하고 게으른 사람은 하지 못하는 일이에요. 소처럼 일하고 강아지처럼 꼬리 흔드는 역할을 해야 하고 거북이처럼 화를 견뎌야 해요. 비서장은 조정뿐만 아니라 헌신정신도 있어야 해요. 어떤 비서장은 회장에게만 응대하고 회원들에게는 그저 그렇게 대하죠. 저희 상회는 부회장급 이상의 상층 영도들한테서는 회비를 받지만 회원들은 오면 오고 안 오면 그만이에요. 작년에 일반 회원한테서 600위안을 받았고 올해는 1,000위안을 받았어요. 그런데 올해 상무부회장은 50,000을 냈어요. 차이가 얼마나 나는지 한번 보세요.

비서장 직무와 회장 신분

관: 상회에서 상무부회장은 몇 명이나 되어야 하는지 규정이 있나요?

H : 같은 고향사람이라 해도 등록자금과 실제운용자금이 다르기 때문에 그의 능력에 대해서 알 수는 없어요. 그래서 상회는 납부하는 돈에 의거해요. 하지만 회장을 포함해서 기업가들은 많아요. 상무부회장 직위에 대해 (무슨) 시스템이나 프로그램이 있는 것도 아니고 개인들은 규정도 따르지 않기 때문에 비서장은 그들의 말에 따를 수밖에 없어요. 비서장이 나서서 조정하는 것도 쉬운 일이 아니에요. 그가 상식에 부합되지 않는 걸 알면서도 처리해야 하는 일도 있기 때문에 조정이 중요한 거예요. 하지만 제 생각에는 비서장의 역할도 바뀌어야 한다고 생각해요. 직위가 얼마나 높은지 능력이 얼마나 강한지 얼마나 노련한지와 상관없이 상회를 위해 일하는 것만이 목표가 되어야 한다고 생각해요. 두 번째는 사람들이 임시적으로 연구하는 것도 에누리 없이 집행할 수 있어야 해요. 만약 할 수 없다면 이것을 보고해야지 자기 마음대로 해서는 안 돼요. 예전에 사무실에 부대대장副團職간부를 하셨던 분이 부주임으로 오셨는데

저한테 와서 H형은 안 되겠다고 하면서 그들은 회의도 안하고 연구도 안한다는 거예요. 저는 그러러 당신이 따라가야지 저한테 고집부릴 것 없다고 했죠. 나중에 저와 한동안 휴식기간을 가졌죠, 긴 휴식을 가졌어요. 일반적으로 이러면 안 되는 거죠. 그리고 원래 정청급正厅级 간부였던 호남상회의 SXX가 컵을 던지는 것도 봤어요. 그래서야 되겠어요? 또 하나는 오만한 태도를 버려야 해요. 제가 대회에서 이렇게 말했어요. "저 HZQ는 남들보다 뛰어난 점도 없고 존경할만한 구석도 없지만 회의 석상에서 회장으로서 중간에 앉는 것 말고도 기타 식사할 때도 저는 중간에 앉아요. 제가 능력이 있어서가 아니라 상회가 저한테 제공한 것이죠." 이런 무대가 없으면 제가 어디 가서 능력을 펼치겠어요. 이 모든 것은 상회가 제공한 플랫폼 덕분이고 하남인들이 인정해 준거죠. 그래서 저는 저희 하남인들의 대통신원이라고 생각해요. 대외적으로는 종업원이고 아래에서는 통신원이에요. 제가 이렇게 말할 때 S교수님은 메모까지 하셨어요.

관 : 회장님의 공식적인 직위는 무엇인가요? 인민대표대회 대표人大代表이신가요? 정치협상위원회 위원政协委员이신가요?

H : 그는 길림성 인민대표대회 대표이시고, XX회사 회장님이시고 장춘시 상공업자 연합회 부주석이세요.

관 : 언제 인민대표대회 대표가 되셨나요?

H : 올해요. 원래는 장춘시 대표였는데 올해는 성 대표가 되셨어요. 2011년에는 전국노동모범, 5.1상장획득자에요. 올해는 전국도덕모범추천상을 받으셨어요. 시진핑 주석을 접대하고 나서 WLL서기도 접대하셨어요. 옥수玉树, 문천汶川, 야안雅安 등 지진재해 지구에도 길림성 농민공을 대표해서 직접 가셨어요. 특히 올해에는 15일 동안 가 계셨는데 길림대학 대학원에 다니고 있는 두 아들도 같이 가서 감동을 주었죠. 길림성 쪽에서 보도까지 했어요. CCTV4채널 조문천하朝闻天下에서도 보도되었고요. 회장님이 길림성에서 하시는 사업이 크지는 않지만 그분은 모험의식이 강해요. 요 몇 년 사이에 하신 자선사업은 700여만 위안 (규모)나 돼요.

관 : 그분의 회사에서만요?

H : 네. 그분 기업은 규모가 크지도 않고 이윤도 많지 않아요. (그럼에도 불구하고) 해마다 학교에 가서 35명의 학생을 후원하고 있는데 올해가 7번

째 되는 해에요. 7년 동안 해마다 하시는데 올해에는 저와 JJ도 참가했어요. 그리고 독거노인들도 많이 도와주시고 전역復员转业한 군인들에게도 (직장을) 마련해주셨어요. 공익사업들도 잘하고 계시고요.

관: 상회 간행물을 보니 그에 대한 소개가 있더군요. 5월에 최교수님이 여기에 오셔서 반을 개설하고 강의를 하셨는데, 회의에서 그(회장)가 경험들을 소개하자 상회에서 상회간행물을 가져와서 담당자들에게 나누어 주더군요.

H: 그분은 그런 분이세요. 저는 여기 온 이후부터 쭉 상회에 있었어요.

3. 상회와 정부의 관계

등기과정, 운영 자금 조달

관: 여기에서는 (민간 조직 관리국) 등록만하고 세금은 납부하지 않죠.

H: 그러니까 등록도 세무부분에 가서 할 필요가 없는 거예요.

관: 비서장님은 세무부문에 가서 등록하셨어요?

H: 가서 등기했어요.

관: 그러면 상공등록으로 하는 건가요?

H: YM 이쪽은 등기만 하고 세무부분에 갈 필요가 없어요. 나중에 보니까 세무부문의 규정은 세금을 중복해서 받지 못하도록 되어 있는데 회비는 세후 납부라서 세금을 납부할 필요가 없더군요. 만약 세금 내기 전에 상회에 1,000만 위안을 납부한다면 세금을 내겠지만 세금낸 후에 또 세금을 내면 중복되죠. (그러니까) 제 세금은 받으면 안 되는 거였어요. 나중에 장춘시 지방세무국地稅局국장이 좌담회를 두 번 열었는데 제가 완곡하게 그분께 건의했어요. 하나는 자주 이런 활동을 해달라는 것이었고, 다른 하나는 업무를 잘하는 사람을 추천해서 저희들을 지도해달라는 것이었죠. 예를 들어 상회가 왜 세금을 내지 않는지 제가 근거를 찾았던 것처럼 그런 것들을 지도해주는 거죠. 그때 국장님이 웃으시면서 자기도 그 부분은 몰랐다고 하시더군요.

관: 민간조직에 대한 법률은 정부도 명확하게 잘 알고 있는 것이 아니네요.

H : 사실 저도 정부에 있어 봐서 아는데 정부에서는 앉아서 차나 마시고 참고서 같은 것만 봐도 대우가 좋아요.

당-정부 기관의 관계

관: 기업들도 정부의 관료주의가 심하다고 생각하시나요? 예를 들어 소프트 환경을 포함한 정부부문 말이에요. 저번에 어느 상회에서 말씀하시기를 투자유치가 확정되기 전에는 기업이 할아버지지만 투자유치가 확정되고 나면 손자가 되어버린다고 하던데요.

H : 그런 예들이야 많아요. 전국적으로 존재하는 문제인데 문을 열어 투자를 유치하게 하고 문 닫으면 개 패듯 하죠. 많아요. 근래 2년 동안에 이런 상황들을 계속해서 봐왔어요.

관: 상회는 조금 낫죠?

H : 별로 낫지 않아요. 예를 하나 들어보죠. 저희는 이런 경우는 없었고요, 저는 오히려 자주 그분들한테 권익 보호를 요구하는 편이에요. 작년에 호남상회湖南商会에서 있었던 일인데 호남상회의 한 기업이 이도구二道区 임하가臨河街에서 기계사업을 하고 있었고 공안국公安局에서 그들에게 20만 위안을 주었어요. 이도구는 당시 투자유치를 하고 있었기 때문에 혜택이 많았고 투자를 많이 하지 않아도 들어올 수 있었어요. 들어온 이후 땅값이 오르자 외부에서 투자를 늘리려 했고 공안국에서는 안에 있던 사람들을 밖으로 내쫓기 시작했어요. 예를 들어 질량문제 같은 걸로 시비를 걸었어요. 질량문제는 공안국에서 담당할 사안이 아니었지만 연합하여 집행하니까 담당이 가능해졌죠. 공안국에서는 그 기업을 내쫓고 사람들을 잡아들이자 호남상회의 CQ비서장이 가서, 이것은 공안국의 관할 사안이 아니라고 했더니 공안국에서는 이것은 기술감독국과 연합하여 검사하는 것인데 그들보다 자기들이 먼저 왔을 뿐이라고 하더래요. 비서장은 그들과 이치를 따지거나 논쟁하는 것이 의미 없다고 판단하고 공안청公安厅의 사찰처稽查处에 가서 정황들을 얘기했대요. 그랬더니 사찰처에서 공안국에 전화를 걸자 바로 해결되었대요.

올해 제가 만난 하남인 한명의 상황은 아직도 해결이 안 되었어요. 그는 회원은 아닌데요, 식품회사를 경영했고 덕혜에서 쓰웨이터斯威特에 투자하고 있었어요. 이번에 제가 하남에 가게 되었는데 그의 회사는 하남에서 상당히 유명했고 식품, 라면, 마 등 사업을 하고 있었어요. 투자를 유치할 때 그들이 2억 위안 정도를 투자해서 2006-07년부터 생산을 시작하고 몇 년 되었어요. 올해 장춘에 사건이 터졌잖아요, DD양계장사건 때문에 덕혜에는 28곳의 기업이 정지를 당했는데 그 중에 이 점포가 포함되었어요. 주로 방화시설이 안 되어 있어서 그런 것이었는데 개조를 하려면 천만 위안이 들어야 했어요. 나중에 이 점포도 어쩔 수가 없어서 정부와 타협하기 위해 어느 정도 개조하면 되는지를 정부에서 명확하게 하고 사인을 해주면 개조하겠다고 했어요. 그런데 아무도 확정을 해주지 않아 아직까지도 생산을 못하고 있는 거예요. 벌써 4개월째 생산이 멈춘 거죠. 문제는 여기에 고용된 1,000여명의 노동자들 중 300여명이 장애인이에요. 회사는 6월에 생산이 멈췄고 9월까지 월급을 주다가 그 이후부터는 주지 못했어요. 그러자 장애인들이 정부에 가서 농성을 했고 정부에서는 할 수 없이 사장을 불러서 개조 정도를 제시하고 사인해주겠다고 약속을 했어요. 투자유치기간 당시에는 뭐든 가능하고 들어오기만 하면 생산할 수 있다고 했다가 지금은 또 안 되게 된 거죠.

그래서 말인데요, 일부 정부부문은 무책임해요. 그렇기 때문에 상회에게 회원의 권익을 보호해 주는 것은 아주 중요한 일이에요. 정부마다 직무능력이 변하기도 하지만 어찌됐든 아주 어려워요. 예를 들어 집의 경우 3채 이상은 세금을 내야하고, 140㎡ 이상이면 세금을 내야한다는 보도들을 보면서 실행되기 어려울 것 같다는 생각이 들었어요. 조금 머리가 좋은 사람들은 집이 한 채만 있는 게 아니고 직접적인 이해관계에 걸려 있으면 추진하기 어렵죠. 당내 정책은 모두 맞지만 실행하기 어려워요. 하지만 저는 공산당원을 욕하는 것은 잘못 됐다고 봐요. 공산당이 없으면 어떤 환경일지 누가 알아요. 저는 절대로 생존하지 못했을 거라 봐요. 13억 인구를 여러 정당이 집정하게 되면 길림성은 제일 작은 곳으로 7-8만 인구 가지고 국가를 세워도 문제는 없어요. 하지만 부대를 양성해야 하고 건설도 해야 하고, 만일 부패가 진행된다면 일반 국민들만 불행해져요. 그렇기 때문에 공산당이 좋다고 해야 돼요. 저는 18세에 입당해서 공산당이 좋아요.

관: 상회는 정부의 어느 부문과 관련이 제일 많은가요?

H : 상공세무工商稅务요4).

관: 민정국民政5), 주관기관...

H : 주관기관은 바로 연계기관이에요. 실제로 저희가 교류하는 부문은 상공세무부문이에요. 다른 주요기관은 발전개혁위원회发改委6)인데 프로젝트를 하면 건설위원회와 같은 곳들은 저희가 해결해야 할 부분들이에요. 시정市政에는 프로젝트가 필요한데 정상적으로는 민정부문을 개혁하고 주관부문은 취소해야 해요. 왜냐하면 미래의 발전 방향은 '작은 정부 큰 사회'小政府大社会이기 때문에 주관부문이 필요 없어요. 주관부문에서 관리할 수 있으면 상회 필요 없는 거죠. 하지만 아직 이 문제가 해결되지 않았어요.

관: 올해 국가정책에서 조정할 것이고 (주관부문을) 취소하려고 하고 있어요. 그런데 아래 단계에서 들려오는 소문에 의하면 길림성은 5월부터라고 하더군요. 당시 교육할 때 얘기로는 일부 등록에는 주관부문이 없다고 하더라고요. 그런데 민정 쪽에서 아직 여기에 대해 잘 모르는 상황인데 등록했다가 문제가 생기면 어떻게 하나요?

H : 사실 등록하면 별수 없죠. 이번에 생긴 상해의 자유무역구에서는 3만 위안을 들여 간판만 만들면 등록이 된대요. 회사나 건물 없이 간판만 있으면 된대요. 한번 가서 둘러보려고요.

　　그러니까 정부 주관부문이 무엇을 주관해 주겠어요. 직무 권위도 없고 자금을 지급해주는 것도 아니고 프로젝트를 주는 것도 아니에요. 오히려 실제로는 정부를 위해 서비스하는 거죠. 솔직히 말하면 (정부가) 저희들한테 골칫거리만 안 주면 괜찮은 거죠. 그들은 아무 것도 해결해주지 못해요. 하지만 저는 경제협력부문经合部门, 특별민정부문特別民政部门과 관계가 아주 좋아요. 그들은 기본적으로 저를 지지하고 저도 그들을 지지해요. 요즘 같은 세상에 제가 지지하지 않는데 누가 (우리를) 5A급 상회로 (평가해) 주겠어요. 저희는 공익사업 같은 것을 잘하는 편이에요. 룽

---

4) 공상국과 세무국의 총칭.
5) 민정국의 약칭.
6) 발전개혁위원회의 약칭.

진병원融进医院의 경우 YM이 저희더러 조건이 되면 한번 가보라고 했어
요. 룽진병원은 노혁명가들이 많아요. 그들의 한 달 생활비는 280위안으
로 생활이 어려워요. 저희가 5만 위안과 두유 1톤, 국수 1톤, 쌀 1톤을
기부해 주었어요. 저희 쪽에서 10여명이 갔었는데 그 노혁명가들은 무척
기뻐했고 저희들을 뜨겁게 환영해 주었어요. 또 이공대학理工大学에 백혈
병에 걸린 산동 학생이 있었어요. 저희가 6만 위안을 기부해 주었는데
이 학생은 지금 학교를 잘 다니고 있다고 C원장이 전해 주더군요. C원장
은 그 분교의 교장으로 같이 식사한 적이 있었는데 생명을 살렸다고 (칭
찬)해주셨어요. 그리고 저희가 회의를 하는 중에 녹원구 정치협상회의绿
园区政协의 한 부주석이 백혈병에 걸렸다는 말을 들었어요. 저희가 모두
가서 기부를 했어요. 저희가 공익사업 같은 것은 꽤 잘하고 있어서 민정
부문이나 경제협력국에서도 모두 저희를 인정하고 있죠. 작년에 저희는
전국상협회길림행全国商协会吉林行을 조직하여 광동广东, 심천深圳, 사천四
川, 북경北京, 산서山西, 흑룡강黑龙江, 호주, 루마니아 등에 30여 명을 동
원했어요. 저는 8월 23일에 하남에 가야 해서 거기에 도착해서부터 8월
31일까지 그들과 계속 연락만 주고받았어요. 회의는 1일에 끝났는데 회
의가 끝나기 전에 저는 먼저 돌아왔어요. 돌아온 후 저희 30여 명은 구
태, 훈춘珲春, 연변延边에 갔는데 아직도 일부는 연락을 하면서 지내고 있
어요. 이건 투자유치에도 좋은 거죠.

4. 상회의 기능

관 : 상회 프로젝트는 구태와 상의할 때 상회의 명분으로 협정을 성사시킨 건
가요?

H : 맞아요, 당연히 상회로 하죠. 구태에는 개인과는 상의하지 않는다는 규
정이 있어요. 이 신도시는 길림시와 장춘시의 중간에 있는 것으로 장길
일체화长吉一体化의 첫 걸음이에요. WM이나 SZC도 모두 장길쪽으로 발
전을 주장했었죠. 결국 몇 년의 과정을 거쳐 "프로젝트3"으로 발전했어
요. 길림과 연결할 수 없으니까 이런 계획을 설계한 것인데 바로 두 도

시 중간에 신도시를 건설한다는 거예요. (이곳이) 30만 인구가 될 수 있는 첫 번째 이유는 구태시 옛 석탄구老煤矿区의 8만 명이에요. 집들은 다 지어졌고 내년에 입주하면 8만 명이 한꺼번에 유입돼요. 두 번째는 각종 기업, 상업, 학교를 유치하여 교육센터를 만드는 거예요. 현재 4곳이 들어갔는데 장춘대학长春大学, 중일연합병원中日联谊医院, 예술학교艺术学校, 이공대학의 일부인 과학연구소예요. 어제 오후에 갔었는데 이렇게 하면 기본적으로 연결된다고 들었어요. 작년 6월 7일에 국무원에서 이 신도시의 건설이 비준되었는데, 그들과는 재작년에 계획서를 보고할 때 연락하게 되었어요. 그렇기 때문에 상회는 프로젝트와 연계되어야 해요. 그렇게 하려면 교류가 있어야 하죠. 우선은 교류를 해야 하고 둘째는 교류를 잘 할 수 있어야 한다는 거죠. 상회에 유리하고 정부에도 유리할 수 있도록 교류를 해야 하는 거죠. 저희는 공항空港(개발구)에 들어간 첫 회사예요. 아직까지 공항에서는 저희에 대한 지지도가 높아요. 비록 저희의 실질적인 가치는 크지 않지만 저희를 많이 지지해주고 있어요.

지난 9월 25일 (길림성) 상회에서는 당직회의를 개최했어요. 15곳의 상회에서 번갈아서 당직을 서고 있는데 저희는 두 번째이고 하북상회가 첫 번째예요. 한 곳에서 3달씩 당직을 서고요. 제가 당직을 설 때였는데 (각 상회가) 회장과 비서장을 모시고 오니까 Z주임이 공항 상황을 소개해주었어요. 결과적으로 며칠 전에 호남상회湖南商会회장인 LXP도 저를 통해 프로젝트에 합류했어요. 현재 공항이 호남상회에도 상당한 지지를 보내고 있어요. 저희가 교류하고 있는 프로젝트는 우선 상회에 적합해야 해요. 공항은 신도시인데 자연마을 3개를 이사 가게 하고 건설을 하는 건 그렇게 어렵지 않고 상회에 적합해요.

관 : 투자유치를 위해 큰 공헌을 하시네요. 그럼 하남의 기업만 유치하는 것이 아닌데 심천의 것도 하남의 기업인가요?

H : 아니에요. 저희는 전국적으로, 전 세계적으로 유치하고 있어요. 왜 정부가 민영기업을 지지하겠어요? 상회 하나는 하나의 투자유치국과 같아요. 투자유치국보다 역할이 더 커요. 투자유치국은 100개의 상회와 연락이 닿을 수가 없고 그렇게 많은 정력도, 그렇게 많은 경비도 없죠. 그래서 상회를 지지하는 거예요. 상회가 일을 잘해내면 반향이 크죠. 하나의 연결고리와 다리가 되는 거죠. 그러므로 저희 상회는 길림에 있는 하남의

기업가들을 단결시켜야 해요.

　저희 상회는 길림성정부, 하남성정부, 전국의 각 기업의 영도 및 기업들에게 연락의 역할과 소통의 역할을 해요. 또한 서비스 역할도 하는데 서비스는 아주 중요해요. 이 몇 년 사이 저희들이 하고 있는 서비스들 중 하나는 융자서비스에요. 저희는 중소기업의 발전이 어렵다는 것을 잘 알고 있기 때문에 (이들에게) 중국은행中行, 공상은행工行, 건설은행建行, 민생은행民生银行과 연계를 해줘요. 특히 건설은행과 민생은행에서는 저희도 대출을 받은 적이 있어요. 그들은 (저희에게) 상당한 우대 조건을 제시했는데 저희는 대부분 연대보증 담보대출联保贷款을 해요. 다른 하나는 방문서비스인데 기업의 어려움을 이해하고 어려움을 해결해 주기 위한 목적이죠. 마지막으로 교육서비스에요. 일부 기업가들은 잘 하고 있는데 특히 저희 회장님 같은 경우 창장상학원长江商学院에 등록했어요. 68만 위안을 내고 비행기 타고 왔다 갔다 하시면서 배우고 계시죠. 교육서비스는 아주 중요해요. 기업가들의 이론수준이나 경영관리경험을 향상시키기 때문이에요. 저희는 특히 중층 이상의 간부들을 교육시켜 주고 있어요.

관: 그럼 어떤 강연자들을 모시고 회원 교육을 진행하세요?

H : 첫 번째는 하남예상대회인데 하남정주대학河南郑州大学의 S교수님과 Z교수님께서 두 번을 무료로 교육해 주셨어요. 두 번째는 저희 회장님 회사와 상해애심연맹上海爱心联盟이 연합을 맺었는데 거기에 YZ이라는 분이 교육을 담당하고 계셔요. 그분이 강연할 때 회원들을 불러 참가시키기도 하고, 저희가 조직한 재무회계반을 참가시키기도 해요. 그리고 재무관리 직원들한테는 무료로 하고 있어요. 그들한테 무료로 제공하는 이유는 기업의 회계들을 찾기 어려워 조직할 수가 없기 때문이죠. 사실 기업회계들도 그들이 필요하기 때문에 교육을 통해서 서로 연결할 수가 있었어요. 보세요, 부가가치를 높여야 한다는 걸 모르는 사람들이 많아요. 하지만 마치 돕는 것처럼 해야지 학비를 받으면 사람들을 모으지 못해요. 그분은 교육을 통해서 많은 사람들을 만났는데 최근 2년 동안 600여 명을 교육했어요. 회원회사들에게 상당한 지원과 보조 역할도 해주었어요. 이것이 근래 몇 년 동안 저희가 했던 활동들이에요.

권익 보호문제

관: 회원, 특히 소기업이 권익 보호문제에 부딪히면 (어떻게 하시나요)?

H: 저희가 하고 있는 서비스 중 또 하나는 권익보호 서비스예요. 권익보호 서비스는 근래 2년 동안 4건이 있었는데 모두 해결되었어요. 올해 사건은 비교적 큰 거라서 저희가 변호사를 고용했어요. 저희 상회의 한 기업이 2003년도에 땅을 매입했는데 지금 정부에서 그 땅을 점유하려 해요. 정부에서는 2003년의 계산법에 따라 1,170만 위안밖에 주지 않으려 하는데 반년이 좀 넘은 지금은 2,300만 위안으로 올랐어요. (이 일은) 이미 협의를 보았고 요구가 관철되었어요. 조만간 협약서를 쓸 예정인데 저희가 단번에 500만 위안을 (더)해결해 주었어요.

관: 그 곳은 장춘의 땅인가요?

H: 북경 땅이에요.

관: 저번 회의에서도 비서장님이 이 얘기를 해주셨어요. 주로 변호사를 찾아서 법률적으로 권익을 보호하나요?

H: 상회의 명의로 하기도 해요. 북경상회에 저희가 연락해봤는데 거기에도 두 건이 장춘과 관련된 것이었어요. (그중 하나는 이래요.) 한 전기기계공장이 60만 위안을 전기기계공장 전업电业부문에 쓰도록 해주었어요. 다 쓰고 나서 그들이 60만 위안을 주지 않고 나중에 차로 (대신) 갚았는데 그 차를 길에 몰고 나오자마자 교통경찰에게 압류 당했어요. 불법 차였던 거예요. (그런데) 저희 쪽 사장님은 별 생각 없이 교통경찰이 압류한 쪽지를 아내한테 필요 없다고 말해서 버려버린 거예요. 나중에 변호사를 통해서 가서 확인하고 해결했어요. 60만 위안도 하남상회 변호사고문을 통해서 해결했어요.

　　제일 전형적인 것은 작년의 사건이에요. 하남의 한 동향인이 십삼국十叁局에서 길을 닦았어요. 하지만 대련大连의 시공팀에서 40만 위안이나 되는 비용을 하나도 지불하지 않았어요. (그렇다고) 기초건설 해체작업을 늦출 수는 없었어요. 그들이 그를 업신여긴 건데, 저희가 나선 다음부터는 장부를 나누어서 합의하면 20만 위안을 준다고 했어요. 저희는 40만 위안에서 1원 한 푼도 모자라서는 안 된다고 단호하게 말했죠. 제가 그들 사장한테 전화를 걸어요. 처음에는 받지 않더니 나중에는 연결되었어요. 하남상회라고 밝히자 그는 안 줄 생각은 아니었고 합의해서 절반만 주겠다는 거예요. 저는 저희가 이미 권익 보호를 맡았으니 끝까지 싸울 것이라고 말했어요. 그래서 권익보호 서비스가 아주 중요하고 상회에도 큰 작용을 한다는 거예요.

또 하나는 저희는 회원서비스를 위해서 많은 일을 했어요. 예를 들어 회원 교육을 위해 소프트환경 사무실에서 학습반을 만들었어요. 저희 직원 JJ는 두 기 모두 참석했는데 소프트환경 사무실에서 23명의 수강자들에게 수강증을 발급해 주었어요. 저는 수강증을 발급하면서 특별히 한 가지를 언급했는데, 이 수강증은 다른 사람을 감독하고 정부를 감독하는 것이니 적어도 기업이 업신여김을 당하지 않도록 하는 거라 말했어요. 그리고 이것을 가지고 오만하게 떠벌리지 말라고도 당부했어요. 저희 회원들은 말을 잘 들어요. 예를 들어, 역행하다가 교통경찰에게 걸려 차를 멈춰 세웠을 때 경찰에게 소프트파워사무실로 급하게 회의에 참석하러 가는 중이라고 공손하게 말하면서 수강증을 보여줬더니 교통경찰이 얼른 보내주었다고 하더군요.

또 하나 회원 권익유지의 실례는 MGX란 부회장의 일이에요. 아들이 학교를 갓 졸업하고 자동차 장식사업을 했는데 부속품들이 브랜드가 없는 제품이었지만 꽤 쓸 만한 것 같아서 계속 팔았대요. 장사도 잘 됐다고 하는데 정상적으로는 규정에 어긋나는 일이었어요. 하루는 자동차 조양구 공상朝陽區工商에서 검사를 나와 그의 창고를 덮쳤는데 컴퓨터에 판매기록들이 그대로 남아 있었고, 상당히 많이 팔았기 때문에 죄 값도 커졌어요. 그러자 저한테 연락을 해왔어요. 저는 그가 어디 소속이고 이름이 뭐냐고 물었더니 조금 있다가 직접 전화를 해서 말하기를 자기는 자동차 공장을 하고 있다고 하더군요. 저는 상표가 찍히지 않은 걸 팔았으니 인정할 수밖에 없다고 했더니 그는 자신의 아들이 대학을 갓 졸업하고 할 일이 없어서 그걸 했다고 하더군요. 옆에서 당신은 뭘 했기에 당신의 아들이 이런 일을 하도록 두었냐고 했더니 자기는 하남상회 부회장이고 상회를 위해 일했다고 하더군요. 사실 그는 저한테 일을 해준 적이 없었거든요. 이어 그는 상회 일은 와서 다시 얘기하기로 하고 저더러 처리를 좀 해달라고 하면서 돈도 얼마 안 든다는 것이었어요. 게다가 그의 차량은 자신이 산 것임에도 불구하고 잘 몰라서 그것도 돈을 주고 처리를 해야 했어요. 이 일은 법률규정을 통해 모든 게 해결되었어요. 그래서 회원을 위한 서비스의 첫째는 교육이고 다른 하나는 홍보이고, 마지막 하나는 공상부문과의 교류예요. 세무부문도 포함해서 저희는 그들과도 교류하는데, (한번은) 하남상회가 몇 십만 위안의 세금을 납세하지 않았다고 저한테 말하더라고요. (그래서) 제가 JJ를 보냈더니 이런 일에 영도가 나서지 않고 회계인 JJ를 보냈다는 이유로 깔보더군요. 그래서 제가 갔죠. 갔더니 왜 세금을 안냈느냐고 묻기에 저희가 세금을 낼 이유가 전혀 없다고 했어요. 저희는 민간조직이기 때문에 세금을 낼 필요가 없어요. 규정에 따르면 세금을 내지 않죠. 그는 그런 조항을 본 적이 없다고 해서 제가 찾아주겠다고 했어요. 저희는 서로 상대방을 말로 누르지 않았고 그는 예의를 차려서 말했어요. 나중에 제가 근거자료를 찾았는데 2003년 국무원國務院의 한 문건에 상업협회는 영업기관營業单位이 아니기 때문에 세금을 낼 필요가 없다고 적혀 있었어요.

5. 상회발전에 대한 계획

관 : 그들은 전에도 회원 기업들을 방문하고 그 상황을 파악했던 것 같은데요.

H : 그래서 상회는 발전과 개선이 필요해요. 현재 민간조직 중에서 상회는 잘 운영되고 있는 편이죠. 외국의 상회들은 기술을 감정하여 심사하고 비준할 수도 있어요. 이건 굉장히 대단한 건데 우리나라는 아직 그 정도는 안 되죠.

관 : 길림성이 건립된 지도 얼마 안됐고, 길림성 상회도 가장 먼저 성립된 것이 2006년이기 때문에 역사가 길지 않아요. 그러니 H비서장과 같이 괜찮은 분이 몇 분이나 계시겠어요. 많은 사람들이 열정적으로 시작했지만 발전해나가면서 용두사미가 되어버렸죠.

H : 제가 말씀드리고 싶은 것은 첫째는 이해인데 앞으로 상회의 각도, 이론, 규모, 요구 등 방면에서 교수님들이 연구하시는 것을 이해하는 거예요. 두 번째는 몇 개 비교적 좋은 상회를 찾아 실천하는 것인데 모델이 만들어지면 관련부문에 건의도 해보고 그들한테서 배우기도 하는 거예요. 저

회가 하남**대회에 참가할 당시 15명의 비서장들이 참가했는데 C회장님이 회의에서 네 가지 견지, 네 가지 임무, 네 가지 규정, 세 가지 서비스를 말씀하셨어요. 나중에 모두들 여러 해 동안 이를 고수해서 2003년에 상회를 설립하게 되었어요. 교수님들의 연구과제나 상회건설의 추진에도 도움이 될 거예요.

II-12. 길림성 하남상회 비서장 HZQ 인터뷰(2)

인물 : HZQ, 동운생董运生[동], 장관张冠[관], 동설佟雪[설]
일시 : 2014년 5월 6일
장소 : 하남상회 사무실

1. 상회의 조직관리

간부의 직능

[하남예상대회를 앞두고 있는 상황]

H : 회장은 헌신하고 봉사하는 정신이 있어야 하죠. 올해는 기존 회원들은 회비를 납부하지 않고 신규회원들만 회비를 납부하기로 되어 있는데 저희 회장님은 이틀 전에 35만 위안을 이체해 주셨어요. 회비로 30만 위안, 활동비로 5만 위안을 협찬해 주신거죠. 감사장님도 3만 위안을 협찬해 주셨고 SDY가 2만 위안을 벌어 들였어요. 이렇게 10만 위안이 들어왔죠. 그리고 부회장님이 1만 위안을 이체해 주셨어요. 이렇게 저한테 총 십여 만 위안이 있고 소주, 맥주, 음료, 400여개 기념품 등을 협찬 받았기 때문에 이번 대회가 잘 될 것 같아요. 또 하나는 회장님께서 근래에 연변에 여러 차례 다녀오셨고, 저희는 상무회의를 두 번 열어 프로젝트를 연구했고 일을 추진하기 위해서 여러 팀으로 나누었다는 거예요. 쐉후이프로젝트双汇项目실현팀, 공항 프로젝트空港项目 추진팀, 공주령개발구公主岭开发区 연락팀 등이에요.

동 : 그럼 인사 배치는 어떻게 하실 건가요?

H : 저는 상회 회원들을 팀으로 나누어서 비서실이 책임지고 기획하고 연락을 할 거예요. 비서실이 정부나 관련 부문과 교류할 수 있으면 되는 거예요. 그리고 나서 회장님의 자원을 이용하고 상회의 지명도를 이용해서 연락들을 하는 거죠.

동 : 상회의 사무직원을 늘릴 필요가 있다고 보세요?

H : 필요해요. 하지만 상회의 발전에 따라야죠. 상회가 발전하면 종합사무실, 회원부会员部, 권익보호부维权部 등이 있어야 하고, 필요하면 당지부党支部나 노동조합工会도 있어야죠. 관건은 투자유치부招商引资部와 회원부인데 어떤 회원이 오든지 회원한테 어려움이 생길 경우에 필요하죠.

동 : 현재 일반 회원 회비는 얼마에요?

H : 일반 회원은 적어요. 1년에 2,000위안이에요.

동 : 이 정도 돈은 회원 회사들한테는 별 것 아니죠?

H : 아마 모두 받지는 않았을 거에요. 하지만 이러면 상회로서 관리가 어려워져요. 회비를 받지 않으면 회원을 어떻게 구분해요? 특히 이사 이상은 많이 받아요. 왜냐하면 첫째로 능력을 봐야 하고 두 번째로 헌신봉사를 할 수 있는 지를 봐야 하고 세 번째로 조직의 등급을 나누는 문제이기 때문이죠. 모두 같은 고향 출신인데 누구를 상무 시키고 누구를 부회장 시키고 누구를 이사 시키겠어요. 그건 저희가 제정한 회비의 상황에 따르는 거죠.

동 : 인원 수 제한 없이 돈만 내면 할 수 있나요?

H : 민정부 규정에 따르면 제한이 있어요. 예를 들어 회원이 200명이면 그 인원의 20-30%만이 이사가 되고 이사 중에서 규정된 비례에 따라 상무를 결정해요. 하지만 민간조직들은 상황에 따라 결정하죠. 제가 상회에 가입한 이후 첫 번째 일은 제가 공헌을 할 수 있느냐 하는 것이었고, 두 번째는 저의 지명도를 높이는 것이었어요. 상무부회장으로 일부 모임에 참가해서 저의 지명도를 높이는 거죠. 아니면 여기에 왜 참가하겠어요. 회장이 성시 지도자省市领导들과 접촉이 조금 많은 것 말고는 어딜 가든지 상무부회장이나 집행회장의 호칭을 (듣죠).

동 : 회장 이외에 상무부회장과 상무회장은 성시 지도자들과 접촉이 많나요?

H : 많지 않아요.

동 : 기본적으로 회장님이 상회를 대표하죠?

H : 교류하는 일은 기본적으로 회장님이 가죠. 만약 회장님이 성시省市 내에 계시지 않으면 상무부회장이 가요. 매월 당직을 서는 상무부회장이 있어요. 당직을 서는 이유는, 열 몇 분의 상무부회장이 계신데 일이 생기면 그 중에서 누굴 부르겠어요? 비서실에서 이를 배치할 수도 없는 거고, 다

른 하나는 자신이 바쁘거나 자신한테 불리한 상황에는 다들 나서려고 하지 않기 때문이죠. 하지만 당직을 정하면 참가하기 싫어도 참가해야 해요. 차를 쓰거나 사람이 필요하거나 교류가 필요할 경우 참가해야 되는 거죠. 오늘은 규모가 크지 않아서 괜찮지만 만일 방문자가 많을 경우 회장님이 안계시면 집행회장인 상무부회장이 무조건 현장에 나와야 해요.

동: 회장님은 여기에 상시 출근하지 않으세요?

H : 상시 출근하지 않아요.

동: 광동상회에서는 회장들이 번갈아 상시 출근한다고 하던데요.

H : 그것도 다 저희한테서 배운 거예요. 번갈아 당직을 서는 것이지 상시 출근하는 것은 아니에요.

동: 당직이란 건 이번 달에 일이 생기면 당직자를 찾아 조정하거나 처리를 하고 출근은 안 한다는 거네요.

H : 출근하죠. 예를 들어 오늘처럼 교수님들께서 저희를 인터뷰하러 오시면 당직자도 와야 하고 말씀도 나누고 일정 안배도 해야 하죠. 산동상회山東商会의 오후 활동에도 참석해야 하는 거죠. 그리고 저희가 이번 달에 무슨 업무를 했는지, 어떤 업무가 끝났고 어떤 업무가 아직 진행 중인지, 다음 달에 해야 할 것에 대한 계획, 당직을 서는 기간 동안 숙지한 것을 바탕으로 상회에 대한 의견들을 정리해야 해요. 이렇게 하면 두 가지 문제가 해결되는데 하나는 상회가 모두의 뜻을 모으고 협력하여 공동 관리할 수 있는 것이고, 다른 하나는 상회의 상황을 이해할 수 있게 된다는 거예요. 연말에 비서실에서만 한해의 사업을 보고하게 되면 불리하게 얘기 될 수 있어서 안 돼요. 돈을 어떻게 쓰고 프로젝트를 어떻게 추진했는지에 대해 저희는 매달 비서실과 함께 앉아서 그 기간 동안 손님이 얼마나 왔고 돈을 어떻게 썼으며 프로젝트를 어떻게 추진했는지를 연구해요. 아니면 나중에 사람들이 1년 동안 무엇을 했냐고 묻게 되죠. 저희가 이렇게 매달 회의를 열고 보고를 하면 그런 문제들이 없어져요.

동: 귀 상회 사이트를 제가 검색해 보았는데 (못 찾았어요) 장춘시 하남상회와 사평시四平市 하남상회는 있었는데 귀 상회의 사이트는 어떤지요?

H : 하나 있어요. 전에 한 청년이 길림성 하남성 하남상회 사이트를 등록했어요. 그 사이트는 알파벳 자모를 하나 추가해야만 검색할 수 있어요.

동: 회장의 연임 가능한 기수를 포함해서 회장의 임기에 관한 명문화된 규정

이 있나요?

H : 없어요. 장정章程에 따르는 거죠. 저희 장정에는 3년으로 되어 있는데 5년으로 되어 있는 장정도 있어요.

동 : 국가부문이나 정부관리 부문 쪽에는 규정이 있는지요?

H : 있어요. 하나는 회장, 비서장은 원칙적으로 두 차례 연임할 수 있고 기간은 3-5년이에요. 다른 하나는 특수한 상황에서 보고서를 제출하면 계속 연임할 수 있어요. 예를 들어 이번 기에 모두들 만장일치로 누군가를 회장으로 선출했다고 하면 그는 계속해서 연임할 수 있어요.

동 : 세 번째 기에서도 말이죠?

H : 네 번째 기라도 가능해요. 하지만 보고서를 작성해서 민정청民政厅에 등록해야 해요. 그리고 연령에도 규정이 있는데 원칙적으로 회장의 연령은 70세까지예요. 하지만 신체상황이나 업무상황에 따라서 연임할 수도 조기 퇴진할 수도 있어요. 민간조직은 보고서가 있으면 가능해요.

2. 상회 운영 방식

상회의 분화 및 평가

H : 요즘에는 상회의 작용이 상당히 커요. 저희 상회가 성립되고 나서 적지 않은 사람들이 상회의 이름으로 밖에서 활동을 하고 있어요. 최근에도 주구周口 하남상회를 설립하려는 조직이 있는데 전에 '주구'를 뺀 하남상회로 활동하다가 구분이 안돼서 이번에...

동 : 사평 하남상회나 장춘시 하남상회가 설립될 때 귀 상회에 통지를 해주었나요? 정상적으로 보면 하남상회 하나로 충분한 건데 하나의 분회分会로도 볼 수 있는 그 상회들이 왜 독립적으로 설립되었나요?

H : 아마 교수님께서는 아직 민정부의 규정에 대해 명확한 이해가 없으신 것 같은데 규정에는 상회의 분회分支机构는 허락하지 않아요. 특히 길림성은 중대재해지구重灾区라서요. LHZ란 자가 있는데 민간조직은...

동 : 사평과 장춘에서 귀 상회로 가입하면 되는데 왜 독립적으로 상회를 또

만들었나요?

H : 그렇게 할 수 있어요. 길림성에 규정이 있는데 장춘시长春市와 연변시에서 상회 설립을 허가할 수 있어요. 민정청에서 규정을 했어요.

동: 사평시에서도 되는 것을 제가 봤어요.

H : 사평시는 지급시地级市니까요. 민간조직은 원칙적으로 독립적인 법인자격이 있고 자발적이며 비영리적 조직이에요. 분회나 연합회의 설립은 허락하지 않는데 성급省级이든 시급市级이든 현급县级이든 다 마찬가지에요.

동: 그럼 조직된 활동들 사이에 어떤 관계나 충돌이 생기는지요?

H : 원칙적으로 이해충돌이나 종속관계는 없지만 저희는 모두 연합해요. 22일에 동북지역의 하남상회연합회가 설립될 예정인데 주로 일부 프로젝트들을 교류하고 모여서 함께 발전하자는 거죠. 방금 하남 정치협상회河南政协 부주석과 통화했는데 그가 와서 연설을 할 거에요.

동: 동북3성이죠?

H : 동북지역이에요. 동북지역 하남상회 친목회, 연합회라고도 할 수 있어요. 회의에 관해서 제가 상회의 취지를 썼어요. C주석이 저한테 장정은 쓰지 말라고 했어요. 장정을 만들면 정부의 허가를 받아야 하는데 범지역적이라 민정부가 허가를 내주지 않을 테니까요. 그래서 저희는 민간 친목회를 설립해야 해요. 저희도 회장과 비서장을 선출하고 정기적으로 연례회의를 개최하고 협력해서 대형프로젝트를 진행할 거예요.

동: 예전에 (있었던) 중앙의 동북진흥조정팀东北振兴协调组과 유사한 거네요.

H : 이것도 조정팀과 비슷한 거예요. 예를 들어 심양에서 박람회를 여는데 유명제품名优产品이나 지방제품地方产品들 모두 참가할 수 있어요.

동: 그럼 회원들 중에 길림성 하남상회와 장춘시 하남상회 모두 가입한 경우가 있나요?

H : 있어요.

동: 그 비율이 어느 정도나 되나요?

H : 비율은 별로 높지 않아요, 4-5% 정도죠. 천유상회의 회원인데 지금 운귀상회云贵商会에서 부회장을 겸임하고 있죠. 천유상회에서도 마찬가지로 운귀천云贵川을 구분하지 않잖아요.

동: 국가에는 두 단체의 책임자를 동시에 담당하지 못한다는 규정이 있는지요?

H : 첫째로 상회의 법인대표가 기타 상회의 법인대표를 담당하는 것을 인정
하지 않아요. 둘째로 원칙적으로 상회 회장은 현지에 머물러 있어야 해
요. 절강상회 회장의 경우 거의 늘 절강에 있는데 듣기로는 3년 임기인
데 11월이면 3년이 된대요.

동 : 아직도 해결이 안 된 거예요?

H : 여전히 질질 끌고 있죠. 그렇기 때문에 이런 경우 각 상회는 명확한 규
정에 따라 하남 호적의 길림성에서 경영하는 이런 기업가들을 집체제集
体制와 주식제股份制 두 가지에 모두 참가 할 수 있게 해야 해요. 또한
개인행위도 가능하게 해야 되고요.

동 : 길림성 하남상회의 회장이 사평시 하남상회 회장보다 높은 직급이라는
분위기가 있나요?

H : 전통 관례상으로는 그래요. 하지만 제가 방금 말씀드렸듯이 현시성县市
省...

동 : 다 같은 거라는 말씀이시죠. 그럼 예를 들어 저한테 일이 있을 경우 만
약 제가 길림성 하남상회의 회장을 찾고 장춘시 하남상회의 회장한테 가
지 않는다면 이는 전자의 지위가 비교적 높다는 것을 설명하는 거겠죠?

H : 그렇죠. 길림성에서 활동을 하고자 할 경우 비서장 교육을 조직한다면
성급에서 찾지 시급에서 찾지는 않아요. 장춘시에서는 조직할 수 있지만
성에서는 조직하지 않죠.

동 : 성시 지도자들을 접견할 경우 성상회 회장과 시상회 회장에게 돌아가는
기회에서 차이가 큰가요?

H : 시나 성내에서는 기회가 별로 없어요. 매달 한 번 있는 비서장회의, 3개
월에 한 번 열리는 조정회의, 교대당직 등이 성급이에요. 이틀 전의 구
춘리谷春立 부성장이 참가한 좌담회도 모두 성급이에요. 시급의 것은 주
요하게 장춘시의 것이에요.

동 : 그리고 성급의 것은 성과 시의 접촉이 비교적 많은 경우겠네요.

H : 장춘시의 활동들은 기본적으로 저희 성급의 것을 끌어가죠. 달라요.

동 : 중국의 범위가 이렇게 넓은데 앞으로 성급, 시급, 현급 모두 상회를 설
립하면 나중에 너무 많게 되는 것 아닌가요?

H : 절강이 지금 그래요. 절강낙청상회浙江乐清商会와 서안상회瑞安商会 모두
현급이에요.

동: 이것을 조금 제한해야 하지 않나 싶어요.

H: 이건 마치 삼지일포사건叁支一包事件과 같은 건데 먼저 분할되었다가 점진적으로 개선되고 제고되는 거예요. 현재 상회 회장들이 잘못하는 부분이 있는데, 상회를 설립한 회장이 자신의 본 고장으로 돌아가게 되면 상회 회장의 명분으로 시지도자와 지역지도자들을 접대해야 해요. 그렇지 않으면 아무도 거들떠보지 않아요. 지금 이러한 지명도의 문제가 있어요.

동: 부회장이 돌아가도 접대하는지요?

H: 부회장이라도 능력이 있어야 해요. 그리고 비서실에서도 미리 정부와 연락을 해줘야 하는데, 모모가 본 고장으로 돌아갈 것이니 영도자한테 보고를 드리려 한다고 얘기하면서 이 사람이 상당히 능력이 있고 돌아가서 투자하거나 협상할 때 나서서 접대할 수 있다고 얘기를 해주는 거예요. 하지만 회장은 많이 다른데 각 지역 정부에서는 외부 지역에 있는 상회 회장에 대해서는 다 알고 있어요. 부회장이나 비서장은 일일이 알 수 없지만요.

동: 그래서 기수 교체할 때마다 많은 부회장들이 회장 직위를 놓고 경쟁이 심해져서 기수교체에 차질을 빚는군요.

H: 이 문제는 통상적으로 존재하는 문제예요. 회장이 임기동안 일을 어떻게 하고 사무 처리능력이 어떤지를 보는 거죠. 상회가 크고 발전할수록 경쟁이 치열하고 상회가 엉망이고 못할수록 경쟁은 약해요.

3. 기타 상회에 대한 견해

Z: H비서장님, 장춘시 온주상회溫州商会는 어때요?

H: 온주상회는 능력이 강한 편이에요.

Z: 거기는 절강상회浙江商会에서 분리해 나온 거죠?

H: 맞아요. 회장은 SLM인데 재작년에 있었던 절강상회 선거에서 SLM은 500만 위안을 내고 절강상회 회장선거에 출마하겠다고 했어요. 하지만 상회에서는 그가 원래 상회의 회원이 아니기 때문에 선거에 참가 자격이 없다고 하면서 그를 막았어요. 사실 이건 해서는 안 되는 거예요.

동 : 해서는 안 된다는 것은 무슨 말씀이신가요? 그가 선거에 참가할 자격이 있다는 말씀이신가요?

H : 맞아요. 길림성에서 상업에 종사하는 절강상인이니 상회에 참가할 권리가 있는 거죠.

동 : 회장이나 정부부문에 관련 문건이 있는지요? 상회가 어떤 부분에 대해 성문화해야 한다든지, 다시 말해서 미래에 일종의 규범을 형성할 수 있는 문건이요.

H : 없어요. 제가 말한 것뿐이에요. 단지 한 조직의 법인 대표만이 담당할 수 있는 거죠.

동 : 방금 말씀하셨던 전에 상회의 회원이어야만 선거에 참가할 자격이 있다든지 아니면 본래의 직급이 이사여야만 회장선거에 참가할 수 있다든지, (이런 것들을) 명문화해야 돼요.

H : 민정부문에 규정이 있는데 보통 회장은 상무이사 이상에서만 선출될 수 있어요. 하지만 당연히 회원이어야 하죠. 회원이 아닌 외부인이 갑자기 와서 할 수는 없죠.

Z : 당시에 성에서는 왜 3년이 지나도록 조정해주지 않았나요? 경제협력국이나 민정청 같은 곳에서요.

동 : 조정하러 갔었는데 상회는 민정부문과 달라서 자체적으로 조정의 권리를 갖고 있기 때문에 이에 대해 행정명령을 내릴 수가 없었어요. 결국에는 회원대표대회에서 이사회 선거로 했죠.

Z : 그들 내부에서 해결하도록 하는 건가요?

H : 맞아요. 민간조직은 관리하기 힘들어요.

Z : 보니까 그의 계좌를 차단했던데요.

H : 그렇게 됐죠. 비교적 강하고 실력 있는 민간조직에서는 장정을 명확히 써놓아야 하고 규정을 명확히 제정해야 해요. 결정적인 순간에 왜 그런지를 물어볼 수 있기 때문에 명확히 해야 해요.

Z : 장정은 헌법과 같아서 제일 기본적인 거죠. 온주구두센터溫州鞋城사건도 온주상인한테 일이 생긴 거죠?

H : 온주구두센터 사건도 온주상회에서 일을 해결해 주었어요. 공안청에서 4명의 처장도 붙잡았어요. 제가 알기로는 당시 온주구두센터 사건은 돈을 들여 제소하고 권리를 보호했어야 했는데, 대신 길림성에서 근무한 적이

있는 국무원의 영도를 계속해서 찾아 갔나 봐요. 공안청에서는 이 사람에 (대한) 보호주의가 너무 심하다고 (판단하고) 처장도 여러 명 잡고 깡패까지 포함해서 20여 명을 잡아갔대요.

Ⅱ-13. 길림성 하남상회 비서장 HZQ 인터뷰(3)

인물 : HZQ, CSY(문)
일시 : 2014년 5월 12일
장소 : 하남상회 사무실

1. 상회통합

문: 상회 내부에서 현재 진행 중인 통합은 어떤 것이 있는지요?

H : 상회마다 하는 통합이에요. 첫째로 상회의 설립은 인맥을 통합하는 것이고 상회를 설립한 이후에는 자원과 자금을 통합하는 것이에요. 상회 통합은 너무 추상적이에요. 상회의 통합이라 하면 인맥의 통합, 자금의 통합, 정보의 운영 등등을 포함하는데 어떤 측면에서 활용하는지에 따라 달라요.

문: 제가 생각해도 너무 큰 것 같은데 더 구체화 시켜야 할 것 같네요. 지금은 너무 추상적이고 너무 커요.

H : 상회통합의 근본적이고 핵심적인 문제는 조합을 하는 거예요. 상회 설립 자체가 통합을 위한 것인데 선생님께서는 상회를 어떻게 통합할지의 문제를 해결하라는 것이죠? 저희 구상은 다음과 같아요. 다 그렇겠지만 상회의 설립은 정부와 교류하고 현지 경제를 위해 서비스하고 고향에 보답하는 거예요. 이것은 상회 설립의 기본이고 궁극적으로는 경제를 발전시키고 효율을 높이는 데 있죠. 이러한 문제를 어떻게 해결할지 모두들 조직을 결성해서 발전해 나가려는 것인데, "조직으로 모여 온기를 얻는다"는 얘기는 상회의 누구나가 알고 있는 상식이에요. 첫째로 상회는 강인한 리더와 단결된 전문 소그룹들이 있어야 하는데, 이들이 상회를 대표하고 상회를 지도해 나가고 회원들을 통솔해야 해요. 둘째로 장기적인 기획이나 운영을 하는 전문 소그룹들이 있어야 해요. 셋째로 구체적인 대책과 구체적인 방법이 있어야 돼요. 예를 들어서 상회에서 호텔을 설

립하고자 할 때 3-5명의 사람들이 20-30만 위안을 공동 출자해서 해결하지 못하고 10명 이상의 사람들이 500만 위안 이상 투자해야만 해결 가능한 것이라면 규모가 작은 회원들은 소기업을 만들어서 합자해서 투자할 수 있어요. 그러고 나서 다들 여기로 와서 소비를 하면 소비를 활성화 하는 작용을 할 수 있고 연말에 이윤을 나눌 수도 있어요. 저희의 상회통합의 한 예로 연대보증 사례를 들 수 있는데요, 기업들이 발전과정에서 융자가 필요하고 자금이 필요할 때 개인담보 조건이 부족하면 상회가 은행과 함께 연대 보증을 조직해서 연대보증을 해요. 이로써 수천만 위안의 대출문제를 해결할 수 있는데 이것도 통합이에요. 인맥의 통합, 자금의 통합, 자원의 통합이죠.

인맥의 통합이란 상회를 설립하여 조직을 만드는 거예요. 저희는 회장사무회의, 이사회의, 교대조직회의가 있어요. 사람들을 모아서 한마음으로 힘을 모으기 위한 것인데 모두들 상회를 위해 신경을 쓰고 있어요. 저희는 당직제도를 마련함으로써 서로 협력하여 공동으로 관리한다는 목적에 다가가고 있어요. 모두들 상회를 위해 마음을 쓰고 고민하고 지지하고 있어요. 이것은 인맥 통합의 측면들이죠.

자원통합에 관해서는, 부동산과 같은 경우 철강재나 목재나 유리 같은 것이 필요한데 상회 자체적으로 공급할 수 있는 것은 자체적으로 공급해요. 자금도 서로 담보해 주고 서로 지지해 줘요. 많은 상회에서는 담보회사나 소액대출회사를 설립해서 소액자금들을 여기에 저축해두었다가 모두 상회건설에 사용하는데, 이는 무조건 국가 규정에 따라야 하고 신용도가 있어야 해요.

문: 인맥, 자금, 자원으로 나뉘는군요.

H : 맞아요. 통합이라 하면 이 몇 가지 측면이잖아요? 인맥, 자원, 자금 이외에 또 하나의 측면은 정보의 공유인데 사람들이 알고 있는 정보를 공유하는 거예요.

2. 상회의 공헌정신: 자선

문 : 자선에 관한 정보는 어디에서 얻나요?

H : 자선이라는 측면은 상회와 일치하지 않는데 상회는 자선기구가 아니에요. 사회에서 지명도가 높아지면 상회는 (사회에 대한) 공헌정신이 생기는데 정부에서도 이를 중시하는 편이에요. 하지만 이는 상회의 발전과는 동일선상의 문제가 아니에요. 상회의 임무는 경제를 발전시키는 것이지 자선기구가 아니기 때문에 자선은 단지 공헌정신을 대표하는 일부분일 뿐이에요.

문 : 그러면 일부 기구에서 상회를 찾아와 자선을 할 것을 추천하나요, 아니면?

H : 그런 경우가 많죠. 정부의 호소로 지진이나 홍수재해, 장애인 사업에 동원되는데 주로 이를 통해 상회의 공헌정신을 보게 되죠. 하지만 이는 상회발전과는 다른 거예요. 자본이 많으면 사회에 대한 공헌도 커지고 장애인 돕기에도 도움이 돼요. 하지만 근본적인 임무는 상회의 발전이죠.

문 : 경제정보의 교류인거죠.

H : 정부의 요청, 미디어의 보도, 회원의 반영, 빈곤가정의 요청 등을 통해서 자선 정보를 알게 돼요.

문 : 빈곤 가정들이 상회를 찾아오는 경우도 있나요?

H : 네. 보도가 나간 후 화상을 입거나 다친 사람들이 찾아와요. 또한 학교에서 찾아온 백혈병 환자도 있어요. 이러한 문제에 관해 기타 지역의 상회와 왕래를 많이 해요. 주관부문의 회의, 프로젝트, 정보의 교류 등등을 통해서죠. 이 문제는 상회가 설립된 이래, 인맥의 통합, 자원의 통합, 자금의 통합 등이 진행되면서 많은 변화가 발생했어요. 사회에서 지명도가 높아지면서 서로 간에 지지를 얻게 되었고 서로에 대한 이해도가 높아지면서 믿음도 깊어졌어요. 예전에는 상대를 찾고 파악하기 위해 많은 시간이 걸렸는데 지금은 상회에 가입하면 상회를 통해 알 수 있어요.

문 : 상회를 통해 사람들을 파악하는 거군요.

H : 네 맞아요.

3. 상회에 대한 인식

H : 상회는 새로운 것으로 근래 몇 년 사이에 시작된 것이에요. 저희는 열 번째 상회인데 본래는 아홉 번째였어요. 2006년도에야 길림성에 (상회가) 설립되기 시작했는데 전국적으로 보면 이른 거였어요. 2006년 전에는 정부에서도 중시하지 않았고 사회에서도 잘 몰랐어요. 제가 메시지를 보낼 때 저를 상회 일원으로 소개하면 다들 상회가 무엇을 하는 곳이냐고 물어왔어요.

문 : 자료들을 찾아봐도 별로 없고 학교 도서관에서도 별로 찾지 못했어요.

H : 많은 사람들이 잘 몰라요. 일부 회장들도 상회의 개념에 대해서 잘 모르는데, 민정부의 규정에 따르면 상회는 독립된 법인자격으로 자발적으로 참여하는 비영리 민간조직이에요. 어떤 회장은 회장을 맡으면서도 이러한 사실을 잘 모르는데 한 민정부 처장이 장춘시의 모 회장에게 "Z회장, 상회는 무엇을 하는 조직이고 상회는 왜 설립하셨어요?" 라고 물으니 그는 "H형님께서 설명하실 거예요"라고 했다더군요. 그는 회장을 하면서도 잘 몰랐던 거예요. 그는 단지 조직을 설립하여 회장이란 호칭을 얻기 위한 목적이었던 거예요. 복건이나 절강과 같은 경우 상회 회장이 방문하면 정부도 굉장히 중시해서 간부들이 접대하고 돈을 내주죠. 우리나라는 별로 그렇지 않지만 외국에서는 상회를 설립하면 상당히 실력이 있고 현지의 경제를 주도할 정도예요. 뿐만 아니라 기술 감독이나 기술평가도 해요. 우리나라에서는 상회에 우수품질의 상품을 평가하도록 맡기는 것은 허락하지 않아요. 마지막으로, 통합해야만 발전할 수 있고 강대해 질 수 있어요. 통합은 경제를 강대하게 만들고 사회를 강력하게 추진할 수 있도록 하죠. 상회가 발전하면 정부에서도 상회를 중시하여 중대한 프로젝트나 건설이 있으면 상회에게 맡겨주죠. 또한 정부에서는 3성급 이상의 상회는 정부의 서비스를 구매할 수 있도록 규정하고 있는데 정부에서 돈을 지급함으로서 정부를 위해 서비스를 할 수 있도록 해주는 거죠. 그러므로 상회가 강대해지고 발전할수록 현지정부에 대한 공헌이 크고 발전도 빨라지겠죠.

4. 상회기능

문 : 방금 정부에서 서비스를 구매하는 것에 대해 말씀하셨는데 정부에서는 어떤 것들을 구매할 수 있어요? 상회는 어떤 서비스를 할 수 있어요?

H : 투자유치와 같이 함께 투자유치를 하는 거예요. 예를 들어 길림성 수리 건설, 장춘시의 고층건물, 도로 정비 등이죠.

문 : 모두 가능해요?

H : 모두 가능해요. 정부에서 잘 모르거나 상인들과 접촉이 적을 경우 상회를 믿고 투자유치를 맡길 수 있어요. 또한 정부에 자금이 부족할 경우 상회가 일을 맡을 수 있는지의 여부와 자금을 충당할 수 있는지의 여부를 정부에서 물어 와요. 만약 5A급 이상이나 3A급 이상이 아니면 정부는 그다지 믿지 않아요. 신용도나 지명도가 부족하기 때문이죠.

5. 상회제도 및 회원관리

문 : 상회가 오늘날까지 발전하는 과정에서 제도적으로는 어떤 조정이 있었는지요? 전에는 적절하다고 판단했는데 현재에는 적절치 않아서 바꾸었다든지요.

H : 상회의 제도는 바꿀 수가 없어요. 첫째로 상회는 성립 이후 장정에 따라 사무를 처리해야 하고 둘째로 조직이 있어야 하고 셋째로 기획이 있어야 하며 넷째로 요구사항이 있는데 상과 벌을 엄격하고 명확하게 하는 거예요. 기수를 교체할 때마다 한 단계 올라가야 하는데 인맥관계와 지명도가 올라감에 따라 상회의 발전, 상회의 통합과 더 넓은 측면의 발전을 기대하게 되는 거죠.

문 : 회원들 사이, 회원과 회장사이에 의견이 불일치할 경우 어떻게 그들의 의견을 통합하나요?

H : 우선은 서로 교류하고 다음으로는 프로젝트를 주도하죠. 프로젝트는 사람들을 방문하게 만드는데 이를 통해서 문제를 해결하고 관계를 끌어당기죠. 모순이 있으면 모순으로 모순을 해결할 뿐 아니라, 다른 방식으로도 문제

를 해결해요. 방금 애기했던 프로젝트나 방문은 평상시의 활동들을 통해서 조화를 꾀하는 것인데 오픈 행사, 좌담회, 파티 등 활동에서 서로 화합하고 문제를 해소하는 것이에요. 문제로 문제를 해결하는 것이죠.

문: 문제들을 더 악화시키지는 않네요.

H: 맞아요. 문제로 문제를 해결하면 문제는 해결되는 거죠.

문: 회원의 규모가 어느 정도로 발전해야만 제일 좋다고 생각하시는지요?

H: 이 문제는 구체적인 정황을 봐야하기 때문에 아주 추상적인 질문이에요. 회원의 발전은 상황에 따라야 하지만 상회는 그들의 발전을 지지해야 해요. 회원의 발전이란 그들을 활동하게 하는 것인데 전략기획, 핵심기획, 장기적 목표 등이 있어야 해요. 하지만 진정한 활동은 일상의 운영이고 우선은 기업들이 활동해서 살아남을 수 있도록 해야 해요. 어느 정도로 발전해야 하는지, 차츰 발전하고 상황에 따라 완만하게 발전하고 양호하게 발전해야지 악성으로 발전하면 안돼요. 예를 들어 50만 위안의 자금으로 80만 위안이 드는 작업을 할 경우 30만 위안이 부족한 건데 이를 양성적으로 발전시켜야지 더 악화시켜서는 안돼요. 이것이 상회의 기본이고 실제상황에 부합하는 기획이에요. 이런 것들을 일상운영이라 하고 또 살아있는 운영이라고도 하지요.

문: 만약 모든 회원이 상회의 장정을 위반할 경우에 대해서는 어떻게 해야 하죠?

H: 하나는 장정의 규정에 따르는 것이고 둘째로는 상황을 봐서 처리하는 거예요. 장정을 위반했을 때의 규정, 이를 테면 제때에 회비를 납부해야하는 것에 대해 명확한 규정이 있어요. 3개월 내에 회비를 납부해야 하는데 납부하지 못할 겨우 1개월을 연장해 줄 수 있어요. 연장기간 내에 이유 없이 회비를 납부하지 않는 경우 상회에서 자동 탈퇴한 것으로 간주를 해요. 이는 체면을 고려한 처리이죠. 하지만 기타 경우, 예를 들어 사회에 악영향을 끼치거나 누세, 탈세, 불법경영 등과 같은 것은, 가벼울 때는 상회에서 교육을 진행하고 도움을 주지만 심각한 경우 처벌을 받게 해요.

문: 심각한 경우는 그들을 바로 상회에서 탈퇴시키나요?

H: 심각한 경우 그들을 상회에서 제적해요. 회원자격에 못 미친다고 생각하기 때문이죠.

문: 상회에서 퇴출할 것을 통보하나요?

H: 당연히 통보하죠. 천유상회에서 CTF란 자를 퇴출시켰잖아요. 첫째 회비를 납부하지 않았고, 둘째 후원을 하는데 돈을 내지 않겠다고 했고, 셋째 상회에서 거짓소문을 유포했어요. 그러자 사람들이 그를 퇴출시키고자 논의했죠. 상회가 어떻게 운영되든지 간에 회원은 반드시 장정에 따라 회비를 납부해야 해요. 만약 규정을 위반하면 어떻게 처리해야 하는지, 상회가 어떻게 발전해야 하는지, 어떻게 교류해야 하는지 등에 관해 규정이 다 있어요. 전화상의 교류, 위챗微信상의 교류, 인터넷상의 교류 등 일반적으로 다 있어요.

문: 전에 한 회원을 인터뷰 했었는데 그는 상회에 대한 귀속감이 강하지 않았어요. 상회가 어떻게 통합해야 될까요?

H: 상회의 귀속감이요, 상회는 민간조직이라 상회가 없어질 수는 있지만 상회는 앞으로도 더 발전될 거고 사회발전에 없어서는 안 될 조직이에요. 정부에서도 '작은정부 큰사회'를 표방하고 있는 것처럼 미래에는 차츰 일부 일들을 사회에서 처리하도록 할 거예요. 사회에서 처리하도록 한다면 누구에게 처리하도록 시키겠어요? 민간조직이겠죠. 민간조직 중에서 현재 비교적 잘 운영되는 것은 역시 상회에요. 첫째로 상회는 경제적 기반이 있어요. 이 민간조직은 실력방면에서 비교적 강하죠. 둘째로 상회의 운영은 비교적 잘 되어 있는데, 상회는 장정제도가 있잖아요. 셋째로 정부와 결합한 주관부문이 있다는 거예요. 넷째는 전국적인 범위 내에서 교류와 소통을 하고 서로 지지하고 있다는 거예요. 기타 협회나 학회 대부분은 정부의 간부가 겸직하여 조직하기 때문에 더 느슨할 뿐만 아니라 경제 공급원도 없어요. 상회는 그들과 다르죠. 현재 상회의 발전은 괜찮은 편이고 앞으로도 더 크게 더 번성하고 발전할 거예요.

6. 상회에 대한 기대

문: 비서장께서 상상하는 (이상적인) 상회는 어떤 것인가요?

H: 제 상상속의 상회는 회원을 발전시키고 사회를 지지하고 국가발전에 도

움이 되는 상회예요. 회원의 고민과 어려움을 해결해 주고 국가를 위해서 책임을 부담하는 상회만이 양호하고 자격이 있는 상회라 봐요. 첫째로는 사회에게 둘째로는 회원에게 말이죠. 또한 앞으로 제고해야할 측면은 통합방면이라고 생각하는데 이는 사회와 회원 모두에게 도움이 될 것이라 생각해요.

문: 그렇군요. 오늘 비서장님께 심심한 감사를 드립니다.

H : 네, 아닙니다.

II-14. 길림성 하남상회 상무 부비서장 ZD 인터뷰

인물 : ZD, 동운생董运生[동]
일시 : 2014년 5월 14일
장소 : 화웬호텔

1. 개인정보

기본정보

길림성 수력전기 전문학교, 수력전기 전공, 1986년 졸업.

사업소개

동 : 현재 재직하고 계시는 기업명과 하시는 일에 대해 말씀해 주시겠어요?

Z : 저는 수리정보화 일을 하고 있는데 장춘에서는 유일한 곳이에요.

동 : 자문회사인가요, 아니면?

Z : 자문이 아니라 공정을 해요. 저수지 댐의 감사와 측정을 하죠.

2. 상회 가입계기 / 상회에 대한 인식

동 : 언제 상회에 가입하셨어요?

Z : (사업을) 준비하는 시기였던 2007년에 가입했어요.

동 : 어떻게 이 단체에 가입하게 되셨고 어떻게 조직하셨는지요?

Z : WS와는 일찍부터 친구였는데 저희는 앞뒤 건물에 사는 이웃이었어요.

동 : 그도 준비단의 주요구성원이셨죠?

당대 중국 민간조직의 단면: 길림성 동향상회 구술집

Z : 제일 처음에는 H비서장이었는데 그가 하남상회를 설립하고자 준비를 했어요.

동 : 상회회원들을 관찰해 보니 여성이 적었는데 여성으로서 상회에 참가하는 것은 어떤 차이점이 있나요? 사회에서 성공한 여성이 적은 편인데 이에 대해 어떻게 생각하시는지요?

Z : 딱히 그렇지는 않지만 솔직히 얘기해서 오빠, 동생들의 관심을 받는 건 사실이라고 봐요. 여성은 남성보다 조금 더 관심을 받는 편인데 어떤 어려움이 있을 경우 누구한테 전화를 해도 거절당하지 않아요.

동 : 성적 우세를 느끼시는 거네요.

Z : 완전히 그렇지도 않아요. 기업운영은 실력과 관련되기 때문에 단지 여성이라서 그런 건 아니에요.

동 : 상회에 여성 기업가들이 많은가요?

Z : 적지는 않을 거예요.

동 : 만났던 사람들 중에는 많은지요?

Z : 많지는 않았어요. 하지만 제가 나이가 들면서 느끼는 개인적인 생각은 이런 활동에 참가하려 하지 않는 것은 연령과 관계가 있지 않나 싶어요. 하남상회는 여성이 특히 적은데 광동상회는 나은 편이에요.

3. 상회 조직 관리

상회 설립의 구상 및 추진계기

동 : 상회의 준비기간에는 주로 어떤 작업을 하셨어요?

Z : 준비기간에는 사람들과 소통하고 어떻게 상회를 운영할지를 얘기했어요. 광동상회는 제일 일찍 시작한 상회인데, 거기에 있는 WQ와는 친구이기 때문에 그들에게서 많이 본받기도 하고 자주 모여서 어떻게 상회를 더 잘해 나갈지를 의논했어요. 이런 준비를 거쳐 2011년에 정식으로 설립했어요.

동 : 설립 당시 이사셨나요, 아니면 회원이셨나요?

Z : 부회장이었어요. 하지만 저는 공장을 하고 있어서 늘 밖에 있어야 했어요. 저희는 일단 시공을 시작하면 전국으로 돌아다니기 때문에 제가 자리에 있는 시간이 많지 않았어요.

동 : 이번 기수교체에서 직위에 어떤 변화가 있으셨는지요?

Z : 제가 하고 있는 공정이 많아서 전국적으로 돌아다니다 보니 많은 정력을 쏟아 붓지는 못해요. 직위는 여전히 부비서장이에요. 제가 장춘에 있을 때는 전체 집단 활동에 적극적으로 참가해요. 저는 4-5개정도의 상회를 접해보았는데 그러면서 느끼는 바가 커요. 하남상회의 발전을 위해 특히 회장이나 H비서장께서 진심으로 상회의 발전에 대해 연구하고 각 기업의 발전과 곤란한 문제 등을 관심 있게 주시하고 계세요. 초기에 사법부 司法庁에서 기업 권익옹호에 관심을 기울였을 때 하남상회가 가장 적절하게 기업을 위해서 권익을 옹호해주었어요.

동 : 권익을 옹호해 주는 것이 그들의 중요한 직무 중 하나이기 때문이죠.

Z : 맞아요, 특히 잘해냈어요. 특히 일부 기업은 상회를 통해서 이익을 얻었는데 저는 아직 이런 측면의 분쟁이 없었어요. 상회는 어떤 명목상의 명예보다는 실무적인 이익을 가져다주었어요. 더욱이 회장님은 기업과 상회의 이미지를 특별히 중시하셨고 또한 상회의 발전에 독창적인 아이디어를 갖고 계세요. 그는 하남상회라는 브랜드로 자신의 이미지만을 보호하기보다 상회내의 모든 기업의 이미지를 보호해주고 계세요.

동 : 비서장님은 상회가 설립되어서부터 대부분의 활동에 모두 참가하셨나요?

Z : 중요한 활동은 거의 참가했어요.

당-정부기관과의 관계

동 : 해당 관리부문에서 사회조직의 이러한 경제활동이나 직접 상업적인 일에 종사하는 것을 허락하는지가 궁금하네요. 정부 측에서 어떤 제한이 있는지요?

Z : 제한은 없을 거예요. 상회는 독립적인 개체조직个体单位으로서 정책적으로 허락받은 것이기 때문이죠. 제가 걱정하는 부분은 아무래도 실제 활동과정에서 영리나 결손이 발생하는 것이에요.

4. 상회의 기능

가입이익

동: 국가가 날로 사회조직의 발전을 중시하고 있는데요, 특히 예전에는 단위 제도單位制나 기업을 통해서 사람들을 조직했지만 현재는 상회라는 모델로 기업가들을 한데 모으죠. 이런 방식과 더불어 기존의 단위나 정부기구의 조직 방식에 대해 어떻게 생각하시는지요?

Z : 역사학의 각도에서 볼 때 완전히 시장경제 형태로 갈 경우 상회는 정부의 직무부문보다 능력이 크고 상업행위를 주도하는 형태가 되겠죠. 만약 여전히 정부가 직무부문을 주도하게 된다면 상회는 영원히 보조역할만 하게 될 거예요.

동: 현재 상태로 볼 때는 후자에 속하는 건가요?

Z : 네. 하지만 정말로 완전히 시장경제가 되었을 때 정부의 직무부문은 상회의 역할에 미칠 수가 없어요.

5. 각종 동향 / 동업조직과의 관계

동: 부비서장님의 기업은 기타 협회에 참가하시는지요?

Z : 수협회水协会에 참가하는데 수리청水利厅의 협회이고 수리부水利部에 등록되어 있어요.

동: 그것도 사회조직의 성격을 가지고 있겠네요. 그러면 수협회와 상회를 비교했을 때 어떤 차이가 있다고 생각하시는지요?

Z : 제일 큰 차이는 그것은 행업적인 성격을 가지고 있어요. 수협회이기 때문에 저희 연구는 물에 대해서만 관련되어 있어요. 상회는 이와 달라서 다양한 것을 포함하고 있어요. 어떤 프로젝트이든 하남에 적을 두면 모두 조직에 참가할 수 있기 때문에 정보가 훨씬 더 광범위해요. 저희는 협회가 아니라 수학회水学会라고 부르는데 연구에 더 많이 치중되어 있고 대부분은 물과 관련된 일이기 때문에 전문성이 매우 강해요.

동: 그럼 학회의 관리모델과 상회는 어떤 차이가 있어요? 회장은 어떻게 선출되는지 등등이요.

Z: 수학회의 대부분은 본래 수리청에서 근무하시다가 은퇴하신 2선二线의 부청장副厅长들이에요.

동: 그럼 회비도 납부해야 하나요?

Z: 네, 납부해야 해요.

동: 필히 납부를 해야 하는 건지 아니면 계약서상에 어떤 요구가 있는 건지요?

Z: 모두 있어요. 이사나 상무이사, 이사단위에 모두 있어요. 보통 이사단위이고 개인은 아주 적어 다 합해도 두 곳 밖에 안돼요. 학회에도 모두 이사단위들이고 대부분은 수리단위 소속의 기관단위인데 상회와는 확연히 달라요. 거기서 저희들은 본업만 교류하기 때문에 전문성이 아주 강해요.

6. 동향문화와 지역 정체성

동북, 길림문화에 대한 견해

동: 성장기는 장춘에서 보내셨나요?

Z: 네, 어릴 때는 유수榆树에서 자랐는데 14살 때까지 있었어요.

동: 직관적으로 느끼기에 길림성 현지의 기업가와 하남의 기업가는 어떤 차이가 있다고 생각하세요?

Z: 본질적인 면에서 어느 정도의 차이는 있어요. 북방인의 호탕함을 하남인들도 갖고 있지만 차이가 있어요. 제 생각에는 북방인들 만큼 완전히 호방하지는 못한 것 같아요. 속된 표현으로 뼈 속 깊이 우러나오는 패기가 부족하다고나 할까요.

동: 그러면 길림성 사람들과 비교해서 그들의 장점은 무엇이라고 생각하세요?

Z: 하남 출신은 소통에 능하고 도전정신이 강하며 고생을 견딜 줄 알아요. 그리고 사유방식이나 이념적인 면에서 조금 차이가 있어요.

동: 그 차이를 간단히 말씀하실 수 있으세요?

Z : 하남인은 동북인에 비해서 사업적인 측면에서 더 노련하고 세심해요. 그리고 하남인들이 다른 곳에 이주해서 일 할 수 있는 것은 하나는 세심함이고 다른 하나는 용감함 때문이에요. 그들의 세심하고 용감하고 고생을 견딜 줄 아는 이런 부분들을 언어로 형용하기는 힘들어요.

동: 상회 얘기로 다시 돌아와서 2009년부터 시작해서 이미 5-6년의 시간이 지났는데 상회의 발전에 제한을 주는 요인으로 어떤 것들이 있다고 생각하세요?

Z : 가장 제한적인 요소라고 느끼는 것은 사람들이 하남인들에 대해 가지고 있는 선입견이에요. 근래 2년 동안 느낀 생각은 원래의 것을 변화시키는 것이 참 어렵다는 것이고, 또 그런 것들이 하남상회를 제한한다고 봐요. 그 밖의 것은 하남상회에서 자체적으로 적절하게 잘 하고 있다고 생각해요.

동: 조직구조와 같은 측면에서, 예를 들어 정상적인 작업인원 같은 문제는요?

Z : 업무량이 많아서 확실히 증원할 필요가 있어요. 그리고 하남상회의 홍보역량은 완전히 그들에 의해서 좌우되기도 하고요.

동: 천유상회川渝商会처럼 어디가나 홍보간판을 볼 수 있는 것이 아니죠.

Z : 바로 그 뜻이에요. 표면적인 홍보를 하는 것이 아니라 현대적인 이념으로 아주 감성적이고 감각적인 홍보를 해야 해요.

동: 현재 이런 것들은 장기적으로 실현해야 하는 것일 테고, 단기적인 계획들도 갖고 계신가요?

Z : 네 장기와 단기로 할 수 있는 것들을 구분하고 있어요. 현재 비서실 쪽은 업무량이 많아 인원을 충원해야 해요.

기업 협력파트너 / 행업 분화

동: 상회의 성격은 비영리성 사회조직인데, 오늘 회의에서 나온 상회 협력프로젝트는 어떻게 봐야 하는지요? 상호 모순되지는 않는지요?

Z : 이 문제에 대해서는 저도 늘 곤혹스러워요. 모든 단위들은 독립적인 개체들인데 이들을 같이 엮을 때, 이를 테면 상회라는 플랫폼 건설이나 은행 등에는 우선 제도가 필요해요. 만약 제도가 엄격하지 않으면 경제적

분쟁이 발생하게 되고 우환이 커지기 때문이죠. 제도를 완전하게 갖추는 것은 모색의 과정이에요. 작년부터 저도 고민이 있는데, 제가 은행이 필요해서 혼자서 조직해야겠다고 생각하고 있기 때문이에요. 저는 한 기업이 혼자서 하는 것이 좋다고 생각하는데 만약 많은 개체들이 엮일 경우 제도적 완비가 없으면 문제들이 발생해요. 우리 중국인들은 사람사이의 교제를 중시하기 때문에 어떤 개성 있는 사람이 이러한 감성적인 색채를 기업에 녹여 10-20개 정도를 함께 엮으면 누가 영도가 되어 책임을 지게 되든지 간에 관리하기가 힘들어요. 만약 오로지 투자한 주식으로만 계산한다면 돈을 벌 수 있도록 담보하기 어렵기 때문에 회의를 열 때 모두를 만족시키기 어렵죠. 특히 담보회사는 위험부담이 커요.

7. 상회의 발전 계획

동: 길림성의 상회들은 괜찮은 편인데 기타 상회들에서는 적지 않은 문제가 발생했어요. 처음 가설은 사회조직을 통해 사회를 조직하는 것인데 이런 전망에 대해서 어떻게 생각하세요? 낙관적인지요?

Z : 각자 장단점이 있지만 주로 영도를 봐야 해요. 영도가 관건인데 그가 가지고 있는 각 방면의 소질을 봐야 해요. 첫째로 덕목이 있는지 개인적 소양을 보는 거죠. 둘째로 봉사 헌신정신이 있어야 해요. 만약 상회 회장이 상회에서 경제 가치나 개인의 사회적 지위만을 창출한다면 이는 사회적 궤도를 벗어난 행위라고 볼 수 있어요. 셋째로 상회의 각 구성원은 독립적인 구조를 갖고 있는데 그들이 각 제도에 완전히 이입될 수 있도록 해야 해요.

동: 만약 한 조직의 발전이 영도와 관계된다면 그 전망은 아주 불안정하다고 보이네요. 국가 영도의 기수가 교체될 때마다 다들 전 기수 시기와 비교하면서 추측하게 되기 마련이죠. 더 긍정적인 상황은 제도로서 보장을 하는 것인데 그렇게 되면 누가 영도가 되든 본래의 규칙에 따르는 거죠.

Z : 교수님이 말씀하신 것은 기업제도에서도 마찬가지예요. 모두가 그대로 집행하면 되는 거예요. 하지만 국가의 제도가 아무리 완전해도 집행력이

(없다면) 얘기하기 어려워요.

동: 기업을 운영하고 계신데, 나중에 연세가 들어서 운영진을 교체를 해야할 경우 많은 기업가들은 자신의 자녀를 교육시켜 운영을 넘겨주는데 기업가로써 어떻게 보시는지요?

Z : 후계자 문제는 객관적으로 접근해야 해요. 친척관계로 인해 넘겨주는 것이 아니라 자체적 능력을 봐서 운영할 능력을 구비하면 직원으로 임용하고 능력이 안 되면 아들이라도 직원으로 임용하면 안 돼요. 임용하고 나서 어느 정도의 교육을 진행한 다음 후계 받을 능력을 구비하였는지를 확인하고 넘겨주는 게 맞다고 생각해요. 후계 받을 능력이 있다고 해서 바로 넘겨주는 것이 아니라 각 방면의 소질을 만족할 정도로 발전시킨 다음에 넘겨주어야 해요.

동: 자신의 자녀한테 후계하지 않은 경우를 본 적 있나요?

Z : 네, 많아요. 일부러 교육을 했지만 후계를 받을 능력이 없다고 판단될 경우 다른 방법을 생각하죠. 어떤 사람은 더 이상 확대, 발전하지 않으려 하고, 어떤 사람은 지분양도를 어떻게 할지를 고민해요. 제 주변에 확실히 이런 현상이 많고요, (자녀가) 후계자가 되는 경우는 많지 않아요.

동: 그렇군요.

II-15. 길림성 하남상회 비서 ZHJ 인터뷰

인물 : ZHJ, CSY(질문자)[문]
일시 : 2014년 7월 4일
장소 : 하남상회 사무실

1. 상회 가입 계기 / 상회에 대한 인식

문 : 어떤 계기로 상회에 가입하게 되셨나요?

Z : 채용 모집을 통해서요.

문 : 상회의 회원들은 일반적으로 어떤 경로를 통해 상회를 알고 가입하나요?

Z : 동향인들 소개로 가입하기도 하고 신문을 통해서 저희 홍보를 접하기도 하고 기타 외부 상회를 통하기도 해요.

문 : 외부 상회와도 상호 소개하나요?

Z : 네, 신규 가입한 정주 중원의 그분이 바로 천유상회에서 소개해서 온 분 이세요.

문 : 상회 회원은 무조건 하남 호적이어야 하나요?

Z : 저희는 그렇게 요구하고 있기는 하지만 예외도 있는데 이를 테면 회원이 추천한 특별히 훌륭한 기업은 가능해요.

문 : 회원에 가입하려면 어떤 조건들이 있는지요?

Z : 우선은 하남호적이어야 하고 정규적인 영업허가증을 갖고 있어야 하며 장춘에서 위법이나 누세, 탈세가 없어야 해요. 저희는 비서실을 통해 먼 저 조사한 다음 회장에게 상회 가입을 추천해요.

문 : 상회에 여성회원은 어느 정도 되나요?

Z : 세 명뿐인데 CY사장님, Z사장님, ZCL사장님이에요.

문 : 왜 여성회원이 적은건가요?

Z : 파악을 해보면 여성 기업가 자체가 적어요. 천유상회에는 그래도 여성회 원이 꽤 많은 편이더라고요.

문: 이 세분의 여성 회원은 어떻게 상회에 가입하셨어요?

Z: Z사장님은 회원기업이 추천해주어서 제일 먼저 가입했어요. CY사장님도 그런 방식이었어요. 이분들은 모두 올해 가입했어요. ZCL사장님은 좀 더 일찍 가입하셨고요.

문: (그러면) ZCL사장님은 설립 당시부터 참가한 건가요?

Z: 준비시기는 아니었고 성립된 이후에 가입했어요.

2. 상회의 조직관리

상회관리의 원칙

문: 상회에는 어떤 활동들이 있나요?

Z: 3년마다 있는 기수교체, 송년회, 외부 상회와의 활동, 회원기업 활동, 상회 연합회, 하남예상연합회河南豫商联谊会 등이 있어요.

문: 이상적으로 생각하시는 완벽한 상회는 어떤 모습인가요?

Z: 상회로 상회를 부양하는 거예요. 현재 저희 상회는 프로젝트 없이 회원들의 회비로 운영되고 있어요. 상회로 상회를 부양한다는 것은 상회들 간에 프로젝트를 만들어 회비를 거두지 않고 집단으로 발전하는 것을 말해요.

문: 회비를 거두지 않으면 회원들이 강력한 소속감을 느끼지 못하는 것은 아닐까요?

Z: 그럴 일은 없어요. 회비를 거두지 않더라도 가입하는데 가입기준이 있고 회장님의 심사결정이 필요해요.

문: 그럼 제도적인 측면에서 어떤 개선이 필요하다고 생각하시는지요?

Z: 제도적 측면에서 (현재) 상회 회원이 탈퇴할 때 엄격한 요구가 없는데 이에 대해 문건이나 표를 작성한다든지 개선을 할 필요가 있다고 생각해요.

문: 탈퇴는 상대한테 요구하는 건가요, 아니면 자율적으로 탈퇴하는 건가요?

Z: 모두 있어요.

문: 이 두 측면에서 모두 제도적인 조치가 없나요?

Z : 네 아직은 완전히 갖추지 못했어요.

문 : 어떤 사람이 탈퇴하나요?

Z : 이익만을 급하게 추구하는 사람들인데 이들은 상회에 가입하여 이익을 얻으려는 목적성이 아주 강해요. 만약 단기 내에 이익을 얻지 못하면 납입하는 돈이 합당하지 않다고 생각하죠. 혹은 상회에 가입해서 별로 이익을 얻지 못한 사람들이에요.

문 : 일부 회원들에게 만류를 권유한다든지의 조치는 있는지요?

Z : 전부 자발적이에요.

문 : 기타 상회에는 기수 교체나 관리 측면에서 좋지 않은 상황들이 발생했는데, 만약 귀 상회에도 그런 상황이 발생한다면 어떻게 처리해야 한다고 생각하세요?

Z : 저희 상회는 아직까지는 화합이 잘 되어서 그럴 가능성이 적어요.

문 : 어제 한 회원을 인터뷰했는데 상회 회의에 지각하는 사람과 회의 중에 통화하는 사람이 있다고 하던데 그에 대한 관리 조치가 있는지요?

Z : 있어요. 저희가 새로 제정한 제도가 있는데 실행하기까지는 시간이 필요해요.

문 : 회원들의 상회 활동에 대한 지지 정도는 비슷한가요? 상회는 그들의 지지에 대해 만족하나요?

Z : 저는 회원들의 상회에 대한 지지 정도는 지난번에 있었던 제2차 경축대전에서 명확히 나타났다고 생각해요. 저희는 단체잖아요, 회원들마다 얼마의 돈과 물건을 기부할 것을 통지하고 격려하자 모두들 의견을 존중하고 행동으로 반응해 주었어요.

문 : 즉 회원들이 상회를 적극 지지하고 있다는 말씀이시죠?

Z : 네. 특히 부회장급 이상의 회원들이 많이 기부했는데 그들은 능력도 되기 때문이죠. 부회장이나 상무부회장과 같이 능력이 좋으면 많이 기부하죠. 그리고 단순노동을 하는 사람들은 기부는 하지 않지만 차량을 보내준다든지 행동으로 보여주죠. 그래서 지난번 제2차 경축대전에서 상회는 거의 돈을 쓰지 않았고 모두 기부와 후원자금으로 충당했어요.

3. 상회의 조직구성

직능 분화

문: 상회의 회원대회는 얼마 만에 한 번씩 열리나요?

Z : 1년에 한번 열려요.

문: 모든 회원이 참석하나요?

Z : 여기 있는 사람들은 와요.

문: 상무부회장, 회장, 회원 사이에는 어떤 계층 구분이 발생하나요?

Z : 저는 당연히 있을 거라 생각해요. 특히 돈이 아주 많은 사람과 돈이 아주 적은 사람 사이에는 계층 구분이 발생하기 마련이죠. 그리고 회원들 중에 그런 생각을 하고 있는 사람도 본 적이 있고요.

문: 그런 상황에 대해 어떤 개선 조치가 있나요?

Z : 이에 대해 우선은 자체적인 인식을 바꿔서 더 넓은 범위의 사람들과 연계하려고 노력해야 한다고 봐요.

문: 상회에 가입하기 전에는 몰랐지만 가입하고 나서 평소에도 연락하고 지내는 회원들이 있나요?

Z : 많아요.

문: 함께 모여서 하는 휴식활동에는 어떤 것들이 있나요?

Z : 카드놀이斗地主나 마작麻將을 해요.

문: 감사회監事會가 성립된 지는 얼마 안 되었죠?

Z : 제2차 경축대전에서 선출했어요.

문: 현재 어떤 역할을 하고 있나요?

Z : 감사장님은 감독역할을 하는데 이제 막 시작해서 그다지 감독역할을 많이 하지는 못하고 있고 아직 본격적인 궤도에 진입하지 못했어요. 하지만 돈을 많이 납부하셨고, 회장님이 참석하지 못한 많은 회의들에 감사장님이 참석해 주셨어요. 그리고 회장님의 발언이 끝나면 감사장님이 발언을 해요.

문: 그럼 감사장님은 상회의 2인자인 셈인가요?

Z : 그렇게 얘기할 수 있어요. 어제도 그가 대표발언을 했는데 감사장을 맡기 전에는 발언할 기회조차 없었죠.

문: 감사장은 선출하는 건가요?

Z: 회원들의 투표를 통해 선출해요.

문: 경선에 출마하려는 다른 사람들이 있었나요?

Z: 마감일 전에 신청하면 되는데 C사장님 한사람만 신청했어요. 선거는 무기명 투표로 진행되었는데 그가 당선되었죠.

회원의 권리와 발언권

문: 상회 회원들은 각 측면에서 권리를 많이 갖고 있는지요? 어떤 권리를 갖고 있죠?

Z: 회원들의 권리에는.... 선거권, 감독권 등 장정에 명확히 규정되어 있어요. 상이한 직위에 상이한 권리를 갖고 있는데 기본적으로 선거권을 갖고 있어요.

문: 활동의 개최과정에서 발언권을 갖고 있는지요? 즉, 어떻게 개최가 되는지요?

Z: 보통은 영도조직, 상무, 회장 사무회 등에서 논의해요. 저희는 독재스타일이 아니기 때문에 모든 일을 논의하는데, 매월 열리는 상무부회장 교대회의에서 모여서 연구하고 논의해요.

문: 당직을 교대하는 사람은 평상시에 일이 없어도 오나요?

Z: 네.

문: 어떤 일을 하나요?

Z: 당직 상무부회장이기 때문에 외부 상회에서 저희한테 요청을 하면 그가 활동에 참가해요. 또는 대외활동에서 참가를 요구하면 그가 대표로 참가해요. 그리고 타 지역에서 손님이 올 경우 접대도 해야 해요.

문: 회장님이 안 계실 때 말이죠...

Z: 회장님이 계셔도 그가 주로 활동해요. 회장님이 나서야 할 경우에는 회장님이 나서겠지만 일반적인 경우 당직을 서는 상무부회장이 책임지고 집행해요.

문: 그럼 상무부회장들은 잘 협력해 주나요?

Z: 모두들 잘 협력해 줘요. 저희는 요 몇 년 동안 상무부회장 당직교대제値班常务副会长轮流를 시행했지만 다들 잘 해왔어요.

문: 그들의 기업은 바쁘지 않아요?

Z : 바쁘죠. 그래도 와야 되고 정말 오기 힘든 경우는 비서실에서 재배치를 하는데 가능한 한 그들 중에서 사람을 찾아요.

4. 상회의 운영 방식

회원관리 제도

문: 상회가 이제껏 발전해온 상태로 볼 때 상회가 앞으로 어떤 면으로 개선 되어야 한다고 생각하시는지요?

Z : 회원의 측면에서 발전이 필요한데 홍보력을 강화해서 회원의 수를 증가 시켜야 해요. 회원이 많으면 영향력이 커지니까요.

문: 다른 것은 없나요?

Z : 다른 것은 프로젝트를 개발해야 한다는 거예요.

문: 현재 하남상회에는 어떤 프로젝트가 있나요?

Z : 하남상회 공업단지 프로젝트가 있는데 투자를 해야 돼요. 각 기업들이 어느 정도의 땅을 요구하는지를 위에다 보고하는 거예요.

문: 제도적인 면에서 개선이 필요한 부분은요?

Z : 제도는 방금 말씀드렸다시피 탈퇴부분이에요.

문: 현재 회원은 얼마나 되죠?

Z : 120여 곳이에요.

문: 그럼 그들 모두 회비를 납부했나요?

Z : 납부했어요. 아니면 가입되지 않기 때문에 모두 납부해야 해요.

문: 회원 수가 어느 정도까지 발전하는 게 적절하다고 생각하시나요? 많을수 록 좋은 건가요?

Z : 많을수록 좋은 건 아니고 우수한 기업들이 되어야죠.

문: 대체적인 숫자가 있나요?

Z : 그건 생각해 본 적이 없어요. 어느 정도가 좋겠다는 개념은 없고요. 회 원들의 단결이 중요하고요, 상회 활동에 적극적으로 참가해서 상회를 지

지하는 것이 바람직하다고 봐요.

문 : 규범을 위반한 회원에게 징벌제도가 있는지요?

Z : 없어요. 저희는 보통 격려해주고 일이 있으면 사적으로 상의하여 소통하기 때문에 징벌은 없어요. 일전에 천유상회에서 부회장인 ZJF를 해임했는데 위챗의 공공페이지에 통보해서 사람들에게 알렸죠. 저희는 그런 경우는 없어요.

문 : 상회에 대형 행사활동이 없을 경우 비서실에서만 일상 사무를 처리하시나요?

Z : 네.

문 : 그럼 비서님과 비서장님 두 분이 상회의 전체 사무를 처리하시나요?

Z : 저희는 분업을 하는데 저는 사무직 작업을 하고 비서장님은 교류를 책임지고 외부와 교류를 해요.

문 : 신규회원들을 기존회원들에게 소개시켜주나요?

Z : 네. 그리고 자체적으로 조직하는 경우도 있는데, 이를 테면 S사장님 같은 경우 상회에 가입하자마자 운영 중인 펜션에 동향인을 초청해 식사를 대접하고 싶어 하셔서 저희가 대신 연락을 해주었어요. 하지만 (본인이) 이런 방법들을 제안하지 않으면 상회에 가입하더라도 상회활동이 있을 때만 회원들에게 소개시켜줄 수 있어요.

당-정부 기관과의 관계

문 : 정부와는 어떤 측면의 접촉을 갖고 계신가요?

Z : 저희를 주관하는 부문은 길림성 경제기술협력국吉林省经济技术合作局이에요. 거기에서 매달 비서장회의가 열리는데 저희가 그들에게 투자유치를 해주기 때문에 일전에 비서장님과 연락이 있었어요. 그들과 관계가 제일 밀접하고 그 다음은 민정청民政厅인데 그들이 저희한테 비준을 내려줘요.

문 : 심사결정 이외에 다른 것도 관리를 해주는지요?

Z : 해마다 연간 검사가 있는데 민정청에 가요.

문 : 연간검사에는 뭐가 있어요?

Z : 영업허가증이요.

당대 중국 민간조직의 단면: 길림성 동향상회 구술집

5. 상회의 기능

문: 현재 하남상회는 어떤 직무에서 두드러지게 발전했다고 생각하시나요?

Z : 권익 옹호, 융자, 대출 측면에서 회원들에게 많은 일들을 해결해 주고 있어요.

문: C사장님 같은 경우 상회에 가입한 이후 협력하여 회사를 차렸는데 이것 도 상회에 가입한 후에 얻은 이익이죠.

Z : 맞아요. 협력파트너를 찾게 된 거죠.

문: 그럼 회원들이 상회에 가입한 이후 정부와의 연락이 긴밀한가요?

Z : 아니요. 상회는 집체에 속하기 때문에 개인의 명의로 정부를 찾아가면 접견하지 않지만 만약 상회 소속을 밝히고 단체를 대표한다면 비서실을 통해서 당연히 그들과 연락할 수 있어요.

문: 개인적으로는 여전히 안 된다는 얘기죠?

Z : 맞아요. 그래도 기업으로 가는 것보다는 나아요.

문: 상회를 제기하면...

Z : 왜냐하면 현재 정부에서는 상회를 무척 장려하고 지지하고 있어요. 민영 기업이니까 발전시켜주는 거죠.

문: 평시에 얘기를 나눌 때 하남호적의 상인들이 장춘 혹은 길림 현지의 사 람들과 많이 연락하는지요?

Z : 많이 해요. 여러 해 동안 (길림에서) 지냈기 때문에 하남 호적의 동향인 들과만 연락하며 지낼 수는 없어요.

문: 친한 친구들 중에 장춘인들도 있다는 거죠?

Z : 맞아요. 하남 호적은 아니지만 기업이 우수할 경우 상회에 추천되는데 그 속에서 서로 알고 지낼 수 있어요.

6. 각종 동향 / 동업조직과의 관계

문: 길림성 천유상회나 혹은 길림성의 타 동향상회와 연락을 많이 하시죠?

Z : 네. 성급의 상회끼리 특히 연락을 많이 하고 창립대회에는 모두 참가해

요. 또 그쪽에서 활동이 있으면 저희 회장이나 비서장이나 회원기업들에게 참여를 요청해요. 그리고 송년회도 마찬가지인데 연말이 되면 특히 바빠져요. 모든 상회가 송년회를 준비하고 서로 참석을 요청하기 때문에 매일 참가해도 모자랄 지경이에요.

문: 그럼 업무상의 거래는 있나요?

Z: 업무상에서도 교류가 있는데, 방금 말씀드린 정주 중원의 사람 같은 경우 저희가 그쪽 상회에 가입하고 그도 우리 상회에 가입했죠. 그래서 저희는 그를 통해 천유쪽과 교류를 했어요.

문: 일종의 가교역할을 한 거네요?

Z: 맞아요. 회원기업이 필요한 경우 어떤 상회가 있는지 알아봐 주고 있어요. 저희 비서들 사이에는 서로 연계가 되어 있는데, 예를 들어 강철이 필요한데 상회 내에 강철 사업을 하는 기업이 없을 경우 저희가 단체 채팅방에서 어느 상회에 강철 기업이 있는지를 알아본 다음 저희 회원기업에게 추천해 주는 거죠.

문: 모든 상회의 소속회원들이 있는 채팅방인거죠?

Z: 네, 모두 비서들만 추가되어 있어요. 비서장들끼리도 채팅방이 있죠.

문: 전체 길림지역에서요?

Z: 성급상회만 있는 것도 있고 성급과 성시급이 모두 있는 것도 있어요.

문: 성급상회들끼리의 연락은 성급과 시급 상회의 연락보다 많은가요?

Z: 네, 기본적으로 성급상회들과 연락해요.

문: 그럼 기타 행업협회와는 교류가 있나요? 담배협회라든지요?

Z: 별로 없어요.

문: 보통은 이런 지역성 상회군요.

Z: 업종별로는 컴퓨터, 강철상회와 비교적 자주 연락해요.

문: 왜 그들과 연락이 많은가요?

Z: 왜냐하면 그들이 저희를 자주 초청하기 때문이에요.

문: 귀 상회와 장춘시 하남상회는 어떤 차이가 있나요?

Z: 장춘시 하남상회는 상무국商務局에서 비준한 거예요. 별 차이는 없고 저희는 성급활동에 참가하고 성급 활동에 그들을 초청하지 않는다는 점인 것 같아요.

문: 귀 상회보다 한 등급 낮은 건가요?

Z : 제 생각에는 그런 것 같아요.

문: 한 기업가가 성 하남상회와 시 하남상회 두 곳에 모두 참가할 수 있어요?

Z : 둘 다 참가할 수 있어요. 충돌 되지 않아요.

문: 귀 상회와 하남상회 사이에 어떤 관할이 있나요?

Z : 없어요. 그럴 수가 없고 성립시기부터 그건 허락되지 않았어요.

문: 각자 자체적으로 관리하는 거군요.

7. 동향문화와 지역 정체성

동북과 고향문화에 대한 견해

문: 상회에 있는 요 몇 년 동안 하남 호적의 기업가가 동북에 적응하지 못하거나 정체성 문제로 충돌하는 상황을 접한 적이 있나요?

Z : 정체성의 충돌은 없었던 것 같아요. 상회회원들은 비서장처럼 이미 여기에 온지 오래 됐기 때문에 동북에 대해 잘 알아요. 그들의 연령은 기본적으로 30-50세 이상 돼요.

문: 그들이 동북 지역에서 오랜 시간 지냈는데 여전히 의식적으로 자신을 하남인으로 생각하는지요?

Z : 네.

문: 이것을 강조하나요?

Z : 네, 하남인임을 강조해요. 이것이 하남상회이기 때문이죠. 특히 상회에 가입한 이후 처음 입을 뗄 때는 동북어투를 사용하기도 하지만 나중에는 고향언어를 사용해요. 의식면에서는 여전히 하남인이에요.

문: 상회에 온 이후 그들의 고향에 대한 귀속감은 강한가요?

Z : 네, 많은 회원들은 상회를 찾은 것은 집을 찾은 것과도 같다고 하죠.

문: 정서적인 면에서 그렇다는 거죠? 상업적인 요소는 배제한 거죠?

Z : 하지만 그런 요소들을 (완전히) 배제할 수는 없다고 봐요. 그런 요소를 배제하면 동향회에 가입하는 것과 마찬가지죠. 상회에 가입하는 것은 사

람마다 고향의 정에 대한 비중에 차이가 있긴 하지만 자신의 이익과도 관계가 있기 때문이에요.

문: 상회 내부에도 하남성과 다른 시에서 온 사람들이 있을 텐데 친구를 하거나 사업적 교류를 할 때 그들끼리의 구분이 있는지요?

Z: 거의 없어요. 여기는 모두가 타 지역에서 온 것이기 때문에 하남인들은 모두 한 가족이 돼요. 하지만 같은 안양安阳출신이라서 더 친하게 지내는 경우가 있긴 해요.

문: 그럼 그들은 상회 밖인 집에서 식사할 때에도 하남 특산인 회면烩面을 즐겨 먹나요?

Z: 제 생각에는 그래요. 집에서 그런 음식들을 다 해먹어요.

문: 집에서는 회면을 먹는다는 얘기죠. 동북의 음식에는 그다지 습관이 되지 않고요.

Z: 동북 음식에도 습관이 되었을 거예요. 다만 회면이 있으면 회면을 먹게 된다는 얘기죠.

호적 소재

문: 장춘이나 길림에서 (사업이) 번창하고 있는 회원의 호적은 어떤 상태로 있나요?

Z: 일부는 여전히 하남 호적이고 일부는 장춘으로 옮겨왔어요.

문: 장춘으로 옮겨온 사람들이 많나요?

Z: 꽤 많아요. 어른과 아이들까지 모두 옮겨오고... 여기서 오랜 시간 지냈기 때문이죠.

문: 돌아갈 계획은 없고 앞으로도 장춘에 있겠다는 건가요?

Z: 맞아요. 연세를 보면 알 수 있는데 저희 상회에 어디 젊은 사람들이 있나요? YZH, YWJ 정도면 젊은 층에 속하죠.

8. 상회의 발전에 대한 전망

문: 상회의 발전에 대해 어떤 전망을 갖고 계신가요?

Z : 프로젝트 방면에서 상회로써 상회를 부양하도록 하는 거예요. 전망을 함부로 말씀 드리기는 어렵고 저는 그저 비서실에 두 명 정도 충원되기를 바라죠. 전망은 회장님께 말씀해달라고 하세요.

문: 작업인원, 기구, 인원배치 등의 부분에서 더 명확히 분업을 하는 거네요.

Z : 광동상회 같은 경우 그들은 회원부, 개발부처럼 여러 가지 부서가 있고 더 많은 인원들이 있어요.

문: 거기에는 회원이 많아요?

Z : 꽤 많아요.

문: 그래서 비서실에도 사람이 많군요. 인터뷰는 여기까지입니다. 고맙습니다.

Z : 별 말씀을요.

II-16. 길림성 하남상회 회원 LBS 인터뷰

인물 : LBS, CYM(질문자)[문]
일시 : 2014년 6월 3일
장소 : HC회사 사무실

1. 개인정보

기본정보

문: 상회에 가입하기 전의 창업과정에 대해 말씀해 주시겠어요?

L : 저희 회사는 회사의 동북 사무처에요.

문: 그럼 회사는 직접 창설하신 건가요?

L : 아니요.

문: 회장님은 하남 호적이신가요?

L : 네. 회장님이 하남분이세요.

문: 그럼 두 분은 하남인 이신가요?

L : 저는 그의 직원이지만 하남인은 아니에요.

문: 그럼 상회에 가입한 것은 회장님을 대표한 거네요?

L : 맞아요. 전국각지의 하남상회에 모두 대표가 있는데 저희 길림의 하남상회는 저희가 대표이고 북경이나 기타 지역은 다른 대표가 있어요.

문: 그럼 회장님의 개인정보에 대해서 알고 계신지요?

L : 저희는 밀봉 접착제를 만들고 있는데 아파트 단지 유리나 빌딩 유리, 커튼월 등을 하고 있어요. 저희 회장님은 항공업에서 전업하셨고 국무원의 기본수당을 받고 계세요. 이 방면에서 개척자이신데 외국의 독점을 무너뜨리셨어요. 그전에는 밀봉 접착제를 외국에서 독점했었거든요.

문: 그럼 회장님은 언제 장춘에 오셨어요?

L : 저희는 완전히 주외駐外 판매인데 생산기지는 모두 하남에 있어요. (장

춘에 거주하지 않아요.)

문: 그럼 그도 현재 하남에 계시겠군요. 그가 창업한곳도 하남이겠네요.

L : 첫 지사는 심양에 세웠고 지사가 총 7군데 있어요.

사업소개

L : 상회의 활동에 그는 거의 참가하지 않고 지사에서 처리해요.

문: 그가 전국적인 영예를 얻은 것이 있나요?

L : 꽤 많죠. 그는 항공업에서 전업해 오셔서 그쪽에서 꽤 명성이 있으셨어요. 또 밀봉 접착제 영역에서는 선구자에 속하고요.

문: 상회의 L회장님은 도덕모범의 칭호를 갖고 계신데 귀 회사의 회장님도 이런 영예를 중시하시나요?

L : 그는 기술형이라 모범은 중시하지 않아요. 그는 기술 영역의 명예를 중시해요. 작년에 중통산업 분야에서 상을 받았어요. 전체 유리산업의 첫 번째...

문: 즉 이 분야에서 걸출한 사람에게 주는 상이겠네요.

2. 상회 가입계기 / 상회에 대한 인식

문: 하남상회는 어떻게 알게 되셨어요?

L : 저희는 다른 상회의 공정을 하면서 다른 상회를 찾게 되었는데 그들이 저더러 먼저 이 상회에 가입해서 접목할 수 있는 플랫폼을 가져보라고 했어요.

문: 그럼 초기에 상회에 가입해서 얻고자 했던 것은 무엇이었나요?

L : 오직 자원 통합이었어요. 이를테면 건축영역은 많기 때문에 저희는 접착제 분야만 하고 다른 영역은 별로 개입하지 않아요. 이렇게 되면 상회 내에서 자원을 갖게 되죠.

3. 상회의 운영모델

상회 활동: 회원대회

문: 상회에 가입한 이후 활동에 모두 참가하셨나요?

L : 대부분 참가해요.

문: 적극적으로 협조하신다는 거죠. 저번에 기수교체 대회에서 차량이나 기부 등은 모두 회원기업들이 힘을 모아 아주 적극적으로 도왔었죠. 나중에 비슷한 활동이 생겨 협조가 필요한 경우 귀 회사도 그렇게 하실 수 있나요.

L : 그럼요.

상회에 대한 인정

문: (회원들의) 상회에 대한 귀속감은 어떤가요?

L : 상회는 플랫폼으로서 한데 모여 집단을 형성하죠.

문: 통합된다는 얘기죠?

L : 비슷해요.

문: 그럼 현지의 인맥자원이나 영향력을 확장하게 되면 회사의 발전에 도움이 되겠네요.

L : 그렇죠.

4. 각종 동향 / 동업조직과의 관계

문: 그럼 본사는 길림성 하남상회에 가입한 것 외에 어떤 타지역 상회나 협회에 가입했는지요?

L : 아주 많아요. 북방 쪽은 적지만 남방 쪽은 많아요. 대련大连, 심양沈阳, 하얼빈哈尔滨 등 지역에서 모두 가입했어요.

문: 같은 영역의 동종업계 협회에는 가입하셨나요?

ㄴ : 협회는 북경에 많아요. 북경, 상해, 광주에요.

문: 관련된 것은 거의 참가하시겠네요? 만약 참가하게 된다면 부회장, 상무 부회장, 회원 중에서 어떤 직급으로 참여하려 하시나요?

ㄴ : 저희는 직급에 상당하는 영향력이 없다면 구태여 하고 싶어 하지 않아요. 저희는 이번에 마침 시기가 맞아서 기수 교체 때에 가입하게 되었어요.

문: 그럼 다음 기에는 진급할 생각이 있나요?

ㄴ : 발전 상황을 봐서요.

5. 동향문화와 민간신앙

문: 귀 회사에는 하남지역의 상징적 금기사항이 있나요? 이를 테면 일부 지역의 회사에는 관공(关公, 즉 관우)을 모시는 신앙이 있잖아요.

ㄴ : 그런 건 없어요. 기업자체가 과학적 발전관을 바탕으로 하기 때문에 미신적인 일은 하지 않아요. 하남에서는 무엇을 믿나요?

문: 용왕묘가 있는 것 같던데 제물들을 바칠 거예요.

ㄴ : 저는 본적이 없어요. 회장님은 북경화공대학을 졸업하시고 하남의 학교 위원회의 회장님이세요. 저희 회사에는 북경화공대학을 졸업한 연구생과 박사들이 아주 많은데 그들은 과학적인 연구들을 해왔어요.

II-17. 길림성 하남상회 회원 XW 인터뷰

인물 : XW, CYM(질문자)[문]
일시 : 2014년 6월 3일
장소 : PK회사 사무실

1. 개인정보

기본정보

문: 저는 회원님이 운영하시는 기업에 대해 알고 싶은데요, 어떤 기업인가요?

X : 저는 트럭부품회사를 운영하고 있어요.

문: 이 상회에는 트럭부품을 제조하는 기업이 많나요?

X : 아뇨, 이 상회에는 각종업계가 다 있어요.

문: 회원님은 이 상회에 가입해서 어떤 혜택이나 도움을 받으셨나요?

X : 상회에서는 정부관계자를 만난다거나 무슨 문제가 생겼다거나 할 때 나서주거든요, 그러면 저처럼 개인이 나서는 것보다 훨씬 낫죠.

문: 회원님은 이쪽 하남에 적을 두고 있는 기업인들과 접촉하시면서 정체성 문제에 어떤 다른 점이 있다고 보시나요?

X : 우리가 서로 알게 된 시간이 길지 않다보니, 제가 뭐라고 평가할 수는 없어요. 자신이 잘 알지 못하는 문제에 대해 옳고 그름을 판단할 수가 없으니까요. 제가 자칫하면 선생님께 잘못된 정보를 전달하게 될 수 있으니까요. 선생님은 아직 졸업도 하지 않은 학생이니까요. 그래도 뭐 상대적으로 비교해봤을 땐 아주 좋은 편이죠.

문: 그 말씀은 서로 접촉하면서 안 좋은 건 없다는 말씀이시죠?

2. 상회 가입 동기 / 상회에 대한 인식

상회 가입동기

문 : 회원님은 어떻게 하남상회를 알게 되셨나요?

X : 제가 알고 있는 또 하나의 플랫폼이 있는데요, (하남상회) 회장과 저는 그 플랫폼에서 친구였어요. 우리는 '원화文华시스템', '원화기구'라는 중국에서 제일가는 금융시장을 갖고 있거든요. 선생님은 원화시스템을 들어본 적 있는지 모르겠네요. 혹시 스파르타라고 들어본 적 있어요? SYM이 말한 거거든요.

문 : 저는 이름만 들었을 뿐 잘 알지는 못해요.

X : 지금 중국에서 가장 효율적이고 가장 큰 영향력을 갖고 있는 것이 바로 우리 '원화시스템'이에요. 이것은 하나의 플랫폼 혹은 그룹인데 국제적인 투자그룹이에요. 우리 그룹에 대해 말씀을 나누다보면 선생님은 아마 많은 정보를 얻게 될 거예요. 39가지의 보편적 가치관, 상생하는 합법적 논쟁, 정치를 논하지 않고 타인을 비난하지 않는 것, 감사, 공유, 후대문제, 최선을 다하는 것, 애국 등 아주 많은 것들이 다 여기에 포함되어 있거든요.

문 : 그럼 여기서 회장님을 알게 되셨나요?

X : (원화)회장이 바로 우리친구에요. 우리 회장은 긍정에너지가 넘치는 사람이죠. 배가 어떻게 가는가를 보려면 그 배의 선장을 보라고 하잖아요. 기차가 어떻게 가는지는 그 기차의 차머리를 보면 알 수 있고요. 우리는 회장과 같이 가기를 원해요. 그래서 제가 (회장을 따라) 이 상회에 들어오게 된 거예요.

문 : 그럼 상회가 처음 설립되었을 때 들어오신 건가요?

X : 아뇨. 제가 가입한 시간은 짧아요, 일 년도 안됐어요.

문 : 그럼 지금은 회원이신 거죠?

X : 네, 지금은 회원이죠. 상회가 세워진지가 아마 3년인가? 2~3년 정도 됐어요.

문 : 회원님께서는 동북인 이신가요, 아니면 하남인 이신가요?

X : 동북인이요.

문 : 오, 그렇군요. 줄곧 동북지역에서 사업하셨어요?

X : 네, 그렇죠.

문 : 그럼 어떻게 하남상회에 가입하신 거예요? 동북인 신분으로 하남상회에 가입할 수 있나요?

X : 지금 (하남)상회는 하남인이 가입하는 게 맞죠. 그래서 (하남)상회라고도 하고 동향회라고도 하죠. 동향회가 무슨 뜻인지 알고 계시죠? 다 한 고향사람을 말하잖아요. 이 하남상회는 아무나 들어올 수 있는 게 아니에요. 제 생각에는 제가 하남상회에 들어올 수 있었던 건 우리 원화의 6명의 동창생이 동시에 하남상회에 가입했기 때문이 아닐까 싶어요.

문 : 모두가 동북분 이세요?

X : 모두 동북사람이에요. 한 사람은 회장이고, 한 사람은 이사에요. 우리는 모두가 바쁘잖아요. 만약 누군가가 회장, 부회장, 이사가 되고 싶어 하면 먼저 이 상회를 위해 공을 세워야 한다고 생각했어요. 우리는 시간적 제약이 많아서 우선 회원이 되었어요. 왜냐하면 상회에는 능력자들이 많을수록 상회의 발전에 큰 도움이 되니까요. 회장은 아마도 이 원화시스템을 통해 우리가 상회를 위해서 어떤 일을 할 수 있지 않을까 생각한 것 같아요. 우리의 이 플랫폼은 학비가 비교적 비싼 편이에요. 학비가 십 몇 만 위안이거든요.

문 : 그럼 장춘에서 수업을 하나요?

X : 우리는 광주广州에서 수업해요. 장춘에는 없거든요. 창춘에서 수업을 개설하려고 해봤지만 잘 안됐어요. 광주, 상해, 성도成都 이렇게요. 동북에서는 잘 안됐어요. 제 생각에는 상회의 생명은 응집력이에요. 솔직히 말해서 상회가 나서면 기업인에게는 보호막이 생기는 거거든요. 이 하남상회처럼 영향력이 있는 상회라면 길림성에서도 영향력이 있다고 볼 수 있죠.

문 : 맞아요. 하남상회는 5A상회잖아요.

X : 그렇죠. 만약에 무슨 일이 생기면, 사업을 하는 것도 그렇고 ... 긍정, 부정적인 부분은 더 말할 것도 없고... 중국의 법률이 워낙 융통성이 있다 보니까요.

상회에 대한 인식

문: 다른 상회는 발전이 그다지 좋지 않고, 일련의 문제점이 나타나고 있어요. 만약에 하남상회에도 이런 문제점이 나타난다면 어떻게 해결하실 건가요?

X : 어느 상회에요? 어떤 문제인가요?

문: 그러니까 어떤 상회는 임기교체선거가 잘 이루어지지 않고 있어요. 또 관리도 잘 되지 않고 있고요. 만약에 하남상회에도 이런 문제점들이 나타난다면 회원님께서는 어떤 루트를 통해 어떻게 해결하는 것이 좋다고 보시나요?

X : 먼저는, 사람과 사람이 함께여야 해요. 제 말은 대충 이런 뜻이에요. 사람과 사람이 모이면 한 무리가 되고 마음과 마음이 모이면 단체가 되거든요. 마음이 하나로 이어지지 못한다면 상회라 한들 무슨 소용이 있겠어요.

문: 그러니까 단합이 안 된다는 말씀이시죠?

X : 그렇죠. 마음과 마음이 하나로 모이면 모든 게 가능해져요. 갈 수 있는지 없는지는 회원들의 수준여하에 달려있어요. 우선은 지위가 높아야죠. 우리 상회도 그렇지만 회장이라는 자리는 아주 높아요. 자리가 높으니 그 높이만큼 모든 걸 바칠 수 있고 그 상회는 발전할 수 있게 되죠. 그러나 만약에 어떤 상회가 위신이 높지 않다면 그 상회는 더 내려갈 곳이 없게 되죠. 지위의 높낮음이 없다보니 누구도 자신을 헌신하려고 하지 않죠. 왜냐하면 상회가 운영되기 위해서는 돈이 필요한데, 이 돈의 출처가 어딜까요? 우선 이 돈은 회장한테서 나오는 것이 많아요. 회원한테서는 적게 나오고요.

문: 회원님께서 생각하는 이상적인 상회는 어떤 모습인가요?

X : 상회는 겉과 속을 막론하고 하나의 이익공동체가 되어야 한다는 거예요.

문: 어떤 이익공동체요?

X : 예를 들어 우리 상회에 500명이 있다고 하면, 모든 회원이 많든 적든 다 같이 투자하여 하나의 사업을 하는 거죠. 그럼 그에 따르는 수입이 생기게 되고 모든 회원에게 매년 수익 배당이 이루어지게 되겠죠. 이것이 제가 바라는 이상적인 상회에요.

문: 그러니까 모든 회원의 이익을 하나로 결합한 거네요.

X: 맞아요. 그리고 이렇게 하려고 준비 중에 있고요.

3. 상회조직관리

상회 내부관리

문: 그럼 관리 측면에서는 어떻게 하는 것이 바람직하다고 생각하세요?

X: 관리 측면에서는… 제도를 통해 규제를 해야 한다고 봐요.

문: 네네.

X: 선생님께서 만약 우리 상회에 가입하고자 한다면, "격格"과 "강杠", 즉 룰이 있어야 한다는 거죠. 이 몇 가지 요구에 동의한다면 당신은 상회에 가입할 수 있고, 동의하지 못한다면 가입할 수 없어요. 예를 들면 상회의 정기모임에는 반드시 참가해야 하는데 만약에 참가할 수 없다면 이런저런 절차를 거치거나 필요한 증명서를 제출하여 허락을 받아야 해요. 이런 제도적인 규제가 없다면 관리가 어렵거든요.

문: 그럼 이 상회에는 이런 제도적인 규제가 있나요?

X: 우리 상회에는 없어요. 하지만 다른 플랫폼에는 있어요.

(중략)

문: 감사위원회는 언제 설립되었나요?

X: 얼마 안됐어요. 우리 상회는 앞으로 더 완벽해질 거예요. 제가 이렇게 말하는 이유는 우리 상회의 회장님은 지금 상해에 계신데요, 상해에서 고문을 맡고 계세요. 고문을 맡게 되면 새로 배우게 되는 내용들이 많은데, 우리 회장님은 아마 가장 좋은 모델을 우리 상회에 도입하실 거예요.

문: 지금 감사위원회는 자기 역할을 충분히 감당하고 있나요?

X: 저는 아직 감사위원회에 대해 잘 모르고 있어요. 감사위원회에는 반드시 이를 담당하는 (전문) 인력을 두어야 한다고 봐요. 감사위원회는 두 얼

굴을 해야 하니까요. 이렇게 된다면 감사위원회는 앞으로 더 큰 역할을 해낼 수 있을 거예요.

문 : (하남)상회는 비록 늦게 시작했지만 아주 **빠르게** 잘 발전한 것 같아요.

X : 네. 첫발이 늦었죠. 그리고 성장과정 또한 학습하는 단계이기도 하고요.

문 : 회원님이 보시기에 상회가 앞으로 개선해야 할 점은 무엇인가요?

X : 제가 볼 때 너무 느슨한 거 같아요.

문 : 제도가 없다는 건가요?

X : 네, 맞아요. 왜냐하면 기업인이라면 당연히 기업에 종사해야지요. 기업에 종사하는 저 같은 경우, 1년에 몇 천만 위안의 생산액을 창출하는데, 어떤 때는 1년에 1억 위안 정도의 생산액을 창출할 때도 있어요. 그리고 저의 직원들은 모두 저의 말을 잘 들어요. 선생님 앞에 있는 지금 이 순간에 제가 선생님 말을 듣듯이, 대부분의 기업인들은 모두 그래요. 그렇지 않나요? 어떤 기업인이나 어떤 상회나 처음 사장이 되면 다 그렇게 해요... 다리를 이렇게 꼬꼬 않는 것은 안돼요. 우리의 플랫폼에서는 않을 때는 앉고 설 때는 서고 학습력을 강화시켜야 돼요.

문 : 어떻게 해서 그 플랫폼의 제도 집행력은 그렇게 좋은 가요?

X : 왜냐하면 우리 플랫폼에는 사람들이 꼭 필요로 하는 게 있기 때문이에요. (예를 들어) 만일 선생님이 제도대로 집행하지 않으면 우리는 선생님을 최적화되도록 만들거든요. 만약 끝까지 최적화되지 않는다면 그 사람과는 아무도 같이 일하지 않을 거예요. 바로 이런 긍정적 에너지와 매력이 넘치는 좋은 플랫폼이 있기 때문에 사람들은 그 속에서 배우고 성장할 만한 가치를 느끼게 되는 거예요.

문 : 이 상회가 그토록 매력이 있다는 말씀이신가요?

X : 만약 아무 매력이 없더라도 우리는 이미 상회에 가입한걸요. 이제 우리가 그쪽(원화시스템)의 좋은 모델을 이쪽(상회)에 도입하면 되죠. 그렇지 않나요?

4. 상회 운영방식

상회 설립 구상 및 추진동기

X : 상회는 "큰 상회, 작은 정부"에 속하는데요. 예를 들면 이제 앞으로 개인의 세력이 너무 커져서 정부가 저와 같은 개인, 개체에 대해 어떻게 지원해줘야 할지 모르는 상황이 생길 수도 있어요. 그런데 만일 우리상회에 500개 정도의 기업인이 있다고 한다면, 이 회원들은 즉 500개의 단독 개체라고 볼 수 있죠. 한번 생각해보세요, 나는 자동차부속품을 제조하고, 다른 사람은 술 담배를 제조하고, 또 어떤 사람은 전력공사에 있다고 할 때, 정부는 당신에게 막강한 지원군이 되어줄 수 있고 당신은 여러 가지 국가정책의 혜택을 누릴 수 있게 될 거예요. 또 예를 들면, 나라는 사람이 공업단지조성과 관련하여 정부를 찾아가서 나는 창춘시에 있는 어느 회사의 사장이라고 했을 때 정부가 주는 혜택은 달라요. 그러나 하남상회라고 했을 경우에 정부는 평당 200(위안)상당의 토지를 80(위안)에 주는 거예요. 특히 네트워크가 발달한 요즘에는 위챗微信이라든가 모멘트朋友圈를 통해 끼리끼리 정보를 공유할 수 있어요. 때문에 우리가 상회에 가입하는 것은 상부상조 하는 거라고 볼 수 있죠.

5. 상회의 기능

X : 법률은 유연하기 때문에 어떤 부분에서는 법을 약간 위반한다 하더라도 괜찮아요. 하지만 개인의 경우에는 (경제적인) 힘이 약하기 때문에 정부는 이런저런 구실로 당신을 피곤하게 할 수가 있죠. 이럴 경우에 당신이 벌금을 내지 않으면 정부에서는 당신이 영업을 못하도록 막겠죠. 하지만 상회가 움직이면 그 영향력은 엄청나요. 상회의 회장이나 부회장은 이미 정부와 가까운 사이이기 때문에 아무런 마찰 없이 잘 넘어갈 수 있어요. 회장의 말에 의하면, 작년에 어느 회원이 부채소송에 휘말리게 되었는데, 소송을 통해서도 그 돈을 받아내기가 어려운 상황이었대요. 하지만

마지막 카드로 상회가 나서서 해결한 결과, 정부와 법원에서도 이 일을
잘 처리해주었다고 하더라고요.

문: 그럼 당신은 상회에서 얻은 게 있나요?

X : 우리처럼 기업을 운영하는 사람에게는 상회는 하나의 플랫폼이에요. 이
플랫폼을 통해 많은 기업인들과 친분을 쌓게 되죠.

문: 얻을 수 있는 정보가 훨씬 많아지겠네요.

X : 그렇죠. 지금 플랫폼은 많이 달라졌어요. 플랫폼을 통해 확보할 수 있는
인맥이 늘어났거든요. 제가 상회에서 얻은 것 중의 하나가 바로 인맥이
에요.

문: 회원님은 상회에 가입한 이후로 어떤 행사에 참가하셨나요? 화톈華天행
사 말고 또 어떤 행사에 참가하셨나요?

X : 제가 상회에 늦게 가입하다보니 그렇게 많은 행사에 참가하지는 못했어
요. 상회에서 주최한 프로젝트 시찰에 참가했었는데 이건 개발단지 매입
과 관련하여 정부와 가격을 협상하는 그런 일이었어요.

II-18. 길림성 하남상회 회원 LB 인터뷰

인물 : LB, XGG(질문자)[문]
일시 : 2014년 6월 3일
장소 : JLC회사 사무실

1. 개인정보

사업소개

문: 운영 중인 기업은 어떤 분야이신지요?

L : 자동차 부품회사에요.

문: 어떻게 이 업계에 진출할 생각을 하셨는지요?

L : 저의 고향은 반석磐石이에요. 고향에서 장춘에 올 때는 친척에게 일을 해주러 왔어요. 그는 이치7)—汽에서 부품을 납품하고 있었는데 몇 년 하다 경기가 좋지 않아 파산하게 되었어요. 그 후 제 친척은 고향으로 돌아갔고 제가 이어서 관리하게 되었어요. 초기에는 파산된 기업이라 돕는 이가 없어 어려웠지만 조금씩 나아졌고, 친척들이 몇 명 모여 다시 일구다 보니 2003년도에는 본 모델의 메커니즘대로 재가동 할 수 있었어요.

문: 본 모델의 메커니즘이란 무엇인가요?

L : 기기들의 부품을 조립하는 건데요, 이치의 노선을 따랐어요.

문: 이치의 전체적인 프로세스를 따르는 건가요?

L : 맞아요. 이치의 표준에 따라 전체적인 과정을 따랐어요. 그리고 2003년 재가동 이후에는 영업액이 꽤 괜찮은 수준이었어요. 2005-08년은 저희 기업이 비약하는 시기였어요. 초기에는 어려웠지만 저희는 시작부터 이

---

7) 중국 제일의 자동차그룹으로(원래는 제일자동차제조공장), 영문 브랜드마크는 FAW 이다. 중앙 직속의 국유 특대형 자동차 생산기업이며 본부는 장춘에 있다.

미 어려움을 겪었기 때문에 견딜 수 있었어요. 그리고 2008년 하반기에는 기업이 해체가 되면서 완전히 끝을 맺었어요. 2003-08년까지 5년 동안 꽤 괜찮았죠. 나중에 자동차 공장을 이치에 팔아 넘겨 합병시켰고 저희는 나와서 다른 기업을 시작했어요.

문: 기업 내부의 관리에 어떤 특징이 있었나요?

L : 기업의 생산에는 문제가 없었지만 주로 판매부문에 문제가 있었어요. 왜냐하면 생산은 이치의 표준에 따라 이치가 저희에게 하달한 도지, 지표, 수량에 따르면 되었어요. 하지만 후속으로 부품 조립을 했는데 주변시장에는 신경 쓰지 않고 부품조립만 했던 것이 문제였어요. 나중에 2005년에 들어와서 주변시장을 하기로 결정했어요. 하지만 저희 브랜드가 이치에 부품을 조립해 주고 있긴 했지만 처음 시장 진입이라 인정받기가 힘들어서 자체적인 판매팀을 결성하기로 했어요. 그 해에 저희는 23명으로 구성된 팀을 결성했는데 기술, 판매, 과학연구를 아는 사람들과 학위를 지닌 사람들로 구성했어요. 처음 시작할 때에는 동북3성을 상대로 했고 점차 남방으로 내려와서 지금까지 하고 있어요. 지금은 부품조립은 하지 않지만 주변시장은 버리지 않았어요. 주변시장이 괜찮은 편이라서 1년을 해도 적지 않게 하고 있죠. 중간에 사람들이 빠져나가고 기업변동 등 많은 문제들이 있기는 했지만요.

문: 기업변동에 대해 말씀해 주시겠어요?

L : 저희 기업의 변동 시기는 2008년 하반기부터 시작되었는데 기업에 위기가 찾아왔어요. 위기는 주로 국내에서 발생했는데, 자동차 부속품에서 중요한 것은 강철이죠. 2007-08년 상반기에 저희가 강철을 많이 사재기해서 자금이 모두 강철에 묶여있다 보니 2008년 하반기에 들어와서 하루아침에 기업이 파산하게 된 거예요.

문: 그럼 이 문제가 발생했을 때 회사 전체의 내부인원과 관리계층에 어떤 변화가 생겼나요?

L : 인사 관리층에는 변동이 없었어요. 왜냐하면 중·고층이상의 직원은 회사의 주식을 보유하고 있었고 집이며 자동차는 모두 회사에서 제공한 것이었기 때문이죠. 하지만 하부 직원들에게는 큰 변동이 발생했는데 그 절반 이상이 나가게 되었던 거예요.

문: 그럼 회사의 주요 인원의 배치나 기구는 어떻게 되었나요?

ㄴ : 저희 기업은 가족을 중심으로 하는 가족기업이에요. 직원체계에서 고위
층 이상의 3명은 모두 저의 친척이에요. 중층은 주로 동창이고, 외부에
서 고용된 대학생, 기술자들로 분류돼요. 지금도 그렇지만 판매팀은 저
희가 하청을 준 거예요. 저희가 중시하는 것은 과정보다는 결과예요. 하
지만 저희 방식대로 하면 성 밖으로의 판매는 할 수 없게 되어 있어요.
(그래서) 2008년의 자금 변화 이후부터 판매는 모두 하청을 주고 있죠.

문 : 회원님의 기업은 이미 업무 범위가 아주 넓어서 성 밖으로까지 확장되었
는데 그 과정에서 각 성 간의 문화적 충돌이나 정체성 문제 같은 것들이
발생한 적은 없나요?

ㄴ : 자동차 부품산업은 기타 산업과 달리 전일성專一性이 아주 강해요. 한 가
지 차 모델은 한 가지 부속품만 맞게 되어 있죠. 자동차 부품에 대해 전
국적으로 유명한 기업들이 있기 때문에 다른 성에 진입할 때는 다른 사
람의 시장에 충격을 줄 수가 있어요. 이러한 상황에서 저희는 직접 판매
를 하는 것이 아니라 현지 지역의 대리점을 찾는 방식을 취해요. 만약
대리점과 사업이 잘 안 되면 자체적인 서비스 센터를 건설하죠.

문 : 성 외의 기업가들과의 접촉에서 어떤 점들이 특별히 이해가 되지 않으셨
나요?

ㄴ : 딱히 그런 건 없었지만, 결제된 금액을 돌려주지 않는 점回款은 좀 그랬
어요.

문 : 그러면 그들은 회원님을 동북인으로 인정해 주나요?

ㄴ : 그렇죠. 필경 길림성 장춘 이치는 이 산업의 주요 도시잖아요. 저희가
하는 것이 이치의 해방차解放車 산업이었기 때문에 아주 잘 인정을 해주
죠. 장춘사람이라고 하면 무척 인정해 줘요.

2. 상회 조직관리

상회의 가입계기 / 상회에 대한 인식

문: 어떻게 상회에 가입하게 되셨나요?

L : 제가 하남상회에 가입할 때, 사실 반은 동향인이라고 할 수 있는 제 아내가 하남인이기 때문이었죠. 그리고 회장과도 개인적으로 친분이 두터웠어요. 저의 주요 구매처도 하남 임주林州였고 장기적으로 생산과 판매를 해왔어요.

회원관리

문: 상회에 가입하는데 어떤 조건이 있었나요? 제한 조건은 무엇이었나요?

L : 주로 기업의 수준이었어요.

문: 어떤 기업의 수준이요?

L : 성실과 신용이요. 어떤 오점도 없어야만 여기에 들어 올 수 있었어요.

문: 오점은 어떤 면에서의 오점인가요?

L : 기업의 실적, 제품의 질량, 일부 절차, 사회적 측면 등에서 부정적인 요소가 있어서는 안 되었어요.

문: 현재 상회는 어떤 구성체계로 되어 있는 상황인가요?

L : 저희 상회는 성 정부 직속의 상회이고 길림성의 27개 상회 중에서 5A급 상회에요. 저희는 집단으로 결성하여 기업을 운영하거나 일을 진행하고 있고 함께 자선활동이나 공익활동들을 하고 있어요.

상회내부의 관리

문: 이상적인 상회의 모습은 어떤 건가요?

L : 상회는 사람들이 모여서 식사만 하는 곳이 아닌 회원이나 길림사람이나 하남사람을 위해 진정으로 일을 하는 곳이어야 한다고 생각해요. 현재 많은 상회에서는 식사만 하거나 혹은 활동에 직접 참가하지 않고 비서들만 파견하죠. 저는 상회가 단결하여 공통으로 뭔가를 하고 자기의 방향

을 향해 함께 일을 했으면 좋겠어요. 자기만 생각하지 말고 상회, 길림, 하남을 생각해서 모두를 위해서 일을 했으면 좋겠어요.

문: 상회의 관리에 어떤 문제가 있다고 느끼시는지요?

ㄴ: 상회의 관리문제인데, 상회의 어떤 기업들은 손실을 보고 있고 어떤 기업들은 잘 운영되고 있어요. (상회는) 잘되고 있는 기업들을 중심으로 상회와 회원기업들이 앞으로 나아갈 수 있게 인도할 수 있어요. 상회에서는 다음 단계에서 진행할 계획들을 세우고 있는 중인데 바로 상회의 모든 사람들이 함께 이 일을 해나가는 거예요. 아직 기획 중에 있고 구체적인 실행방법은 나오지 않았어요.

문: 상회가 설립된 지 얼마나 되었나요?

ㄴ: 3년 넘었어요.

문: 그럼 이 3년 중에 기수 교체를 경험한 적이 있으신가요?

ㄴ: 네, 올해 4월에 기수교체를 했어요.

문: 새로 선출된 회장님에 대해 어떻게 생각하시는지요?

ㄴ: 굉장히 좋은 분이고 희생을 할 줄 아시는 분이세요. 제일 중요한 것은 진정으로 저희 회원이나 상회를 위해 일을 하느냐 하는 것이죠. 또한 상회를 위해 에너지를 쏟아 붓고 개인보다는 상회를 우선으로 생각하는 그런 분이여야 하는데, 우리 회장님은 바로 그런 분이세요.

문: 그분을 상당히 인정하시는군요.

ㄴ: 네, 상당히 인정하고 있죠.

문: 상회 내부 구성원들과의 관계는 어떠세요?

ㄴ: 관계는 괜찮아요. 신규회원이나 기존회원이나 모두 관계가 괜찮아요. 신규회원도 차츰 시간이 지나면서 다 같이 어울리고 가족처럼 지내죠.

문: 상회의 일상적인 사무절차에 대해 잘 알고 계신가요?

ㄴ: 그런 것은 잘 몰라요.

문: 예를 들어, 현재는 상회 운영이 잘되고 있지만 나중에 상회의 기수 교체에서 선출된 회장의 관리 방식에 대해 인정하지 않는 사람들이 생긴다면 사장님은 어떻게 하실 건가요?

ㄴ: 여기에 대해서는 이렇게 밖에 얘기를 못하겠는데요, 누가 다음 기수의 회장에 당선될지를 불문하고 그가 자신의 이익뿐만 아니라 상회나, 전반적인 국면을 고려할 수 있기를 기대해요. 현재 재임 중인 회장님을 포함

해서요. 회장이 상회를 위해서 일할 때만이 사람들이 따르고 상회를 위하는 방향으로 나아가게 돼요. 만약 자기만을 생각해서 사분오열이 되면 상회가 나아갈 길은 험준할 거예요. 하지만 현재는 상회가 아주 잘되고 있어요.

문: 상회가 운영되는 3년 동안에 규범을 위반한 회원이 있었는지요?

L : 없었어요.

문: 상회에서 확립한 협의(규정) 중에 규범을 위반한 회원에 대한 징벌제도는 있는지요?

L : 징벌 제도가 있는데 신용을 지키지 않거나 약속을 어기고 상회에 부정적인 영향을 끼칠 경우 상회를 탈퇴시켜요. 저희 상회에서는 (위반자에 대해) 우선적으로 도와주고 그래도 여전히 개선의 여지가 없고 상회에 부정적 영향을 끼칠 경우 상회에서 탈퇴시켜요.

3. 상회의 운영방식

상회활동참가

문: 상회에 가입한 이후 어떤 활동에 참가하셨어요?

L : 송년회, 자선기부, 양로원, 상회내부의 기업 오픈 등 많은 활동에 참가했어요.

문: 구체적인 활동 하나를 예로 들어 말씀해 주실 수 있으세요?

L : 올해 춘절 때 양로원에 가서 노인들을 문안하고 일부 노인들과 대학생들에게 기부를 했어요. 저희는 상회에 모여서 이런 기부활동을 해요. 개인적으로 기부활동을 하기도 하고요.

경비의 조달 및 당-정부 기관과의 관계

문: 상회의 운영과 활동의 자금을 어떻게 조달하는지 알고 계신가요?

L : 그것은 저희가 자선을 위해 자발적으로 기부한 것이에요.

문: 자선 이외의 기타 자금원은 없나요?

ㄴ: 송년회 같은 경우 상회의 돈으로 진행되는데 이는 저희가 납부한 회비 중에서 경비로 사용돼요.

문: 회비는 얼마인지 알 수 있을까요?

ㄴ: 회비는 얼마 안돼요.

문: 귀 상회는 길림성과 장춘시의 어느 부문과 연계가 있는지 알고 계신가요?

ㄴ: 많아요. 적십자회红十字会, 장애인연합회残联, 시 경제위원회市经委, 시 경제사무처市经办 등이에요.

문: 시 경제위원회市经委, 시 경제사무처市经办요?

ㄴ: 바로 시 경제관리국인데 연계를 갖고 있어요.

문: 보통은 어떻게 연계하죠? 연계방식은 무엇인가요?

ㄴ: 연계방식은 보통 저희 자선부문처럼 노인, 아동, 대학생들에게 기부해 주는 거예요. 시 경제 사무처에 투자를 유치해주는 것은 모두 저희 현지 기업들이에요. 제 아내 쪽의 기업인 초작焦作에 있는 쓰메이터斯美特는 저희 하남상회를 통해서 유치하게 되었죠.

문: 정부부문이 상회에 대해서 어떤 태도를 취한다고 생각하세요?

ㄴ: 정부는 저희 상회를 아주 중시하고 잘 대해줘요. 중요한 것은 기업들이 장춘에 와서 발전하려한다는 거죠.

4. 상회 발전에 대한 전망

문: 상회 안에서 어떤 발전을 기대하고 계신가요?

ㄴ: 개인만을 생각하는 것이 아니라 길림사람들과 하남사람들이 같이 일을 하는 거예요. 상회의 가교역할에 대해서 회원들도 모두 인정하고 있어요.

문: 상회에서 어떤 도움을 받은 적은 있으신지요?

ㄴ: 상회에서 많은 도움을 받았어요. 예전에 제가 하남 임주에 가서 프로젝트를 했는데 현지의 기업에게 사기를 당하게 되었어요. 그 시기에 상회가 나서서 사건을 해결해 주었죠.

3

기타 동향상회,
정부관계자, 회의록

III-1. 길림성 호남상회 비서장 HNZ 인터뷰

인물 : HNZ, 동운생董运生[동]
일시 : 2013년 3월 4일
장소 : 호남상회 사무실

1. 개인정보

기본정보

동: 호남분이신 것 같네요?

H : 네 맞아요, 원적은 호남이고 부모님 모두 호남인이지만 저는 동북에서 자랐어요.

동: 혹시 전에 정부부문에서 책임자로 일하신 경험이 있으신지요?

H : 예전에 길림심공深工[1]에 있었어요. 원래는 정부와 기업이 분리되어 있지 않았었는데, 분리된 후에 길림심공그룹이 된 거죠. 그래서 우리 상회가 이 지역의 개발권을 얻은 거예요.

2. 상회운영방식

상회 창립의 구상과 종지

H : 상회는 명청시기明清时期부터 존재한 상방회관에서 유래한 것인데 당시 에는 호광湖广회관이었죠. 지금은 상회라고 부르는데, 상회에 대한 국가

---

1) 심공새에너지유한회사의 약칭.

규정에는, 예를 들어 호남상회는 호남 출신의 인사 혹 호남출신의 기업가 등 공상업계 인사가 길림성에서 투자하여 발전하고자 자발적으로 결성된 민간사회 조직이라고 되어 있어요.

상회는 동향 출신들을 위해 서비스하긴 하지만 실제로 상회는 향우회, 동향회와는 달라요. 향우회, 동향회는 참가자격에서 제한이 없지만 상회는 상업적 방식으로, 국가의 요구에 따라 공상등록 증명을 받고 구체적인 경영 장소, 경영 범위가 있어야 해요. 학생이나 보통 직장인은 동향회에 가입할 수 있지만 상회는 좀 다르죠. 그리고 또 사우나에서 때밀이 노동자로 있는 사람들이 대부분 강소성 양주揚州사람들이 많은데 이들은 상회에 가입할 수 없어요. 그러니까 좀 다른 점은 어느 정도의 경제적 능력을 요구한다는 거예요. 상회는 공식적으로 허가증을 소유하고 일정한 경제기초가 있어야 해요. 본질은 돈 많은 사장님들의 클럽인 셈이죠. 이런 성질을 가지고 있어요. 상회는 우리 국가 형식으로 보면 정부의 조수 역할을 하는 것이자 좋은 참모죠. 당지 경제발전을 추진하고 회원기업을 위해 서비스하죠. 실제로는 회원기업을 위해 서비스를 제공하는 것을 근본으로 하죠.

동: 실제 목적들 중에서 우선순위는 무엇인가요?

H: 회원기업을 위해 서비스하고 사회를 위해 서비스하고 경제 발전을 위해 서비스하는 거죠. 회비에 관해 국가에서 명문으로 규정한 바가 있는데 정부에서 민간의 서비스를 구매하겠다는 내용이에요. 정부는 상회가 외부기업의 투자유치에 필요한 경비를 대줘야 해요. 상회의 회비는 회원기업 서비스를 위해 쓰는 것이지 정부의 외부기업 투자유치에 쓰려는 것은 아니거든요. 이건 명문규정이에요. 그러므로 상회가 어떻게 회원기업을 위해 서비스할 것인가 하는 것이야말로 근본적인 문제죠.

회원기업이 현지에서 발전하기 위해서 첫째로는 자금, 자금이 있는지 없는지를 보죠. 상인은 특수집단이지만 일반사람들은 단순히 돈이 있느냐 없느냐로 판단하는 것 같아요. 실제로 그런 개념은 아니에요. 상인이 되려면 확산적 사고를 할 줄 알아야 해요. 큰 그룹집단을 이끄는 대표는 회장은 아니더라도 머리가 좋고 일도 잘하는 편이에요. 업무도 잘하고 업무 외에도 각종 직업 간의 일들을 잘 알고 있다는 말이죠. 무슨 말을 하든지 그들은 다 잘 알아요. 총명하고 사리가 명확해요.

그런데 회장이라고 하면 확산적 사고를 할 줄 알아야 해요. 한 눈에 돈을 벌수 있는 곳을 찾아내고 바로 전심전력으로 투자하는 거죠. 상인은 오늘 전심전력으로 투자했던 사업도 내일 아니다 싶으면 바로 정지시키죠. 공산당 정책은 이와 달라요. 예를 들면 (공산당은) 월요일에 모여서 한 주간의 계획을 세우고, 월요일에 미팅하고 계획대로 안배하고 순서대로 진행하죠. 이렇게 상업을 하면 망하는 거예요. 한 회사의 회장이라면 바로 투자하고, 아니다 싶으면 바로 정지해야 하는 거예요. 상업은 계획한대로 가진 않거든요.

상회빌딩

H : 현재 경제발전 형세를 보면, 상회 조직이 부단히 개선되고 상회의 작용도 커져서 자발적인 협력발전이 추세가 되고 있어요. 우리 상회는 이 방면에서 잘 되고 있는 것 같아요. 회장이 몇 명의 상무부회장 혹은 능력 있는 회원 기업들과 함께 이도二道에서 8만㎡의 토지를 구입하여 호남상업산업원湘商产业园, 호남상업빌딩湘商大厦, 호남화원湖南花园을 지으려고 하는데 여기에는 적어도 20억 위안의 투자가 필요해요. 회장 한명으로는 지을 수 없기 때문에 돈이 있는 상인들이 함께 개발하고 투자하는 거예요.

동 : 이 일은 회장과 몇 명의 부회장이 함께 하나요?

H : 이 토지는 이미 획득한 셈이에요. 이는 아주 좋은 예죠. 모든 상회에서 다 하고 싶어 하는데 실제로 행동에 옮긴 경우는 적어요. 광동상회에서도 하고 싶어 하지만 돈이 없다고 들었어요.

동 : 광동상회는 하나의 광동빌딩 안에서 운영 하는 것 아니에요?

H : 다른 상회의 사정이라 말하기 조심스러운데, CMX회장은 실력이 강한 편은 아니지만 상회에 대해 열정적이고 자신의 모든 정력을 쏟아 붓고 있어요. 그래서 사회적으로 영향력이 큰 거죠. 인민대표대회 상무위원이고 정치협상회의 위원이고 전국적으로 하는 일은 많은데 실제로 보면 돈이 없어요. 들리는 소리는 그가 길림성복건상회 그리고 온주상회와 함께 1억 위안의 자금을 투자했다가 추진되지 않아서 결국 자금을 모두 회수했대요. 요즘 토지는 그래요. 국가에서 토지를 사용한다고 먼저 돈 들여서 사놓고 나서는 경매를 하는 거죠. 관심 있는 사람들은 경쟁을 해야

하고 먼저 일정한 자금을 선불로 지불해야 해요.

3. 상회의 기능

H : 상회업무는 회원기업을 위해 서비스하는 거라 할 수 있어요. 잘 투자해
야 하고 잘 저울질을 해야 하는 거죠. 잘못 투자하면 손해 보는 거예요.
손해를 보면 안 되고 손해를 보더라도 본전까지 잃으면 완전히 망하는
거죠. 다 순서가 있고 차츰차츰 시작 하는 거예요. 우리 상회에서는 각
은행과 합작하고 있는데 각 은행들이 우리를 도와주길 기대하고 있어요.

동 : 지금은 어느 은행과 합작하고 있나요.?

H : 민생은행과 합작하고 있어요. 민생은행은 우리에게 3억 위안 정도 무담
보대출을 해주었어요. 이 일을 우리가 대외적으로 홍보하진 않아요. 일
반적으로 대부분 상회는 이렇게 (많이) 대출하지는 못해요. 왜 호남상회
는 기타 상회보다 이 점에서 잘 할 수 있느냐 하면 사적으로 민생은행이
우리 회장인 LXP랑 협의했거든요.

　　LXP가 개인 재산 전부를 담보로 했기 때문에 이 일이 성사된 거죠. 그
어떤 상회도 자기 자신의 재산을 담보로 해서 대출하진 않거든요. 자금
난관은 언제나 해결하기가 제일 어려운 문제에요. 우리도 여러 은행과
합작해요. 우정저축은행郵政儲蓄銀行, 건설은행, 공상은행 등이 있지만 말
로만 할 뿐, 상황에 따라 다르지만 정식으로 10만, 8만 위안을 대출하려
면 근본적으로 해결하기 어려운 문제가 많죠. 최소한 몇 백만 위안은 있
어야 하니 자금 해결하는 것이 제일 큰 문제에요.

　　하나는 자금이고 다른 하나는 기업의 홍보를 확대하는 거예요. 기업에
서 어떤 상품을 생산하면 상품발표회를 열어 사람들을 와서 보게 해야
하는데 상회가 여기에 관심 있는 분들을 초청해 줄 수 있어요. 상회가 좋은
기회를 마련해주는 거죠. (그러나) 간단히 설명하면 상회는 맞선 주선자
역할을 한다고 해도 결혼을 하거나 아이 낳는 일까지 도와줄 수는 없어요.

동 : 두 사람의 합작은 두 사람의 일이겠죠.

H : 합작 후에 일은 상회랑 상관이 없는 거예요. 상회는 간섭할 권력은 없어

요. 예를 들어 상품을 얼마로 팔 것인지는 두 상인 사이의 상업적 비밀이지 상회가 알 권리는 없거든요. 상회는 가장 기본적인 일, 즉 일을 성사시키는 유대 작용을 하는 거죠. 더 이상 간섭하면 또 다른 일이 되는 거예요. 그러므로 상회는 회원기업의 발전을 돕는 거예요. 그중 상품출시, 상품발표회, 상품전시회, 상품판매회의 개최를 통해 기업발전에 도움이 되도록 고객을 모으는 거죠. 또 다른 근본이라면 기업 권익 수호를 하는 거예요. 그렇게 하지 않으면 외래상인들이 업신여김을 당할 수 있기 때문이에요.

동 : 상회는 그 가운데에서 어떤 작용을 하나요?

H : 앞에서 말한 바와 같이 규모가 큰 공정을 맡으려면 사람을 찾아주든지 프로젝트를 소개해주든지 해야죠. 프로젝트를 예를 들어 천유상회에서 맡았다고 한다면 바로 승낙하면 되지만 만약에 그게 아니라면 미리 만나 식사하면서 프로젝트를 따낼 수 있도록 하는 거죠. 다들 이런 식이에요. 상회에 가입 하든 안 하든 모두 개인의 자유예요. 상회는 몇 개의 실력 있는 기업이 있으면 많은 사람들이 이 상회가 실력이 있다고 생각해요. 그래야 많은 상인들이 주목하게 되고 반대로 상회는 그들을 회원으로 흡수할 수 있는 거죠. 그렇지 않으면 상회도 운영이 힘들거든요.

4. 상회의 조직관리

조직기구

동 : 현재 상회에 가입한 기업 숫자는 얼마나 되나요?

H : 200여 개에요.

동 : 상회에서 임원진 교체선거 하셨죠?

H : 한번 교체했으니 지금은 2기예요. 1기 회장은 LXD이고 지금 회장은 LXP예요.

동 : 1기 회장이 상회를 만들자고 했나요?

H : 맞아요. 그때 만들자고 한 사람이 10여 명 있었는데요, 지금의 LXP가 그

중 한사람이죠. 상회는 실력이 좋은 사람이 회장을 하게 마련이에요.

동: 그래도 선거는 하셔야죠?

H: 그럼요, 다들 그러죠. 회장의 자리가 자신에게 이익이 될 거라고 여기고 모두 다 하려고 하고 경쟁도 아주 치열한 편이에요.

동: 이번에도 이런 상황이었나요?

H: 저는 교체선거가 끝난 후에 왔어요. 저는 원래 강소상회에 있었는데 호남상회에서 교체선거가 있다고 저를 오라고 해서 오게 된 거예요. 당시 L회장이 저한테 세 가지 상황을 말씀해주셨어요. 첫째는 같은 호남사람이고, 둘째는 귀속감이고, 셋째는 호남사람을 위해 일해 주었으면 하는 바람을 이야기 하더라고요. 그래서 제가 여기로 오게 되었어요.

동: 여기 상회 회장은 일 년에 돈을 얼마나 내세요?

H: 회장은 1년에 20만 위안이고 상무부회장은 3만 위안이며 부회장은 2만 위안, 상무이사는 5천 위안, 이사는 3천 위안, 회원은 천 위안이며 집행회장은 아직 없는 상황이에요.

동: 상무부회장은 몇인가요?

H: 상무부회장은 11명 내지 12명, 부회장은 14명 내지 16명 정도 돼요.

동: 어느 정도의 직급이어야 의사결정권이 있나요?

H: 상무부회장회의, 부회장회의, 회장사무실회의가 있는데요. 모든 이사가 참여해서 이사회에서 결정해요. 화톈호텔은 우리 상무부회장 단위이고 산이충 중공업회사, YSQ주류회사, 호남유색금속 모두 유명한 기업이죠. 현지에서 성장한 것은 우리 회장 회사인데, 예를 들어 환차오环桥호텔도 회장이 운영하고 있어요. 여기는 호남사람이 적으니까 호남사람이 경영하는 대기업도 적은 편이죠.

동: 그럼 대략 사람이 얼마나 있나요?

H: 확실치는 않아도 대략 8만 명 정도 돼요. 운남성에서 주로 일 년에 한 번씩 전세계적인 호남상업상인湘商대회를 개최하는데 너무 잦은 것 같아서 (이제는) 2년에 한 번씩 개최하기로 했어요. 올해 9월에 또 개최하는데 보통 2~3천 명, 많으면 5~6천 명 정도 모여요. 다 정부에서 돈을 대주죠. 외부기업의 투자를 유치하기 위해서라고 볼 수 있어요. 이 회의가 끝나면 우리도 1년에 한 번씩 기념행사를 개최하는데요. 200만 명까지는 아니고 100만 명 정도의 호남사람들이 오고 (그중에는) 실력 있는 사

람도 많아요. 우리 부회장은 1억 위안 정도의 자산이 없으면 안 되고 우리 회의는 한번 주최해도 3~4백만 위안 정도 드는데 상회에서 부담하는 것이 아니라 실력 있는 상인들이 후원하는 거예요.

당-정부기관과의 관계

H : 시진핑习近平, 리커창李克强이 취임한 후 많은 것이 달라졌죠. 우리는 모두 홍색정권 아래에서 성장했고 모택동사상 교육을 접한 53, 54, 55세대니까 촌마을에서 고생도 해봐서 사회 하층인민들이 힘든 것도 알고 있고, 사회발전과 인민들을 수요도 이해하고 있죠. 사실 마오 시대로 다시 돌아가고 싶다는 생각도 들어요. 하지만 어떻게 뒤로 가겠어요, 역사의 수레바퀴는 앞으로 가는 거죠. 문제는 어떻게 하면 이런 문제들을 현대사회에 적용시켜 유기적으로 결합하느냐 하는 것 같아요. 지금은 군중노선群众路线을 견지하기 때문에 과소비를 조장하지 않는데, 이건 아주 잘 하는 거예요. 다들 이걸 견지하는지 지켜보고 있죠. 만일 한 기수 5년을 견지하고 두 번째 기수 5년 합해서 10년을 견지한다면 중국은 많이 변화하겠죠. 하지만 탐관오리들을 제거한다 해도 역사적으로 어느 시대에나 항상 있는 거니까 완전히 제거하기는 힘들 거예요. 사회가 발전하면 역사도 따라 변하니까 사유방식도 역사시대 변천에 따라 변해야죠. 그렇지 않으면 도태되기 쉽거든요.

동 : 3월 말 민정국에서 민영기업 추진을 위한 좌담회를 열었는데 상회의 비서장들을 모셨었죠. 그 장춘시복건상회도 왔었어요.

H : 저도 따라 가긴 했는데 다 쓸데없는 소리죠. 구호가 '전 국민 창업'인데 빌어먹을 어떻게 전 국민이 다 창업한단 말이에요? 다 쓸데없는 소리죠.

동 : 투자유치 리셉션이에요. 상회가 투자유치 리셉션을 도와주라는 거죠.

H : 그러니까 다 쓸데없는 소리죠. 구호 자체가 문제가 있어요, 가능하지 않아요. 그러니까 상회 내부에서는 복건이 제일 실력 있다고 봐요. 복건성은 명말청초에 세계를 향해 장사를 했기 때문이죠. 그 다음은 절강의 온주사람들인데, 개혁개방하고 1980년대 이후에 장사를 시작했죠. 온주에 가면 90%는 자신이 장사한다고 하죠. 그러면 사람들이 우러러 보고 만약 정부기관에 있다고 하면 더더욱 다르게 생각하죠.

297

동: 이쪽은 중상주의가 비교적 ……

H: 맞아요. 중국사람은 좀 뭐라고 할까 봉건전통이 남아 있는 거예요. 관본위官本位 의식 즉 농업을 중시하고 상업을 억제함으로써 상업을 발전하지 못하게 하는 거예요. 중국은 자본주의사회를 경과하지 못하고 사회주의단계에 진입하게 되었죠. 일반적으로 노예, 봉건, 자본주의사회 다음에 사회주의 사회를 완성하고 공산주의인데요, 중국은 자본주의사회를 경과하지 않았고 중국 역사 전통이 사람들의 사상관념에 뿌리 박혀 있어요. 그래서 지금은 사회발전을 하려고 하면 인내심이 있는 사람을 많이 배출시켜야 해요.

동: 개혁개방 이후 시장경제를 발전시키면서 민영기업가들이 점점… …

H: 맞아요. 전에는 이런 사업가들이 익숙하지 않았고 이해도 되지 않았어요. 왜 그런지는 몰라도 오늘 말이 다 끝났는데도 내일 다시 물어보면 그게 아니라고 얘기하죠. 매번 변하는 것 같아요. 처음에는 습관이 안 되었는데 지금은 좀 적응이 되는 것 같아요. 보통 사람은 이런 사유방식을 이해 못하죠. 납득도 되지 않고요. 하도 많이 접촉하다 보니까 이제는 알 것도 같지만 그들의 사고방식은 사업가의 위치가 높을수록 점점… 아래에서 일 하는 사람은 사실 생각이 없어요. 있어서도 안 되는 거죠. 일을 추진하다가 중지시켜서 일이 잘못되어도 자기 자신한테는 잘못이 없는 거죠. 수를 쓰는 것은 더욱 안돼요. 절대 안돼요. 만약 어떤 사람이 회장의 일 처리 방식이 맘에 들지 않아서 직업을 바꾼다고 해도 그건 고의적인 것이 아니라 적응이 안 된 거죠. 중요한건 받아들이고 습관을 들이는 거예요. 어디나 법칙은 있으니까요.

동: 모든 것은 적응과정이 필요하겠죠. 예를 들어 분업에서 국가 기업은 전통 단위이지만 상회는 아직 신생 산물이니까요.

H: 상회는 정부부문과 접촉할 때는 정부의 요구를 알아야 하고 기업과 접촉할 때는 기업의 요구를 알아야 하기 때문에 두 측면을 유기적으로 결합해야 해요. 기업은 오늘은 오늘 계획대로 내일은 내일 계획대로 하죠. 하지만 정부는 안돼요. 내가 배치한대로 가야 하는 거죠. 상회는 또 달라요. 상회는 정부든 기업이든 모두 잘 알아야 하니까요.

　　다시 말해서 상회는 유대작용을 해요. 국가와 기업을 이어주는 작용이죠. 각종 기회를 마련해야죠. 융자의 기회, 상품추천의 기회, 외부기업

투자유치의 기회, 기업 권익 수호의 기회, 이젠 공익조직도 상회에 찾아와 기부하라고 하지요. 상회에 돈이 있으면 바로 이런 거예요. 규모가 크면 돈이 많고... 그런데 규모가 큰 상회가 적으니까 말이죠.

동: 상회와 정부부문 사이는요?

H: 우리 상회는 정부와의 교류가 아주 친밀해요. 남방은 정부와 그리 친밀하지 않은 걸로 알고 있어요.

동: 제가 전에 요녕성 보전상회莆田商会를 조사한 적이 있는데 정부와의 교류가 그리 빈번하지 않은데 비해 길림성 상회는 교류가 상당히 빈번하고 간섭도 많아요.

H: 정부가 간섭이 많은 건 아니에요. WM이 취임기간에 외부기업의 투자를 너무 많이 유치한 것이 문제죠. 정부도 외부기업의 투자를 유치하려고 하는데 큰 규모로 하려면 상회를 통해야 해요. 각 정부부문들이 모두 상회에 찾아오는 거예요. 예전에는 더 많았는데 지금은 그나마 적은 편이에요. 예전엔 시급 이상만 상대했는데 지금은 지역구 단위, 예를 들면 백성白城 통화通化 등 현급도 다 찾아오니 밥을 사야하는 상황이 빈번해진거죠. 누구든 거절 못하는 상황이니까, 가령 정부가 찾아오고 현지에 우리 회원도 있는 상황이면 둘 다 돌봐야 해요.

동: 호남상회는 2007년에 성립된 건가요?

H: 아니요. 상해(상회)가 제일 처음 성립되었고 나머지는 모두 2008년에 성립되었어요.

동: 그럼 왜 2008년 인가요? 당시 정부의 정책과 무슨 연관이 있나요?

H: 그건 WM과 관련이 있죠. 당시 WM이 서기로 있을 때, 아마 2003-04년이었을 거예요, 절강에 있는 대기업도 함께 온 거죠. 이 기업인들이 함께 몇 백만 위안을 모아서 WM한테 주었는데 액수가 적다는 이유로 받지 않았어요. 그땐 웃음거리였죠. WM도 수입이 1,000여 위안 밖에 안될 때인데 적다고 해서 다시 올려줬어요. 후에 정부와 기업의 수입도 얼마간 올랐어요. 그리고 어느 기업이 자금문제 때문에 운영이 안 될 때도 WM 덕분에 투자를 받을 수 있었어요. 당시 길림성에서는 경제를 중점적으로 발전시키려고 했어요. 그러면서 WM을 앞세워 상회를 성립시켰죠. 다들 동의하는 분위기였던 것 같고 복건, 광동, 천유, 호남, 강소, 산동 등 여덟 개의 상회가 다 그해에 성립됐어요.

동 : 상인은 정치적으로 민감하죠.

H : 축이 얼마나 좋은지 몰라요. 강소상회를 성립할 때 10월 26일로 정했는데 WM이 정했어요. 가오리자동차무역센터高力汽贸城와 강소상회가 함께한다고 했죠……

동 : 상회성립은 WM은 밀접한 관계가 있네요.

H : 그렇죠. 당시 경제상황이 좋았으니 상회도 보살핌을 받은 거죠. 그리고 나서 상해상회가 설립되었어요. 상회는 정부 혹은 성급 간부와의 관계에서 하나의 유대 역할을 하죠. 그러니까 상당히 중시할 필요가 있어요. 올해 BCZ가 취임해서부터 (3월 22일) 15개의 상회 회장을 조직하여 3명의 반공실주임, 5명의 부비서장, 12개 청국부위厅局部委 간부들을 상대로 회의를 소집했죠.

동 : BCZ는 절강상회에서 왔고 절강상회랑 관계가 좋아요.

5. 상회 운영방식

관계망의 효용: 특수한 사례

H : 상회발전은 모두 같은 것 같아요. 불가피한 일이 있더라도 상회가 나서서 도와줘야 하거든요. 고소당하면 변호사를 찾아주든지 법원의 도움을 청하든지… 물론 이게 제일 힘든 거죠. 법관은 이래저래 이득이에요. WJH사건도 형사가 끼어들고 당위가 끼어들고 공안국이 지시를 내리고 그러면 돈을 내는 수밖에 없어요.

동 : 그 사람은?

H : WJH, 우리 회원이에요. 케이블을 주로 생산하죠. 당시 이 일 때문에 무척 열을 받았는데 그때 우리 회원기업이 매우 단순했어요. 다른 사람이 수를 써서 우리 회원기업을 조사했던 거예요. 작년 이맘때 기수교체 전이었는데 제가 없는 동안 조사를 해서 두 명을 체포했고 그중 한 여자에게 30만 위안의 벌금을 내렸고 심지어는 한 사람당 10여만 위안의 벌금을 내렸어요. 작년에 또 왔는데 그땐 제가 있었으니까 저한테 전화해서

정마오正茂시장에 있다고 해서 가보니 저희 회원을 밖으로 내쫓고 일부 사람이 사무실을 뒤지고 있었어요. 제가 가니까 아무 말도 안 하기에 뭐하는 사람이냐고 물어봤어요.

동: 어느 부문이죠? 공안국이예요?

H : 공안국이죠. 당시 그들은 제가 어디에서 왔고 뭐하는 사람인지를 물어봤어요. 공안국이니까 조사하러 왔던 거죠. 시에서 파견해 온 것만 알지 기타 상세한 건 물어봐도 알려주지 않았어요. 신분증 검사를 하더니 밖에서 기다리라고 하더라고요. 일이 커지니까 근심도 앞서더라고요. 만약에 법을 위반했거나 아편밀수 등 사건이 발생하면 우리도 피해가 크니 은폐해서는 안돼요. 후에 한 호남사람이 알려주었는데 어떤 사람이 공안국에 잡혀갔다고 하더군요. 내부인이 공안국 사람과 같이 판을 짜고 고의로 잡아 간 것이 아닐까 하는 생각이 들었어요. 이 회원이랑 그 신고한 사람은 서로 잘 아는 사이고 집안 경제도 잘 아니까 말이에요.

동: 어디에서 위법을 했는지 내막을 알정도면 그 호남사람도 기업에 소속되었던 사람이 아닐까요.

H : 아니요. 공상국인 것 같아요. 그들이 와서 조사한 뒤 봉인하고 사람을 데려가려고 할 때 어느 국의 어느 단위이고 간부가 누구인지 해당 증명을 보여 달라고 했지만 저한테 수사 중이니 방해하지 말라고 했어요. 후에 다시 일을 해결하려고 공안국에 갔더니 구류장을 보여주더라고요. 내용은 규격에 맞지 않는 저품질 상품을 생산했다고 썼는데 상세한 이름과 도장이 없더군요. 이건 가짜였어요. 제가 이 구류장을 가지고 공안청에 있는 기율점검 주임한테 보여줬더니 이번 일은 절대 그냥 넘어갈 수 없다며 그들을 재조사 하겠다고 했어요.

동: 사적인 친구관계가 아니고 공식적으로 그를 찾아가신 거예요?

H : 사적인 관계로 찾은 거예요. 그는 우리 모두가 알고 있는 사람이고요. 재조사 한다니까 공안국 그 사람들도 불안했던 거죠. 우리도 일을 크게 만들고 싶지 않아서 사람만 풀어주면 합의하려고 했어요. 구류장도 다시 돌려줬지만 원본은 촬영해 둔 바가 있어 함부로 못하고요. 그들도 무서웠겠지만 사람을 풀어주진 않았어요.

동: 상회 역량이 이 정도 인지 몰랐네요.

H : 그럼요. 구류된 사람을 풀려면 몇 만 위안 정도가 필요하대요. 그래서

돈을 갖고 오라고 하더라고요. 1주일이 지나서도 풀어주지 않으니까 구류된 회원이 무서웠나 봐요. 공안국에서 열 몇 사람이서 열흘 넘게 이 회원을 못살게 굴면서 조사해서 (그가) 죄증을 승인하도록 만들었어요.

동 : 그 회원 인가요 ?

H : 네. 가짜 저질 상품이 9만 위안 정도 된대요. 국가규정에 의하면 5만 위안이면 범죄에 속해요. 처장급 이상 간부를 통해서 알아보니 이 일은 범죄에 속하니까 어쩔 수가 없대요. 하지만 국가에는 전문적으로 가짜를 다스리는 기관이 있기 때문에 이 일을 처리할 권리가 이 공안국에는 없어요. 결국은 사람을 풀어줬어요. 저질 제품을 생산한 게 아니고 서로 친척 사이였으니까 오해가 있었어요. 우리 상회 부회장처럼 그는 본인 이름으로 상표를 등록해도 정작 본인은 생산에 참여하지 않고 다른 사람에게 위탁하여 생산하게 했던 거예요.

예를 들어 내 이름이 장싼张三이고 상품생산에 이 이름으로 등록했다면 자신이 직접 생산 작업에 참여하지 않고 사촌동생이 참여하여 관리하는 방식이죠. 이는 위조 저질품이라 할 수 없고 기준에 도달하지 못했다고 볼 수밖에 없는 거죠.

동 : 잡힌 사람도 이런 경우였나요?

H : 네. 후에 기율 검사팀이 정식으로 와서 재조사했어요. 구류된 회원 친구가 상황 파악이 안 되고 있었던 것 같아요. 결국 공안청에 있는 영도한테 전화해서 의사결정을 물었어요. 그 분이 직접 이 공안국 책임자에게 전화해서 풀어주라고 했어요. 그들이 그러겠다고 하고서는 또 1주일이 되도록 해결은 없고 5만 위안의 벌금을 내라는 거예요.

동 : 잡힌 사람보고 돈을 내라는 거예요?

H : 네. 하지만 그는 주려 하지 않아서 또 1주일을 버틴 거예요.

동 : 5만 위안은 벌금인가요?

H : 돈에 대해 아무 말도 하지 않았어요. 5만 위안을 주면 해결되는 일인데 돈 액수가 많다는 이유로 내기를 거부했던 거죠. 사실 따지고 보면 재조사해서 많은 인원을 동원해서 쓰는 비용보다 5만 위안이 더 합리적인 편이에요. 결국 3주 동안 버티다가 풀려났어요.

동 : 이 일은 상회가 나서서 해결을 한거죠?

H : 그럼요. 회장이 사람을 찾고 상회가 나서서 일을 원만하게 한 거예요.

사람을 잘 찾아 의뢰하고 **빠른** 시간 내에 합의해야 되는 거예요.

동 : 상회의 정상 사무를 방해할 만큼 다 이 일에만 신경을 쓴 거네요.

H : 그럼요. 예를 들어 상회가 100개의 단위가 있다면 100개 회원기업이 있어요. 간단한 일이면 스스로 해결하지만 상회를 찾아와서 해결방안을 찾을 때는 다 쉬운 일이 아니에요. 한 가지 일에 3일씩 하면 1년 내내 아무 일도 할 수 없고 많이 힘이 들죠.

6. 본 상회 및 기타 상회에 관한 생각

길림성 동향상회 현황

H : 처음에 WM이 서기로 있을 때 강소상회가 성립되었어요. 당시 WM는 강소에 있는 많은 사장들을 데리고 왔어요. 쑤닝전자苏宁电器, 위룬식품雨润食品 등 전국적으로 유명한 회사들이죠. 우리 상회 회장님께서 매일 너무 바쁘니까 저보고 참여하라고 하셨어요.

동 : 두 개의 상회를 경험해 보셨는데 두 상회는 어떤 점이 다르던가요?

H : 확실히 달라요. 강소성 사람들은 참 총명해요. 유방과 항우가 권력을 다투었던 것처럼 그들은 그런 정신이 있어요.

동 : 강소성은 임원교체를 한 적이 있나요?

H : 그럼요, 3번 정도 교체했어요.

동 : 길림성 상해상회가 2007년에 성립되었으니까 강소상회는 조금 늦게 성립되었겠네요.

H : 대부분 상회는 2008년에 성립되었을 거예요.

동 : 2008년에 성립했다면 5년이 지났는데 3번 임원 교체를 했네요.

H : 2년에 한번 교체해요.

동 : 정관에 그렇게 규정되어 있나요?

H : 네. 저희는 지금 5년에 한번 임원진을 교체하려고 해요. 2년이란 시간은 좀 짧아요. 호남산업원湖南产业园, 호남빌딩湖南大厦, 호남화원湖南花园 건설이 아직 안 되었기 때문에 안정성을 유지하기 위해서예요.

동: 강소상회 회장을 역임했던 세 명은 모두 다른 분인가요.

H: 네. 첫 번째는 GL이고, 두 번째는 WYB이고 지금은 FDD이예요. 세 사람이 아직도 상회에서 각각 영향력을 행사하려고 하다 보니 좋을 게 없어요.

동: 서로 권력을 쟁탈하나요?

H: 그럼요. 규모가 큰 상회는 대기업과 함께 하거든요. G국장이 강소상회에 있을 때 주로 부동산 사업과 관련된 케이블 생산, 변압기, 건축 등 사업자를 선정할 때 동등한 조건에서 상회회원한테 기회를 먼저 주었어요.

동: 천유 그쪽도 같은 상황이에요. 회장이 부동산을 하면 회원이 노무나 원예 쪽 사업을 많이 해요.

H: 그럼요. 상위안尚元이 실력은 큰 건 아니지만 상위안의 운영방식은 아주 우수해요.

동: 상회 운영도 잘해요.

H: 맞아요. 처음에는 문제도 많았지만 회장이 잘 해결했어요. 세 명의 집행회장 중 CTF, SHM은 모두 회장이 되고 싶어 했어요. 실력이 회장보다 컸으니까 하고 싶었던 거예요. 실력이 안 되면 회장하기도 어렵죠.

동: 회장을 하면 혜택이 많은 건 아닌가요?

H: 실제로 혜택이 있는지는 몰라도 고위급 영도를 많이 알 수 있어요.

동: 성급 간부요?

H: 네, 평소 만나고 싶어도 못 만나는 영도를 회장을 하면서 만날 수 있어요.

동: 상업경영에서 성급 영도를 많이 알면 어떤 좋은 점이 있나요?

H: 일을 해결할 때 복잡하게 하지 않고 몇 마디 말로 해결을 보는 경우가 있거든요. 아는 사람이 있으면 일을 해결할 때 훨씬 쉬워진다고 보면 돼요.

동: 어쩐지 그래서 절강상회 임원교체가 순조롭지 않은가 봐요.

H: 맞아요, 지금까지도 임원교체가 안 되고 있어요.

동: 복건도 겨우 임원교체를 했어요. 아마 일부 회원들이 탈퇴했을 거예요.

H: 맞아요, 복건상회가 몇 개 있는데 하나는 제가 말씀드린 길림성 복건상회이고 다른 하나는 새로 창립한 장춘시 복건상회예요.

동: 그럼 장춘시 복건상회 사장님은 누구예요?

H: WLL이죠.

동: 길림성에는 규모가 큰 상회가 있나요?

H : 복건과 절강이 가장 실력 있어요. 복건은 상회회비만 몇 백만 위안이 있는 것으로 알고 있어요.

동 : 기존의 규모가 큰 상회는 자금이 많은 거예요?

H : 네 회원이든 돈이든 다 많아요. 절강상회는 2백만 위안 정도 되고 나머지 기타 상회는 일 년에 80여만 위안 정도이고 작은 상회인 경우는 20~30만 위안 정도예요.

동 : 규모가 큰 상회는 경쟁이 너무 심해요.

H : 맞아요, 절강과 복건상회가 왜 돈이 많은가 하면요, 절강상회 회장은 1년에 50만 위안씩 3년 치를 내요. 각 상회 회비는 다 달라요.

길림성 동향상회 확장 배경

동 : 상해상회는 당시 왜 창립하려고 했을까요? 어떤 생각이었을까요?

H : 당시 장춘시 통일전선작업부统战部인지 공상연합회인지 그 산하에 외부 기업가 친목회가 있었는데 각 지방에 분회를 세웠어요. 강소, 절강, 상해 등 지역예요. 그때 상해의 비서장 D가 부추겨서 상해상회가 먼저 성립된 거예요. (그 후) 다들 상황을 보고 괜찮은 것 같으니까 이어서 창립하기 시작했어요. 당시 정부가 상회 성립을 무척 중시했어요. 상해상회가 각 은행의 도움으로 큰 기업들을 부추기기 시작했기 때문이죠.

동 : 상해는 국가기업이 많아요.

H : 네. 당시 돈이 필요하면 은행을 찾고, 일을 해결하려면 영도를 찾았어요. 강소상회가 매우 잘 나갔죠. WM이 있을 때 일이 잘 풀렸던 거 같아요. WM이 퇴임하니까 일 해결이 잘 안되기 시작했어요.

동 : 좋은 상회일수록 정부랑 가까이 지내는 것 같아요. 길림성에서 몇몇 상회의 실력은 그저 그런데 정부랑 관계가 좋아서 5A로 당선 되었어요.

H : 사람들은 소문에 어디가 좋다하면 바로 그리로 투자하려고 하지만 저희 회장은 그러지 않고 실속 있는 일만 해요. (남들이) 빌딩을 건설하고 토지를 분양하고 돈을 버느라 정신없을 때 저희 회장은 실속 있는 항목에만 집중했어요.

동 : 천유상회가 빌딩을 건설하고 있어요.

H : 사천중경 그쪽에 유명한 밍위明宇그룹이 있는데 여기 와서 투자해서 환

츄环球빌딩을 지은 거예요. 5%의 주식을 갖고 있는 걸로 알고 있어요.

동: 링띠领地나 밍위 등 회사는 그들이 끌어들인 건가요?

H: 꼭 그렇다고 보지는 않아요. 하지만 그럴 수도 있죠.

동: 정부가 외부기업의 투자를 유치한 건가요?

H: 그런 셈이죠.

동: 전에 온주신발센터 일이 좀 컸죠.

H: 네. 이건 온주 자체 문제였는데 온주상회가 잘못한 것은 아니었지만 온주상회가 무너졌어요. 지금은 능력 있는 ZCS가 오고서 상회가 (다시) 운영되고 차츰 차츰 좋아지고 있어요.

동: 후에 범죄 조직원이 많이 잡힌 걸로 알고 있어요.

H: 투자한 땅을 다시 내놓으라 하면 누가 순순히 내놓으려 하겠어요.

동: 외지상인을 업신여기는 거예요.

H: 그렇죠. WM이 말했었죠. 투자유치 때는 기업에게 문을 열고, 투자가 성사되면 문을 닫고 기업을 괴롭히는 일은 더 이상 하지 말라고 했어요.

동: 상인을 끌어 들이고 나면 조사를 하거나 관여를 안 하는 거죠.

H: WM과 함께 온 한 상인은 처음에 1.6억 위안을 시정부로부터 요구를 받았어요. 다시 2억 위안을 요구했다가 마지막으로 1.8억 위안을 요구했어요. YX가 2~3억 위안을 벌고 떠났고 GZJ가 10억 위안을 벌고 떠났죠.

동: 정부의 땅이니 상인은 어쩔 수 없이 정부랑 합작하게 되어 있어요.

H: 관건은 관료와 상인이 결합할 경우 큰돈을 벌기는 힘들다는 거예요. 하지만 지방경제를 살린 관료는 정치적으로 승진하기가 쉽죠.

동: 상인도 이런 수요가 있어요.

H: 많은 일들이 어쩔 수가 없죠.

동: 오늘 진심으로 감사드리고요. 많은걸 수확해 갑니다.

III-2. 길림성 강소상회 비서 ZYZ 인터뷰

인물 : ZYZ, 장관張冠[관]
일시 : 2013년 10월 21일
장소 : 강소상회 사무실

1. 상회성립의 취지 및 목표

관 : 우선 상회의 성립연도 등 기본상황을 간단히 부탁드려요.

Z : 상회는 올해로 창립한지 5년 즉 2008년 10월 26일에 창립되었어요. 위에 있는 상패를 보시면 (아실 텐데) 창립 당시의 것이에요. 사실 저는 상회에 가입한지 별로 오래되지 않아서 모르는 것이 많아요. 그런데 제 상사로부터 들은 것인데 상회 창립 당시에 성위 서기 WM이 직접 이 상패를 수여했대요. 우리 제1기 회장은 가오리자동차무역센터高力汽贸城의 대표 GSJ이에요.

관 : 그는 강소성 사람인가요?

Z : 네, 그는 강소성 사람이고 특별 초빙했어요. 지금은 여러 가지 이유로 여기를 떠났지만 저희는 그 영광의 역사를 아직도 벽에 걸어 놓고 있죠.

관 : 네, 그 일은 그때 당시 꽤 떠들썩했을 것 같네요. 그럼 상회는 왜 만들게 되었던 거죠?

Z : 우리가 가장 먼저 창립한 것은 아니고요, 상해상회가 가장 빨리 성립했다고 들었어요. 구체적인 것은 저도 잘 모르겠어요.

관 : 왜 상회를 성립한 건가요?

Z : 그 목적은 저도 잘 모르겠는데요, 아마도 모두가 플랫폼이 필요하다고 느꼈던 것이 아닐까요. 서로 교류하고 자원도 공유하고, 또 강소성 출신의 사람들이 서로 모이는 장이 필요했을 것 같아요.

2. 상회 조직구조

관: 처음에는 회원이 얼마나 되었나요?

Z: 지금은 대략 80개의 기업이 가입되어 있어요.

관: 제일 처음에는요?

Z: 제일 처음에는 100여 개의 기업이 있었던 걸로 알고 있어요. 숫자가 좀 차이가 나는 것은 중간에 일부는 여기를 떠나 다른 곳에 가서 발전을 도 모했기 때문인데 이런 변동은 지극히 정상적인 것이죠.

관: 제1기 회장은 그때 당시 어떤 정치적 신분을 갖고 계셨나요? 지금 회장 은 길림성 정협위원吉林省政协委员이라고 하던데요.

Z: 아마 인대상무위원人大²⁾常委이 아니었나 싶어요. 지금 회장은 동화교육 집단东华教育集团 총경리의 직무를 맡고 계세요.

관: 그는 언제 장춘에 왔나요?

Z: 그는 이 상회의 상무부회장인데 지금 회장 자리까지 올라오게 된 것은 그가 운영하는 기업의 능력이 뒷받침이 된 것 같아요.

3. 상회의 기능

상회 가입의 장점

관: 제가 느끼기에 상회의 회장 기업들의 실력이 그렇게 뛰어난 것 같지는 않아요. 일반적으로 기업이 특별히 잘 나가면 혼자서도 잘 할 수 있기 때문에 상회가 별로 필요 없지 않을까요?

Z: 그건 아닌 것 같아요. 어떤 기업가들은 돈이 많아도 같은 고향 출신의 기업가들을 만나고 인맥을 쌓아가는 것을 좋아해요. 우리 상회 같은 경 우, 어떤 사람들은 사실 상회를 통해서 기업을 키우는 것이 직접적 목표 가 아니라 고향을 위해서 무엇인가를 해보려고 하는 경향이 있어요. 저

당대 중국 민간조직의 단면: 길림성 동향상회 구술집

---

2) 인민대표대회상무위원회의 약칭.

회 부비서장의 경우도 그래요. 물론 어떤 사람들은 생각이 더 복잡한 경우도 있어요.

관 : 예를 들면 주류회사나 식품회사나 특히 동북특산품을 판매하는 사람들은 인맥이 필요할 것 같아요. 이런 사람들은 아마 상회 가입이 직접 매출에 영향을 줄 것 같아요.

Z : 네, 그렇죠. 어떤 기업은 이런 목적으로 가입하기도 하는데, 상회가 비즈니스 플랫폼의 역할을 하는 거죠. 보통 자신의 인맥을 넓히고 쌓아서 자신의 기업을 키우는 거죠.

4. 상회 운영방식

상회 회장선거

관 : 상회에 선거가 여러 번 있지 않았나요?

Z : 네, 이번이 세 번째에요. 1기는 GSJ로 장춘 가오리투자집단高力投资集团의 대표이고, 2기는 WYB로 한방부동산유한회사翰邦房地产有限公司를 운영하고 있어요.

관 : HB는 여기 부회장이시죠?

Z : 그는 사실 2기 회장이었는데 지금은 우리가 제3기 제3차 상무이사회 후에 그를 명예회장으로 모셨어요. 기타 상회도 마찬가지일거에요. 전기 회장은 모두 명예회장이 되는 거죠.

관 : 그런데 지금 회장선거가 잘되는 곳이 많지 않은 것 같아요. 많은 회장들이 연임하고 있죠. 그래서 회장선거 때만 되면 문제가 생기는 것 같아요. 예를 들면 절강상회, 복건상회 모두 문제가 생겼고요. 명예회장제도가 좋은 것 같아요.

Z : 이런 방식이 좋은 것 같아요. 전기 회장이 아무래도 상회를 위해서 공헌을 많이 했을 테니까 명예롭게 자리에서 내려오게 하는 것이 중요하죠.

관 : 그럼 5년에 3번 선거가 있었으니 2년에 한 번 꼴이네요? 상회제도에 그렇게 정해져 있나요?

Z : 정상적이라면 그렇지 않아요. 모든 상회마다 다 자기만의 문제를 안고 있어요.

관: 어떤 문제가 있나요? 실례가 안 된다면 말씀을 부탁드려도 될까요?

Z : 실례될 건 없어요. 비밀이 아니니까요. 사람마다 자기 욕망이 있고 생각이 달라서 그런 거 같아요. 꼭 어떤 사람들은 판을 어지럽게 만들어요.

관: 그럼 어지럽게 만든다는 것은 서로 회장이 되려고 다툰다는 말씀이신가요?

Z : 아니요, 그게 아니라 우리 지금 회장님과는 아무 관계가 없는데, 어떤 사람들은 뒤에서 이야기를 나쁘게 하고 다니고 있어요. 왜냐하면 자신이 이 상회를 통제하고 싶어 해요. 그런데 당당하게 맞설 능력도 용기도 없으니까 뒤에서 안 좋은 이야기를 하고 다니고 그러는 거죠.

관: 그는 회장이 되고 싶어서 그러나요?

Z : 아니요, 그냥 상회 사람들이 모두 자신의 말을 듣기를 원하는 것뿐이에요.

관: 회장도 아닌데 어떻게 사람들이 모두 그의 말을 들을 수가 있겠어요?

Z : 그러니까 자신의 말을 잘 듣는 사람을 회장으로 앉히고 본인은 조종을 하려는 거죠. 왜냐하면 회장을 맡을 만한 실력이 없는 사람이거든요.

관: 그 사람은 야심이 큰 것 같네요. 그건 언제 일인가요?

Z : 잘 모르겠는데 아마 회장선거 때의 일일 거예요. 작년 이 때쯤인데 구체적인 것은 모르겠어요.

관: 보통 다른 상회는 연임하는데, 강소상회 회장님은 연임도 아니시잖아요.

Z : 그렇죠, 방금 말씀드린 그 사람은 상회를 통해서 재부를 쌓고 싶어 해요. 스스로가 능력이 된다고 생각하지만 제가 보기엔 그렇지도 않아요. 제가 비서장 입장에서 볼 때, 전임 회장은 대범한 스타일이라서 이런 사람들을 그렇게 개의치 않았어요.

관: 그럼 당시 이 선거는 어떤 범위 내에서 진행된 건가요?

Z : 아마 소규모 범위 내에서 선거를 한 것으로 알고 있어요. 전체 회원대회처럼 공식적인 것은 아니었어요. 지금 상회는 예전의 전성기와 비교할 수 없어요. 전처럼 훌륭하지 못해요. 미꾸라지 한 마리가 강물을 흐리고 … …

(회원통신록에서 그 사람을 가리켜 보여줌, 감사장.)

당면한 어려움

관 : 말씀하신 그 분은 계속 상회에 남아 있나요?

Z : 지금은 없어요. 우리가 행사가 있어도 이 사람한테 통지를 안 해요......
그렇지만 공식적으로 제명한 것은 아니에요.

관 : 요 이틀간 제가 회원들을 여러 명 만나보았는데 모두 이 사람에 대해 말
들이 많더군요. 그는 당시 누구를 회장으로 올려놓고 싶어 했나요? 지금
현임 회장인가요?

Z : 네.

관 : 지금 회장이군요. 그럼 그 사람과는 어떤 관계를 가지고 있나요?

Z : 구체적으로는 잘 모르겠고 아마 전에 관계가 아주 좋았던 것으로 알고
있어요.

관 : 그래도 회원들이 지금 회장을 지지하고 있는 것은 맞죠? 아니면 회장이
될 수 없잖아요. (낮은 목소리로 꼭 그런 것은 아니라고, 지금 회원들이
이 회장을 별로 지지하지 않는다고 함.)

Z : 지금은 회원들의 응집력이 전 같지 않아요.

관 : 그럼 지금 회장이 현재 이사, 회원, 부회장 등을 추천해서 선거에 당선
된 건가요?

Z : 아니요. 그렇지 않아요. 당시의 많은 회원들은 지금 선거에 관해서 잘
모르고 있어요. 그 사람이 배후에서 뭔가를 한 거예요.

관 : 그럼 선거가 끝나고 일방적으로 회원들에게 통보한 건가요?

Z : 네네. 사람들은 모두 전임 회장을 지지하고 있어요. 모든 사람들이 이
판을 어지럽힌 사람을 우리 상회에서 쫓아내려고 하고 있어요.

관 : 사람들이 공개적으로 비서장들한테 말하고 있나요?

Z : 비서장들은 모든 것을 다 알고 있어요. 공개가 따로 없어요. 지금 어떻
게 처리하느냐의 문제가 남았어요.

관 : 강소상회 분들은 조용히 일처리를 하는 것 같아요. 이렇게 큰 일이 생겼
는데도 상당히 차분한 것 같아요.

Z : 우리 상회의 도장, 문서 등 모두가 그 사람 손에 있어요.

관 : 그 사람 손에 있다고요?

Z : 사람들이 모두 분노하고 있어요.

관: 그 사람도 참... ... 전에 호남상회 비서장 CX도 여기서 일한 거 맞죠?

Z : 아마 그 사람 때문에... ... 그 사람은 누구도 안중에 두지 않아요. 누가 와도 못마땅하게 여기죠.

관: 그럼 비서장 C에 대해서도 못마땅하게 여기고 있나요?

Z : 네네. 그 사람은 모두를 우습게 봐요. 그런데 최근에 제 위에 계시는 비서장님이 오신 뒤로 기가 한풀 꺾였죠. 우리 비서장님이 상회 분위기를 바로잡고 있어요.

비서장 소개

관: 그럼 지금 그 비서장님은 누가 모셔왔나요?

Z : 아마 회장이 모셔온 것 같아요. 지금 비서장님은 64세가 되셨는데 능력이 엄청난 것 같아요. 젊은이들은 비교할 수 없을 정도예요. 저 연세가 되면 집에서 휴식해도 될 텐데 그는 매일 차를 운전하면서 출퇴근해요. 매일 여기 일에 신경을 쓰고 계시는데 오늘은 이 회원 일로 정부에 찾아가고 내일은 저 회원 일로 법원에 찾아다니고 계세요.

관: 비서장님이 매일 이런 일로 바쁘시다는 말씀은 모두 회원들을 도우려고 하는 거죠?

Z : 사실 매일 오는 것은 아니에요. 한방부동산 쪽 일도 하셔야 해서 일주일에 한두 번 정도 여기 오세요. 그러나 중요한 일이 있을 때는 매일 오세요.

관: 이 비서장님은 장춘분이세요?

Z : 네, 장춘분이세요.

회원 원적籍貫과 회비

관: 지금 상회에는 모두 강소출신 사람들만 있나요?

Z : 네, 저희 상회는 다 강소성 사람들이거나 강소성 기업이에요. 예를 들면, 쑤닝환츄苏宁环球의 대표가 상무부회장이에요. 저는 처음에 이 회사가 쑤닝전자와 같은 계열인 줄 알았는데 알고 보니 길림시에 있는 부동산회사였어요. CY대표는 장춘사람인데 그가 운영하고 있는 회사가 강소성의 기업에 속하다 보니 지금 저희 상회에 가입되어 있어요.

관 : 지금 회비는 어떤가요?

Z : 회장은 1년에 20만 위안, 집행회장은 1년에 5만 위안, 상무부회장은 1년에 3만 위안, 부회장은 2만 위안, 상무이사는 5천 위안 그리고 회원은 5백 위안이에요.

관 : 지도급 인사의 회비가 너무 많은 것 같지 않아요?

Z : 상무부회장, 부회장이 너무 많은가요? 그런데 생각해보면 먼저 상무부회장 혹은 부회장은 3만 위안 혹 2만 위안인데 보통회원은 5백 위안이잖아요. 상무이사도 5천 위안이고요. 상무이사 4명이 있어야 부회장 1명과 맞먹어요. 그렇다면 왜 제가 모든 사람에게 부회장을 하게 하지 않을까요? 일단 이렇게 되면 사람 숫자가 많아져서 제가 일일이 찾아가기가 힘들고, 일반적으로 부회장을 하는 사람이 그렇지 않은 사람에 비해서 상회에 대한 중시 정도가 높아요. 예를 들면 상무부회장, 부회장, 이사 등 직급에 따라서 상회 참여 정도가 달라지니까 대우도 달라지는 거죠.

관 : 대우는 어떤 것이 있나요?

Z : 이건 간단해요. 예를 들면 강소성 공상연합회工商联에서 전국에 있는 모든 강소상회에게 숙천宿迁시를 방문하는 기회를 준적이 있어요. 4명의 기업가를 요청했는데 우리 상회는 부회장 이상인 사람들 중에서 일정이 맞는 사람을 추천해서 보냈어요.

상회와 현지사회: 구체 활동사례

관 : 어떤 활동이 있었나요? 추석 때는요?

Z : 네, 추석에는 친목회를 조직해요. 그리고 제가 여기에 온 뒤로 활동이 몇 차례 있었는데 8월 8일에는 길림성에서 민영기업 발전에 필요한 정책조례 40항에 관한 발표가 있었어요. 우리 회원들을 모두 한자리에 모이도록 했고, HZS처장님도 모셨어요. 무슨 부처였었는 지는 기억이 나지 않아요.

관 : 경제합작기술국인가요?

Z : 아니요. 그분을 모시고 우리 회원들에게 40항 조례에 관해 설명했는데 그 분이 직접 쓴 내용이었어요. 그 뒤에 송원松塬시에 가서 우리 상회의 회원들을 방문했어요. 송원시에 열 몇 분이 계시는데 부회장, 이사를 맡

은 분도 계셨어요. 또 장춘시에 있는 우리 회원들에게도 모두 연락을 취했어요. 그들에게 동행할지를 물었고 부회장 몇 분이 앞장서서 이끌어주셨어요. 덕분에 모두 함께 송원시에 가서 시찰을 했어요. 저 위에 보시면 단체사진이 있어요. 하하하.

9월 17일에는 우리가 제 3기 제 3차 상무이사회를 열었어요. 직급에 관한 조정이 있었는데 이사는 상무이사로, 상무이사는 부회장으로 이렇게 위로 진급하신 분들이 계셨고, 새로 가입한 회원도 열 분이 넘었어요. 13명이에요. 부회장이 좀 많은 편이에요. 그 뒤에 추석 친목회를 조직했는데 소프트 인프라 대표지점으로 회원 중에 5개 기업에 호칭수여식을 했어요.

관 : 5개 기업은 어떻게 뽑은 건가요? 기준은 뭔가요?

Z : 네, 그 표준은 우리 지도자께서 주셨어요, 하하하. 이런 경우에 직급이 상무이사인가 부회장인가에 따라 달라져요.

관 : 일반적으로 직급이 높은 사람부터 아래로 리스트를 작성하는 것이 맞죠? 그럼 회장이면 무조건 되겠네요?

Z : 아니요, 회장은 없어요. 이 다섯 기업은 WZ부동산, JD의 북경JD기술유한회사가 있고요, 그는 지금 상무부회장이에요. 그리고 WJB도 있고, 우리의 전임 회장의 HB부동산회사, BMD의 식품회사 이렇게 5개 기업을 추천했어요.

관 : WZ부동산은 외부에 그 소프트 인프라 지점이라고 간판을 걸어놓은 것을 본 적이 있어요. 부회장으로 계시는 분이 많은데 왜 이 다섯 기업을 추천한 건가요?

Z : 우선 우리 영도들이 보기에 WZ의 기업이 잘 되고 있고 전국에서 500강 기업에 선정도 되었기 때문이에요. JD의 기업은 저도 잘 아는 것은 아니지만 매우 활력이 있다고 들었어요. 노인 보건식품회사인데 광고마케팅이 매우 잘 되어 있어요. 해마다 7·1절이면[3] 노인들 중에서 당원으로 계셨던 분들을 모시고 7·1호텔 전체를 빌려서 축하해주고 있어요. 10·1날도[4] 행사가 많아요. FDP 그쪽은 저도 잘 모르긴 하는데 기업규모가

---

3) 중국 공산당 창건일
4) 중화인민공화국 창립 국경일

꽤 있다고 들었어요. 민영기업 가운데 비교적 잘 되는 기업이라고 알고 있어요. 그리고 전임 회장은 당연히 받아야 되죠. 자격도 충분하고요.

관: 네, 그럼 왜 현임 회장은 받지 못했나요?

Z : 하하, 질문이 예리하시네요. 하하. 위에 다섯 기업은 제가 잘 설명한 것 같은데요. 사실, 다섯 개 외의 회원 기업들이 훌륭하지 못해서가 아니에요. 어떤 기업은 제가 찾아보니까 전에 이미 받은 곳도 있어요. 회원 내부에서 모두가 기회를 공평하게 나눠가지는 것이 우선이에요. 회장 같은 경우에는 이미 길림성인대대표의 신분을 갖고 계시니까 어떻게 보면 회장님은 이미 정부 카테고리에 속하는 사람이죠. 그러니까 위의 호칭까지 받는다면 좀 너무 과한 부분이 있는 거죠.

관: 많아도 쓸모가 없는 거죠.

Z : 제 생각일 뿐이에요. 저도 구체적인 것은 잘 몰라서 이렇게 말씀드릴 수밖에 없네요.

회원 서비스: 추석친목회 사례

관: 회원들의 기업도 많이 둘러보는 거죠?

Z : 네, 최근의 임무가 바로 회원기업을 탐방하는 거예요. 2013년도 다 지나가고 있어요. 남은 시간에 회원기업을 탐방해야 돼요.

관: 탐방하면서 주로 어떤 내용을 알아보려고 하시나요?

Z : 주요 목적 중에 하나는 그들에게 우리의 회원등록표를 작성하게 하는 것이에요. 회원등록표 작성 사업을 잘해야 되는데 제가 오기 전에는 잘 안 되어 있었어요. 연속적이지 못하고 기록이 끊긴 부분도 있어요. 다른 하나는 회원들의 생각을 들어보는 것인데 그게 중요한 내용이에요. 상회사무에 관한 의견이나 건의도 들어보고 현실에서 실행할 수 있는지 여부에 대한 검토도 해야 돼요. 사람들의 생각을 정리하고 통합하는 것이 향후 사업에 있어서 관건이 될 것 같아요.

관: 지금의 회원들은 상회에 대해서 어떤 생각을 가지고 있나요?

Z : 지난 한 주 동안 제가 회원기업 6~7집을 돌아봤어요. 그 중에는 부회장, 상무부회상, 이사, 보통회원 다 있었어요. 전체적으로 볼 때 그들이 원하는 것은 우리가 정보, 자원을 통합해서 사람들이 서로 교류하고 공유할

수 있게 만드는 것이에요. 서로의 기업이 어떤 기업인지를 알아야 서로가 사업에서 협력할 수 있는 부분을 찾을 수 있게 되죠. 그렇게 되면 서로 같은 고향 출신끼리 모인 데다가 가장 낮은 원가로 서로에게 혜택을 주는 거죠.

관: 서로를 신뢰할 수 있겠네요.

Z: 그렇죠, 신뢰가 있는 거죠. 상회라는 플랫폼이 있으니 서로 믿을 수 있고 서로 같은 고향 사람이니 좋은 거죠. 다른 하나는 자원에 대한 통합이에요. 많은 사람들이 우리가 더 많은 행사를 조직하기를 바라고 있어요.

관: 서로 교류할 수 있게 하는 거죠?

Z: 네, 새로 가입한 회원들은 서로 잘 몰라요.

관: 추석친목회에는 사람들이 얼마나 왔나요?

Z: 아, 추석친목회에 온 사람은 많아요. 우리가 회원 본인만 올 수 있다는 제한을 두지 않았거든요. 다른 사람도 데리고 올 수 있게 했어요. 아마 80명 넘게 왔던 것 같아요.

관: 그럼 회비는 어떻게 하나요?

Z: 회비는 당연히 상회에서 내는 거죠. 상회의 자금도 많은 것은 아니지만, 이런 비용은… …, 사실 행사 당일 비용은 우리가 한동안 갚지 못하고 있었어요. 매일 제가 위에 전화해서 비용을 가서 계산해야 된다고 알려드렸어요. 이 비용을 어디에서 구해서 지불해야 되는지 아직도 명확하지 않아요. 지난번에 내부 갈등이 있은 뒤로 지금 제가 인수받은 이 사무내용은 완전한 체계를 갖추지 못하고 있는 것 같아요.

상회 내부모순

관: 지난번 갈등이라고 하면 회장선거 때 생긴 갈등 말씀이신가요?

Z: 네네, 지난번 선거 때문에 제가 오게 되면서 비서장이 이미 두 번이나 바뀐 셈이죠.

관: 회원들을 둘러본 결과 상회 문제에 대해서 …

Z: 개인마다 어느 정도 본인 생각이 있는 것 같아요. 솔직히 말해서 안 좋게 보는 것이 있어요. 회장선거는 회원으로서 알아야 되는 것인데 이것이 기본권리라는 것이죠. 회원들이 모르고 있었다고 하더라도 이미 회장

이 새로 선출되었으면 회원들을 위해서 무엇인가를 해주기를 원하죠.

관 : 그럼 회장선거는 사람들이 어떻게 알게 되었어요?

Z : 제가 듣기로는 한번 사람들을 불러서 같이 식사하면서 그 자리에서 회장이 바뀌었다고 이야기 했대요.

관 : 네? 식사 자리에서 통보했다는 말씀이신가요?

Z : 네네.

관 : 이건 좀…… 듣는 사람들이 많이 당황했을 것 같네요.

Z : 정상적이라면 마땅히 이사회를 통해서 선거를 조직해야 되는데 이렇게 내부에서 결정 내리고 결과를 바로 성정부에 올려 보냈대요.

관 : 사람들은 이 일에 대해서 어떻게 생각해요?

Z : 그냥 그런 거죠. 사실 지금 회장은 원래 상무부회장으로 계셨는데 이미 사람들에게 익숙한 사람이고 식사 자리도 여러 번 있었을 거예요.

관 : 그래도 이렇게 큰 사건이 있었는데도 사람들이 침착하게 대처하는 것 같아요.

Z : 다른 상회는 잘 모르겠는데 우리 상회에서 이 일로 크게 뒤틀리지는 않았어요.

관 : 네, 사실 집안 사정은 밖에서 볼 때는 잘 모르죠.

Z : 그렇죠. 집안 허물은 소문내지 않는 법이죠. 저희 상회의 특징은 좀 차분해요. 다른 상회에서는 이런 상황이 나타나면 좀 험하게 싸운다고 들었어요. (저희 상회는) 서로 갈등이 있어도 서로 체면구기면서 언성을 높이거나 그러지는 않아요.

관 : 어떤 상회의 경우에는 사람들을 데리고 따로 상회를 세우기도 한다고 들었어요.

Z : 정상적으로 보면 그건 옳지 않아요. 예를 들면 법인문제라든지, 공상연합회나 길림성 경제합작기술국 이라든지 모두 동의하지 않을 거예요. 그런데 이미 서로 얼굴 붉히고 체면을 구긴 상황에서 계속 같은 상회에 있기는 힘들 거예요. 오소리 감투가 둘인 셈이죠. 이런 경우에는 아마 각자 밖에 나가서 조직 하나를 만들고 그 조직에서 각자 우두머리를 하려고 하겠죠.

관 : 네, 한 상회 안에서 말씀인가요?

Z : 아니요, 예를 들면 제가 강소상회인데 다른 사람과 회장경쟁을 하다가

이기지 못하면 장춘시민정국에 가서 장춘시 강소상회를 하나 등록하는 거죠. 다 같은 강소상회이지만 앞에 수식이 달라지는 건데 하나는 길림성이고 하나는 장춘시가 되죠. 어차피 개인 사업이 장춘시를 중심으로 하고 있다면 장춘시에서 활동하면서 장춘시 정협위원도 되어 보고 장춘시 인민대표도 되어보고 그렇게 하는 거죠.

관: 네, 그런 경우가 있죠.

Z : 하지만 많은 사람들이 의견이 있다고 모두 나가서 따로 상회를 만들려고 하지는 않아요. 정말 급하게 되면 몰라도요.

정부와의 관계

관: 정부부문들과는 연락이 많나요?

Z : 네, 주로 공상연합회와 경제합작기술국과 연락을 많이 취하는 편이에요.

관: 공상연은 상회의 업무주관부문이 아니지 않나요? 길림성 공상연 인가요 아니면 장춘시 인가요?

Z : 성과 시에 다 있어요. 전에 조직한 회의는 장춘시 공상연5)에서 발기한 것이에요. 회의를 할 때 가끔 상회의 사람들이 자리를 함께 해주는 것이 필요해요. 가끔은 회의 자리에 참석해도 저녁 식사는 없어요. 요즘은 정부 부패 문제가 화두에 오르다보니 정부조직도 회식이나 이런 것은 피하고 있어요.

관: 그러네요. 지난번 경합국6)도 사람 몇 명이 필요하다고 해서 가서 도와준 것 같은데 다 비슷하네요.

Z : 네, 그렇죠.

관: 그럼 민정국은 별로 접촉이 없으신가요?

Z : 네 별로 크게 접촉할 일이 없는 것 같아요.

관: 경제합작국에서 연락이 올 때는 보통 무슨 일 때문인가요?

Z : 아, 그건 정말 많아요. 회의가 있거나 그런 경우 외에도 장춘시에서 상업구역 건설을 하게 되어도 저희를 찾아요. 공상연도 그렇고요.

---

5) 공상연은 공상연합회의 약칭.
6) 경합국은 경제합작기술국의 약칭.

관: 사적인 일도 있나요? 예를 들면 어제 일요일 참석한 것은요?

Z: 그것은 성룽盛蓉부동산회사인데 그들이 먼저 경제합작기술국에 연락을 하니까 경합국에서 우리에게 연락한 거죠. 경합국에서 각 상회 비서장과 부회장을 찾은 거죠.

관: 그럼 그렇게 하는 것이 그 부동산 회사에 어떤 도움이 되나요?

Z: 그들은 집을 팔고자 하는 거예요. 주해珠海시에 부동산 매물이 있는데 사람들을 조직해서 식사할 겸 자신들의 매물을 홍보하는 거죠. 우리 상회만 간 것이 아니라, 다른 협회도 있었고, 장춘시의 CEO반이나 보통 시민들도 참석했어요. 물론 그들은 부동산교류협회를 통해서 온 것이에요.

관: 그럼 비서장님이 직접 참여하신 것은 결국 경합국의 체면을 세워주는 것인가요?

Z: 네, 적어도 경합국에서 우릴 찾아온 것이니까, 사실 많은 행사가 비슷해요.

관: 또 다른 일도 있나요?

Z: 수요일 회의 같은 경우는 경합국에서 개발구건설발전특집보고회에 관한 통지를 보내왔었어요. 제목만 봐도 딱 감이 오죠. 이것도 공상연의 그것과 관련되는 거예요.

관: 두 부문 조직이 정말 비슷하네요. 개발구에 무슨 새로운 사업지표가 있나 봐요. 모든 정부부문이 다 이 내용을 강조하는 것을 보면요.

Z: 네, 그렇죠. 자발적 신청인거죠. 각 상회에서 세 명 내지 다섯 명 정도의 지도자급을 필요로 하는 거예요.

관: 그럼 경합국은 자주 상회의 지도자들을 모시고 식사를 하나요?

Z: 아마 사적으로는 자주 볼 거예요.

서비스 업무의 어려움

관: 상회에 온 뒤로 인상 깊은 일 같은 것이 있나요?

Z: 인상 깊은 일이라고 하면 딱히 생각나는 것은 없는데요. 여기 와서 일하다 보니 시간이 진짜 빨리 지나가는 것 같아요. 여러 가지 활동도 많았고 중요한 일은 비서장님이나 부비서장님이 나서서 결정하고 저는 그 나머지 작은 일들을 맡고 있어요. 저는 업무집행만 하면 돼요. 지난 번 추석에 웨빙月餅을 회원들한테 나눠주는 일도 그렇고 가끔 혼자서 다 챙

기기 힘들 때가 있어요.

관: 한 사람 혼자서 일을 다 하기가 힘드시겠어요.

Z: 네, 1 대 70의 비율이니까요.

관: 70명이 숫자가 큰 것은 아닌데 한 사람이 다 챙기려고 하면 힘들 것 같아요.

Z: 괜찮아요. 이 70명이 모두 협조적이지는 않아요. 어떤 사람은 의견이 많고 또 우리 업무를 존중해주지 않아요. 그렇게 되면 저 같은 작은 비서직을 맡은 사람은 일 하기가 힘들어져요. 위에서 업무를 집행하라고 명령이 떨어지지만 일은 쉽게 결과가 나오지를 않아요. 사람들이 잘 호응해주지 않고 협조적이지 않을 때가 있는데 그러면 전화도 여러 번 해야되고, 그러다 보면 어떤 회원들은 귀찮다고 싫어하죠.

관: 행사를 조직하기가 쉽지 않네요.

Z: 제가 제일 골치 아파하는 것이 바로 상회에서 행사를 조직할 때예요. 통지하는 것이 매우 힘들거든요. 올해 말에는 신년회를 준비해야 되잖아요. 원래 10월 26일 상회 5주년 기념행사와 신년회를 모두 따로 크게 하기로 했어요. 그런데 회장님이 성 인민대회 상무위원이시기 때문에 국가의 정신을 따라 행사를 간소화하기로 했어요. 기념행사와 신년회를 같이하는 거죠.

관: 합치면 업무량은 줄어드는 거겠네요.

Z: 원래 계획대로라면 오늘이 10월 21일이니 지금쯤이면 정신없이 몰아칠 때예요.

관: 5주년 기념행사라면 작은 행사는 아니네요. 각 상회의 회장, 비서장들을 모두 모시고 성 영도들도 모셔야 되겠네요.

Z: 전에 했던 두 차례 행사 기획안을 보면 활동사항들이 다 적혀 있어요. 추첨코너, 촬영, 공연 등등 정말 많아요.

관: 비서처에 사람이 더 있어야겠네요. 혼자서 하기 힘드시겠어요.

Z: 우리 부비서장이 한명 더 있는데 오늘 안 나오셨어요.

관: 부비서장도 지도자급이잖아요, 실무를 하는 사람이 있어야죠.

Z: 전에는 XC, 제가 오기 전의 비서인데, 그가 실무를 보았죠. 홍보 이쪽은 결국 제가 다 했고요. 자료를 작성하고 이런 것은 그가 했죠. 저는 자료 작성만 하지 않을 뿐이었죠. 부비서장이 오지 않았다면, 이 일들은... ...

관: 이 부비서장님은 여기에 상근직으로 계시나요?

Z : 네.

관: 전에는 무슨 일을 하셨나요?

Z : 그도 퇴직하셨어요. 전에는 길림성공산당사업위원회党工委[7]에 계셨어요.

관: 그도 월급을 받나요?

Z : 받는 것 같은데, 구체적인 것은 저도 몰라요. 제 위에 영도가 맡는 일이 아니고 아마 회장님이 맡고 계실 거예요.

관: 사실 자료, 서류 작성하는 일도 큰일이죠.

Z : 네, 작성하는 것이 정말 어려워요. 이 부비서장님이 안 오셨을 때에는 저와 XC밖에 없었어요. 예를 들어 송원시松塬에 다녀오면 기사를 써야 되잖아요. XC은 신문방송학과 출신이에요. 아나운서 전공이고 기자도 했었어요. 그러니까 괜찮게 쓰는 거죠. 저는 잘 할 줄 몰라요. 다행히도 그가 여기를 떠난 뒤에 부비서장님이 오셨어요. 하하하. 저는 이쪽 일을 크게 신경 쓰지 않아도 되는 거죠.

관: 그럼 비서장님은요?

Z : 비서장님은 다른 지역에 있는 방송국에 가셨어요.

권익 수호

관: 전에 권익 수호에 관한 일은 없었나요?

Z : 있죠. 전에 회원중에 WHX라는 사람이 있었는데 제가 여기 온 뒤에 일이 생겼어요. 장춘에 공장이 하나 있는데 정부측에서는 이 공장이 위법이라고 판단했나 봐요. 전에 이 회원이 정부와 상의 없이 공장을 지었는데 바로 정부에서 이 공장을 허물어 버렸어요. 그의 동의 같은 것도 없이 말이죠. 그래서 우리가 그의 권익을 지키려고 여러 곳에 물어보았죠. 이 일이 언제쯤 결과가 나올지 답변을 받아야 되잖아요.

관: 그런데 이것은 그가 처음부터 정부 동의를 얻지 않았잖아요.

Z : 그래도 그렇게 막 허물어 버리는 것은 아니죠.

---

7) 당공위는 (중국공산당사업위원회) 당조직의 1급 기구로 당의 중앙 및 지방의 각급 위원들이 해당 각 급 당과 국가기관 등에 관한 통솔을 위해 만든 영도기구이다.

관: 지금 결과가 있어요?

Z: 아직요. 구체적인 것은 저도 잘 몰라요.

관: 정부에 반영했다는 곳은 소프트 인프라 관련 부문인가요?

Z: 네, 그 부문을 통해서 해결을 보려고 해요. 정상적이라면 8월 말에 결과가 나와야 하는데 아직 아무 소식도 없는 것 같아요.

관: 그럼 권익수호 성공 사례는 있나요? 실패했더라도 결과가 있는 것은요?

Z: 그런 것은 제 위의 분들이 맡은 일들이라 저는 잘 몰라요. 그들은 밖에서 이런 일로 바쁘게 다니세요. 제가 아는 사례는 방금 말씀드린 사례밖에 없어요.

5. 상회 현황 및 발전 전망

관: 상회 발전에 관해서는 어떻게 생각하세요?

Z: 하하하.

관: 그럼 현재 상회의 현황은 어떤 것 같으세요?

Z: 아, 지금 우리 상회의 현황은 응집력이 좀 부족해요. 그래서 회원기업 탐방을 통해서 여러 사람들의 생각을 들어보고 이 부분을 좀 강화하려고 해요. 우리 상회가 사실 제1기 때를 뒤돌아보면 매우 훌륭했어요. 그런데 현재는 그렇지 못해요. 사람들의 필요한 부분을 살펴서 앞으로의 방향을 정해야 될 것 같아요. 우리 비서처의 사람들이 상회를 더 크게 만들 거라고 말한다고 해서 되는 것은 아니잖아요. 여러 사람의 힘이 모여야 가능하고 활동도 좀 더 많이 해야 될 것 같아요. 그래야만 사람들이 많이 모이고 응집력도 강해지죠. 우리가 활동을 조직해야 사람들이 참여하고 또 그래야만 그들이 우리의 일을 지지하고 회비도 기꺼이 낼 것 같아요.

관: 지금 회비 징수는 순조롭나요?

Z: 진행 중이에요. 그렇게 순조롭지는 않아요.

관: 어떤 사람들은 내지 않으려고도 하나요?

Z: 돈 낼 때가 되면 이러쿵저러쿵 하면서 까다롭게 나오는데 다 정상적인

일이에요.

관: 그럼 돈내기 싫으면 탈퇴하면 되잖아요?

Z: 그렇지 않죠.

관: 탈퇴도 싫고 돈 내기도 싫고 그런 건가요?

Z: 그렇죠. 지금은 저와 비서장님이 일단 회원기업을 돌아보고 회비 부분을 정리하려고 해요. 회원들 각각의 상황을 살펴야 하고 경제적인 부분도 알아봐야죠. 그리고 소통도 해야 되고요. 어떤 사람들은 우리 비서처에 의견이 있는 것 같아요. 이 기회에 서로 교류하면서 오해도 없애고 지지도 얻어야죠.

관: 비서장에 관해서도 의견이 있나요?

Z: 당연하죠. 그러니까 일하기 힘들다는 거죠. 사람들이 비서처에 다양한 생각을 전해주고 또 우리를 지지해주기를 바라는 거죠. 비용 거두는 문제도 지지해주기를 바라고요. 물론 이것은 그 중에서도 작은 부분에 속해요.

관: 만약 회비를 모든 회원으로부터 다 거둬들일 수 있다면 얼마나 되나요?

Z: 아직 계산해 보진 않았는데요, 많긴 많을 거예요.

관: 백만 위안은 될까요?

Z: 될걸요.

관: 1기 회장 때는 훌륭했었다면 2기 회장 때는 어땠나요?

Z: 사실 2기 회장 때 제일 휘황찬란했죠. 많은 사람들이 2기 회장을 믿고 따랐어요. 제가 듣기로 당시에 2기 회장이 회의를 개최한다고 하면 많은 사람들이 모두 출석하곤 했대요.

관: 그때는 응집력이 강했네요.

Z: 그때 회장은 사람들을 위해서 많은 일들을 했어요. 의무적으로 봉사를 했죠. 상회를 위해 공헌도 했고 후원금도 많이 냈어요. 돈에 있어서 매우 통쾌한 분이셨대요. 그래서 사람들의 마음도 얻었던 거죠.

관: 그럼 전환점이 바로 임원진 교체시기였네요.

Z: 아, 네. 사람들이 지금은 열정이 다 식어버렸고 흩어지고 있어요.

관: 천천히 상황을 되돌리려고 노력해야겠네요.

III-3. 길림성 절강상회 비서와 사무실 주임 인터뷰

인물 : H선생, Z선생, 동운생董运生[동]
일시 : 2013년 10월 28일
장소 : 절강상회 사무실

1. 상회 창립 준비

H : 2006년에 상회 창립을 기획하고, 준비를 거쳐 2008년 5월 15일에 민정
청에 등록하고 2008년 11월에 정식으로 창립했어요. 그리고 상회의 명
의로 CXX를 모셔왔어요.

동: 언제부터 여기서 비서로 계셨나요?

H : 저는 12월부터 여기서 비서로 일 했어요.

2. 상회 조직구성

직위와 직능 분화

동: 초대 회장이 일을 시작하고 1년이 지난 후에도 계속 일을 하고 싶어 하
던가요?

H : 처음에는 계속 회장을 하고 싶어 했어요. 우리는 선거제도를 도입했고
(선거)대회에는 2/3이상의 회원이 참석해야 해요.

동: 회장을 하게 되면 좋은 점은 뭔가요?

H : 당연히 좋은 점이 있죠. 회장을 하면 전국상회에 대해 잘 알 수 있고,
현재 정부도 상회를 많이 중시하는 편이라 정부랑 잘 합작하면 사업 기
회도 많이 얻을 수 있어요. 또 회원들을 잘 이끌어서 함께 일할 수 있다

면 명예와 이익을 모두 얻을 수 있어요.

동 : 여기 회장은 인민대표대회의 대표인가요?

H : 절강성 사람이고 인민대표인 것 같아요.

동 : 여기 조직구조는 어떤가요?

H : 회장이 한명 있고 그 아래 집행회장, 상무부회장 그리고 100여명의 회원으로 구성되어 있어요.

동 : 회장과 집행회장은 실질적 업무를 담당하나요?

H : 정관에는 회장이 현지에 없거나 일이 쉽게 결정이 나지 않을 때는 집행회장과 함께 상의해야 한다고 규정하고 있어요.

동 : 부회장과 상무부회장은요?

H : 부회장, 상부부회장, 이사, 상무이사 그리고 회원이 내는 돈이 각각 달라요.

동 : 일반적으로 부회장이 결정을 내리는 일에 참여하는 경우는 적지 않나요?

H : 아니요, 관여하기도 해요. 정관에는 한 달에 한 번씩 부회장이 회의를 주재한다고 규정하고 있지만 잘 이루어지지는 않아요. 회장이 바쁘기 때문에 두세 달에 한 번씩 회의를 열고 중요한 사항을 표결해요. 다들 잘 모르니까 일반적으로 동의하는 분위기예요.

동 : 추석에 바쁘시겠어요. 상회에서 친목회도 하시는 것 같던데요.

H : 저희는 친목회는 하진 않아요. 친목회도 해야 해요. 회원들이 너무 오래 못 만나면 안 되니까요.

동 : 부회장 직급 이상 중에서 의사결정에 참여하는 사람은 몇 명인가요?

H : 26~27명 정도 되고요. 의사결정은 회장 한 사람이 결정 할 수는 없어요.

동 : 지금 사무실로 사용하고 있는 이 장소는 회장 소유인가요?

H : 네. 보통 임대해서 쓰는데요. 회장이 무료로 저희한테 제공해주는 거예요.

동 : 두 분 다 장춘인이죠.

H : 그럼요. 상회가 장춘에 있기 때문에 일정한 관계도 있고 비서장처럼 일정한 사회적 지위도 있어요.

동 : 비서장은 원래 뭐하시던 분이세요?

H : 비서장은 원래는 이도구에서 부구역장副区长으로 계시다가 퇴직하고 지금은 온주상회에 계시는데 당시에는 안 좋게 보는 사람도 있었어요.

동 : 왜 안 좋게 보나요?

H : 사람마다 생각이 다르니까 뭐라고 하긴 힘든 것 같아요. 원래 비서장은

성정부 행정관청省委办公厅의 비서장으로 계시다가 퇴직하셨어요. 임원교체 시기 좀 일이 복잡하게 되어서 비서장이 결국 안 좋게 떠났어요. 저희 상회랑 온주상회는 오해의 골이 깊어요.

동: 왜 오해가 깊은 건가요? 한 지방 출신이라 그런 건가요?

H: 그건 잘 모르겠고요. 절강상회가 일을 잘하고 유명하니까 다들 회장을 하고 싶어서 경쟁을 하는 거죠. 제 생각이에요.

동: 현재 비서실에 몇 명이 있나요?

H: 비서장 한 명, 부비서장 두 명, 그리고 저랑 WW, 이렇게 다섯 명이 있어요.

동: 보통 비서장 하나에 비서 한 명인데, 여기처럼 인원이 많은 경우가 별로 없는 것 같아요.

H: 상회운영이 잘 되다보니 활동도 많고 사람도 많이 필요해요. 저희 상회 같은 경우에는 투자유치를 하면 상도 받고요, 양쪽 성에서 다 중시하죠.

동: 상회에 일이 생기면 어느 정부부문을 찾아가나요?

H: 경제합작기술부를 많이 찾는 편이에요. 주로 외부 기업의 투자유치 업무를 하니까 상회라는 플랫폼을 통해 전국 각지에서 투자를 유치할 수 있어요.

동: 지난번에도 이해 안 되는 부분이 있었는데요, 상회는 사회조직이잖아요. 경제합작기술부에서 원하는 대로 사람을 동원할 의무는 없지 않나요?

H: 왜냐하면 상호합작 하는 거죠. 많은 일이 상호적일 뿐 아니라 중국에서 사업을 하려면 정부를 떠나서는 할 수 없기 때문이에요.

3. 상회 운영상의 문제점

특수사건: 임원진 교체 시기의 충돌

동: 상회에 오래 계셨는데 인상에 남는 일이 있으셨나요?

H: 인상 깊은 일이라면 싸움했던 것 밖에는 기억이 안 나네요. 하하하.

동: 싸움이요?

H : 주먹이 오간 건 아니지만 그것보다 더 무서웠던 것 같아요. 임원교체 시기인데요, 저희 규정상 회장은 2기 이상 연임을 못해요. 회원이 모두 동의하면 상관없긴 하지만요. 아무튼 임원을 교체해야 했는데, 선거가 있기 전부터 여러 세력 사이에서 서로 다른 움직임이 있기 시작했어요.

동: 구체적으로 어떤 세력들이죠?

H : 세 갈래의 세력이 있었는데요. 하나는 꼭두각시로 내세워 희생양이 된 한 사람과 다른 하나는 그 배후세력이었어요. 다들 상회에서는 영도급이죠. 상회 내에도 여러 파벌이 있어요. 한 파벌은 100여명의 회원들이 회장을 지지하는가 하면 다른 파벌은 그냥 몇 명으로 구성되어 있어 세력도 다 달라요.

동: 그럼 이 두 세력 외의 다른 하나는요?

H : 또 하나의 세력은 외부 사람이었어요. 예를 들면 온주상회에요.

동: 그럼 상회 회장은 임원교체 시기에 떠난 건가요?

H : 네, 상회 외부사람들이 상회 내부로 들어오니까 마치 정치투쟁 하는 것 같았어요.

동: 그는 당시 당선되지 못할 것 같으니까 떠난 건가요?

H : 이건 제 생각인데요. 당시 외부 사람들이 정당한 선거로는 저희 회장을 이길 순 없었어요. 저희 회장은 상회의 규모를 크게 만드셨고 인품도 좋아서 상회에서도 덕망이 있는 편이에요. 임원교체 할 때 이사들이 한 48명 정도 있었는데 그들이 거수로 (회장을) 결정했고, 회원대회에서 통과를 앞두고 있었어요. 사실 회원대회는 형식적인 것이었어요. 그런데 회의 시작 전에 외부 상인들이 움직이기 시작해서 많이 신경이 쓰였죠. (아나나 다를까) 회의 당일 날 몇몇 이사가 위탁서를 썼고, 온주상인 몇 명이 회의장에 마구 쳐들어와서는 사람들에게 투표권을 나누어 주었어요. 결국 지금의 Z회장 그리고 집행회장, 상무회장 세 명이 회장후보가 되었던 거예요.

동: 여기서 누가 온주상회를 대표하는 건가요?

H : 집행회장 일걸요. 온주사람은 아닌지만 온주상회랑 가까이 지내는 편이고 온주상회 활동도 많이 참가하는 것 같아요. 집행회장이 조금 유아독존적 성격이 있어요. 그분의 기업은 규모가 상당히 크거든요. Z회장은 공통점은 강조하고 차이점은 접어두기를 원했죠. 그런데 집행회장은 의

327

견은 많은데 실제로 실행이 안 되니까 소외감을 느껴서 스스로 주도해보고 싶었던 거예요. 온주사람들이 Z회장에 관한 루머를 퍼뜨리고 심지어 위협까지 했어요. 그리고 온주상회에서 온 사람이 보디가드를 시켜 화장실에 있는 회장을 폭행했어요.

동: 어휴! 그럼 경찰에 신고 하셨나요?

H: 그럼요. 바로 신고했어요. 결국 회장과 다른 무리들은 다 회의 장소를 떠났어요. 규정에 의하면 이사투표에서 2/3 정도가 찬성하면 회장이 되는데, 제가 보니까 2/3가 넘는 것 같아서 다시 투표를 시작하자 나갔던 사람들이 돌아와서는 저희 투표를 방해했어요. 저희 회장은 2/3를 넘는 지지율을 갖고 있었죠. (그런데) 재투표를 시작하니까 나갔던 사람들이 다시 돌아와서 투표를 방해했어요.

동: 경찰은 오지 않았나요?

H: 일이 (이미) 터진 뒤에 온 거예요. 대회도 무산되었고요.

동: 2011년의 일이었나요?

H: 네. 여태껏 미루다가 지금까지 왔고요. 당시 경제과학기술국과 민정국에서도 참여하고 싶다고 했는데.. 또 정부에 대해 말하게 되네요.

동: 괜찮아요.

H: 하하하. 관련 범위가 (점점) 넓어지네요. 당시 정부는 그냥 절강사람이 등록만 하면 회장 경선이 가능하다고 생각한 거예요.

동: 상회에 참가해서 회원이 되어야 하는 것 아닌가요?

H: 외부의 세력도 끼어들고 싶어 하는데 개방하지 않으면 그들은 경선의 자격이 없는 거죠.

동: 경제과학기술발전국과 민정국은 다 의견에 동의하는 건가요?

H: 거기서는 별 말 없이 그냥 건의하는 것일 뿐이라고 말하지만 상회가 예전보다 더 개방하길 바라고 있어요. 그러면서 저희 내부 선거제도에 대해서는 동의하지 않는 것으로 보아 다른 뜻이 있는 것 같아요. 성내의 어떤 사람은 이렇게 말하고 어떤 사람은 저렇게 말하고 하다 보니 경제기술합작국이나 민정국은 어느 편도 도와주지 못하는 딜레마에 빠지게 된거죠. 그래서 일이 지금까지 해결이 되지 않는 거예요.

동: 일이 복잡하게 되었네요.

H: 네. 정부와 상인은 밀접하게 지낼 수밖에 없어요.

동 : 그 상인들의 배후에는 직급이 높은 영도가 지지하는 거 아니에요? (그런
데) 모두 성급 영도 간부여야 하는 것은 아닌가요?

H : 중앙에 있는 영도도 있을 수 있어요. 기업 규모가 크면 배후세력이 더
크기 마련이에요.

동 : 정부가 정식으로 기업을 조사하면 털어서 먼지 안 나는 기업이 있을까
요?

H : 그럼요. 기업은 잘 몰라도 제가 알고 있는 건 부회장들은 정부 인사들과
사진 찍는 걸 좋아해요. 직급이 높을수록 왠지 체면이 서는 것 같은 느
낌이 들기 때문이겠죠.

동 : 둘이 어떤 사이인지는 몰라도 사진만 보면 가까운 관계인 줄로 알겠죠.

H : 정부에는 많은 정책이 있으니까 관계만 잘 처리하면 혜택을 받을 수 있
어요. 예를 들면 토지, 임업, 수력발전 등 모두 관계를 잘 유지하면 보조
금을 받을 수 있고 일을 해도 일취월장 할 수 있어요. 중국 기업은 바로
이런 거예요.

동 : 회장이 성에 직급이 있는 정부 인사를 알면 바로 해결이 되는 거 아니에
요?

H : 하지만 성급이 아니더라도 현지에서 관리를 담당하는 인사도 힘이 있어
요. 아무리 성에 있는 인사와 관계가 좋다 한들 현지 인사가 허락하지
않으면 또 할 수 없게 되는 거예요.

동 : 전에는 소프트 인프라 관련해서 추천이 있었는데 귀 상회는 어떤 식으로
추천하나요?

H : 정상적으로는 규모가 큰 순서부터 아래로 뽑아요. 그리고 수요가 있는
곳을 뽑아요. 예를 들면 소매상인, 실업가, 노점상인들 중에서 누구와 합
작할 것인지가 중요해요.

동 : 현재 상회에 정책결정자가 없으니 중요한 사무는 누가 결정하나요?

H : 어찌 되었건 회장이 바뀌지 않았으니 회장이 결정하고 있어요. 그렇지
않으면 많은 일이 해결되지 않아요.

상회 내부 모순

H : 비서장은 관리할 수 없어요. 상회 비서실에서 임원교체를 할 만한 능력

은 없거든요. 회장이라는 자리는 협상으로 이루어져요. 오늘 누가할지 상의하고 내일은 또 다른 사람일 수도 있어요. 싸움으로 회장을 결정하 긴 힘들어요.

동 : 제 생각에는 완전히 일을 성사시키지 못하게 하려고 작정하고 온 것 같 네요.

H : 그렇죠.

동 : 작정하고 와서 임원교체를 못하게 해서 지금 세 개 세력이 있다고 하셨 잖아요. 하나는 회장이고 다른 하나는 온주상회에서 밀어 주는 분이고 또 다른 하나는 집행회장 맞죠?

H : 집행회장이 온주상회에서 온 사람이에요.

동 : 기타 한분은요?

H : 평범한 사람이에요.

동 : 그가 너무 많은 걸 바라는 건 아닐까요?

H : 그렇다고 보기도 어려워요. 처음에는 그냥 참여하려고 했다가 후에 상황 이 이렇다보니 (참여)할 수밖에 없었겠죠. 성에서도 그리 중시하는 인물 은 아니었는데 회장, 집행회장이 참여하지 않으니까 그분이 되는 것이 당연했죠. 그런데 나중에 정부에서 선거하지 말라고 하니 화가 많이 났 던 거죠.

동 : 그 분의 세력은 어땠나요? 기타 두 경쟁자와 상응한 세력인가요?

H : 이 사람은 사실 착실하고 건실하게 일하는 사람이에요.

H : 기업운영을 잘하고 있어요.

동 : 하지만 중국에서는 정부의 뜻과 맞지 않으면 안 되잖아요.

H : 부질없는 거죠.

동 : 상회는 사회조직인데 정부가 상회 지도자를 임명하는 일에 참여하는 거 네요. 그러면 집행회장은 지금 상회에서 일을 하고 있나요?

H : 네. 상회에 있어요.

동 : 상회에 있으면 어색하지 않을까요?

H : 그들이 서로 마주 칠 일은 없어요. 만나도 한두 번 정도니까요.

동 : 일을 지시해야 할 때 회장한테 물어 보나 봐요?

H : 네.

동 : 온주상회 그분은 아무런 직무가 없나요?

H : 네, 다 꼭두각시처럼 내세우고 그 배후에서 일을 꾸미거든요.

동 : 맞아요. 꼭두각시가 바로 그 분이군요.

H : 저희 내부도 두 파로 나뉘거든요.

동 : 비서실 내부에도요?

H : 그럼요. 그러니까 이렇게 복잡하게 된 거에요.

동 : 비서실 내부에 파벌이 어떻게 나뉘어 있나요?

H : 네 명인데 두 사람이 한 팀이고 저는 혼자인데 회장을 지지 해요.

동 : 혼자 한 팀이세요?

H : 팀 이라기보다는 저와 L주임이 어떻게 하느냐의 문제인 것 같아요. 일을
    망치지 않는 게 우선이고 Z비서장의 억울함을 풀어야 해요. 그들이 회
    장에게 나쁘게 했어요.

동 : 회장을요?

H : 네.

동 : 부비서장이요?

H : 네. 부비서장 한분이 한 달이 넘도록 아직 출근하지 않고 있어요.

동 : 어제 전화할 때 부비서장이 여기 있다하지 않았어요?

H : 그 분은 중립적인 입장에 있는 어르신을 말하는 거고, 제가 말하는 분은
    온주상회에서 온 다른 분이에요.

동 : 재무를 관리하는 분은 어느 파에요?

H : (그 사람은) 다른 파벌에 속하는 사람이예요. 정상적으로는 성급 민정국
    의 심계審計기관이 우리 재무를 검사하는데요. 임원교체 이후 재무가 불
    투명하다는 이유로 비서장과 상의 없이 우리 재무의 모든 자료를 회계사
    무실로 가져갔어요. 위법행위가 있는지를 알아본다고요. 만약 그 둘(부
    비서장과 재무담당)이 꾸민 일이 아니라면 어찌 이런 일이 있을 수 있겠
    어요?

동 : 일을 오래하지 않았나요?

H : 2006년부터 준비할 때부터 일을 했어요.

동 : 무슨 영향을 미치지는 않았나요?

H : 영향보다도 계정이 봉쇄되어 월급을 주지 못했어요.

동 : 그것도 안됐네요.

H : 괜찮아요. 나중에 다시 보상받을 수 있으니까요. 계좌에 몇 백만 위안

정도 있는데 단지 봉쇄되었을 뿐이에요. 계좌 봉쇄하기 전에 돈 못 찾은 것도 재무와 관련이 있어요. 누가 봐도 고의적인 거죠.

동: 그럼 재무담당도 월급을 받지 못했겠네요?

H: 네.

동: 그 분은 왜 일을 이렇게 만든 것일까요?

H: 납득이 안돼요. 그때 천유상회에서 자선 모금이 있었어요.

동: 야안雅安 지진 때요?

H: 네. 각 상회 회원을 동원하였는데 저희 회장은 집에 없었고 집행회장이 회의를 소집했는데 26~27명의 중에 3명만 왔어요.

동: 어떻게 된 거에요?

H: 상회의 모든 돈을 기부한다고 결정내리고 이에 대한 이견을 허락하지 않았어요. 단지 동의만 할 수 있었어요.

동: 무슨 뜻이에요?

H: (각각) 기부한 돈의 액수를 밝혀야 되었어요. 액수가 많아서 놀라울 따름이었어요. 보통 상회에서 8~10만 위안 정도면 많은 편인데 말이에요.

동: 천유상회가 100만 위안 가까이 기부 했더라고요.

H: 맞아요. 다른 성급 상회는 다들 비슷하게 1~2만 위안 정도 기부했는데 저희 상회만 200만, 300만 위안 정도 기부했더라고요. 저는 집행만 했는데 결국 제가 부회장한테 혼났어요. 고래 싸움에 새우등 터진 격이에요.

동: 일이 쉽지가 않네요.

H: 쉽지 않아요. 전화기 저쪽 편에서 부회장이 화를 낸들 제가 무슨 방법이 있겠어요. 제 의견도 아니고요.

동: 비서님도 다른 사람 밑에서 일하는 건데 말이죠.

H: 저도 그냥 전달하는 사람인데요.

동: 그럼 왜 재무팀 쪽에서 전달하지 않았을까요?

H: 그는 아무 일도 하지 않았어요.

동: 혹시 경제과학기술부에서 도와주러 온 분 아니세요?

H: 그분이 맞는데요. 좀 남달라서 정상적으로 교류가 안돼요.

동: 이상하네요. 계정을 봉쇄 한 원인은 무엇일까요?

H: 계정을 봉쇄하기 전에 영도가 그분한테 전화해서 돈을 꺼내라고 했는데 그분이 그러지 않겠다고 한 거예요.

동: 그분은 예전에 뭐 하시던 분인가요? 후에 왜 온주상회로 갔나요?

H: 저희도 이해가 안 가요. 제 생각에는 저희를 내쫓고 회장이 되어 상회를 통제하고 싶었던 것이 아닐까요.

동: 그런 것 같네요.

H: 모순이 점점 커지고 공안국에 신고까지 했어요.

Z: 저희 여기에 운영이 잘되는 경매 회사가 있어요. 잘되는 것이 질투가 나니까 공안국에 신고한 거죠.

동: 결국에는 상업상의 일 때문인가요? 아니면 다른 이유 때문인가요?

Z: 공안국에 신고한 것은 공안국에서 허가증을 발급하지 않아서 조사하러 온 거라고 했어요. 사실 부족함이 없음에도 불구하고 말이죠.

H: 그들도 몰라요.

동: 그들은 그분만 찾았나요?

H: 아무튼 이런 일이 있을 때는 원인이 있을 텐데 알려주지 않았어요. 고의적으로 알려주지 않은 것 같아요. 집행회장도 이런 일이 있는 걸 몰라요.

Z: 재무 담당자 말이 보너스를 지급했는데 몇 번이나 다 지급하지 못했다고 하더라고요.

동: 누가 보너스를 지급했나요?

H: 우리는 정상적으로 보너스를 지급해요. 회장은 누가 얼마를 받는지 서로 모르게 하도록 했어요. 이게 정상적인 거죠. 그런데 그는 재무를 관리하는 부회장께 전화해서 확인한 거죠.

동: 재무를 관리하는 부회장도 있나요?

H: 그럼요. 재무는 감독을 해야 하기 때문에 회원이 참여 못해요. 재무가 루머를 만들어 일을 크게 만드니까 재무를 관리하는 부회장과 회장의 사이가 뒤틀어졌어요.

동: 사실은 다른 사람이 충돌을 부추기는 셈이에요.

H: 제대로 뜻을 전달하지 않았으니 회장만 나쁘게 보이게 된 거죠.

Z: 무엇이든 다 본인 말대로 해야 하고 다른 사람과 상의를 하지 않아요.

H: 자신이 보너스를 적게 받게 될까봐 그런 것 같아요.

동: 이런 일도 결정 못하는데 회장을 선거할 필요가 있나요? 다들 함께 상의하는 것이 더 좋겠네요.

H: 전국 각지 상회는 모두 사정이 이렇고 해남상황도 비슷해요.

동: 무슨 사정이요?

H: 임원 교체시기의 권력다툼 말이에요. 회장이 되어도 한 달이 채 안돼서 새로운 사람이 와서 다시 임원교체 대회를 조직하는 거예요.

동: 해남에 있는 절강상회도 그렇다는 거죠?

Z: 솔직히 말하면 자신의 이익 때문이에요. 상회의 회장이면 정부 정책도 잘 알고 (있고) 정부 영도자도 중시할 뿐 아니라, 각 주요 도시를 방문하면 회장만이 직급이 높은 정부 인사를 만날 수 있기 때문이에요.

4. 각 지방정부 기관과의 관계

정부의 외부기업 투자유치에 대한 견해

Z: 현재 상회조사에 참여하나요?

동: 현재는 일주일에 하루 정도 가서 볼 수 있고 휴가 때에는 천유상회에도 있었어요. 일이 많았지만 다 일상사무일 뿐이고 아직 임원 교체는 하지 않았어요.

Z: 임원 교체시기가 되면 일이 많겠죠.

H: 복건상회가 임원 교체 하는 건 알죠?

Z: 임원 교체를 안 하면 정상적으로 사무를 보겠죠.

동: 임원 교체만 하면 일이 생겨요.

H: 저희 상회는 이런 면에서 참 잘한 거 같아요. 길림성에서도 3위 안에 들고 상여금은 해마다 받고 그랬는데 근래 2년 동안은 좀 아닌 것 같아요.

동: 회비는 거두셨나요? 2년 사이에 거두셨나요?

H: 아니요. 회장은 사직하고 싶어 해요.

동: 그럼 평일 사무는 제대로 운영되는 거 맞아요? 바쁜가요?

H: 예전에는 일이 많았는데 임원교체 이후 가끔씩 일이 있는 것 같아요.

동: 정부는 어느 정도 임무를 관리해야 하나요?

H: 정상적으로 통지해요. 사실상 상부상조 하는 거죠. 저희가 정부를 위해 기업투자를 유치하면 정부는 저희와 회의하고 CEO들을 만날 수 있는

플랫폼을 제공해 주죠.

동: CEO들이 가지 않으면 어떻게 하나요?

H : 가지 않는 분들도 있어요. 그분들은 영도가 어느 정도 회의에 참석하는
    지 규모가 얼마나 큰지 회사에 어느 정도의 이익이 되는지를 모두 생각
    하고 참여해요. 이익이 된다고 생각해야 참석하거든요.

동: 먼 길도 마다 않고 회의에 참석하나요?

H : 아니요. 다 회의 전시 센터에서 하거든요. 좌석이 비면 안 되잖아요. 많
    은 사람들의 관심을 끌어야 해요.

동: 그러고 보니 정부는 형식적이네요.

H : 형식적이라니까요. 교수님께서는 이런 것에 대해 (글을) 쓰셔야 할 것
    같아요.

동: 회의 내용이나 형식이 모두 좋아 보이긴 하던데요.

H : 결과는 어떨까요?

Z : 저희 모두 스마트폰만 보고 있었어요.

동: 저도 동북아회의에 참석했었어요.

Z : 괴로워서 죽을 뻔 했어요.

H : 말로는 투자하고 조사하기 위함이라고 하지만 다 형식이고 우리 보고 돈
    을 투자하라는 것이에요.

동: 지금 내막을 들여다보면 이러한 일들이 허다해요. 중국은 허황된 것이
    많잖아요.

5. 상회에 관한 인식

정부와 상회의 관계

H : 상회는 일찍이 상해에서 나타났었는데 나중에 사라졌어요.

동: 건국 이후 상회는 점차 사라지고 민영기업도 사라졌어요. 개혁개방 이후
    다시 생겨나기 시작했어요.

Z : 상회 회원들이 모여서 일을 벌일까 봐 두려워서 그러나 봐요.

동: 상회는 아무런 사회적인 책임도 질 수 없게 되는 거죠.

H: 상회를 봉쇄하면 관리하기 쉽다고 생각해요.

동: 상회는 자산계급의 산물이지만 사회주의 국가에서 경제를 발전시키기 위해 지방정부가 이렇게 상회를 중시하는 거예요.

H: 중국은 자본주의사회가 아니에요. 제가 보기에는 반半봉건 반半자본주의 사회인 것 같아요.

동: 지금은 그렇게 보기 힘든 것 같아요. 시장경제를 하다 보니 중앙 정부에서 돈을 지급하는 것도 아니고 스스로 경제를 발전시켜야 하기 때문에 관료와 상인이 공동의 이익을 위해 결탁함으로써 관료는 승진하고 상인은 재부를 늘이는 것이에요.

Z: 그래서 생각해낸 방법이 정부에서 감독하고 관리하는 것이에요.

동: 그렇게 되면 정부의 권력이 커지는 것이 아닐까 걱정돼요.

H: 정부의 간섭이 많은 것 같아요.

동: 상인이든 상회든 어쩔 수 없이 정부에 의지하는 것이에요.

H: 상회의 활동은 이렇게 구성되어 있어요. 하나는 정부와의 관계를 통해 유대 작용을 하고, 회원을 조직해서 가족 같은 분위기를 조성하는 거예요. 관계가 밀접하면 협력 발전이 쉬워지죠. 다른 하나는 권익을 옹호하는 거예요. 상회 회장이든 부회장이든 일이 생기면 같이 힘을 합쳐 해결하려고 해요.

6. 상회의 기능

상회 가입의 장점: 구체적인 사례

H: 저희 부회장은 플라스틱을 생산하시는 분인데 당시 광복로光復路 빌딩에 큰 불이 났었어요.

동: 언제요?

H: 10년은 되었을 걸요. 광복로에 불이 나서 공안국이 조사했는데 불씨는 인접한 이웃 때문이라고 했어요. 이 사고로 부회장은 몇 백만 위안의 손

실을 보았고 가지고 있던 설비마저 모두 쓸모없게 되어 버렸어요.

동: 광복로는 원래 어떤 거리인가요?

H: 도매시장, 건축 재료를 판매하는 거리예요. 창고에 있는 물건을 모두 잃은 셈이고요. 참 안 됐던 것은 보험도 기한을 금방 넘긴 상태라 보상을 받지 못하는 상황이었어요. 배상문제에 있어서 지금도 확실하게 해결을 본 것이 아니에요. 소방관의 말은 보안직원이 실수로 담배꽁초를 버려서 생긴 일이라지만 사실인지 확인할 수가 없고 빌딩관계자는 모든 책임을 부회장한테 넘겨서 부회장이 책임져야 한다는 거예요. 솔직하게 이건 부회장 혼자만의 책임이 아니라서 상회가 나서서 구区정부에 가서 해결 방법을 찾아야 했어요.

동: 구정부도 이런 일을 관리하나요?

H: 그럼요. 개인만 배상을 해주는 게 아니라 정부도 배상을 해줘요.

동: 구정부를 찾아서 보상을 받았나요?

H: 얼마를 배상했는지는 몰라도 배상을 받을 수 있도록 노력 했을 거예요.

Z: 저희 상회 회원도 아닌데 돈을 받으러 온 사람도 있어요.

동: 어찌된 일인가요?

H: 절강사람인데 저희 상회 회원이 아니고요. 길림에서 창업하다 실패해서 가족들도 외면하고 고향으로 갈 차표 살 돈도 없으니까 상회에 찾아 와서는 소파에 누워서 갈 생각을 안 하더라고요.

동: 그런 어이없는 경우도 있네요.

H: 상상 조차 못하는 경우가 많아요.

동: 상회도 참 재미있는 일이 많네요.

H: 그럼요. 듣기에는 재미있어도 정작 부딪치면 골치 아픈 거지요.

7. 동향인 및 동향조직과의 관계

기타 동향상회 조직과의 관계

동: 당시 회장은 원래 뭐하시던 분이세요?

H : 투자보증 관련 일을 하시던 분이에요.

동 : 계속 이 한 분이었던가요?

H : 네. 줄곧 이 분이었고요. 처음에 자동차 투자회사를 하다가 농업을 하셨어요. 물론 농업은 상회와 합작했던 것이고요, 나중에 회장이 기회라고 생각하고 상회의 몇몇 사람들과 함께 이 일을 했고요 브라질로 출장도 갔었어요. 국제무대에 오른 거죠. 그러다보니 국제생태안전조직에서도 사람이 왔더군요.

동 : 아마 당시에 일을 잘했나 봐요.

H : 네. 저희가 국제연합국의 시범기지로 알칼리성 토지 개혁을 하게 되었어요.

동 : 제일 처음 창립했을 때는 회원이 몇 명이었나요?

H : 100여명 정도요.

동 : 길림성에서 장사하는 절강상인이 몇 명이나 되나요?

H : 대략 12만 명 정도 될걸요.

동 : 많네요.

H : 온주상회도 아주 큰 걸로 알고 있는데요.

동 : 장춘에 온주상회도 있어요?

H : 네. 시급에 속하는 상회이고 통일전선조직부가 관리하고 있어요.

동 : 서로 경쟁관계인가요?

H : 아니요.

동 : 제가 만약 온주사람이라면 저는 어느 상회에 가입해야 하는 건가요?

H : 개인의 자유에요. 상회는 서로 협동하는 과정이니까 자유에요.

동 : 원래 온주상회 회장의 소속은 어디였나요?

H : 처음에는 WP가 했고, 후에 SLM이 했는데, SLM은 저희 상회에서 1년 정도 집행회장을 하다가 온주상회로 갔어요.

동 : 온주상회에서 큰 일이 일어났었죠?

H : 상세히는 잘 몰라도 후에 관계가 안 좋은 걸로 알고 있어요.

동 : 무엇 때문에 경쟁하는 건가요?

H : 꼭 그렇다기보다는 서로 이해관계가 없으니까 경쟁도 없어요. 어느 상회든 저희 상회와는 이해관계가 없지만 내부에서 문제가 있다면 어쩔 수 없어요. 예를 들면 Z회장에 대한 반대의 목소리가 크다든가, SLM이 당시에 회장이 되고 싶었는데 안 됐다든가 등이죠.

III-4. 요녕성 보전상회 비서장 XM 인터뷰

인물 : XM, 장관張冠[관]
일시 : 2013년 8월 1일
장소 : 요녕성 보전莆田상회 사무실

1. 개인정보

보전 사람이고 심양시정부정책연구실의 부주임으로 재직. 20여 년 동안 정부에서 공업처장, 도시건설처장, 재경무역처장, 종합처장, 상업처장 등 직무를 역임.

2. 상회 가입 계기

관: 상회는 어떻게 가입하셨어요?

X : 제가 퇴직한 후 누군가가 저를 추천했대요. 보전莆田상회는 현지 자원을 잘 이용하는 장점이 있는데 정부에서 퇴직한 간부가 비서장으로 취임하기를 바랐던 거죠. 온주상회 같은 경우에는 온주 출신의 사장이 상회 비서장을 맡는데 보전상회는 달라요. 보전상회는 비서실 아래 사무실을 설치해서 사무실주임을 두는데 사무실주임은 의사결정 과정에 참여하지 않고 집행만 하는 것이 특징이에요.

관: 몇 년도에 상회에 오셨나요?

X : 2005년에 퇴직하고 2006년에 상회에 왔어요.

관: 2006년에 오셨으면 거의 10년이 되어 가네요.

X : 네. 보전상회가 작은 규모에서 출발해서 큰 규모가 되기까지, 인원이 10여명에서 지금의 500명~600명이 되기까지의 성장과정을 다 거친 거죠.

관: 산증인이시고 과정을 함께 하셨다고 보면 되겠네요.

X: 증인이고 참여자예요.

관: 책임자이시고요.

X: 책임자는 아니고요. 의견을 제시하거나 조언을 주는 참모장이에요. 예전에 정부에서 해온 사무의 연속이라고 보시면 돼요. 의사결정 과정에서 나온 방안이 채택되면 이것이 곧 성과라고 할 수 있고 채택되지 못하면 기다려야 해요.

3. 상회 성립의 취지 및 목적

관: 상회는 성급상회인가요?

X: 성급이에요.

관: 그럼 요녕성에 동향상회 단체가 몇 개 정도 있나요?

X: 제가 보기에는 40~50개 정도 돼요.

관: 그렇게나 많나요?

X: 성급 행정지역이 원래 전국적으로 많잖아요.

관: 아니면 요녕성이 경제발전이 빨라서 그런 게 아닐까요. 저희 집은 요녕성 금주錦州인데요, 거기에는 길림성 동향상회가 16~17개 정도 밖에 안 돼요.

X: 상해, 북경 등 직할시 빼고도 30여 개의 성이 있는데요, 다 기준이 있어요. 요녕성의 경우에는 성급 민정청에 한 성에 상회 하나를 등록하도록 되어 있어요.

관: 1성에 1상회를 설립한다는 거죠.

X: 네. 한 성, 한 지역에 상회 하나를 설립할 수 있어요. 예를 들면 광동성에 있는 상회에서는 요녕성광동상회, 복건성요녕상회라 하지만 우리 보전상회는 전국 최초로 성이 아닌 지역급 도시인 보전으로 등록된 1급상회이고 첫 번째예요.

관: 일반적으로 성급 사이에 상회가 성립되는 데요.

X: 왜냐하면 두 가지 원인이 있어요. 하나는 역사적 원인이고 다른 하나는

현실적 원인이죠. 역사적 원인은 상회가 성립된 지 10년이 되었고요.

관: 인터넷 상에는 2003년에 성립했다고 기록되어 있어요.

X : 찾으셨듯이 2003년에 성립했어요. 그때 복건상회가 성립하기 전에 이미 있었으니 이건 역사적인 부분이고요. 당시 복건상회는 회원이 30~40호 밖에 안 되었는데 그 보다 규모가 컸어요.

관: 당시의 규모가 어느 정도 되나요?

X : 500여 호 정도였으니까 규모가 컸어요.

관: 기업과 자영업도 모두 포함했네요.

X : 두 번째 원인은 역사적으로 요녕성보전상회라고 불렀어요. 세 번째 원인은 저희가 사회에 많은 기여를 했어요. 특별히 지진으로 인한 재난에 자금을 기부했고 교육 사업을 일으키는데도 기여했고 빈곤 가정 구제에서도 현저한 성과가 있었어요. 성 민정청이 가장 힘든 시기에 도와주기도 했어요. 한 번은 성 자선총회와 성 민정청이 함께 고아원을 옮기는 프로젝트를 추진하기 위해 각 상회에 호소 할 때 궈메이메이郭美美 사건이 일어났던 거죠.

관: 공신력이 많이 떨어졌겠네요.

X : 공신력이 많이 떨어졌었죠. 하지만 자금을 기부하고 교육 사업을 일으키는데 기여했고 가난한 가정을 구제하기 위해 회원을 조직하고 자금을 모은 일로 전국에서 일등을 했어요. 이는 민정청에서 느끼기에도 고마운 일이었던 거죠. 저희 상회가 성급상회보다 역량이 크고 적극적이었는데 저희 상회가 성급상회로 된 것은 역사적으로나 현실적인 상황으로 봤을 때 남들로부터 인정을 받고 칭찬을 받은 것 아니겠어요? 온주상회도 예전에 성급 간부를 찾아 성급상회가 되고자 했지만 특별한 기여가 없어서 안 됐어요. 우리 요녕성보전상회는 성에서도 1급이에요. 1급 상회는 독립법인으로서 은행계정을 개설할 수 있다든지 등 많은 면에서 혜택이 있어요. 사회에서도 독립적인 조직으로 인정받고 뭘 하든지 인정받기 쉬워졌죠. 예전에 2급 상회였을 때는 그렇지 않았거든요.

341

4. 상회의 조직관리

조직구성과 의사결정

관: 귀 상회에 회장과 부회장 두 명이 있던데, 다른 상회는 회장과 부회장
　　외에 상무부회장, 집행회장, 이사도 있어요.

X : 상회마다 다 비슷한데요. 저희 상회는 회장이 한분이지만 회장은 많은
　　직급을 가지고 있어요. 요녕성공상연합遼寧省工商联의 기업가협회 부주석
　　이고 요녕성정협위원이며 심양시 인민대표인데 이런 타이틀을 가진 분
　　은 심양시에 이 분 외에는 없어요. 심지어 심양시 10대十大 걸출청년 중
　　의 한사람이고 5·4청년상도 획득한 분이세요. 지금은 40대 후반이지만
　　5, 6년 전에는 가히 그 시대의 역사적인 일이었어요. 저희상회에는 이
　　회장 외에 또 집행회장이 있는데요, 집행회장은 8명이 있어요. 이렇게
　　회장과 같이 9명이 함께 상의하고 의사결정을 하죠. 소수가 다수에 복종
　　하는 민주원칙을 중심으로 하죠. 집행회장 아래에는 상무부회장 그리고
　　부회장, 부회장 아래에 상무이사, 이사, 회원 등 이런 구조로 이루어져
　　있어요.

관: 일상적인 의사결정은 어떻게 하나요?

X : 일상적인 결정은 국정방침 같은 경우 모든 회원대표가 함께 결정하는데
　　5년에 한 번씩 열려요. 회장사무회의는 최대한 한 시즌에 한 번씩 소집
　　하고 임시적인 사건에 대해서는 집행회장이 알아서 해결하고, 회장과 여
　　덟 명의 집행회장이 상무위원회에서 최대한 빨리 결정해서 회의록을 인
　　터넷에 올려요. 이것이 상무위원회의 특징이에요. 결정이 빠르고 효율이
　　높고 사람들의 수준도 높아요.

관: 그럼 귀 상회는 예전부터 회장이 한분이셨나요?

X : 네, 십 년 동안 한 분이었고 개인적인 카리스마와 탁월한 경영실적, 모
　　두를 위한 열정이 회원들의 인정을 받아 세 번 선거를 했는데 매번 당선
　　되었어요.

관: 정관에도 세 번 연속 연임할 수 있다고 규정되어 있나요?

X : 애초에 정관이 없었을 때도 5년에 한 번씩 선거하고 관리경영을 잘하고
　　모두의 동의를 받으면 계속 연임할 수 있었어요. 그러나 요즘엔 계속 연

임하는 것은 좀 그러니까 러시아의 푸틴처럼 서로서로 번갈아 하는 방식으로 가야겠죠. 하하하.

관 : 그럼 보전상회의 직능이 어떤 면에서 체현되고 있는지 상세히 소개해주실 수 있나요?

X : 상회의 기능이요.

관 : 길림성 상회의 직능을 보면 외부 기업의 투자유치를 좀 더 많이 했더군요.

X : 그것은 상급에서 시키니까 한 것이지 마음속으로 우러나서 한 것은 아닌 것 같아요. 어떤 곳에 장사하러 갔는데 무엇 때문에 상인들더러 투자 유치하라고 하는지 이해가 안가는 거죠.

관 : 만약에 외부 기업의 투자 유치를 하지 않는다면요?

X : 분위기상 그러면 또 안돼요. 마음이 불편하고 문제가 있죠. 저희 요녕공상연합회와 같은 이런 상회는 업무를 통일적으로 실행하기 때문에 외부 기업으로부터 투자 유치하라는 요구가 없어요. 저희 상회의 기능은 저희 마음속에서 우러나서 저희가 필요로 하는 것을 위주로 해요. 중요한 기능은 권익 수호에요. 타지에서 장사하는 것은 쉬운 일이 아니에요. 만약 상회에 가입하지 않고 홀로 사업을 한다면 업신여김을 당할 수 있고 정부에서도 중시하지 않을 수 있어요. 권익수호란 바로 불합리한 경우를 당했을 때 상호 조정을 실현하는 거예요.

상회의 일상 활동

관 : 그럼 상회의 일상 활동에는 어떤 것이 있나요?

X : 활동은 많은데요. 1개월 혹은 3개월에 한 번씩 회장사무실에서 회의가 있어요. 3개월 동안 상회에서 하는 사업을 더 한층 깊이 연구하고 중대한 권익수호나 자선모금활동이 있으면 회원을 조직하는 경우가 있어요. 또 고향 사람들을 위해 무대를 마련해서 마조媽祖 전통극을 보여줌으로써 모두의 마음을 위로하기도 하죠. 고향 전통극을 보여주는 활동에 심혈을 많이 기울이고 있어요. 진행을 순조롭게 하기 위해 공안국과 문화국에 접촉했고 5일 연속해서 공연을 했어요. 또 상회가 중국공산당 건설 90주년을 맞이하여 회원을 조직해서 친목회를 조직했어요. 저희 상회는 종종 전체 성 차원에서 탁구경기, 장기대회, 붓글씨대회 등을 개최해요.

또 기업가 건강클럽은 회원의 건강을 위해 노력하고 있어요. 보전상회는 요녕성공상연합회에 많은 기여를 했어요. 그래서 저희 상회는 연속 5년 동안 선진상회로 선정되었어요. 요녕성공상연합조직이 매년마다 전국 각지에서 기업가들이 요녕성에 와서 투자하는데요, 이 활동은 기업가들과 투자항목이 끝나면 공동으로 회의를 하는 건데 작년 한 번, 올해 한 번, 두 번이나 참여했고 훌륭하게 완성해서 선진단체로 선정되었어요.

회원관리 및 회비

관: 상회가 회비를 거두는 기준은 무엇인가요?

X: 저희 상회는 평민상회라 할 정도로 확대시키기 위해 요녕성 기업가들에게 서비스 하는 편이에요. 어떤 상회는 사장님들의 클럽처럼 되어 버려서 작은 회사 사장님들은 자격지심을 느껴요. 예를 들어 사장님이 자선모금에서 50만 위안을 기부했는데 그룹 회장이 100만 위안을 기부했을 때 그럴 수 있어요. 또 몇 억 위안 되는 토지를 경쟁하여 입찰하고 싶어도 바로 큰 돈을 마련 할 수 없으니까 큰 그룹 사장님의 기에 눌리는 거예요. 하지만 저희 상회회원은 회비가 일 년에 100위안이니까 부담도 없어요. 담배 한 보루 값이에요.

관: 회비의 납부기준이 좀 낮은 것 같네요.

X: 목적은 사람을 끌어들여 상응한 서비스를 제공해주는 거예요. 보전사람이고 성실하게 장사를 하며 상회의 정관을 승인하면 누구든 상회회원이 될 수 있어요.

관: 이 상회는 보전사람이 가입하기에 가장 적합한 것 같아요.

X: 그럼요. 저희 상회는 구호가 있어요. 보전상회는 상부 영도세력의 신임도 충분히 받고 있고 어느 정도 지명도가 있어서 기타 상회가 부러워해요. 그리고 상회의 목표는 동북에서 제일 큰 상회가 되는 거예요.

X: 지금 상회에 500명의 회원이 있는데요. 요녕성보전상회에는 기업이 3,000여 개 되고 5만 여 명의 인원이 있는데 상회에 1,000여 개가 가입한다 해도 어마어마한 수치예요. 한 상회에 1,000여 호의 회원이 있다는 것은 대단한 거예요.

관: 현재 회원이 500여 호면 이미 많은 거죠. 길림성에는 회원이 200개만

되어도 큰 상회에 속하는데, (귀 상회에는) 500여 호나 있으니 이보다 클 순 없어요.

X : 그렇죠. 지급시地级市는 성省과 달라요. 천유상회 같은 경우는 작은 노점 상인도 가입하는데요. 저희 상회는 그런 경우는 별로 없어요.

5. 상회와 정부의 관계

상회 평가

관: 2급 상회란 시급상회를 말하는 건가요?

X : 그런 건 아니고요. 만약 심양시 민정국에 등록했다면 시급법인이라 하지 만 저희 상회의 원래 명칭이 요녕성보전상회이고 회원들은 요녕성 각지 에서 왔어요. 회원들이 여러 도시에서 왔기 때문에 심양시로 등록한다면 말이 안 되죠. 심양시보전상회는 심양시 외에 대련 등 14개의 도시는 포 함이 안 되고, 그렇게 하면 인원수도 적을 수밖에 없어요. 저희 상회가 특별하다면 보전시는 현재 전국 각지에서 유일하게 성급이고 1급 법인 으로 등록되어 있어요. 앞으로도 이런 경우가 있을 수도 있지만 지금으 로서는 특수한 상황이에요.

관: 그렇군요. 2003년에 성립해서 업무를 보는 주관부문은 어디에 있나요? 등록부문은 민정청인가요?

X : 아니에요. 2003년에는 등록하지 않았고 9년이나 지나서 등록했어요. 상 회가 성립 초창기에는 익숙하지 않은 단계라 보전시요녕상회라 했고 주 관부문이 상급 영도가 아니라 그냥 보전시 였어요.

관: 그쪽에서 관리했나요?

X : 네. 후에 회원들이 지방에서 장사하면서 느낀 것이 현지 정부와 관계를 잘 처리해야 한다고 생각하여 2005년 이후 다시 재정비 했어요. 당시 요 녕성총상회보전상회로 불렸는데 요녕성 공상연합회에서 관리했고 주관 부문은 길림성공상연합회였어요. 2010년에 상회 숫자가 점점 증가하면 서 국가에서 규범화하려고 기업법인으로서 한 업계가 한 상회, 한 성에

기타 동향상회, 정부관계자, 회의록

345

한 상회라는 원칙으로 재등록하라고 했어요. 하지만 저희 상회 같은 경우는 좀 달라요. 요녕성총상회로는 성에서 등록할 수 없었고 단지 복건성상회로 밖에는 등록할 수 없었어요. 보전인은 수는 적었지만 단결력이 아주 좋았어요.

상회 주관부문

관: 그럼 상회의 현재 주관부문은 공상연합회인가요?

X: 네. 저희가 등록한 부문은 요녕성민정청이고 주무부문은 요녕성공상연합회이고 저희 당조직 부문도 성 공상업연합회에 등록해서 새로운 당위원회를 성립하려고 해요.

관: 길림성과 또 다르네요. 길림성은 경제기술합작국을 주관부문으로 하는데요.

X: 지금도 두 개인데요. 저희 경우를 얘기하면 처음에는 요녕성공상연합회에 가입했어요. 지금은 요녕성에 등록 부문이 두 개로 나뉘는데요. 하나는 요녕성 경제기술합작처經济合作办에 등록되어 있어요. 경제기술합작처는 동향상회가 가지고 있는 외부기업 투자유치 기능을 살리려고 해요. 요녕성성장省长 천정가오陈政高는 장점이 하나 있는데요, 기업 투자유치를 잘해요. 특히 외국 기업투자 중 한국에서 투자를 많이 받았는데 지금은 점차 적어지는 추세죠. 원래는 전국적으로 매년 500억 위안을 끌어들였고 심양시만 45억 위안을 끌어들였으니까요. 지금 점점 줄어드는 추세에요. 그래서 중국 기타 지방의 투자를 유치하고 있고 남방지구에 상회가 많은 편이라 남방지구의 투자를 많이 유치하는 편이에요. 흑룡강에서는 요녕상회에 가입하는 경우가 적은 편인데 요녕성보다 상업의식이 많이 낮기 때문이에요. 그래서 주로 주관부문에 많이 의지해요. 저희 상회는 1급상회이고요 민정청에 등록하고 있어요. 등록 기관은 하나지만 두 개의 주관단위가 있는데, 성 공상연합회와 경제기술합작처에요. 성 공상연합회의 특징은 비교적 정규적이고 활동도 많다는 것이에요. 단점이라면 외부기업의 투자를 유치하는데 약한 편이죠. 경제기술합작처는 주로 상회에 관련 임무를 내리죠. 성장은 외부기업의 투자를 유치할 수 있도록 이끄는데, 상회에 정치에 참여할 수 있는 추천인 수를 주지 않는다면

상회는 (그들을 위해) 일만 한다고 느끼게 되는 거죠. 인민대표 인원은 결국 공상업연합회가 차지하고, 또 인원수도 자신의 소속 단체에 주려고 하고 외부의 단체에게는 줄 생각도 하지 않는 거죠. 그래서 몇 년 사이에 외부 기업 투자유치의 역사는 마감이 올 것 같아요. 저희가 상인을 끌어 모으는 이유는 자금이 필요해서가 아니고 교류 과정에 선진적인 과학기술을 끌어들이려는 거예요. 그래서 5년 내에 기본적으로 외부기업의 유치를 끝냈고, 이제는 저희가 나서서 투자하고 선진기술을 유치하는 것이 중요하다고 봐요.

정부의 관리

X : 정부가 상회에 대한 관리를 소홀히 하는 것 같아요. 상회에 대한 연구과 제도 처음이고요. 제가 정부에서 일할 때는 제가 과제를 준비해서 연구했거든요.

관 : 18대(중국공산당18대인민대표대회)와 2대 회의(전국인민대표대회와 중국인민정치협상회의)에서 주관부문이 없어도 된다고 했어요. 예를 들어 과학기술영역, 업계협회, 상회 등 등록만 하면 주관부문이 필요 없어요.

X : 현재 상회는 불공평한 사회 환경에 처해 있어요. 만약에 업무주관부문에 등록하지 않으면 대신해서 말할 사람이 없으니 무시당할 수 있어요. 자본주의 국가처럼 마음대로 할 여유가 없어요.

관 : 조직의 역량이 아주 크면 정부랑 대항할 수 있지만 중국은 이런 방향으로 갈 수 없어요.

X : 중국에 속담이 하나 있는데, 정부는 강철이어서 누가 부딪히면 그 사람이 다친다는 거예요. 중국에서 정부에 대항한다는 것은 불가능한 일이에요.

관 : 공상연합회는 상회가 발전하도록 많이 도와주지 않나요?

X : 네. 공상연합회는 저희 상회의 권익수호에 강력한 뒷받침이 되어 주고 저희는 상회의 중요한 일을 보고하죠. 결정적인 순간에는 공상연합회의 권익수호 담당 부장이 저와 함께 현장에 가요. 또 국가정책을 늘 저희 상회에 전달해 주기도 하고, 저희 비서장이 회의를 진행할 때 활동 교류 경험을 나누도록 해주죠. 그리고 저희 상회가 정치적 참여를 할 수 있도록 플랫폼과 경로를 제공해주죠. 공상연합회 자체가 집행위원, 상무위원

인 것 같아요. 인민대표나 정치협상위원은 아니지만 참정의정參政议政의 직무가 있어요.

관: 그럼 이 상회는 다른 지역의 정부부문과도 접촉하나요?

X: 네.

관: 많아요?

X: 그렇게 많지는 않아요. 가끔 전국통일전선부에서 중국특색의 사회주의 상회를 연구할 때 공상연합회에서는 저희 상회더러 투고하라고 해요. 저희 상회는 전문적으로 하나의 소재를 작성하고 몇 단계의 과정을 거쳐서 저희의 경험을 관련 부문에 소개하고 보고한 적이 있어요.

관: 요녕성에는 여기처럼 소프트 인프라 관리사무실이 있나요?

X: 아마 있을 거예요. 다 임시로 존재하는 거예요. 정부의 각 부문과 공동으로 경영하는 건데요, 특히 전문적으로 소프트 인프라 관리 이런 부문을 설치하는 것을 보면 급하게 추진하고 캠페인을 벌이고 있다는 느낌이 들어요.

관: 길림성에 하나 있는데요, 각 상호에 대한 관리가 무척 심한 것 같아요. 상회에 관한 자료도 많이 요구하고 상회에 정원을 주어 소프트 인프라 감독 기지를 설립했어요. 예를 들면 저희 상회에 5명의 정원을 책정한 후 이 5명의 정원을 회원기업에 분배하고 간판만 달면 소프트 인프라 감독기지라고 부르고 길림성의 소프트 인프라를 감독하게 하는 거예요. 왜냐하면 길림성 소프트 인프라 환경이 너무 나빠서 기업가들에게 투자를 유치할 때는 다 해결해줄 듯이 하다가도 일단 길림성에 들어오면 나 몰라라 하기 때문이죠.

X: 비슷해요. 상세하게는 잘 몰라도 실제로는 그렇게 하나 봐요. 하나는 기업가들은 인민대표대회나 정치협상회의를 통해 매년 제안하는데 그들의 관심은 소프트 인프라 환경이기 때문이죠. 다른 하나는 인민대표나 정치협상회의 위원이 되면 상응한 사회적 직무가 주어지는데, 예를 들어 누가 감독원이 되면 자체가 감독의 기능이 있으니 따로 사무실을 설치할 필요가 없이 많이 간편해지기 때문이죠.

관: 현재 길림성 성장은 바인차오루巴音朝鲁라는 사람인데 절강에서 왔고요. 절강의 온주상회와의 관계가 좋아요. 그래서 이 모델을 길림성 쪽에서도 활용하려고 했어요. 현재는 상회건설을 해야 하니까 전문적인 소프트 인

프라 사무실을 설립했고 부성장이 최고 책임자로 있어요.

관 : 상회에는 특별히 어려운 점이 없나 봐요.

X : 상회가 어떻게 조직적으로 응집력을 강화시킬 것인가 하는 것이 중요해요. 회원들은 자신의 경제적인 이익이 있기 때문에 상회가 회원들을 위해 서비스하는 과정에서 공동의 이익을 위해 상회가 필요하다고 느끼게 되면 관심을 끌지만, 아니면 별로 신경 쓰지 않아요.

관 : 또 하나는 드나들기가 자유로워요.

X : 네. 회원을 엄격하게 대하지 않고요. 비교적 느슨한 편이고 과거의 당조직들과 달라요. 당이 우리 조직을 관리한다기보다는 우리의 당조직이 상회에 기반을 두고 어떻게 선진모범작용을 하는가의 문제인 것 같아요.

관 : 어디까지나 사회조직이니 단위나 기업과는 달라요.

X : 네, 그래서 회장님은 공헌을 할 수밖에 없고 또 상회는 새로운 문제점들을 부단히 제기하게 되는 거예요.

6. 상회의 기능

회원서비스: 구체적 사례

X : '봉사를 기초로 상회를 설립하고, 창조혁신을 통해서 상회를 강화하자服務立会, 创新强会' 등 몇 개의 구호가 있어요.

관 : 이 구호 괜찮은 것 같네요.

X : 네. 또 다른 하나는 모두에게 사업할 수 있도록 대출을 도와주는 거예요. 중소기업의 제일 큰 특징은 고정자산이 없다는 거예요. 카드에 자산이 조금 있을 뿐 집이나 사무실은 모두 임대를 해요. 임대에서 가장 중요한 것은 담보인데 연대 보증을 할 수 있는 플랫폼이 필요해요. 연대보증을 하려면 상회가 유력한 방패가 되어 가장 큰 신용플랫폼을 제공하는 거죠. 500여명의 회원들 사이에 관계가 밀접하니 한 두 사람 때문에 상회의 명예를 실추시킬 수는 없는 거죠. 은행도 이런 관계를 아니까 (상회와) 전략합작협의를 체결하는 거예요. 며칠 전에 3억 위안의 협의

를 체결했고 앞으로 5억 위안의 협의를 체결할 예정이에요.

관 : 그러면 회원들이 대출할 때 상회가 담보를 해주나요?

X : 상회는 담보인은 아니지만 신용플랫폼은 될 수 있어요. 회원의 자산이나
운영 상황에 대해서 잘 알고 있으니까 담보인은 될 수 없어도 상황을 잘
파악하고 있으니 믿을 수 있어요. 예를 들면 대출을 신청한 회원의 자산
정보, 신용상황을 알려면 힘들지만, 상회에서는 이런 기본정보는 물론이
고 몇 년간의 자료도 얻을 수 있으니 조사비용을 절약하는 셈이에요. 그
래서 중소기업이 은행에서 대출을 받을 수 있도록 상회가 중요한 역할을
해요. 요즘 상회도 이 사업을 많이 중시해요. 저희 상회 비서실에서는
원래 이런 일은 하지 않았었는데 요즘은 전문적으로 상무부비서장을 두
고 상회와 은행과의 협력을 많이 진행하고 있죠. 같은 고향사람들을 위
한 대출사업을 추진하고 회원들을 조직해서 상회의 명의로 대출해주고,
이 과정에서 상회는 서비스비용으로 회비를 벌기도 하죠. 이 회비는 상
회의 직원들한테 월급으로 지급 되죠. 상회는 영리가 목적이 아니지만
상회사무실은 기업경영의 방식으로 상회를 운영해야 한다는 생각이에요.

상회 이념

X : 아시다시피 성 공상연합회에 선진상회로 선발되면 대단하다고 하는데
저희 상회는 연속 6년간 선진상회로 뽑혔어요. 지난 6년간의 노력은 선
전구호를 보면 알 수 있어요. '전례 없이 비약하는 상회의 인기'는 상회
가 작게 시작해서 큰 규모로 성장한 과정을 보여 주죠. '요녕성의 현저
한 대출성과'는 상회의 공헌을 말해주고, '열의를 북돋우고 한마음으로
앞장서자'는 선진단위임을 강조하고, '자연재해에 맞서 관심과 사랑을 나
누자'는 지진이 발생했을 때 상회의 지원을 말해주죠. '진리를 위해 포기
하지 말자'는 저희 상회가 시급에서 성급으로 되면서 상회에서 변함없이
당의 건설을 견지해야 한다는 것을 보여주었죠. '나라의 흥망성쇠는 필
부에게도 책임이 있다'는 것은 저희 상회가 참정의정의 기능을 충분히
발휘하고 법에 의해 권익을 수호하는 것도 중요한 사업임을 강조한 거
죠. 지금까지 단합할 수 있었고 발전할 수 있었던 것은 바로 이런 이유
때문이에요.

권익수호: 구체적 사례

관: 귀 상회에서 권익을 수호한 예를 들자면 어떤 것이 있나요?

X : 몇 개의 예가 있어요. 저희 여기에 왕화望花목재시장이 있어요. 전국에서 가장 큰 보전에 있는 목재시장인데요. 보전 사람이 운영하는 시장인데 생긴 지가 20여년이 되어 가요. 건설 초에는 그 곳이 도시 농촌 결합지점이었는데 경제건설발전이 촉진되면서 차츰 계획구역으로 발전했어요. 특히 제12기 운동대회를 준비하는 동안 이 지역에서 녹화를 진행하고 다시 자동차시티 건설을 계획하려 하니까 건축물을 철거해야 했어요. 저희도 도시건설을 지지하는 입장이니까 다른 곳으로 옮기기로 했어요. 하지만 다른 곳으로 옮긴다는 것은 저희 입장에서는 경영상에서나 건축물의 건설 등에서나 영향이 커요. 그래서 어느 정도 보장을 받아야할 입장이 된 거에요. 때문에 상회가 대신 나서서 정부와 담판해야 했어요. 그리고 다른 곳으로 이동하는 과정에서 반드시 실사구시 해야지 억지로 빠른 시일 내에 이동하라고 해서는 안돼요. 한번 옮기는데 몇 개월이 걸리는데 내일 하루 안에 다 끝내라고 하면 불합리한 거지요. 그래서 상회에서 몇 명을 조직해서 정부와 담판하기로 했어요. 저와 비서장, 회장, 서기, 집행회장, 인민대표 등과 함께 저희의 방안에 지문을 찍고 조직 대 조직으로 담판하러 갔어요.

관: 조직 대 조직 그런 개념이 좋네요.

X : 그럼요. 저희는 하나의 독립된 조직으로서 정부와 담판했어요. 현재의 조직으로 보면 정부, 기업, 상회 등 3대 조직과 3대 체계가 있는데요. 상회는 하나의 매개로서 중시되고 있어요. 권익을 수호하기 위해 심양시정부 혹은 성장한테 권리수호를 위해 편지를 써서 도움을 청하는 거죠. 이렇게 해서 불합리에 맞서는 거지요.

관: 해결을 위해 어떤 부문과 담판했나요?

X : 동릉구東陵区 정부요.

관: 인민대표도 많이 참여했네요. 그러면 중요시 되었겠네요?

X : 그럼요. 저희의 전제는 당에 호소하는 것이에요. 저희의 20여년의 공헌을 고려한 거예요. 원래는 농촌지구였는데 저희가 이 지역을 개발해서 3차 산업을 발전시켰고 현지의 취직문제도 해결했고 고층건물도 많이 지

었는데, 갑자기 개발구역이 되었다고 철거하라 하면 원래의 고객층도 유실되고 투자에도 손실을 입으니 보상받아야 해요.

관 : 목재시장은 보전사람이 경영한 건가요? 아님 많은 보전사람이 거기서 목재장사를 하고 있는 건가요? 어떤 모델인가요?

X : 이 시장에는 600여 호의 보전사람이 장사를 하고 한 호당 몇 무의 땅을 가지고 있어요. 하나의 큰 기업이라고 보면 돼요.

관 : 그러면 다수의 보전사람의 이익과 관련이 있겠네요.

X : 몇 천호의 상인과 관계 돼요. 최종적으로는 이익을 수호하고 상인들의 안정을 결합시키는 것이 우리의 목표에요. 먼저 경제적으로 손해가 가는 일은 없어야 하고 실제에 부합되어야 하며 긴 안목에서 고려되어야 해요. 당 조직의 당원들을 잘 설득해서 합의점을 보아야 해요. 만약 반대로 정부랑 등지면 일만 복잡해져요.

관 : 중국은 서방의 공민사회의 길을 걸으면 안 되는 것 같아요.

X : 그럼요. 그래서 다음의 발전을 위해서 중국특색의 사회주의 상회를 건설하기 위해서 제 생각에는 특색 있는 상회 당조직을 설립해야 해요.

관 : 상회의 당 조직은 언제 설립했나요?

X : 2009년에요.

관 : 전문적으로 서기도 선발했나요?

X : 서기 자체가 집행회장이고 사업가에요. 상회의 당원도 많이 증가해서 100여명에 달하고요. 최근에는 당위원회도 성립하려고 기획준비를 하고 있어요.

관 : 권리를 수호했던 경험이 또 있었나요?

X : 많아요. 큰 사건만 해도 10여개 있어요. 혼남浑南 대시장 권리수호 사건이 있는데요.

관 : 그 시장도 보전사람이 운영하는 건가요?

X : 네. 보전사람이 운영하고 있었는데 한 개발 상인이 그 시장이 마음에 든다는 이유로 저희를 내쫓았어요.

관 : 개발 상인은 현지 분인가요?

X : 현지 사람이에요. 그 사람들이 집을 철거하고 이주하는 범위 내에 저희 상회도 포함되어 있었어요. 그 과정에서 저희 상회가 시정부와 담판했는데 저희 입장을 이해하기는커녕 무시하고 사람을 시켜 겁을 주고 인원을

더 투입해서 철거와 이주를 밀어붙였어요.

관: 정부가 그렇게 하겠다고 말했나요?

X : 정부의 어떤 구역의 부구역장과 공안국국장이었어요. 당시 저희 회장도 단호하게, 만약에 계속 이런 식으로 나오면 요녕성의 5만 여명이 고향사람들과 함께 반대하겠다고 나섰어요.

관: 기세가 대단했겠네요.

X : 그럼요. 사태의 심각성을 느낀 거죠. 그렇지 않아도 철거 이동과정에 몸싸움도 있었고요. 심지어 여성도 앞서 싸우다 갈비뼈가 부러지는 사고가 있었어요. 저희 상회에서 사람을 시켜 사건현장을 촬영하게 하고 저희는 변호사와 요녕성공상연합회의 권익수호부 부장과 함께 현장에 담판하러 갔어요. 가보니까 이미 몇 집이 파괴된 상태였어요. 아무런 보상도 없이 강제로 철거한 거였어요.

관: 강제 철거는 바로 이런 거지요.

X : 구역에서 행정 집행을 위한 대오를 조직하고 공안국과 협력해서 강제 철거하려고 하더라고요. 이 구역의 시장운영은 정부의 허가를 받지 않았고 공헌도 별로 없다는 이유로 철거하라는 거였지요. 하지만 저희 입장은 확실했어요. 우리는 정부와 협상하는 과정에서 몇 년간의 시장운영으로 인한 공헌, GDP의 수치로 시장의 우수한 성과를 보여주니까 비로소 사태의 심각성을 알고 협상하기로 한 거죠. 건설하고 발전할 때는 사람을 모아놓고 필요 없다고 느낄 때는 또 불법이라고 하면 안 되죠.

관: 그 후 권익수호는 어떻게 되었나요?

X : 권익수호에 성공했고요. 배상도 받았어요.

관: 이 담판도 상회와 구역정부가 한 것인가요?

X : 네.

관: 그러면 이 상회는 더 높은 급의 정부부문 예를 들면 시정부, 성정부 등 부문과 연계가 있나요?

X : 있어요. 어떤 상황인가 하면 개인적인 권익수호 안건과 관련되어 있어요. 예를 들면 어떤 직업적인 사기꾼이 기업인인 척 하고 경제적인 각종 수단으로 사람을 세뇌해서 사기를 쳤는데 피해금액이 1,000만 위안 정도였어요.

관: 상회에도 이런 일이 있었다고 보고했나요?

X : 보고했어요. 그래서 제가 현지에 가서 조사하고 바로 쉬웨이여우許魏友 시장께 권익수호를 위해 당시 상황을 글로 적어서 보냈어요. 사기수단을 상세하게 절차대로 나눠 분석했고 어떻게 차츰차츰 세뇌해서 사기를 쳤는지 등의 과정을 보고했어요. 나중에 사기꾼은 잡혔어요.

7. 동향문화와 지역 정체성

언어문화에 관한 영향

X : 복건을 바민다디八閩大地라고도 하는데요. 억양을 보면 서로 안통하고요. 민남 사람과 보전사람의 말은 20% 정도는 서로 못 알아들어요. 그래서 한 상회에 있으면서는 현대 중국 표준말을 사용해야 돼요. 상회의 회원들이 모이면 고향사투리를 사용하는데요, 고향 사투리를 쓴다 해서 반드시 친화력이 좋은 것은 아니고요. 기본적으로 보전 사투리는 보전의 360여만 명의 사람만 알아들어요.

관: 전문적인 언어가 있네요.

X : 한 지방언어가 소실위험이 있음에도 불구하고 이렇게 보존된 걸 보면 보전사람들의 특징을 엿볼 수 있어요. 언어는 독특해서 이 지역사람만 알고 음식습관도 조금 다른 편이에요. 이런 공통점들이 이 지역 사람들을 단합하게 했을지도 몰라요. 전국각지에 보전상회가 있는데 요즘 티벳 라싸에도 있다고 해요. 동방의 유대인라고 하면 하나는 보전사람이고 하나는 온주사람이지요. 왜냐하면 머리가 좋고 바다를 건너 세계 각지에서 장사를 하죠.

관: 보전사람은 제가 보기에는 근면한 것 같아요. 상회인터넷을 보면 알 수 있어요.

X : 다 보셨군요. 인터넷의 역할이 커요.

관: 영도한테도 인정받았어요.

지방성 상업문화

X : 보전사람들에게는 '보전정신'과 '보전선언'이 있어요. 경제적으로는 어떻게 평가될지 몰라도 역사적으로는 관원이나 장원이 많이 나왔어요. 보전은 역사적으로도 장원이 많이 배출되기는 전국에서도 으뜸으로 꼽히는 곳이에요. 1,300여년의 과거제도에서 몇 천 명의 진사進士가 있다면 그중 600~700명이 보전사람일 정도에요. 보전은 자고로 장사로 도시를 흥성하게 하려는 게 있어요. 즉 지식과 재주를 모두 익혔다면 응당 벼슬에 나아가거나 혹은 상업에 종사하는 두 가지 길이 있어요. 보전상인은 복건상인 중에서도 제일 우수한 정예부대라고 해도 과언이 아니에요.

관 : 일종의 상업문화가 형성되었나 봐요.

X : 요녕은 대체로 상업문화가 별로 없어요. 요녕은 요녕상인추진회가 있지만 보전처럼 1,000여년의 역사를 지닌 것도 아니고요, 계획경제시기에 운영이 잘 안 되다가 개혁개방 이후에 와서 흥성하기 시작했던 거죠.

관 : 계획경제시기 국가가 강대하니까 진정한 사회가 없었지만 개혁개방 이후로 공민의 결사의식이 발전하면서 상회나 각종 사회조직이 형성된 거네요.

X : 네. 계획경제시기 국가는 대체로 조직인组织人, 단위인单位人 두 부류가 있었다고 봐요. 조직인이라면 사람마다 단위가 있어야 하고 일정한 조직에서 활동해야 하며 어디가나 외워야 할 규칙이 있어요. 개혁개방 이후로는 이런 조직들이 해체되고 속박되어 있었던 농민들도 탈출이 가능해졌고, 스무 살이 넘은 젊은이가 집에 (남아) 있으면 체면이 안 서고 장사한다고 외지로 나가는 시대가 왔으니까요. 동북과는 달라요. 스무 살 넘게까지 부모님의 보살핌 아래에 있진 않아요. 10대에 집을 떠나 일을 해야 한다는 사람도 있어요.

관 : 금주锦州에는 보전사람이 있나요?

X : 있어요. 금주는 지금 조직하고 있는 단계예요. 금주와 호로도葫芦岛가 함께 요서상회辽西商会를 하려 하는데 요서는 하나의 경제지리 개념이고 행정지역 개념이 아니라서 등록이 안 돼요.

관 : 등록이 안 돼요?

X : 네. 등록할 곳이 없어요. 지금의 민남闽南상회를 보면 민남은 실제적으

로 경제지역인데 어디에 등록하겠어요.

관 : 지리상의 개념이지 행정지역은 아니지요.

X : 그러니까 행정지역에서만이 등록이 가능해요.

민간신앙

관 : 민간신앙이나 이런 것은 어떤가요?

X : 상회가 하나는 믿음이고요, 다른 하나 즉 저희가 요즘 천후궁天后宮을 지으려고 하는데요. 보전사람에게는 천후궁은 특별한 것이고 마조는 하나의 문화예요. 보전상인이라면 공동으로 마조를 믿는 것이 특징이에요.

8. 동향인 / 동업조직과의 관계

상회회원의 직업

관 : 그러면 보전상회 회원 중 어떤 직업에 종사하는 사람이 많나요?

X : 목재, 강재, 도자기, 의료, 주방용품, 주유소, 보석류, 의료에는 병원도 포함되고 하니까 대체적으로 독점되었다고 봐도 돼요.

관 : 부동산에 종사하는 사람은 많아요?

X : 많지 않아요. 근래에 몇 명이 있는데요. 작은 도시지만 거물급 인사예요. 예를 들어 부신阜新의 제일가는 부동산 투자가는 부신공상연합회의 부주석인데 노동모범이에요. 그는 부신阜新시 자선기구에 매년 100만 위안씩 10년 동안 1,000만 위안을 기부했어요.

관 : 현재 상회에 회장과 8명의 집행회장이 있는데 그분들은 주로 어떤 업종에 종사하나요?

X : 저희 회장은 의료에서 주로 의약개발에 종사하는데 현재 한 개 단위를 경영하고 있어요. 동방중국과학생명책임유한회사와 함께 동충하초冬虫夏草의 가공 상품을 개발하고 있어요. 회장이 참정의정 능력도 강하니까 매년 인민대표정협위원으로 정치에 참여해요. 머릿속에 아이디어도 많

고 창의적이라서 아이디어왕이라고 불리기도 해요. 영도들이 좌담회를 할 때면 일부 기업가들은 아이디어를 제시하려고 해도 핵심을 잘 끌어내지 못해서 회장을 찾아 상의해요. 회장이 매번 새로운 아이디어와 관점을 제시하니까 중앙에서 온 영도들도 뜻밖의 수확에 무척 기뻐하죠.

9. 상회의 발전 전망

상회 사업의 어려움

관 : 상회가 2003년 성립한 이후 어떤 곤란에 봉착한 적이 있었나요?

X : 곤란이라면 산업구조가 너무 구식이라는 거예요. 기술수준이 낮고 구식이고요. 고도의 과학기술상품이 비교적 적고 회원들의 문화적 소양이 대체로 낮아요.

관 : 그건 아마도 중국상회에 보편적으로 존재하는 문제에요.

X : 네. 그래서 산업구조를 조절하지 않으면 안돼요. 자금도 하나의 걸림돌이에요. 저희 상회는 대출을 주요업무로 하는데 은행은 부유한 회원을 좋아하고 조금이라도 위험이 있으면 상대하려 하지 않아요. 상호보증하기로 했는데 그중 한 사람이 무책임하면 사업은 성사되지 않아요. 은행대출에서 저희를 찾는 사람은 많아도 일이 성사되는 경우는 적어요.

관 : 비서사무실 탓인가요? 아니면 은행 탓인가요?

X : 은행은 누구 탓이라 할 것도 없이 그냥 경제 상황 때문에 어쩔 수 없다고 해요. 은행도 배상하기 싫고 사기 당하기 싫은 거죠.

상회에 대한 기대

관 : 중국 상회의 미래발전에 관한 어떤 기대가 있으세요?

X : 제 생각엔 낙관적이라고 봐요. 상회성립 초기에는 정부의 많은 부문에서 걱정했었어요. 한차례 심각한 변론도 있었고 경제조직이 크면 정치상에서도 많은 걸 요구하게 되잖아요. 역사적으로 봐도 그렇고요.

관: 자산계급이 나타났고요.

X: 네. 지금 생각하면 요구를 제기한 것은 옳았다고 봐요. 현재 상회의 기업가들도 입당했고 참정의정 할 권리도 있어요. 계획경제시기의 강제적으로 조직된 기업조직, 사회조직이 해체되었고 지금은 시장경제에 적응하는 새로운 구조이고 국가의 안정적인 경제발전을 위한 조직이에요. 만약에 상회가 없다면 천정가오陳政高의 각지 조직은 외부기업의 투자를 유치할 수 없었을 거예요. 상회가 발전하면 정부의 일부 기능을 대체할 수 있다고 봐요. 현재 많은 정부의 기업 그리고 정부의 부서局들이 해체되고 있는데 그 연결고리가 협회로 되어가고 있어요. 협회는 또 그 이름으로 돈도 받고 하지요. 그러니 이 기능을 더욱 압축해서 상회에서도 일부 사업을 도맡아 했으면 해요. 정부가 할 수 있지만 애매한 부분의 일을 상회가 하면 잘 할 것 같으니까요.

　　상회가 시장경제에서 보면 민영경제에 종사하는 사람들이 점차적으로 많아지는 상황에서 상회가 당의 근거지가 되어야 해요. 상회가 없으면 당조직을 설립하는 것은 쉽지 않을 것이고 당의 영도가 없으면 흩어진 모래일 뿐이에요. 다른 하나는 당의 영도는 공유제를 기본으로 하기 때문에 정부도 상회를 점점 중시하게 되었고 시장경제의 발전에도 상회가 필요해요. 만일 의료신체검사, 골동품 같은 것도 상회를 설립한다고 할 때, 일단 상회가 성립되면 정부와 대화할 수 있고 조직이 있으니까 자율적으로 진행할 수 있고, 단체로 발전하기도 좋고 또 시장경제발전 요구에도 부합할 수 있어요.

　　제가 보기에는 각 상회의 비서장이라는 이 직무는 중요한 작용을 한다고 생각해요. 상회가 성립되면 쉽지 않은 건 회장자리 때문에 여러 사람이 경쟁한다는 것이에요. 모두의 공동이익으로 말미암아 상회조직의 성격이 결정되죠. 즉 민영이나 사영기업은 모두 안정적이지 않아 쉽게 해체될 수 있어도 상회는 쉽게 해체되지 않아요. 상회에 취직한다는 것은 사업단위에 취직했다고 봐도 무방할 것 같아요. 상회의 비서장은 초기에는 처장급의 퇴직 인사가 맡았고 그 다음에는 국장이었던 제가 비서장을 맡았고, 현재는 부시장이셨던 분이 비서장으로 계시니 비서장 출신도 부시급인 시위부비서장, 정청급正厅級으로 되어가네요. 광동상회 같은 경우도 비슷해요. 제가 지금 생각하는 것은 어떻게 하면 성장을 하셨

던 퇴직 인사를 비서장으로 모실 수 있을까를 고민하고 있어요. 퇴직한
후에도 상회에서 60~70세가 될 때까지 일을 할 수 있어요.

관: 관건은 경험이에요. 현지 인맥이 넓기 때문에 정부부문에서 퇴직한 분들
이 상회의 발전에 더욱 이로울 거예요. 대부분 다 그런 것 같아요.

X : 그럼요. 또 정부에서 근무하고 있으면 안돼요.

관: 잘 들었고요. 수확이 많은 것 같아요.

X : 제가 괜히 시간을 낭비한 것은 아닌지요.

관: 아니에요. 예전에 정책연구에 종사하셨고 실전경험도 많으셔서 저한테
큰 도움이 되었어요.

III-5. 길림성 하남상회 우호단위 LWW 인터뷰

인물 : LWW, CSY(질문자)[문]
일시 : 2014년 6월 16일
장소 : 쑤주苏酒회사 사무실

1. 개인정보

기업소개

문: 안녕하세요. 상회에 대한 생각을 묻고 싶은데요, 지금 일하고 있는 기업에 관해 소개해주세요.

L : 저는 쑤주그룹무역회사苏酒集团贸易有限公司에 속해있는데요, 이 그룹은 주로 술을 제조하는 회사예요. 주로 양허남색경전洋河蓝色经典을 생산하고 있어요. 우리 회사에는 우수하고 계획적인 생산팀을 가지고 있어요. 시 총서기习总书记가 집권하기 전부터 우리는 이미 생산패턴을 바꾸기 시작했어요. 원래는 정무政务에서 공동구매를 했는데 점차 상무商务에서 공동구매를 하는 것으로 전환했죠. 다시 말하면 시 총서기가 집권하면서 정부에서는 공개적으로 먹고 마시는 것을 허용하지 않았어요. 그래서 우리한테 상회에 가입하도록 요구했고 제조업자를 통해서 우리에게 방향을 제시했기 때문에 우린 점차 상회와 접촉하기 시작했죠. 제가 상회에 가입하게 되었던 직접적인 계기는 제 고교동창이 하남사람이고 그 친구의 아버지가 하남상회에 계셨어요. 그래서 H비서장을 만나게 되었고 그런 상황을 알게 되어 상회에 가입하게 되었어요. 상회측에서 부회장을 해달라고는 말하지 않았고 회원단위면 된다고 했죠. 하지만 상회에 활동이 있으면 우리를 불러주곤 했어요. 좋은 기회가 생길 때, 예를 들어 송년회를 주최하거나 기타 대형행사가 있을 때면 우리는 (상회를) 지지한다는 의미에서 술을 증정하곤 해요. 그 외에도 상회부회장 혹은 고객을

지키는 차원에서 테이블 시음회一桌式品鉴 방식을 진행하는데 지금은 상황이 좋지 않다보니 고급술인 마오타이茅台, 우량예五粮液 그리고 우리 회사 술에 미친 영향이 아주 커요. 제조업자도 이 부분에 대한 통제가 아주 크다고 느끼고 있어요. 지금은 상회와 정서를 공유하고 있어요. 상회가 가족 같다는 생각에서 이제까지 함께 했던 것 같아요.

문: 모든 상회에 다 참여하시나요?

L : 네 우리 회사는 기본적으로 다 참여해요. 우리 동료들 중에도 하남, 하북 및 기상상회冀商商会, 요녕상회에 참여하는 사람도 있어요. 참여하지 않아도 서로 교류하고 있죠. 예를 들어 강철협회, 결혼이벤트회사협회, 자동차부품협회 등도 우리와 교류한 적이 있어요. 참여하지 않아도 상회의 비서장이 누군지 정도는 알고 있죠.

사업소개

문: 가이드 하시다가 어떻게 술을 판매하게 되셨는지요?

L : 이 문제는 제 개인생활과도 관계가 있죠. 저는 원래 현지안내地接를 했는데요.

문: 현지안내地接가 뭔가요?

L : 외지에서 관광객들이 장춘에 오면 제가 안내를 하는 거죠. 장춘에 있는 장영세기성长影世纪城, 위만팔대부伪满八大部, 조각공원등을 유람하게 하는 거예요. 동북가이드는 대체로 그랬어요. 장춘은 가이드 비용이 오르지 않았어요. 장춘은 대학이 많은 동네라 가이드 전공인 학생이 너무 많죠. 재학 중이든 졸업생이든 가이드 비용을 주지 않아도 실습기회만 많이 주면 좋아했어요. 이것은 이미 가이드 직종에 종사한 사람한테는 매우 불공평한 거죠. 가이드비용은 오르지 않았고 여행사는 신입을 채용함으로써 비용을 낮추려 했죠. 보험비용을 내줄 필요도 없으니까요. 동북은 여름에 관광객이 많고 겨울에는 관광객이 적은 편이에요. 여름에는 한 달에 수입이 만 원 정도 되지만 겨울에는 한 달에 한두 개 관광팀 밖에 없으니까 한 달 수입이 아예 없거나 몇 백 원 정도 밖에 안 되었죠. 보험비용도 대주지 않으면서 말이죠. 계약서를 작성한다 해도 몇 년 정도는 해야 보험금을 내줘요. 그러니 직업이 안정되지 않았죠. 마침 양허주류

공장에서 구인광고를 보고 이리로 오게 됐죠. 분명한 건 이 회사가 세계 500강 안에 드는 기업이잖아요. 현재 마오타이, 양허洋河, 우량예 순이 아니겠어요. 그만큼 양허브랜드의 영향력이 조금 커졌어요. 공예나 기타……일단 우리 브랜드의 영향력이 있으니까 필요한건 사회적 신뢰죠. '중국드림쇼'의 양허공익기금이며 '아름다운 향촌여의사 찾기'나 '청년 노래 대회'에도 우리 회사가 지원했어요.

2. 상회 인식

문: 기업과 상회는 앞으로 어떻게 발전할까요?

L: 솔직히 말하면 우리 기업은 상회, 협회, 오피스텔 등과의 접목을 원해요. 우리 기업은 현재 '마을공정村총工程'을 발전시키는 중이예요. 마을공정은 장춘시 주변 마을을 발전시키는 거죠. 촌지부서기村支书, 촌서기村书记, 촌회村会 등이 아니라 마을 시장을 겨냥하는 거죠. 예를 들어 혼례, 돌잔치, 노인생일잔치 등 이런 면으로 발전하는 거예요. 그러나 상회, 협회도 버리지는 않을 거예요. 왜냐하면 앞으로 상무공동구매 위주가 될 테고 상회는 각 기업가들이 가장 많이 교류하는 곳이기 때문이죠. 또 타지의 하남상회로 말하자면 하남 현지에서 판매가 특히 많아요. 작은 현급 도시도 구매정도가 1억 위안이 넘었어요. 우리 공장도 장춘에서는 편벽된 곳이죠.

문: 그럼 회원님 기업은 장춘에서 정부와는 어떤 교류가 있나요?

L: 정부 간부들과는 대부분 연락하고 있어요.

문: 회원님 기업을 지지하는 입장인가요?

L: 우리가 처음 접촉하게 된 것은 강소 현지 동향인과 주위의 장춘정부에 있는 공무원을 통해서였어요. 양허가 오늘에 이른 것은 많은 술을 증정했던 것이 주효했죠. 다시 말하면 모든 공장이 술을 증정할 수 있도록 허락했고 공관公关, 테이블시음一桌式品鉴을 허락했던 거죠. 현재 법원의 원장, 세무국 국장, 시정부 아래 각 구역 간부들, 교육부서, 부대간부들 등등 모두 접촉이 가능해요.

문: 상회활동에 참가 하셨는데 주로 어떤 행사들이었나요? 예를 들어 자선활동이라든지요.

L : 하남상회에 와서 참가한 활동은 주로 상회대회 같은 거죠. 상회가 해마다 주최하는 송년회죠. 자선활동은 좀 적은편이에요. 자선활동은 말이죠, 모두가 그 진실성을 의심하는 경향이 있어요. 돈을 기부해도 돈의 행방을 모르기 때문이죠.

3. 상회의 기능

문: 상회에서 얻은 것은 무엇이라고 생각하시나요?

L : 기업을 말하기엔 범위가 너무 큰 것 같고 개인의 입장에서 본다면 상회라는 이 환경은 저로 하여금 많은 기업가와 만날 수 있게 해주죠. 이 환경을 통해 저는 다른 일자리도 구할 수 있고요. 큰 인적 네트워크이자 사업 기회를 주는 거죠. 이런 점이 참 좋아요.

문: 정보가 많은가요?

L : 네 정보량이 무척 많고 상회에 가입한 만큼 가입한 기업가들은 자신의 실질적인 기업이나 공장을 소유하고 있어요. 규모도 크고 인맥도 매우 넓은 거죠. 현대 사회는 인맥이 곧 돈맥이죠.

문: 하남계의 기업가들과 접촉하시면서 그들과 가치관이 동일하다고 느끼시나요? 동일시되는 부분과 그렇지 않은 다른 부분이 있다면 어떤 것이 있나요?

L : 아직까지 그런 문제점은 없었던 거 같네요. 양허에 오기 전에 가이드 할 때 하남사람에 대한 편견이 좀 있었어요. 제가 지금 술 만드는 회사에 있잖아요. 이 업계에는 하남사람이 많아요. 하남사람들이 운영하는 50집 중에 45집 내지는 49집은 가짜 술을 판매하거든요. 신용도가 많이 떨어지죠. 하지만 하남상회에 가입해서부터 인식이 많이 달라졌죠. 일부 나쁜 사람도 있지만 대부분은 괜찮은 것 같아요.

4. 동향 / 동업조직간의 관계

문: 그럼 전문적으로 하남상회 일만 책임지시나요?

L : 그런 건 아니고 기타도 있죠. 전에 장춘시 하남상회도 접촉이 있었죠.

문: 이 두 상회는 어떤 점이 다른가요?

L : 회원의 응집력이 다르죠. 성급은 응집력이 더 강한 편이고 활동도 시상회보다 많아요. 그리고 비서장의 일에 대한 적극성이나 상회회원의 보호라는 측면에서 장춘시 하남상회보다 강하죠. 전에 제가 영파寧波상회와 교류한 적이 있었는데 성급 상회만큼 크진 않았어요. 응집력을 놓고 보면 우리 하남상회만한 것이 없거든요. 조직 활동 면에서라든지... 강서江西상회를 보면 회원들은 일 년 동안 회장을 만날 기회가 몇 번 밖에 안되고 우리 하남상회처럼 항상 활동이 있는 것도 아니에요. (우리) 회장님은 직접 나서서 활동하시고 본인이 장춘에 계시지 않을 때는 비서장과 전화통화로 교류하시죠. 이런 경우는 좀 보기 드물죠.

문: 그렇더군요. 제가 보니까 회장님이 활동에 많이 참가하고 본인이 직접 나서시는 것 같더군요.

L : 맞아요. 담화, 발언, 기획 등 상회 일에 대해서 본인 기업 직원들을 동원할 정도로 상회에 힘을 실어주시곤 하죠. 참 보기 드문 경우에요. 다른 상회는 이런 경우가 적은 것 같아요.

문: 다른 상회는 어떤가요. 예를 들어 아까 말씀하신 절강浙江상회, 복건福建상회의 분열 상황처럼 만약 이런 상황이 하남상회에서 발생한다면 어떻게 하실 건가요?

L : 제가 보기에는 하남상회는 분열할 일이 없을 것 같아요. 내부 단결이 아주 잘 되어있죠. 매번 상무부회장, 부회장이신 CBH, C사장님, S사장님, C사장님 이런 분들이 회의와 행사에 참석하세요. 후에 들어온 회원들은 간부조직보다는 단결이 되어 있지 않은 것 같아요. 제 개인적인 생각은 그래요. 단결은 비서장의 조합능력이죠. 비서장의 역할이 큰 것 같아요. 비서장이나 회장 이 두 사람의 인품이나 그들이 상회에 대한 공헌을 모두 인식하게 되는 거죠. 사람 마음은 다 똑같은 것 같아요. 멀리 외딴 곳인 장춘에서 많은 사람들이 힘들게 사업을 해왔어요. 많은 사람이 응집되는 것은 쉬운 일이 아니죠. 만일의 경우라도 그런 문제는 생길 것

같지가 않아요. 개인적으로 보면 하남상회 사람들은 사소한 이익을 다투지는 않는 것 같아요. 돈을 더 중요시 여긴다거나 나중에 이익을 챙긴다거나 계산적이라거나 이런 것은 별로 없는 것 같아요.

솔직히 저는 전문적인 문제에 대해서는 대답할 수 있는 것이 많지 않아요. 작년 말에 교류를 시작하면서 활동에 참석한 횟수가 많았을 뿐이에요. 원래는 사업상 허락하지 않았어요. 제 근무시간에 상회에서 회의를 한다거나 활동을 개최하면 참석 못하는 거죠. 마음은 도와주고 싶지만 그렇지 못한 경우도 있어요. 하남상회에서 행사를 개최하면 저도 지지한다는 의미에서 술을 증정하고 싶지만 제조업자 측의 조건이 엄해서 저도 어쩔 수 없는 경우가 있어요. H비서장과는 친한 사이지만 상업적으로 함께 할 기회가 적어요. 우리 기업은 기타 회장 부회장과 성격이 달라요. 우리 제조업자는 장춘에 사무소를 설립하고 우리는 이 제조업자의 업무원인 셈이죠. 우리가 판매상을 관리하는데 판매상은 아직 상회와 연결이 안 되어 있어요. 어떤 경우는 상회에 가입하기를 원하지 않는 경우도 있고요. 그래서 우리를 통해 연락하고 있어요. 구매가 형성될 때 판매상들이 출고하면 우리가 연결해주는 역할을 하는 거죠. (그래서) 동북에서는 우리 업무부 경리가 일하기 쉽지 않아요. 중간에 끼여 있는데 위로는 상사가 있고 아래로는 판매상이 있기 때문이죠.

문: 판매상은 왜 상회에 가입하는 것을 원하지 않죠?

L : 꼭 그런 것은 아니에요. 첫째는 개인 생각이 다를 수 있고 둘째는 상회가 큰 이익을 가져다주지 못한다고 판단하는 거죠. 판매상은 이익으로부터 출발하거든요. 상회의 가입은 나한테 어느 정도의 소비량을 가져다주는지 혹은 술을 얼마나 사갈 수 있는지 이런 것이 중요하지 친구로서의 감정으로만 교류하는 것은 아니죠. 내가 책임지는 판매상들은 그래요. 사람마다 생각이 다른 거죠.

5. 상회의 발전 전망

문: 상회가 어떻게 하면 더 개선될 수 있을 것이라 보시는지요?

L : 저는 상회 운영의 각 방면에 참여할 기회가 많지 않아요. 상회 활동에만 참가하죠. 상회에서 선거나 사교모임 등에 대해서는 별로 아는 바가 없어요. 상회의 운영방식도 별로 잘 알지 못해요.

문: 제3자로서 객관적인 입장에서 어떻게 하면 상회가 더 완벽해질 수 있을까요?

L : 제3자의 입장에서 본다면 좀 복잡하네요. 현재 하남상회는 제가 접촉한 상회 중에서 활동이 제일 많고 응집력이 가장 강한 것 같아요. 절강상회와 같은 경우는 비서장을 뽑지도 않은 상태인데 이런저런 모순 때문이죠. 복건 쪽은 분열되어 여러 개로 나눠진 상태이고요. 그런 반면 하남상회는 새 회장을 선거할 때 거수로 표결했는데 전부 통과했거든요. 참 괜찮은 것 같아요.

문: 제 질문은 여기까지예요. 긴 시간 감사합니다.

III-6. 길림성 경제합작기술국 총경제사 ZZF 인터뷰

인물 : ZZF, 동운생董运生[동], 장관张冠[관]
일시 : 2014년 1월 8일
장소 : 경제합작국 ZZF 사무실

※ 길림성 경제합작국 총경제사 ZZF에 관한 인터뷰는 녹음 없이 진행했으므로 이하 내용은 기록을 바탕으로 정리한 것임.

1. 길림성 상회의 역사

당대 길림성의 첫 상회는 2006년에 설립한 상해상회가 아니라 2001년에 성립한 장춘시 온주상회이다. 장춘시 온주상회의 등록기관은 장춘시민정국이고 업무주관 부문은 장춘시통전부이다. 장춘시 정협이 주도하는 타지상회外埠商会 연합회 산하에는 지역별로 상해분회, 강소분회, 복건분회, 산동분회, 광동분회 등이 있는데 모두 자발적으로 형성되었다. 이상은 2006년 이전의 상황이다.

2005년 12월 22일, 경제합작교류처 비서장 ZZF는 〈본 성의 형제 성과 시 기업들의 상회 건립에 관한 요청〉이라는 글을 올렸다. 이 요청은 대외개방으로 인해 기타 성의 기업가들이 우리 성에 정착해서 창업활동을 하는 사례가 날로 늘어나고 있는 상황에서 기업가들이 상회를 설립할 것을 바라고 있고 또 관련 성의 정부부문의 지도인사들도 상회 성립을 지지하고 있다는 것이 주요내용이다. 당시 국가민정부는 상회성립에 관해 '성에 등록하고 시험적으로 시행한다'는 지침으로 세웠다. 부성장으로 있었던 리진빈李锦斌이 길림성 민정청에 지시를 내렸고, 민정청은 〈동향상회异地商会 등록관리 문제에 관한 보고〉를 발표했다. 이 보고에는 두 가지 내용이 있다. 하나는 민정부의 '성에 등록하고 시험적으로 시행한다'는 방침을 엄격히 준수한다는 것이고, 다른 하나는 동향상회의 업무주관부문을 경제합작교류처로 한다는 것이었다. 총경제사는 동향상회의 성립을 아래와 같은 두 가지 필요가 결합된 것이라고 인식했다. 하나는 정부에는 투자유치의 수요가 있다는 것이고, 다른 하나는 기업의 발전은 상회를 필요로 한다는 것이었다.

2006년 6월, 길림성 상해상회가 창립되었다. 상해상회를 창립할 때 현 상해상회 비서장을 맡고 있는 DZX가 민정청을 찾아갔고 민정청은 처음에는 동의하지 않았다. D비서장과 Z회장(당시 경제합작교류처의 비서처 처장 겸 상회관리처 처장이었다)은 민정청에 다시 한 번 상회의 장점을 소개하면서 설득했고 그렇게 해서 길림성 첫 번째 상회가 성립되었다. 2009년 1월, 길림성 경제기술합작국(당시에 9개의 상회가 존재)이 만들어졌고 오늘날까지 발전해 왔다. 길림성에는 18개의 상회가 있다. 15개는 이미 성립된 것이고 나머지 3개(흑룡강, 섬서, 운남 귀주)는 지금 준비 중에 있다. 상회는 모두 동향회를 전신으로 하고 있는데, 국가에서는 동향회 조직을 지지하지 않는다.

2. 상회의 조직관리

회원과 회비납부의 문제

어떤 상회는 회원이 몇 년 씩 회비도 납부하지 않으면서 활동에 참가하기도 하고, 상회 단결에 불리한 소문을 퍼뜨리고 다니기도 한다. 물론 개별적인 사례이고 복건상회, 절강상회 등에서는 이런 문제가 없다. 왜냐하면 회비를 납부하지 않으면 회원 자격을 상실한다고 규정하고 활동에 참가할 수 없게 만들었기 때문이다.

그러나 어떤 상회는 회장과 이념 등이 다르기 때문에 회원은 회비를 낼 필요가 없다고 생각한다. 회장, 부회장, 상무부회장 등이 돈을 내면 된다고 생각하고 심지어 회장 한사람이 돈을 내야 한다고 생각하는 곳도 있다. 또 어떤 상회는 프로젝트를 통해서 벌어들인 돈이 있기 때문에 회원들이 돈을 낼 필요가 없다고 생각하는데, 이는 모두 옳지 않은 생각이다. 제정된 정관에는

3가지 규정이 있다. 하나는 정관을 인정하는 것이고, 둘째는 활동에 참가하고, 셋째는 회비를 납부해야 한다는 것이다. 이 세 가지를 지켜야만 회원자격을 획득하게 된다.

내부 의사결정에서의 민주문제

세 번째 문제는 정관을 마음대로 수정하고 지키지 않는다는 것이다. 더 중요한 것은 네 번째 문제인데 정관에서 규정한 절차대로 일을 하지 않는다는 것이다. 민주적 의사결정 과정이 잘 이루어지고 있지 않다. 어떤 회장은 본인이 법인대표라고 생각하고 중요한 일을 모두 혼자 결정하는데, 이는 상회를 본인의 기업 운영하듯 하기 때문이다. 이것은 옳지 않다. 상회는 기업과 다른데 회원은 모두 평등하고 대기업가와 소기업가의 구분이 있어서는 안 된다. 의사결정 과정에서 모두 공평하게 한 표를 갖고 있어야 한다. 또 하나는 상회의 회장은 맏형이지 큰 형님이 아니라는 것이다. 맏형은 회원인 동생들을 이끌고 평등하게 발전해야 된다.

또 회장 중에 가끔 회장이라는 타이틀만 가지고 의무를 수행하지 않으려는 사람이 있다. 어떤 경우에는 본인의 사업이 바쁘다는 핑계로 상회회장으로서의 의무를 제대로 하지 않는 사람도 있다.

3. 상회 운영문제

영도와 회원의 관계

상회운영방식에 존재하는 문제는, 어떤 상회에서는 회장, 비서장, 상무부회장, 부회장 등 몇 사람만 바쁘게 보낸다는 것이다. 심지어 이사급도 활동에 잘 참여하지 않는다. 이렇게 되면 몇 사람만 바쁘고 나머지 사람과도 이견이 생기기 마련이다. 예를 들면 성급의 영도를 만나거나 워크숍에 참가한다든지 하는 좋은 일에는 이 몇 사람만 가지고도 된다. 물론 이 문제를 극복하기 위해 운영되는 제도도 생겨났다. 예를 들면 광동, 하남, 하북, 산서 등 네 개의 성에서는 '부회장당번제도副会长值班制度' 실행하고 있다. 이것은 부회장 한 사람이 한 달에 한번 당번을 서는 것으로, 남방에서 먼저 시작된 제도이다. 지금 많은 상회에서 점차 이 제도를 도입하려고 하고 있다. 그래도 아직 도입한 상회는 소수이다. 가장 잘 실행되고 있는 상회는 천유상회이다. 상무부회장이 매우 많은데 이 사람들이 각각 하나의 라인을 담당하는 것이다. 라인마다 두 명의 비서장을 배치한다. 이 사람들은 사실 행업협회의 기업가들이다. 이렇게 되면 7개 서로 다른 내용의 라인이 형성되고 이 라인이 모두 활성화가 되는 것이다. 이런 모델은 앞으로 많이 보급해도 좋다. 또 하나는 일반 당원, 일반 회원들의 상회활동 참여가 적다는 것이다. 더 많은 회원들이 상회는 활동도 없으면서 돈만 받는다고 생각하고 있다. 물론 이것은 개별적인 사례이다. 그러나 확실히 이것도 중요한 문제이다. 일반 회원들이 어떻게 하면 상회를 통해서 더 많은 것을 얻고 가치가 있다고 느끼게 해야 할지 연구해야 한다.

권익수호

실제로 상회는 권익 수호에 관해서 많은 일을 했다. 그래도 회원들은 "활동이 있으면 항상 영도들만 참가하고 일반 회원은 1년에 참가할 수 있는 활동이 몇 개 되지 않는다"고 불만을 토로하기도 한다. 아직도 회원을 위한 서비스가 제대로 활성화되지 않았다. 상회는 문화체육활동, 경제나 기업관리 혹은 건강에 관한 특강, 생일축하, 혼사, 경조사 등의 형식을 통해 회원들에게 서비스를 제공할 수 있다.

회원서비스 내용

큰 프로젝트 하나를 진행하게 되면 많은 회원들이 참여할 수 있다. 예를 들면 빌딩을 짓게 된다면 창호, 전기 등 업체들이 모두 참여할 수 있다. 다른 하나는 경제조직이다. 지금 안휘, 천유, 호남 등 상회는 모두 소액대출회사를 가지고 있다. 하남성에도 있다. 혹은 보증회사, 투자회사 등 경제조직을 설립하기도 한다. 이런 과정에서 회원도 혜택을 얻고 상회도 혜택을 가지게 된다. 지금 이런 경제조직에 참여하는 회원이 그리 많지는 않다. 처음에는 회원들이 아예 합류하려고 하지도 않았다.

비서장의 직능

비서장은 상회에 대한 열정과 책임감이 있어야 한다. 전반적으로 비서장들의 업적은 괜찮은 편이다. 물론 비서장 직무도 아직 미흡한 점이 많다.

비서장은 이론적으로 보면 이중적 신분을 가진 인물이다. 하나는 상회의 지도자라는 것이다. 왜냐하면 비서장은 이사회에서 선거를 통해 선출된다. 그는 이사회의 의지를 관철하고 일상적인 업무를 주관한다. 심지어 비서장은 부회장이나 상무부회장보다도 더 중요한 역할을 할 때가 많다. 그러나 한편으로 비서장은 상회에 고용된 사람이기도 하다. 상회에서 비서장에게 월급을 지급한다. 때문에 기업가들이 보기에 그는 고용된 사람일 뿐이다. 어떤 비서장들은 퇴직하고 상회에서 몇 천 위안씩 받으면서 하는 일을 대수롭지 않게 생각하기도 한다.

광동, 하남, 천유 등 상회의 비서장들은 책임감이 매우 높다. 몇 천 위안의 돈을 보고 일을 하는 것이 아니다. 지금 비서장들이 가지고 있는 문제는, 그들은 회장에게만 책임을 지고 나머지 사람들에게는 책임을 지려고 하지 않는다는 것이다. 비서장은 상회 전반을 위해서 일하는 것이지 회장 한 사람에게만 협조하는 것은 아니다.

예를 들면, 지금 상회는 사회적으로 돈이 많은 곳이라고 인식되고 있어서 정부의 많은 부문에서 모두 상회를 찾아 협력을 요구하고 있다. 그 외에 잡지 홍보나 모택동탄신 120주년 행사와 같은 일에도 상회를 끌어들이고 싶어 한다. 상회로부터 후원을 받으려는 것이다. 사실 상회가 비계 덩어리로 여겨져서 모두 한 입씩 차지하려고 하지만 실제로 꼭 그렇지는 않다. 반대로 상회는 또 정부로부터 돈을 받고 싶어 한다. 어떻게 보면 이것은 모순적인 것이다.

상회가 정부로부터 돈을 받으려는 생각도 바람직하지는 않다. 정부가 지지할 수는 있지만 지지한다고 바로 돈을 주는 것은 아니다. 절강성에서 주는 돈은 시장개척에 사용하라고 주는 것인데 이것은 사실 상회에 주는 것이 아니라 절강상품홍보사무실浙江产品推广办公室이라는 부서에 주는 것이다. 이 부서에서 상회에 돈을 주는 것은 절강상품을 전국시장에 보급하라는 부탁을 하는 것이다. "우리 성은 상회에 적지 않은 돈을 주었다." 이런 말을 하지 않으면 상회사람들은 잘 모른다. 우리 성에서 해마다 투자유치대회를 개최하는데 여기서 선진단위와 개인에게 장려금을 준다. 광동상회는 해마다 가장 많이 받는다. 10만 위안, 8만 위안, 5만 위안 등을 받았고 올해는 3만 위안을 받았다. 올해는 선진단위 10개에 모두 3만 위안씩 장려금을 주었다.

사회조직 활성화

우리 성이 남방에 가서 투자유치를 하려고 했는데 상회가 협력했다. 성에서 남방에 교통비도 해결해주고 어떤 상회는 상회의 돈으로 교통비, 숙박시, 선물비용 등을 해결해주었는데 이에 대해 정부는 아무런 반응이 없었다. 사실 투자유치를 하면 상회가 직접적인 혜택을 받지 못하는데 이런 경우는 많다. (그러므로) 상회는 정부의 관원들과 협력하여 일 하기를 원하면서도 가끔 원망을 하기도 한다.

이번에 18기3중 전회에서 '사회조직활성화'라는 말이 있었다. 일반적으로 활성화라고 하면 사회조직에 돈을 줘야 된다고 생각하는데 이것은 틀렸다고 본다. 또 다른 하나는 상회 자체의 문제인데 회원이 분포한 지역이 한정적이고 대표성이 적고 숫자가 적다. 성의 1급 상회라고 하는데 회원이 70-80명, 80-100명 정도가 되고 분포도 대부분 장춘시에 있다. 길림시, 사평시, 연변주 등 지역은 매우 적다. 남방의 상회는 회원 규모가 600-700명 심지어 몇 천 명까지 되는 경우도 있다. 물론 직접적으로 비교할 수는 없지만 우리가 아직 발전시켜야 할 부분이 많다는 것을 말해준다.

회장의 직위에 관한 생각

어떤 사람이 회장이 될 수 있는가 하면 우선 상회를 사랑하고 상회의 일에 열정을 가진 사람이어야 한다. 왜냐하면 사랑과 열정이 있어야 정력과 재력을 바칠 수 있기 때문이다. 두 번째로 중요한 것은 재력이다. 열정만 있고 재력이 없으면 회장을 할 수가 없다. 물론 실력이 있어도 열정이 없다면 불가능하다. 예를 들면 후원금을 모금할 때 누구보다 먼저 앞장서야 하기 때문이다. 세 번째는 개인의 카리스마가 있어야 한다. 덕망이 높아야 사람이 따른

다. 네 번째는 제일 중요한 것인데 바로 능력이다. 이 능력은 리더십, 재부를 창조하는 아이디어 등 여러 가지 면을 포함한다. 이상의 네 가지 조건에 부합되는 사람이 회장을 해야 한다고 본다.

임원진 교체 문제

동: 절강상회 같은 경우는 임원진 교체시기에 문제가 발생했는데 이런 문제는 지금 어떻게 해결하고 있나요?

Z : 아직 완전히 해결이 된 것은 아니에요. 그러나 전보다 좋아지긴 했어요.

동: 운영은 정상적인 궤도에 올라섰나요?

Z : 아직이요.

동: 그럼 앞으로 비슷하게 임원진 교체 문제가 생기면 관리부문에서는 어떤 역할을 하나요? 그들의 문제는 무엇인가요? 주관부문이 어떻게 조정하나요?

Z : 두 가지 면에서 이야기해야 할 것 같아요. 하나는 전체국면에서 출발해야 돼요. 상회의 건설과 발전이라는 측면에서 출발해서 그들을 찾아 따로 이야기를 나누어야죠. 투자유치회 같은 경우는 우리도 규정에 따라 결정을 내려야 돼요. 우리가 어느 정도 역할은 하죠. 이번에 절강상회의 임원진교체 문제에 관해서 우리는 민정부문과 공동으로 공문을 발표했어요. 즉 절강상회의 임원진 교체에 관해서 몇 가지 의견을 제시한 거죠. 지금 문제는 상회운영이 규범적이지 못하기 때문이에요. 그래서 우리가 과학적이고 규범적인 조례들을 발표했어요. 이것을 지키면서 운영하기를 요구했죠. 우리는 감독, 관리, 지도, 서비스 등 기능을 가지고 있어요. 우리가 이미 규범적인 조례를 내놓았으니 이에 따라 집행해야 되고 우리는 이것을 따르는 사람을 지지해요. 그러나 상회는 민간조직임을 잊어서는 안돼요. 근본적인 문제는 그들 내부에 있는 거죠. 우리는 외부적 존재에요. 다만 서비스를 해주고 조정해주고 지도해주는 기능을 가지고 있을 뿐이에요.

4. 상회와 정부기관의 관계

등록문제

동 : 국가에서는 지금 주관부문을 취소하고 직접 등록하는 방식으로 전환한 다고 하던데 상회의 운영과정에서 문제가 생기면 주관부문도 없이 앞으로 어떻게 해결해야 할까요?

Z : 만약 업무주관부문이 없다면 이런 조직들은 발전하기 힘들어요. 건강하게 발전한다는 것은 거의 불가능해요. 여태까지 4년 동안 우리가 상회의 일을 책임지고 관리하면서 모든 상회의 회장, 비서장들을 한자리에 모시고 함께 토론하고 보고도 했어요. 그리고 주관 부성장主管副省长이 강연을 하고 그 다음해 계획을 지시했어요. 또 매월 회의를 소집해서 상급의 지시와 정신을 상회에 전달하고 상회에서 부딪히는 실질적 문제를 연구하고 있어요. 만약 앞으로 주관부문을 취소하고 스스로 알아서 발전하라고 한다면 상회가 원하지 않을 거예요.

동 : 2006년에 첫 번째 상회가 성립되었을 때 그들의 자발적 생각이 컸나요? 아니면 경제합작기술국에서도 비슷한 생각을 가지고 있었나요?

Z : 2002년에 처음으로 WP와 AM이 함께 저희를 찾아 왔어요. 그때 제가 비서처에서 처장으로 있을 때였어요. 그들이 길림성 절강상회를 만들고 싶다고 해서 우리는 동의했죠. 그런데 민정국에 가서 등록을 하려고 하니까 동의를 안 해주어서 일이 지연되다보니 2006년까지 오게 되었어요. 당시에 장춘시에 외부상회연합회外部商会联合会라는 조직이 있었고 그 안에 상해분회, 복건분회, 강소분회 등이 있었죠. 실질적인 상회가 존재했던 셈이죠. 그러나 등록을 못했고 민간의 자발적 조직으로서 제일 먼저 당면한 문제가 회비납부였어요. 회원들에게 영수증을 발급할 수 없었는데 등록을 해야 영수증 발급이 가능했던 거죠. 우리가 민정부문이랑 몇 차례 교섭한 끝에 동의를 받을 수 있었어요. 왜냐하면 2002년부터 2006년 사이에 사회전체가 큰 변화가 있었기 때문이에요. 정책, 사상, 관념 모든 면에서 변화가 있었고, 첫 번째 상회가 성립되면서 나머지도 차례대로 성립되었어요.

동 : 상회가 성립되기 전에 투자유치는 어떻게 했나요?

Z : 상회는 투자유치에서 보조적인 역할을 하는 것이에요. 지금은 투자유치보다 경제기술합작교류라고 많이 얘기하죠. 이런 합작과 교류는 여러 가지 차원에서 이루어져요. 상회가 제일 중요한 작용을 한다고 할 수는 없죠.

동 : 이런 경우도 있을까요? 예를 들면 어떤 성에서 우리 성에 상회를 만들고 싶어 하는데 동의하지 않는 경우가 있을까요?

Z : 아니요. 동의 안 할 이유가 없죠.

동 : 어떤 상회는 회원 숫자도 적고 대표성도 억지인 것 같아서요.

Z : 이것은 그들 자체의 문제에요. 우리는 지도하고, 독촉하는 역할을 하는 거죠. 첫 번째는 예를 들면 복건의 경우, 복건성 내 여러 지역 출신 사람들이 우리 길림성에 와서 모두 각자의 상회를 만들고 싶어 해요. 그러나 몇 개 지역만 가능하고 나머지는 허락이 안 된 거죠. 길림성은 10개의 시와 주가 있는데 그들의 회원 분포가 넓지 않은 거죠. 여기에는 여러 이유가 있는데 어떤 경우는 사람들이 참여하기를 꺼리고 어떤 경우는 참여를 허락하지 않는 거에요. 상회가 발전하지 못하는 이유는 여러 가지가 있어요. 어떤 상회는 상회를 통제하려고 하니까 사람들이 꺼리는 것이고, 어떤 상회는 사람이 많으면 일이 많아진다는 이유에서 참여를 허락하지 않는 거죠.

동 : 상인이 상회를 성립하겠다고 하는 것과 회장이 상회를 성립하겠다는 것은 각각 어떤 것을 염두에 두고 있는 것일까요?

Z : 다 다른 거죠. 정부는 정부의 생각이 있고 기업은 기업의 생각이 있어요. 상회 내부의 서로 다른 계층도 생각이 달라요. 회장의 생각, 부회장의 생각, 집행회장의 생각과 일반회원의 생각은 다 달라요. 포괄적으로 이야기하긴 힘들죠.

상회 관리 문제

동 : 상회관리에서 어려운 것은 무엇인가요? 지도자로서 가지는 어려움은 무엇인가요?

Z : 지금 상회는 새로운 산물이에요. 주관부문이라고 하면 도대체 무엇을 관리해야 되는지, 직책은 무엇인지가 명료하지 않죠. 정부의 업무주관부문은 서비스를 제공한다는 전제에서 그들에 대한 관리 감독의 역할을 해야

돼요. 서비스는 반드시 필요해요. 그러나 또 지금에 와서는 감독과 관리
가 과연 필요한지에 관한 논쟁이 끊이지를 않아요. 업무주관단위의 의무
사항에 관한 내용은 없어요. 법률적으로도 공백인데 앞으로 명확하게 규
정을 지어야 돼요.

동: 상회가 경합국을 찾아와서 무엇을 하나요?

Z: 아주 많죠. 예를 들면 성급 기관, 시급 기관의 사람들과 안면이 없어서
저희가 가운데서 만남을 조정하는 거죠.

동: 상회 내부의 관계 때문에 찾아오기도 하나요? 두 회장 사이에 갈등이 생
겼다든지요.

Z: 별로 찾지 않아요. 내부의 일은 자체적으로 해결하는 편이죠.

동: 회장은 다 그들이 자체적으로 선출하고 경합국에서는 참여하지 않나요?

Z: 네, 참여하지 않아요. 그러나 가끔 도와줄 때는 있어요. 대부분은 그들
이 자체적으로 해결하죠. 우리는 선거에 간섭할 수 없어요. 과거에도 모
두 참여하지 않았죠.

동: 회장선거의 절차를 제도적으로 규범화시킨 건가요?

Z: 아직도 미흡한 점이 많아요. 지금은 이사회가 선거하고 있어요. 과거에
는 절차를 생략하고 몇이서 식사하면서 회장이 나오고 그랬거든요. 지금
은 투표를 통해 선거하고 합법적인 절차를 거쳐야 돼요. 그들이 처음에
는 규칙을 잘 몰랐어요. 다 같이 토론하면서 당번제도라든지 이런 것들
이 보급이 된 거죠. 우리는 그들을 조직해서 외부에 가서 고찰하도록 해
요. 비서장들이 외지에 가서 배우도록 조직하는데 (이 일을) 4년 동안
계속 진행해왔어요. 이런 것은 그들에게 교육의 기회를 제공하고 규범화
시키는 것이죠. 규범이라는 것은 어떻게 하라고 해서 되는 것이 아니라
밖에 나가서 남들이 하는 것을 봐야 해요. 그래야만이 본인들의 문제를
더 잘 아는 거죠.

동: 상회가 경합국과 잘 맞지 않는 경우도 있나요?

Z: 비교적 적어요.

동: 상회가 사회관리 및 사회건설 중에서 하는 작용에 관해 어떻게 생각하세
요?

Z: 우선 상회는 회원에게 서비스하는 것이죠. 회원의 기업이 발전하고 안정
되면 상회 회원도 안정적이게 되죠. 그렇게 되면 회원기업의 직원들도

안정적일 수 있어요. 두 번째는 상회는 회원들에게 법률교육을 제공해줘요. 세 번째는 상회는 그들의 혼사, 경조사, 아이를 학교에 보내는 문제 등 많은 일들에 참여하게 되면서 사회적 관리 작용을 하는 거죠. 넷째, 회원 간의 모순은 상회가 조정해요. 내부적으로 소화하고 해결한다는 점에서 상회는 사회 안정에 기여하는 거죠.

동: 상회의 대표성은 강한가요?

Z: 민정부문에 규정이 있는데 30호 이상이면 상회를 설립할 수 있어요. 대표성은 되죠. 물론 이 30호가 모두 장춘이면 안 되고 적어도 5개 지역에 분포되어 있어야 해요. 지금의 상회는 아이에 비유하는 것이 적절해요. 아이한테 갑자기 많은 것을 바랄 순 없어요. 먼저 자체적 관리를 익히게 한 뒤 천천히 발전시켜야 해요. 정부의 서비스, 지도와 관심이 없어서는 안 되죠. 어떤 사람들은 너무 이상적인 생각만 해요. 너무 급하게 목표를 달성하려고만 하죠. 민간조직은 정부와는 달라요.

동: 길상상회吉商商会는 왜 공업정보화청工信厅을 주관부문으로 정했나요?

Z: 길상상회는 우선 동향상회가 아니에요. 첫째는 저희 쪽을 통하면 성립절차가 좀 늦어질 수 있는데 그쪽을 통하면 빨리 할 수 있죠. 길상상회는 전에 CEO반을 기초로 조직되었는데 공신청에서 해마다 그들에게 경제적 보조를 해주고 있어요. 한마디로 공신청의 도움으로 성립된 조직이죠. 공신청의 청장은 전에 CEO반의 멤버였기 때문에 그들은 서로 불가분의 관계에 있어요. 둘째는 서로 익숙하다는 거죠. 서류작성 절차도 간편하게 할 수 있기 때문이죠. 그러니까 하나는 길상상회가 동향상회가 아닌 것이 이유이고, 다른 하나는 공신청과 긴밀한 업무상으로 연결되어 있었다는 것이죠. 물론 그 사람들 간의 관계도 한 몫을 한 거죠.

III-7. 길림성 민간조직 관리국 국장 YM 특강

인물 : YM, 최월금崔月琴[최], 동운생董运生[동], 류위刘威[류], 왕질강王郅强[왕],
　　　장관张冠[관], 기타 청중
일시 : 2014년 6월 30일
장소 : 길림대학 철학사회학원 회의실

1. 길림성 민간조직관리국 국장 특강

먼저 우리 성의 기본적인 상황을 말씀드리겠습니다. 제가 지금까지 일하면서 갖게 된 생각들을 실천적인 차원에서 여러분과 공유하고 함께 토론해보면 좋을 것 같습니다.

지금은 정부나 학계차원에서나 모두 사회조직에 관심을 가지고 있습니다. 워크숍을 할 때마다 다들 사회조직의 봄날이 도래했다고 이야기들을 합니다. 사회조직에 관해서는 이론적인 측면과 실천적인 측면, 두 가지 차원에서 모두 논의되어야 합니다. 18기 3중 전회에서 창의적 사회관리创新社会治理가 대두되어, 국가관리 체계와 관리능력의 현대화를 추진시켜야 한다는 것이 제기되었습니다. 이에 대해 저는 실천적 측면에서 전반적 상황을 소개하고 제 생각을 말씀드리겠습니다.

사회조직의 분류와 규모

기본상황을 세 가지 측면에서 소개드리겠습니다. 우선 현재 우리 성이 사회조직을 관리하고 지지하고 있는 조치와 정책에 대해 말씀드리겠습니다. 두 번째는 우리 성의 사회조직이 발전하는 과정에서 나타나는 문제점을 말씀드리겠습니다. 세 번째는 제 개인적 생각을 말씀드리겠습니다.

사회조직은 현재 대략 15,744개가 있는데, 사회조직이라는 개념은 우리나라에서는 협소한 의미로 사용되고 있습니다. 광의의 사회조직은 '제3부문'으로 불리는 비정부조직입니다. 즉 정부와 기업을 제외한 나머지 사회조직에 대한 통칭입니다. 외국에서는 이렇게 불리지만 협소한 의미에서 사용되고 있는 우리나라의 사회조직은 크게 다섯 가지로 분류할 수 있습니다.

첫 번째는 사회단체인데 동아리라고도 불리는 것이고, 두 번째는 민간 비기업 단위입니다. 사회단체는 많은 사람들이 알고 있듯이 상회, 봉사단체, 동호모임, 행업협회 등이 있는데 민간 비기업 단위는 새로운 산물이라고 할 수 있습니다. 처음에는 국가에서 민간사업단위民办事业单位라고 했는데 사실 이 개념이 더 이해가 쉽습니다. 실제로 민간 비기업 단위는 정부가 제공하지 못하는 서비스의 공백을 메워줍니다. 예를 들면 사립대학교民办的大学, 민간 의료기구, 민간 교육기구, 민간 체육장소, 민간 과학연구기구 등이 있습니다. 이것은 회원들로 구성된 조직이 아니라 실체가 있기 때문에 실체단위实体单位에 속합니다. 이런 실체단위는 국가사업단위와도 다르고 기업과도 다르기 때문에 민간 비기업 단위로 불립니다. 세 번째 분류는 기금회基金会 (재단)입니다. 이상의 세 가지 부류는 법인으로 등록됩니다.

잠깐 또 다른 하나의 개념을 이야기 한다면 법인인데, 우리나라의 법인은 네 가지가 있습니다. 첫 번째는 정부기관으로, 등록은 편제위원회사무실编办에 하게 되어 있습니다. 두 번째는 사업단위인데, 길림성 인력자원과 사회보장청人社厅 아래 사업단위등록관리국에 등록합니다. 세 번째 법인은 기업으로 공상관리부문에 등록하고, 네 번째가 사회조직인데 민정부문 아래에 등록합니다. 우리나라의 법인은 이렇게 네 가지로 나뉩니다.

아까 사회조직에서 세 가지를 소개해드렸는데 모두 법인입니다. 나머지 두 가지 사회조직 중에서는 하나가 지역사회社区의 사회단체입니다. 예를 들면 장춘시 조양구 동호지역사회朝阳区这个东湖社区의 노인협회, 서예협회 같은 것입니다. 지역사회 내에서 활동하는 것이 특징이고 법인의 자격은 갖추지 못하고 있기 때문에 별도의 방식으로 민정국에 가서 등록합니다. 법인 자격이 있으면 법인으로 등록하고, 법인 자격은 없지만 사람들의 수요가 있다면 서류를 신고하는 방식으로 합니다. 책임자가 있고 연락처가 있어야 하며 고정적인 활동장소가 있으면 가능합니다.

우리 길림성에는 대략 1만 5천 개의 사회조직이 있는데, 그 중 법인단체는 5,487개이고 민간 비기업단위가 4,688개이며, 기금회가 66개 있습니다. 기금회의 숫자가 우리 성이 적은 편입니다. 전국에서 가장 많은 곳이 절강성인데 재작년에 이미 500개를 넘었습니다. 이 일은 중국 사회조직 발전 10대사건 중의 하나로 기록되어 있습니다. 지금은 아마 더 많을 것입니다.

그리고 농촌전업기술협회農村专业技术协会가 최근에는 적어지는 추세이지만 현재 1,619개가 있습니다. 전에는 아주 많았는데 제가 2007년에 이 직무를 맡았을 때는 5,000개가 넘었습니다. 숫자가 줄어든 것은 국가 차원에서 농촌합작사農村合作社에 많은 관심을 가지고 자금 지원, 정책적 지원, 법률적 지원 등 여러 면에서 지원을 하고 있기 때문에 사람들이 농촌합작사를 성립하려고 하고, 협회는 하지 않으려고 하기 때문입니다. 합작사는 영리성 조직으로 등기하고 농촌경제기술합작사는 민정부문에 등록합니다.

사회 조직발전 개황 및 관련 정책

최근에 우리 성에서 사회조직의 발전을 위해 아래와 같은 조치를 취했습니다. 하나는 정책적으로 계속 보완 개선하는 것입니다. 제가 오기 전 그러니까 2007년 전에 우리 성의 사회조직 중에서 법인 관련 파트가 약했습니다. 지금은 법인 단체가 10,000개나 되고 전체 사회조직은 15,000개 정도 되지만 그때는 농촌전업경제기술협회와 지역사회 단체가 발달했었습니다. 당시 2005년을 전후로 성에서는 열 몇 개의 부문에서 함께 농촌전업경제기술협회를 발전시키고 도시 지역사회 단체를 발전시킬 것에 관한 의견을 제시한 바 있는데, 이것은 전국적으로도 가장 빨리 실행한 것이었습니다.

법인단체 중 특히 행업협회行业协会와 상회가 가장 잘 발전되었고 지역적으로 보면 광동성이 전국에서 가장 발전이 빠른데, 심천深圳과 동관东莞 일대가 대표적입니다. 현재 사회조직에 관한 조례, 정책부터 시작해서 등록방법, 일업계 다협회一业多会 등 구체적인 내용은 모두 광동성에서 먼저 시작되었습니다. 사회조직은 상회의 상부구조로서 하부구조인 경제의 영향을 받게 되어 있는데, 광동성은 일단 경제가 발달되어 있었기 때문입니다. 경제가 발달하지 못하면 사회조직이 발전하기 어렵습니다. 즉 경제와 사회조직은 서로 상당히 밀접한 관계에 있습니다. 그리고 경제 외에 정부와 당위의 강력한 추진력과 관련되어 있다는 것은 여러분도 잘 알고 계실 겁니다. 그때 당시 WY가 광동성위 서기로 있으면서 실제로 사회조직부분을 무척 중시했습니다.

제가 2012년에 처음 광동에 갔었는데 우리 청厅에서 광주를 사찰하는 것

이 목적이었습니다. 중국공산당 제17차 대표대회 뒤에 국가에서 현대적 사회
조직의 제도적 체계를 세울 것을 호소했고 광동성은 제일 처음으로 사회조직
을 설립했습니다. 사회조직이 아니라 그때는 사회관리창의영도소조社会管理创
新领导小组라고 했는데 당시 이 소조의 조장을 바로 성위 서기인 WY가 맡았
습니다. 그리고 심천시의 민정국 국장을 광동성으로 승진시켰고 이 소조의
상무부조장을 맡도록 했습니다. 이어서 17명 정도의 사람을 모아서 전문적으
로 여기에 관해 연구하도록 했습니다. 사실 '사회관리창의'는 중요하고 큰 주
제인데, 사회조직이 어떤 역할을 발휘할 수 있을지가 핵심입니다. 이번 18기
3중전회에서 사회조직 활성화를 호소했던 것은 사실 앞에서 말씀드린 내용과
일맥상통하는 것입니다. 최근 우리 성에서 나온 정책으로 2007년에 반포한
'행업협회와 상회 개혁 추진에 관한 의견'이 있고, 이번에 반포한 '동향상회
발전 촉진을 위한 의견'이 있습니다. 우리 민정청과 경합국에서 함께 제정했
습니다.

　　그리고 2012년에 또 하나의 정책을 수립했는데 바로 민정계통民政系统에서
사회조직 서비스를 구매하는 것입니다. 지금 현재 정부가 하는 서비스 구매
사업이 너무 어렵기 때문에 이런 정책을 수립하게 되었습니다. 우리 성은 경
제가 낙후되어 있고 재정도 한계가 있기 때문에 우선 우리 민정계통에서 시
험적으로 실시해보고자 했던 것입니다. 또 2013년에 제정한 정책이 하나 더
있는데 공익자선 사회조직의 소득공제税前扣除에 관한 것입니다.

　　작년에는 기술감독국과 함께 사회조직의 자금사용관리규범에 관한 정책을
제정한 바 있는데 이것은 전국에서 처음이었습니다. 협회로서 자체의 회비,
예를 들어 기금회의 자체 발전기금, 민간 비기업 단위의 자체 자유경비를 어
떻게 사용할지에 관한 원칙을 세우는 것입니다. 즉 '길림성사회조직 자금관리
규범'을 제정했는데 국가 민정부의 의견을 수렴한 것입니다. 이것은 현재 우
리나라 사회조직 자금관리 측면의 공백을 메운 것이라고 볼 수 있습니다.

　　이어 올해 우리가 제정한 또 하나의 정책이 바로 '사회조직평가 임시관리
방법'입니다. 국가에서는 전문적인 자금관리에 관한 방법을 제기한 바 있지
만, 이것은 우리가 길림성의 실제상황에 맞추어 제정한 것입니다. 그 외에 우
리는 올해의 성위省委 3기전회三届全会에서 사회조직이 건강하게 발전할 수
있도록 관련 정책을 제정했습니다. 또 4가지 사회조직을 직접 등록할 수 있
도록 하는 지도의견도 실행할 것이고, 행업협회와 상회가 모두 행정단위三届

소승와 분리하는 실시 방안을 제정할 것입니다. 여기까지 제가 여러분께 소개한 것은 최근에 우리 성이 사회조직을 발전시키기 위해 취한 조치들입니다.

대략 보아도 관련된 정책이나 문건이 열 개가 넘습니다. 그런데 지역차원에서 제정한 것은 하나 밖에 없습니다. 1990년대에 제정되었으니 꽤 일찍 나왔다고 할 수 있습니다. 아시겠지만 국가차원에서도 법이 제정되었습니다. 사회조직의 발전을 놓고 본다면 우리나라는 아직 역사가 짧고 부정적인 면도 있었습니다. 원래 길림성 민정청에는 별도로 사회단체를 관리하는 부문이 없었는데, '89학생운동學潮'으로 인해 사회단체 부처를 독립적으로 설립하게 되었고 파룬공 사건 뒤 1998년에 민간조직관리국으로 명칭을 개정했습니다.

이번에는 긍정적인 차원에서 이야기 해볼까 합니다. 우선, 민간조직관리의 창의적 문제라는 관점에서 사회조직을 활성화함으로써 사회조직의 건설을 강화하는 것입니다. 두 번째는 사회조직의 등록문제에 관한 개혁을 추진하는 것입니다. 현재는 이중관리 시스템입니다. 민정부문은 등록기관이고 업무주관단위도 있어야 합니다. 우리는 한 사회조직의 성립을 심사하고 비준할 때 업무주관단위가 별도로 있는지를 봐야 합니다. 그런데 이런 시스템이 결국 사회조직의 자유로운 발전을 저해하게 됩니다. 사회조직들이 직접 업무주관단위를 찾아 나서기가 쉽지 않다는 것이 문제입니다. 예를 들면 위생청결협회가 설립 때문에 업무주관단위를 찾아 나선다고 합시다. 위생청卫生厅을 찾아 가면 위생청에서는 인체건강과 관련된 부문이라고 하고, 상무청商务厅에 가면 상무청은 무역만 관계한다고 해서 결국 찾지를 못합니다. 왜냐하면 편제위원회 사무실 혹은 정부에서 각 정부부문에 직무를 부여하는데 이 직무의 방향성이 협회들이 원하는 내용과 일치하지 않는 경우가 많기 때문입니다. 지금은 행업협회나 상회가 직접 등록할 수 있습니다. 업무주관단위가 찾을 필요 없이 바로 민정부문에 와서 등록하게 됨으로써 무척 편리해졌습니다.

등록절차 및 의미

물론 또 다른 상황이 존재합니다. 정부기관에서는 협회가 민간인들이 자발적으로 조직한 것이기 때문에 자신들과는 관계가 없다고 생각합니다. 정부입장에서는 일을 벌이는 것보다 줄이는 것이 더 낫다고 생각하고 있습니다. 이런 체제의 내재적 결함으로 인해 우리 사회조직의 발전이 심각하게 영향을 받고 있습니다. 때문에 우리는 관리체제개혁을 심화시키기 위해 2010년에 동향상회의 심사비준 권한을 아래로 이양한다는 규정을 내놓았습니다. 동향상회는 현재 '성급으로 등록하고, 성에서 등록한다'는 원칙 아래에 있습니다. '성급으로 등록한다'는 의미는 예를 들면 길림성광동상회, 길림성복건상회 등처럼 광동성, 복건성이라는 성급의 명칭으로 등록해야 하고 길림성영파상회, 길림성대련상회 등 도시급 명칭으로는 등록할 수 없다는 것입니다.

그렇다면 '성에서 등록한다'라는 의미는 무엇일까요? 상회의 등록은 반드시 길림성 민정부문에서 등록하도록 해야 한다는 것입니다. 길림성의 시, 현급에서는 이런 권한이 없었습니다. 그러나 최근에 상회의 발전이 지방경제에 큰 영향을 주게 되면서 지방정부와 기업에서는 성급이 아니라 시급 혹은 현급에서 등록할 수 있기를 희망하게 되었습니다. 또한 최근에 경제건설이 중심이 되면서 상회의 성립과 발전은 여러 가지 차원의 요구들이 생겨났고 이 요구들을 만족시킬 수 있는 방법을 찾아야 했습니다. 원래의 정책대로라면 장춘시에서는 시급의 상회를 설립할 수 없습니다. 그러나 성급이 아니라 시급에서 활동하고 싶어 하는 기업가들과 시급 정부의 관련 부문에서 한 목소리가 나오면서 이 일은 사실상 실행되기 시작했습니다. 장춘시의 경제건설에 도움이 되는 일이라고 판단했던 것입니다. 그리고 지금껏 상회의 내부관리, 민주선거, 민주의사 결정 등 면에서 완벽하진 않지만 그렇다고 사회에 해를 끼치는 일도 나타나지 않았습니다. 그래서 심사비준을 장춘시에서도 할 수 있게 했는데 이것은 상회의 발전에도 좋은 영향을 주고 있습니다.

그 외 2012년 우리는 사회조직을 직접등록 할 수 있도록 하는 시범적 사업계획을 내놓았는데 먼저 연변주를 선택했습니다. 연변주는 소수민족지역인데 연변주를 선택했던 것은 첫째는 연변지역이 비교적 개방적이기 때문입니다. 그들은 새로운 사물에 대해서 잘 받아들이는데 특히 한국과 언어가 통한다는 특징이 있습니다. 또 친족관계로 얽혀 있는 경우가 있다 보니 사회조직이라 부르기 보다는 한국처럼 NGO라고 부르고 있습니다. 이렇게 연변의 사회조직이 발달했기 때문에 여기에서 먼저 시범적으로 직접등록 제도를 시행했습니다. 작년 연말까지 우리 성에서 직접 등록된 사회조직이 모두 121개인데 그 중에서 성급은 18개였습니다.

세 번째는 관리감독을 계속해서 강화했다는 것입니다. 2009년 우리는 길림성정부법제처法制办와 함께 사회조직 등록기관 행정집법 절차확립에 관한 정책을 제정했습니다. 우리 성이 전국에서 처음으로 시행하게 되었습니다. 또 사람들은 법률의식이 무척 강한데 우리는 법에 따라 행정을 해야 합니다. 민정부문으로서, 직접등록기관의 역할은 등록도 하고 감독도 하는 것입니다. 그러나 감독은 아래와 같은 문제가 있었습니다. 무엇에 근거해서 감독하는 가? 헌법이나 형법에 근거하기에는 무리가 있고 너무 추상적입니다. 사회조직 등록은 당시에 국무원에서 제정한 〈등록관리조례〉를 최고의 집행근거로 삼고 있었습니다. 따라서 실제 집행에 관한 법적 절차의 제정이 시급했기 때 문에, 우리는 2010년에 성정부 법제처와 함께 관련 정책을 반포했는데 아주 두꺼운 책 한권으로 출판되었습니다. 길림성 본적 출신 즉 길림성00협회와 같이 앞에 길림성이라는 이름이 있는 조직은 1,042개입니다.

사회조직 평가

저희는 해마다 10%이상의 비례를 지키며 법대로 집행하고 있습니다. 동시 에 저희는 2008년부터 사회조직에 대해 지금까지 819개를 평가했습니다. 이 중에서 최고급인 5A급은 42개, 4A급은 95개, 3A급은 310개가 있습니다. 평 가의 목적은 두 가지 입니다. 첫째는 사회조직의 발전을 규범화하여 사회적 신뢰도를 높이는 것입니다. 호텔을 3성급, 5성급 이렇게 분류하는 것과 원리 는 같습니다. 둘째는 이 평가등급을 정부의 육성정책扶植政策과 맞물리게 하 려는 것입니다. 예를 들면 정부가 민간으로부터 서비스를 구매할 때 이 민간 조직의 등급이 높을수록 가능성이 더 커지는 것입니다.

그런데 여기에도 문제는 많습니다. 잠시 후 상세히 말씀드리고 우선 법집 행 부분에 대해서 말씀드리겠습니다. 최근 2005년에 개혁이 있었는데 저희가 노력한 결과 타이틀 하나를 더 얻게 되었습니다. 현재 길림성민간조직관리국 건물 정문 옆에 보시면 길림성민간조직집법감찰국執法監察局이라는 간판을 보 실 수 있을 것입니다. 즉 관리국에서 등록 관리의 기능만 하는 것이 아니라 법집행의 기능도 하게 된 것입니다.

사회조직의 당면 과제 및 문제점

사회조직의 발전과정에서 존재하는 문제를 말씀드리겠습니다. 네 마디로 정리하면 전체 수량이 적고, 직능이 애매하고, 정부와 사회조직이 분리되지 않았으며, 감독역량이 약하다는 것입니다.

전체 수량이 적다는 것은 아래와 같은 의미입니다. 전국적으로 작년의 통계에 의하면 44.5만 개로 집계되었는데 올해에 조금 많아진 것 같고 지금 45만 개의 법인 사회조직이 있습니다. 길림성은 10,424개의 법인사회조직이 있는데 이것은 전국적으로 봤을 때 약 2~3%밖에 되지 않습니다. 우리의 역량이 아직은 미약하다는 것입니다. 전국적 랭킹을 보면 우리 성은 21위에 있습니다. 인구 만 명당 차지하는 사회조직의 개수는 3.81개 인데 이것은 전국적으로 봤을 때 평균정도에 해당합니다. 절대적 숫자로 보면 산동성이 1위로 49,055개인데, 인구 만 명당 차지하는 사회조직은 5.12개입니다. 2위는 강소성으로 33,066개의 사회조직을 가지고 있고 인구 만 명당 4.9개입니다. 흑룡강성이나 요녕성과 비교해보면 요녕은 19,023개이고 인구 만 명당 4.35개, 흑룡강은 120,378개이고 인구 만 명당 3.23개입니다. 제가 인구 만 명당으로 이야기하는 것은 하나의 지역 혹은 하나의 국가가 사회조직이 얼마나 발전되었는지를 알 수 있는 중요한 지표이기 때문입니다.

이쯤에서 제 개인적인 생각을 말씀드리면, 우리 길림성은 사회조직을 발전시키기 위해 더 노력해야 한다고 생각합니다. 더 많은 정력을 '발전'에 집중해야지 제지를 시켜서는 안 된다고 생각합니다. 정책을 제정하고 이를 어떻게 인도하고 배양하고 활력을 불어넣을지를 고민해야 합니다. 왜냐하면 양적인 축적이 없다면 질적인 비약도 없기 때문입니다. 물론 우리는 스스로 비교해봐야 합니다. 사실 발전 속도는 빠른 편이라고 볼 수 있습니다. 우리 기금회는 해마다 2%의 증가율을 보이고 있습니다. 제가 처음 이 부서에 들어왔을 때는 17개 밖에 없었는데 지금은 66개가 있습니다. 그렇지만 지역단체와 민간 비기업조직의 발전을 볼 때 발전은 빠르지만 총량이 적습니다. 그렇기 때문에 정책을 제정할 때 사회조직의 문턱을 낮게 해야 한다고 봅니다. 즉 사회조직으로부터 서비스를 구매하는 정책을 지지하고, 하나의 업계에서 여러 개의 조직이 설립될 수 있도록 하고, 정책을 공개하고 직능을 전이시키는 등의 노력을 통해 사회조직을 발전시켜야 합니다. 물론 문제가 있거나 불법적인 것은 당연히 관리하고 감독해야 하겠지만 무엇보다도 '발전'에 관심을 가져야 합니다.

다음으로 정부와 사회조직이 분리되지 않은 것도 우리 성에서 나타나는 문제점 입니다. 우리 성에서 협회의 간부를 겸임하고 있는 영도와 간부들이 3,120명이나 됩니다. 그 중 성省급 간부는 6명, 청厅급 간부는 336명, 처处급 간부는 1,095명이고 처급 이하는 1,683명입니다. 정부의 영도, 간부들이 협회의 직위를 겸직하는 현상은 정부와 사회조직이 분리되지 못했다는 것을 여실히 보여주는 증거입니다. 특히 어떤 경우에는 심지어 재무도 하나로 되어 있는데 하나의 기구가 두 개의 간판을 단 셈입니다. 즉 정부기관 직능의 연장선이라 할 수 있습니다. 예를 들면 행업협회는 '둘째 정부二政府'라고 불리는데, 정부의 직능을 수행하고 있기 때문입니다. 광동성의 경우에는 이런 현상들이 거의 존재하지 않습니다. 부성급 이하에 대해서는 명문규정이 없지만 부성급 이상은 2005년에 중앙조직부에서 나온 52호 문건이 있습니다. 부성副省급 이상의 간부가 협회에서 겸직하는 경우에는 심사비준을 받아야 하고 연령은 원칙상 70세를 초과하지 않는다는 것입니다. 아까 우리 성에 성급 이상의 간부가 6명 된다고 했는데 이것은 비준을 받지 못한 상태입니다. 왜냐하면 중앙조직부를 찾아가서 비준을 받는다고 하면 그들이 허락하지도 않을 것이고, 비준도 할 수 없기 때문입니다. 조직부도 매우 조심하고 있는데 우리 성위省委조직부도 쉽게 무엇인가를 비준하지 않습니다. 중앙에서 비준을 못하게 하는 문제가 있기 때문에 우리 성에서도 비준을 내릴 수가 없습니다.

다시 말하면 탈행정화去行政化 자체가 매우 중요한 문제인데 현재 어떤 협회는 정부의 주도하에 설립된 것이기 때문에 행정관리의 색채가 짙습니다. 현재 성급의 협회가 173개인데 그 중 34.1%를 차지하는 59개가 정부에서 설립한 것입니다. 정부에서 설립하는 이유는 사실 정부가 자신의 직능을 외연으로 확장하기 위한 것이라고 볼 수 있습니다. 돈을 걷는 문제를 예로 들면 정부부문에서 이 일을 수행하기가 힘들어지면 행업협회를 하나 설립해서 협회 명의로 돈을 거두거나 비자금 등을 마련하는 것입니다. 이렇게 되면 행업협회는 사실상 유명무실한 것이나 다름없게 됩니다. 행업협회로서의 대표성이나 법인지위 등은 잃게 되고 결국 '둘째 정부'가 될 수밖에 없게 됩니다.

세 번째 문제는 직능이 애매하다는 것입니다. 즉 정부와 사회조직 직능의 변계가 명확하지 않아서 어떻게 해결해야 할지가 하나의 과제입니다. 운남성

당대 중국 민간조직의 단면: 길림성 통향상회 구술집

을 보면 정부에서 사회조직이 마땅히 수행해야 될 직능을 명확히 제시했습니다. 그렇다면 이 정책이 과학적이고 가장 권위가 있는 것이 될까요? 그렇다고 할 수 없습니다. 또 18기 3중 전회에서 환경보호도 직능에 추가했듯이 이 것은 매우 거시적인 것입니다. 제 개인적인 생각으로는 정책을 실제적으로 운용할 수 있을지 그 가능성이 중요합니다. 우리나라는 30여 년 동안 개혁개방을 추진하여 경제발전의 속도가 매우 빠릅니다. 사람들의 생활은 전반적으로 많이 개선되었지만 모든 공공 서비스를 정부가 부담하기에는 무리입니다. 그렇기 때문에 정부는 사회조직이 보조적으로 사회에 서비스를 제공하도록 직능을 분리해서 나눠가져야 합니다. 이것이 첫째이고, 둘째는 기층 관리에서 정부는 인력, 재력, 물력 등 모든 면에서 사회기층까지 도맡아 관리하기 어렵기 때문에 이 부분을 사회조직에 맡겨야 합니다. 세 번째는 직업감정職业鉴定, 직함평정职称评定 등 직업의 기술감정과 관련된 부분을 사회조직 혹은 중개기구에게 맡길 수 있습니다. 이것이 세 번째이고, 네 번째는 정부직능의 전이인데 보조적 업무를 사회조직에 맡기는 것입니다. 행업계획의 제정 및 행업규범의 제정 등은 사회조직에서도 할 수 있다는 것입니다. 예를 들면 발전개혁위원회发改委에서 생산업 계획을 제정한다고 할 때 길림성의 인삼행업에 맡길 수 있습니다. 인삼행업은 인삼업의 발전에 대해 제일 잘 알고 있고 그들은 생산현장에 있으면서 기업들과 밀접히 연락을 하고 있기 때문에 그들이 제정하는 것이 더욱 실제와 잘 결합될 수 있습니다.

네 번째 문제는 관리가 약한 문제입니다. 이것은 사실 저희 자신의 문제이고 사실 전국적인 문제이기도 한데, 민간관리국은 사회조직에 대한 육성과 발전을 모두 중시하고 등록문제에 대해서도 많은 노력을 기울였습니다. 하지만 등록 이후의 관리 문제는 여전히 상당한 약점短板을 드러내고 있습니다.

사회조직의 당면 과제 및 어려움: 구체사례

여기서 잠깐 여러분께 숫자로 예시 하나를 들고 실제 업무를 들어 설명해 보겠습니다. 등록 이후 관리는 매우 중요한 것으로, 현재 우리 성에는 15,744개의 사회조직이 있는데 전문 관리인재는 85명밖에 안됩니다. 비율을 보면 1:185인데 한 사람이 185개의 사회조직을 관리해야 하는 것입니다. 등록기관의 역량과 실제수요 사이의 갭이 매우 크지만 지금으로서는 방법이 없어서 저희도 골머리를 앓고 있습니다. 이번 정부에서 시진핑 주석과 리커창 총리는 '편제 0 증가'를 목표로 제기한 바 있어 지금 기관에서 편제를 늘려 관리자를 충원할 가능성은 거의 없습니다.

저희도 적극적으로 노력하고 있습니다만, 예를 들어 민정청에서는 지금 편제가 없기 때문에 대학생이 들어오기가 힘든데 실제로 제일 필요한 것은 대학 졸업생과 대학원 졸업자들입니다. 정규 대학에서 교육을 받은 사람들이 필요한데 특히 사회조직과 관련된 연구자 출신이 필요합니다. 재작년에 길림성당위원회 조직부에서 특히 청화대학과 북경대학의 졸업생들을 데려왔는데, 당시에는 특별 비준절차를 거쳐 5명이 왔지만 우리 부문에는 오지 않았습니다.

저는 이와 관련해서 저만의 관점을 가지고 있습니다. 개혁개방 초기에 민영기업은 몇 개밖에 되지 않았고 또 민영기업은 시장이 개방되지 않았기 때문에 할 수 있는 것이 없었습니다. 지금은 우리가 정부의 작용 외에 시장이 결정적인 작용을 해야 한다고 하는데, 시장의 작용이란 바로 개방할 것은 그들에게 개방해야 한다는 것입니다. 사회조직도 개방이 되면 앞으로 발전 가능성이 많을 것 같습니다. 대학졸업자들도 사회조직기구에 취직할 가능성도 높아질 것으로 보입니다.

국가는 사회조직과 관련된 여러 가지 정책을 제정했는데 사회복지사를 키우는 것도 그 일부분입니다. 현재 우리 성에는 5,000여 명이 사회복지사로 신청했는데 열기가 매우 높습니다. 앞으로는 사회조직을 설립하려면 전문 인재 등용조건을 제시하도록 할 수 있습니다. 예를 들면 사회복지사 몇 명인지 등과 같은 구체적인 요구입니다. 사회조직은 발전 가능성이 크다고 생각됩니다. 사회조직은 기업이나 사업단위처럼 일자리 창출도 할 수 있고 사회재부의 창출도 가능합니다. 미래지향적인 사업이고 발전 가능성이 크다고 볼 수 있습니다.

사회조직 개혁발전 방향(1): 사회조직 등록

사회조직에 관한 국가차원의 정책이 아직 나오지 않았기 때문에 제 개인적인 관점을 몇 가지 말씀드리도록 하겠습니다.

첫 번째, 사회조직 등록개혁을 심화해야 합니다. 이것은 사회조직의 발전에 있어서 가장 중요한 하나입니다. 등록체제관리, 체제개혁 등은 크게 다음과 같은 몇 가지가 있습니다. 첫째는 4가지 사회조직(행업협회 및 상회류, 과학기술류, 공익자선류, 도농사회서비스류)의 등록문제입니다. 이 목표는 18대 회의에서 제기되었는데 이미 전에 12기 인민대표대회 1차 회의에서 국무원의 구체적 방안이 통과되어 확정되었기 때문에 현재는 네 가지 조직에 직접 등록이 가능합니다. 그런데 구체적인 실무절차와 관련된 것은 아직 제정된 것이 없기 때문에 아직 모색단계에 있다고 볼 수 있습니다. 얼마 전에 우리 성에서는 길림성 네 가지 사회조직의 직접등록에 대한 지도의견을 제정하려고 했으나 국가차원에서 제정한 뒤에 우리가 제정하는 것이 맞다고 판단하여 잠시 보류 중에 있습니다.

우리 성의 사회조직 등록에 관한 업무처리에는 대략 네 가지 측면이 있습니다. 첫 번째는 사회조직의 등록범위인데 아직은 권위적인 표준이 제정되지 않았습니다. 둘째는 직업 등급의 절차와 조건입니다. 예를 들면 전국적인 사회조직은 발기인이 적어도 5명, 회원은 30명이 되어야 하는데 이것은 현재 운영되는 사회단체등록관리조례와 일치하는 것입니다. 그러나 많은 사람들이 이 조례는 합리적이지 않다고 목소리를 내고 있습니다. 전국적인 행업협회의 발기인이 적어도 5명이라고 하면 너무 적다는 것이고 또 그 외 전국적인 회원단위도 30개면 너무 적다는 것입니다. 그리고 발기인의 대표성을 어떻게 평가하는가 하는 것입니다. 또 다른 하나는 발기 기관단위发起单位입니다. 예를 들면 정책 중에 공익자선류에서 발기 기관단위는 공익자선기관에서 3년 이상 근무를 했다는 관련부문의 증명을 받아야 하는데 현실적으로 가능하지 않습니다. 이와 같이 등록문제, 등록절차는 구체적인 부분에서 아직 문제가 많이 존재합니다. 직접등록은 원래의 주관단위를 취소하고 비준을 내리는 제도이고 이것은 절차를 간소화한 것이라고 생각합니다. 그러나 현재 실행되고 있는 직접등록의 요구서류들은 오히려 구비하기가 더 힘든 부분이 있어서 직접등록의 정신을 제대로 발휘하지 못한다고 볼 수 있습니다. 또 다른 하나는 등록 이후의 감독관리 문제입니다. 민정부문에서 주관단위가 없는 사회조직을 어떻게 관리하고 무엇에 근거하여 관리해야 되는지 이 부분은 아직 공백입니다.

두 번째, 원래의 조례를 지키는 것입니다. 한 지역, 한 행정구역 내에서 하나의 협회가 등록하면 다른 하나는 등록할 수 없게 되어 있습니다. 실제로 하나의 행업협회는 등록한 뒤 관리가 잘되든 안 되든 명분을 계속 독자적으

로 가지고 있기 때문에 경쟁이 존재하지 않습니다. 일업다회一業多會제도의
도입은 이런 구조를 타파하고 선의의 경쟁을 할 수 있도록 공평하게 기회를
주는 것입니다.

세 번째, 사회단체의 준비절차를 취소하는 것인데 준비등록 절차는 원래 2
가지 절차가 있었습니다. 하나는 서류준비상황에 대해 심사하는 것인데 발기
인, 정관, 계획서, 사무실장소, 조직기구, 업무주관단위의 동의여부 등을 심사
하는 것입니다. 서류가 구비되었다고 여겨지면 비준해주고 그 다음 회원대회
를 열어 회원을 발전시키고 정관을 확정하고 은행계좌를 개설하고 자금점검
을 합니다. 그 다음 또 다시 정해진 절차대로 서류를 재심사하고 합격되면
등록증을 발급합니다. 지금은 이 준비과정 심사절차를 취소하려고 합니다.
물론 취소한다면 자금점검, 명칭검사 등 문제가 제기되겠지만 그것은 저희
등록기관이 해야 될 업무일 뿐입니다.

네 번째, 사회단체의 지사기구와 대표기구의 설립, 변경 및 등록취소 절차
를 취소하는 것입니다. 지금 이미 취소되었습니다. 먼저 국가에서 작년에 취
소했고 우리 성에서 문건을 이미 제정했습니다. 취소한 뒤에는 지사 설립의
경우 내부에서 이사회를 열고 동의를 얻게 되면 바로 등록기관에 가서 서류
신고备案를 하면 됩니다.

다섯 번째, 기금회와 타지상회에 대한 심사권한을 위양하는 것입니다. 즉
현县급에서도 심사할 수 있도록 하자는 것입니다. 원래는 다 성급에서만 심
사했는데 이것도 등록관리체제 개혁의 내용에 속합니다.

마지막으로, 국외 비정부조직의 관리문제를 토론해야 합니다. 지금은 국가
민정부문에서 관리하고 있습니다. 앞으로 국가는 심사권한을 성급으로 위양
할 수 있습니다. 아직 전국적으로 진행하지는 않았지만 몇 개의 성에서 시범
적으로 진행하고 있습니다. 운남성, 광동성 등 지역입니다. 이것은 새로 나타
난 문제이고 나중에 성급에서 심사하게 될 때 어떻게 해야 할지도 연구해야
합니다. 이것이 개혁의 중점 중의 하나입니다.

사회조직 개혁발전의 방향(2): 당정党政기구와의 분리

개혁의 두 번째 중점은 행업협회 및 상회가 행정기구와 분리하는 것입니
다. 이 행정기구는 정부기관만 가리키는 것이 아니고 인대人大기관, 정협기

관, 당기관, 검찰기관, 법원 등 인민단체까지 포함한 모두를 가리킵니다. 어떻게 분리할 것인가? 현재 저희가 방안 하나를 내놓았습니다. 그러나 성의 의견은 국가차원에서 방안을 제시한 뒤에 우리 성에서 시행하자는 것입니다. 이것을 다섯 부분으로 나눌 수 있습니다.

첫째, 기구와의 분리입니다. 즉 정부기관과 행업협회의 분리입니다. 하나의 협회가 협회인 동시에 정부의 모 기관으로 있는 하나의 기구, 두 개의 타이틀 현상을 없애야 합니다.

둘째, 직능의 분리입니다. 정부의 직능과 행업협회 및 상회의 직능에 관해서 명확한 규정이 필요합니다.

셋째, 자산의 분리입니다. 예를 들면 현재 사무실, 차량, 사무용품 등에 관한 소유기관을 명확히 밝혀야 합니다. 정부의 것인지, 협회의 것인지 구분을 해야 합니다. 사실 여태까지 분리되지 않았던 이유는 제가 볼 때 결국 이익 때문입니다. 정부의 직능, 자산을 협회 앞으로 명확하게 갈라놓게 되면 해당 정부부문 입장에서는 손실이라고 느끼기 때문입니다.

넷째, 재무의 분리입니다. 정부기관의 장부와 통합하여 사용하는 사례가 많습니다. 어떻게 보면 정부는 이런 경로를 통해서 비자금을 확보하는 것입니다. 반부패의 시각에서도 재무의 분리는 시급합니다.

사회조직 개혁발전의 방향(3): 관리감독제도의 보완

개혁의 세 번째 문제는 관리감독제도의 보완입니다. 현재 감독체제는 두드러진 약점이 있는데 해결하기 쉽지 않습니다. 예를 들면 편제의 증가와 같은 것인데 우리가 필요로 하는 인재를 선발할 수 있도록 해야 합니다. 우리는 민간으로부터 서비스를 구매하는 것도 생각해봤습니다. 그런데 모든 서비스를 다 사들일 수 있는 것도 아닙니다. 정부부문의 일과 그에 맞는 인원이 있어야 감독관리가 순리롭게 진행될 수 있는데 아직 그렇지 못합니다.

우리가 생각하는 관리감독은 세 가지 내용을 포함합니다.

첫째는 등록기관으로서 감독하는 기능을 해야 합니다. 사회조직을 관리하는 차원에서 저희는 전반적인 발전방향을 고려하는 선에서 여러 가지 규범을 제정해야 합니다. 그런데 지금은 직접등록을 하기 때문에 전에 업무주관부분을 이제는 행업주관부문이라고 부릅니다. 정책의 제정에 있어서 행업주관부문의 역할은 중요합니다. 왜냐하면 건축협회 같은 경우에 일반인들은 업계의 구체적인 상황을 잘 모르기 때문에 이 협회의 행업주관부문의 역할이 중요해지는 것입니다. 이것이 바로 행업주관부문의 첫 번째 직능이고, 두 번째 직능으로는 서비스 구매가 있습니다. 정부가 민간조직의 서비스를 구매하는 경우 행업주관부문에서 감독과 추천의 역할을 맡아주어야 합니다. 왜냐하면 해당 서비스를 구매할 때 어느 조직에서 어떻게 구매해야 할지는 관련 업계의 행업주관부문이 가장 잘 파악하고 있기 때문입니다.

두 번째, 사회조직의 평가시스템을 보완해야 합니다. 이 문제는 여기서 더 논하지는 않겠습니다.

세 번째, 정부의 지원을 확대해야 됩니다. 정부의 서비스구매에 대해 작년에 국무원에서 관련 문건이 내려왔습니다. 〈정부의 사회역량으로부터의 서비스 구매에 관한 의견〉입니다. 이것은 전국적인 것이고, 사회역량이라고 하는 것은 사회조직 외에 중개기구 및 기업도 포함됩니다. 정부가 사회로부터 서비스를 구매한다는 것은 정부가 어떤 일을 수행하기에 역량이 부족한데 사회의 모 기구에서 이 일을 수행할 능력이 있다면 정부에서 이를 구매할 수 있다는 것입니다. 정부에서 부족한 것을 사들인다는 의미는 결코 아닙니다. 국무원에서 관련 의견이 제시된 후, 저희는 전문적으로 사회조직으로부터 서비스를 구매하는 것에 관한 의견을 구체적으로 제정해야 할 필요를 느끼고 지금은 연구단계에 있습니다.

정부의 민간서비스 구매 양식

최근에 저희가 정부와의 소통을 시도했지만 정부쪽에서는 아직 적극적이지 않습니다. 그것은 제기된 지 얼마 되지 않은 정책이라는 이유가 큽니다. 최근에 민정부와 재정부가 함께 정부로부터 서비스를 구매할 것에 관한 문건을 제정했습니다. 따라서 앞으로 우리는 어떻게 하면 서로 협조하여 사회조직으로부터 서비스를 구매할지에 관해 문건을 제정할 수 있을지 연구해야 합니다. 이 구매는 매우 복잡한데 적어도 제가 보기에는 구매할 서비스 내용을 명확히 해야 하고 연구도 해야 합니다. 정부가 직능을 민간에 양도할 때 그 내용을 명확히 해야 합니다.

두 번째는 구매의 조건인데 원래는 민정부문에서 제공하기로 되어 있습니다. 예를 들면 모든 사회조직이 다 서비스를 구매할 수 있는 것이 아니고 여기에는 조건들이 있습니다. 즉 사회조직이 3A급 이상이라든지 등의 기준입니다. 물론 어떤 사람들은 이런 조건이 공평경쟁의 원칙에 어긋난다고 생각할 수도 있지만 중요한 것은 평가를 통해 질을 보장한다는 것입니다. 사회조직의 신뢰도가 높아지기를 바라기 때문입니다.

우리 성의 상황을 놓고 보면 서비스구매는 다른 곳보다 조금 늦은 편이고 정부의 투입도 적은 편입니다. 서비스 구매는 지금까지는 주로 국가재정에 의지하고 있습니다. 올해까지 3년간 실행했는데 국가에서 돈이 230만 위안 정도가 내려왔습니다. 이 돈으로 대략 5개 정도의 프로젝트를 추진하고 있습니다. 한 프로젝트마다 50만 위안씩 들어가는데 주로 사회구제 영역에 집중되어 있습니다. 예를 들면 연변대학은 연변대학교육기금회가 있는데 3년째 운영되고 있습니다. 주로 사회적 빈곤계층을 상대로 도움을 주는 것입니다. 연변대학에는 부속병원이 있어 학교에서 봉사활동을 조직하기도 합니다. 길림대학교육기금회도 사회구제 사업을 하고 있는데 첫 해에 의대 의료구제기금회에서 병원에 갈 수 없는 사람들에게 도움을 주었습니다. 작년에도 성재정에서 내놓은 90만 위안을 가지고 사회구제, 노인복지 등 영역에 투입했습니다. 아직 광동성이나 상해에 비할 바는 못 됩니다. 광동성의 경우 정부에서 서비스구매에 내놓는 돈이 한 해에 300억 위안 이상인데 평균 하루에 1억 위안이 됩니다. 상해도 구区급에서 구매하는 것만 해도 자금이 몇 억 이상입니다. 그런데 이런 모델을 길림성에 직접 적용하는 것은 적절하지 않습니다. 참조할 수는 있지만 그대로 갖다 쓸 수는 없는 것입니다. 우리 성처럼 경제가 발달하지 못한 성은 서비스구매 영역에서도 마찬가지로 상황이 다릅니다. 평가시스템부터 다른데 심천深圳시의 경우 '00사회조직평가중심' 등도 무척 많이 존재합니다. 우리 성에는 지금까지 하나도 없습니다. 때문에 서비스구매의 모델은 구매자금을 포함해서 다를 수밖에 없습니다. 지금은 시장을 개방하면 서비스구매는 시장의 기제에 따라 자원이 배분될 것입니다.

현재 우리 성의 사회조직들은 모두 수준을 한 단계 끌어올리는 것이 목표입니다. 두 번째는 사회조직의 인재 육성입니다. 관련 분야의 인재를 키우는 것을 국가적 차원의 정책에 포함시키고 그들의 복지, 대우 등 문제를 개선해서 더 좋은 발전환경을 만드는 것이 정부의 일입니다. 세 번째, 관련 세금정책입니다. 여기에는 소득공제가 포함되는데 상세한 것은 생략하겠습니다. 구체적으로 열 가지 정책이 있는데 여러분과 별로 관계가 없기 때문에 지나가 겠습니다. 마지막으로 사회조직의 자체적 발전입니다. 내부관리 시스템을 보완하고 적극적으로 평가에 참여해야 합니다. 평가에서 좋은 성적을 받으면 서비스구매 정책에 포함될 수 있기 때문입니다.

또한 사회적 신용을 얻어야 합니다. 정보를 공개하고 사회로부터 해당 조직의 신뢰도를 높여야 합니다. 이것이 우리의 사회조직에 관한 관리문제입니다. 앞으로 개혁해야 될 문제 중 제가 보기에 가장 관건이 되는 것은 체제전반에 대한 상부구조의 설계입니다. 국가에서 관련 정책을 빨리 제정하고 바라고 실행하기를 바랍니다. 추진과정에서는 먼저 쉬운 것부터 어려운 것으로 넘어가면서 해결해야 합니다. 그 밖에 관방적인 말씀을 드린다면 정부와 당을 떠나서는 불가능합니다. 특히 주요 영도간부들의 관심, 지지와 결심이 중요합니다. 모든 일이 그렇듯이 영도가 중시하는지의 여부가 관건입니다.

2. 질의응답

최 : 오늘 YM국장님께서 바쁘신 와중에 시간을 내주셨는데 정말 소중한 기회인 것 같습니다.

Y : 18기 3중 전회에서 "사회관리治理체계와 사회관리능력의 현대화"를 제기 했습니다. 제가 이해하는 한, 이 체계는 다섯 부분으로 구성된 것 같습니다. 첫째는 정치권력체계입니다. 정부가 사회관리에서 어떤 역할을 해야 하는지의 문제입니다. 둘째는 시장경제체계입니다. 사회를 만들어가는 일에서 당연히 정부가 핵심적 역할을 하게 되고 기업은 사회재부를 창조해야 합니다. 사회조직은 협동적인 작용을 해야 된다고 생각합니다. 세 번째는 사회조직체계입니다. 네 번째는 헌법 위주의 법률체계입니다. 사회가 발전하는 과정에는 규범이 필요하고 이런 규범은 바로 법률법규라고 봅니다. 마지막 하나는 사상문화체계입니다. 특히 요즘은 다원적으로 사고하고 사람들의 수요도 다양해졌기 때문에 이런 틀 안에서 사회관리를 연구해야 된다고 생각합니다.

우리는 이 중에서 사회조직이라는 체계에 관심을 가지고 있습니다.

사회관리는 몇 가지 차원에서 논의되고 있다고 보는데 우선 관리이념이라고 생각합니다. 다음은 관리제도이고 세 번째는 관리조직이며 네 번째는 관리방식이라고 생각합니다. 이런 네 가지 차원에서 토론이 되어야 합니다.

사회협동관리에서 어떻게 하면 사회조직이 그 역할을 발휘하게 할 것인가는 가장 중요한 문제입니다. 왜 18기 3중전회에서 사회관리체제와 사회관리능력의 현대화를 제창했겠습니까? 또 왜 사회조직을 활성화시켜야 한다고 하겠습니까? 왜냐하면 사회관리는 사회조직을 떠나서는 논할 수 없기 때문입니다.

문: 우리 성의 자선조직은 어떤 상황입니까? 조직에 대해서는 어떻게 평가하고 있고 절차와 방법은 무엇입니까? 이 과정에서 제 3자의 참여가 있습니까? 평가는 민정국에서 합니까? 기타 지역의 능력 있는 조직의 서비스를 구매한 적은 있습니까?

Y : 우리 성의 자선조직은 아직 별로 발전하지 못했습니다. 기금회를 놓고 보면 우리성에는 66개 밖에 없는데 전국 15,000여개의 숫자와 비교해보면 바로 알 수 있습니다. 자선조직은 기금회를 대표로 합니다. 그 외에 각급 자선회慈善会도 자선조직에 속합니다. 최근 몇 년 사이 우리 성의 자선조직의 발전속도는 괜찮다고 볼 수 있습니다. 총량은 적지만 속도는 빠른 편입니다. 그것은 당위와 성정부가 무척 중시하고 있었기 때문인데 2012년 당위, 성정부에서 사회조직발전을 추진하기 위한 의견을 내놓았습니다. 이 문건은 제가 초고를 담당한 바 있는데, 내용을 보면 우리 성의 자선조직을 지지할 구체적인 정책이 들어 있습니다. 그러나 실제로는 아래와 같은 몇 가지 문제가 있습니다. 첫째, 사고방식이 선진적이지 못합니다. 특히 자금 확보경로에 관한 것입니다. 둘째, 추진하는 공익프로젝트의 이념도 선진적이지 못합니다. 예를 들면 우리 성의 기금회는 자금 확보에 있어서 수동적이고 기업, 정부에 의지하려고 합니다. 남방이나 북경, 상해 등 지역은 우리와는 많이 다릅니다.

우리 성의 기금회는 자금을 제공받아 사업을 진행하기를 기대하고 있다는 것입니다. 우리 성은 경제가 발달하지 못했기 때문에 기업도 적고 남방과는 다릅니다. 때문에 이런 사고방식부터 혁신해야 합니다. 현재 우리 청厅에서 하고 있는 자선회의 경우 돈을 받은 뒤 여러 가지 프로젝트를 추진하지만 길림성 자선총회의 명의로 사용합니다. 때문에 기업들은 적극성이 떨어질 수밖에 없습니다. 기업의 입장에서 돈을 후원해도 언론에서는 자선총회의 활동으로 보도할 뿐이지 이 기업은 홍보가 되지가 않습니다. 때문에 이런 문제를 해결하기 위해서는 자선회의 이름을 기업이름과 연동시켜야 합니다. 예를 들면 따청大成옥수수는 따청자산기금을 설립했는데 이렇게 되면 사람들은 이 자선회의 실제 후원자가 따청옥수수 회사임을 알 수 있기 때문에 기업의 적극성이 제고될 수 있습니다. 이것이 바로 사고방식을 달리하는 것입니다. 또 하나는 기금을 확보할 때 한 번에 받는 것보다는 할부제도를 도입해서 여러 단계로 나눠서 받는 것입니다. 그 외에 또 하나의 방법이 있는데 바로 기업에서 자금을 은행에 저축하거나 투자를 하게 되면 얻게 되는 이익부분을 기금회에서 제공받도록 하는 것입니다.

두 번째 문제는 자금사용에 있어서도 혁신해야 한다는 것입니다. 사회에 공개를 해야 하는 것인데 사이트나 언론을 통해서 공개해야 합니다. 이런 면에서 우리 성은 지금 투명하지 않은 단계에 놓여 있습니다. 특히 사람들은 관영 공익조직에 돈을 후원하기 싫어하는데 바로 정보공개가 이루어지지 않기 때문에 후원자들이 자신의 돈이 어디에 사용되었는지를 알 수가 없기 때문입니다. 돈의 액수는 많지 않을 수 있지만 이것은 액수의 문제가 아닙니다.

세 번째로 여러분께 말씀드리고 싶은 것은 바로 조혈造血 능력입니다. 국제적인 공익조직 혹은 기금회들은 이런 면이 무척 잘 발달되어 있습니다. 이런 기금회는 모두 사업실체를 갖추고 있기 때문에 사회의 후원 외에도 자체적으로 자금을 확보할 수 있습니다. 예를 들면 기업을 운영한다든지 자금 확보의 경로가 다양하다고 볼 수 있습니다. 우리나라는 관념의 문제가 존재하는데 사람들은 본인이 후원한 돈으로 공익단체가 기업을 운영한다고 하면 이해하기 힘들어 합니다. 특히 자금에 대한 관리감독이 중요한데 관련 정책은 아직 낙후합니다. 우리나라는 정부가 주도하는 자선조직이 많고 개인이 하는 것은 매우 적습니다.

문 : 학교에서 설립하는 장학금과는 무슨 관계가 있습니까?

Y : 학교의 장학금은 다른 것입니다. 장학금은 등록할 필요가 없고 자금을 무상으로 내놓고 후원하는 것입니다.

문 : 북경에 있는 정항성鄭杭生기금회, 루쉐이陆学艺기금회 등 모두 등록되는 것이 맞습니까?

Y : 네, 맞습니다. 하나의 법인입니다. 평가에 관해서 말씀드린다면 현재 저희는 각 급 등록부문에서 책임지고 주도적으로 평가를 진행합니다. 최근에 좋아진 것이라고 하면 전문가집단专家库을 만들었다는 것입니다. 평가위원회도 나왔고 평가에 있어서 나중에 제3의 기관을 도입할 수도 있습니다. 그러나 현재 제3의 기관은 존재하지 않고 사회조직촉진회가 있습니다. 작년에 서비스구매에 대해 30만 위안을 위탁했습니다. 이 사회조직촉진회에서 사회조직에 대해 평가를 내리는 것입니다. 그런데 우리는 이와 같은 제3의 기관을 도입하기에는 이런 기구들이 너무 적다는 것이 현실입니다.

그러나 미래에는 이런 제3의 기구의 참여가 트렌드가 될 것입니다. 왜냐하면 첫째는 정부에서 서비스를 구매할 때 스스로 평가하고 구매할 수는 없기 때문이고, 둘째는 제3기구의 참여는 전반적으로 공정성을 확보할 수 있게 할 것이기 때문입니다.

지역을 넘어서 서비스를 구매하는 것도 가능해질 것입니다. 시장은 통일된 것이기 때문에 사회조직도 기업처럼 지역을 넘나들 수 있습니다. 물론 지역보호주의가 없다고는 장담할 수 없지만 적어도 이론적으로는 가능합니다. 셋째, 우리 청厅에서는 호스피스 기구를 설립했습니다. 이 기구는 민간 비기업으로 등록되었고 노인복지와 관련됩니다. 우리 청에서 몇 천만 위안을 투자했는데 후에 누가 운영할 것인가가 문제로 제기되었습니다. 회의에서 사회기업을 참여시켜서 운영을 맡기고 서비스를 구매하도록 하면 좋지 않을까라는 의견도 있었습니다. 그런데 우리 성에는 담당할 기구가 없기 때문에 상해 쪽에서 찾아보자는 의견이 나왔습니다.

문 : 사회조직부화육성孵化培育센터가 있는데 조양구에 위치하고 있습니다. 문제는 사회조직을 부화육성해서 내보낸 뒤 계속 발전하는 경우가 적어서 전반적으로 보면 단층이 생긴다는 것입니다. 육성초기단계는 정부의 자금지원이 있고 관리를 받기 때문에 잘 발전하지만 후기에는 상황이 어려워집니다. 그중 하나가 자금문제인 것 같습니다. 특히 자금의 사용방식 및 평가에 있어서 해결이 어려운 것 같습니다. 자금의 평가시스템은 먼저 예산의 일부를 주고 평가를 거치고 프로젝트를 잘 완수하면 나머지를

마저 주는 방법으로 진행되고 있습니다. 사회조직육성에 관한 좋은 정책들이 또 어떤 것이 있습니까? 개인적으로 많이 궁금한 부분입니다.

Y : 사회조직육성은 이제 막 시작하는 단계입니다. 제가 10년 전에 심천시에서 접촉한 경험이 있습니다. 능력을 갖추지 못한 사회조직에게 장소, 자금, 관리 등을 지원해주겠다는 것이 기본내용이었는데 우리 성에서는 올해 처음으로 제기되었습니다.

최 : 조양구의 이 센터는 얼마나 운영되었습니까?

Y : 시간이 그리 길지 않습니다. 이제 2~3년 정도 되는데 처음에는 사회사업서비스센터라고 불렀습니다. 이것 외에 녹원綠園 혹은 관성寬城 쪽에 가보시기를 권하고 싶습니다. 녹원은 가장 규범적인데 공항 가는 길에 있습니다. 그들은 녹원구의 민생국에 의탁해서 하고 있는데 시설이 무척 좋습니다. 관성은 녹원보다는 못하지만 디자인이 아주 좋습니다.

운영에 있어서 두 가지 문제가 제기되고 있는 것 같은데 하나는 이 센터의 자금은 어디에서 오고 어디로 가는가의 문제입니다. 둘째는 육성을 받은 사회조직의 자금은 어디에서 오고 어디로 가는가의 문제입니다. 센터는 기능에 관해 명확히 규정하고 자금내원을 명확히 밝히고 운영방식을 명확히 해야 합니다. 정관이나 인원 등을 포함해서 명확하게 제시되어야 이 센터가 장기적으로 발전할 가능성이 있을 것 같습니다.

최 : 녹원구는 정부의 투입이 많습니까?

Y : 네, 2백여만 위안을 투입했습니다. 녹원구의 육성센터는 시설도 아주 좋은데 심천시보다도 더 좋습니다. 신생 사회조직에게 사무실, 자금 등을 지원해주는 것 외에도 등록 등 서류에서도 서비스를 제공합니다. 우리는 이런 육성센터의 건설을 밀어붙여야 합니다. 이런 센터가 없이는 사회조직들이 발전하기가 어렵습니다. 물론 이런 센터가 설립되었다 해서 모든 것이 순조롭게 진행된다고 할 수는 없습니다. 부화육성주기는 얼마로 해야 되는지와 같은 구체적인 문제도 연구해야 합니다. 현재 본적상인들에 대해 시장이 직접 주도해서 장춘시상무국商務局이 도맡아 장춘시상회빌딩을 지으려고 합니다. 상회에서 자금을 대고 이 건물은 상회에서 사용권을 가집니다.

최 : 광동상회에서는 광동빌딩을 갖고 있고 하남상회에서도 하남빌딩을 지으려고 하지 않습니까?

Y : 네, 상회에서 이런 생각들을 갖고 있고 능력도 있습니다. 저희는 통합해 주는 역할을 해야 됩니다.

최 : 최초의 육성센터는 상해에 있는 NPI인 것으로 알고 있습니다. 그들은 이미 성숙된 모델을 갖고 있는데 우리 성에서 그대로 가져다 쓰기는 힘들 것 같습니다. 그들은 육성기간을 1년 반에서 2년 정도로 설정했는데 제가 봤을 때 너무 길어도 문제가 아닌가 생각합니다.

Y : 사실 이런 육성센터는 정부에서 솔선해서 공간을 내주는 것이 바람직합니다. 현재 정부기관에서는 사무실이 너무 많은 공간을 차지하지 못하도록 하는데 이렇게 사무실을 정리해서 통합한 뒤 나머지 공간을 사회조직에게 내어주어도 좋을 것입니다.

최 : 광동성에는 사회관리창의혁신영도소조社会管理创新领导小组가 있는데 말씀하신 문제를 조정하는 역할을 담당하고 있고 또 성장이 솔선해서 협력하고 있다고 합니다. 그런데 우리 성의 영도간부들은 이런 것을 고려할 겨를이 없는 것 같습니다. 모두 경제건설에 집중하고 있기 때문입니다.

왕 : 오늘 국장님의 강연을 들으면서 많은 자극을 받는 것 같습니다. 현재 제가 연구하고 있는 과제는 연변에 있는 민중소송서비스센터와 관련된 것입니다. 이 기구는 전통적인 체제 내에 존재하는 것이 아니고 더 나은 서비스를 위해 사람들을 뽑아서 조직한 것입니다. 이 조직의 성격이 무엇인가에 관해 토론이 있었는데 새로운 사회조직이라고 보고 있습니다. 앞으로 이런 유형의 조직이 사회적 기능을 잘 담당할 수 있도록 사회조직으로 분류하고 유지하게 해야 할지, 아니면 정부의 내부로 끌어들여 정부의 한 부문으로 해야 할지에 대해서 답이 없는 것 같습니다. 어떻게 생각하십니까?

　또 하나는 사회조직에 대한 평가에 있어서 지표들은 어떻게 고려되는지 어떤 가치이념을 지향하는지 입니다. 세 번째는 오늘 말씀하신 사회조직들은 다 정식조직인데 사실 비정규적 조직도 많습니다. 예를 들면 대학 안에 자살에 대해 어떤 방식이 가장 좋고 편한지 등에 관심을 가지고 연구하는 조직도 있습니다. 또 동성애자 조직은 모두에게 익숙한 것이기도 합니다. 이들 조직은 정식 조직이 되려고 하지 않습니다. 이런 조직 중에 어떤 조직을 육성할지 어떻게 해야 되는지 등에 관해서 어떤 생각을 가져야 합니까?

Y : 먼저 민중 소송문제를 예로 들면, 장춘시에도 있는데 이런 조직을 사회
조직으로서 등록하고 관리하는 것은 곤란합니다. 왜냐하면 이런 성격의
조직 즉 권익수호를 위한 조직에 대해서는 엄격히 통제하고 있기 때문입
니다. 예를 들면 농민공 항소, 전역군인 등에 관한 것인데 아예 등록할
수가 없습니다. 그리고 정부부문의 편제를 가지고 설립하는 것은 더욱
불가능하다고 봅니다. 제 생각에는 이런 센터는 커뮤니티 단지社区 혹은
가도街道 아래에 설립하는 것이 현실적인 것 같습니다. 그리고 꼭 조직
으로 설립해야 될지에 대해서도 저는 회의적입니다. 이런 센터에서 민중
의 항소내용을 접수하고 이를 관련 부문에 올려 보내는 역할만 하게 하
면 될 것 같습니다.

　　그리고 평가에 관해서는 지표가 너무 많습니다. 기초조건, 내부관리
등은 국가 민정부가 제정했고 통일적인 지표체계도 있습니다. 총점은
1,000점인데, 예를 들면 내부관리가 200점이고 기초조건이 몇 점이고 이
렇게 나뉘어 있습니다. 그런데 우리 성에서도 제정해야 된다고 한 것은
국가가 요구한 지표를 우리 실정에 맞게 구체화시켜야 한다고 생각하기
때문입니다.

동 : 사회조직은 유형이 많은데 다섯 개의 큰 유형에 대응하는 평가체계가 있
습니까?

Y : 네, 행업협회 평가체계를 올해 제정했고 또 학술유형 단체지표체계도 제
정했습니다. 그 외에 연합유형의 단체, 민간 비기업, 교육유형 등 모든
단체에 대응하는 체계를 세웠습니다. 대부분 다 제정되었다고 할 수 있
습니다.

류 : 이 평가체계는 어떻게 운용됩니까?

Y : 연초에 저희가 통지를 하나 내려 보냈습니다. 사회조직이 스스로 자체평
가를 실시하도록 하고 그 다음 인터넷에 공개한 뒤 저희가 전문가를 모
시고 현장에 직접 가서 평가합니다. 평가위원회에서 점수를 매기고 평가
한 결과를 인정절차를 거쳐 공개합니다. 이 평가에 근거해서 사회조직들
이 향유하는 지원항목이 결정된다고 볼 수 있습니다.

왕 : 자살조직에 대해서는 어떻게 해야 합니까?

Y : 이런 조직은 매우 많습니다. 헌법상 개인들의 결사자유가 있기 때문에
저희는 제지할 수 없습니다. 다만 사회에 해를 끼치는 일만 하지 않으면

된다고 봅니다. 이런 유형의 조직에 대한 관리감독은 정부에서 하지 않습니다. 대학교나 대학교 당위(黨委), 단위(團委), 학생회 등에 위탁해서 관리하는 수밖에 없습니다. 정책적으로 미비한 것이 현실이기 때문에 사회에 해를 끼치지 않는 선에서 장소제공 등의 모든 것을 지지할 수 있습니다.

관: 동향상회에 대해 심사비준을 아래로 양도한다면 아래와 같은 문제가 생길 것 같습니다. 예를 들면 길림성에 지금 해남상회가 없는데 앞으로 길림성해남상회, 장춘시해남상회 심지어 농안현해남상회도 나올 것 같은데 이 상회들 간에 위계질서가 존재한다고 봐야 합니까?

Y : 법인지위에서 보면 모두 평등합니다. 모두 1급 법인이기 때문에 어디에서 등록하든 상관없습니다.

최: 장관(張冠)선생이 제기한 문제의 연장선에서 보면, 상회가 어느 정도 발전하다 보면 내부모순도 나타나는데 예를 들면 임원진교체시기의 모순과 같은 것은 어떻게 해야 합니까?

Y : 사실 이 부분에서 문제가 많이 발생하긴 합니다. 그런데 실제로 상회내부 모순은 법률을 지키는 선에서 내부해결을 봐야 합니다. 내부의 정관, 규장제도에 따라서 스스로 관리를 철저히 해야 하는 것입니다. 때문에 법적으로 규장제도를 정립하는 것이 가장 중요한 문제입니다. 상회뿐만 아니라 행업협회도 마찬가지인데 관리에 있어서 개인의 기업을 관리하던 방식대로 하면 안 됩니다. 임원진 교체와 관련해서 회장선거도 정관을 따라서 진행해야만 법적 보호를 받습니다. 강소상회가 회장을 선거할 때 전혀 법적인 규장제도를 따르지 않았기 때문에 저희가 비판을 많이 했습니다. 또 하나는 길림성 산서상회인데 비서장이 비서처의 직원을 사적으로 해고했습니다. 적어도 이사회나 회장회의를 소집하고 진행해야 할 일이었습니다. 이 해고된 직원은 받지 못한 월급이 있어서 결국 법원에 기소해서 승소했습니다.

이런 예시를 들어 설명하고 싶은 것은 바로 상회는 현대 사회조직체계 건설의 요구에 맞게 운영해야 한다는 것입니다. 상회는 기관과 다릅니다. 민간관리국 국장은 의사결정에서 결정권을 갖고 있습니다. 상회가 구체적인 문제를 처리함에 있어서 판단의 근거가 되는 것이 (바로) 내부의 정관입니다. 때문에 이런 규장제도를 잘 제정해야만 상회운영이 잘될 수 있습니다

III-8. 길림성 하남상회 회의 녹음

인물 : 길림성하남상회 간부, 회원, 최월금崔月琴[최], 동운생董运生[동],
　　　　장관张冠[관]
일시 : 2014년 3월 28일
장소 : 길림성하남상회 강당

비서장 발언:

　　오늘 오후 길림성하남상회 제2기 기념회 겸 동북지역 하남연합회联谊会 행사에 관한 준비회의를 하겠습니다. 회의는 아래와 같은 내용으로 구성되어 있는데 첫째, 제가 상회준비에 관한 상황을 보고하고 둘째, 회장 및 감사장의 말씀이 있겠습니다.

　　우선 바쁘신 중에도 시간을 내서 와주신 여러분들께 감사를 드립니다. 오늘 이 자리에는 사회의 영도자, 회원, 언론 그리고 길림대학의 교수님과 학생 친구들이 참석해주셨는데 진심으로 환영합니다. 준비사업을 시작한 이후 상회의 영도자, 회원 그리고 각계 인사들로부터 적극적인 지지를 받았습니다.

　　다음은 상회의 기본상황에 대해 말씀 드리겠습니다. 저희는 상회의 정관에 따라 민정국에 지시를 요청했고 임원진교체를 순조롭게 마무리했습니다. 민주선거를 통해 제2기 이사장 및 회장을 선거했고 무기명 투표로 전임회장 LWS가 만장일치로 선출되어 연임을 하게 되었습니다. 동시에 감사장 선거도 진행되었는데 이 제도는 전기에는 없었던 것입니다. 선거결과 CXM이 당선되었습니다. 선거 이후, 상무회의 정신에 따라 길림성 제2기 출범행사를 거행할 것이고 동시에 동북지역 하남협회의 모임도 함께 개최할 것입니다. 동북지역에는 하남상회가 총 16개가 있는데 하북지역에서도 참가하러 올 것 같습니다.

　　이 활동은 주로 예상대회豫商大会의 사업계획, 즉 각 상회의 행업조직 설립 계획에 따라 전국 하남상회가 행업조직의 성립을 추진하기 위한 것입니다.

동북지역은 흑룡강, 요녕, 대련 등 지역의 회장, 비서장들의 제의 하에 동북지역 하남연합회를 설립하려고 합니다. 이 준비사업의 책임자는 흑룡강하남상회 회장 HXW이고 비서장은 제가 맡고 있습니다. 반년이라는 소통의 시간을 거쳐 기본적인 정관내용을 만들고 예상대회 회장께 회보도 했고 여러 상회와 협의도 했습니다. 이번 기념행사에서 연합회가 출범하게 되는데 날짜와 시간은 5월 21일 오후 3시입니다. 준비사항은 아홉 가지인데 주로 동북지역 하남연합회기구의 선거와 동시에 연합회의 설립당일 예상대회가 있을 것이고, 또 하남성 제9기정협부주석 CYC가 참석하셔서 중요한 말씀을 하실 예정입니다.

어제 회장, 경합국 영도, 상춘상무국 영도 그리고 길림성 영도께 사업보고를 했으며 우리 길림성 하남상회가 길림성의 경제발전에 기여가 크다는 인정을 받았습니다. 때문에 연합회를 조직하는 일을 지지해주겠다는 답변을 들었습니다. 현재 우리 상회 설립사업은 거의 마무리단계에 와있습니다.

세 번째, 행사일정입니다. 전에 제가 리스트를 작성해서 보내드렸습니다. 22일 당일에 행사가 있고 21일에는 등록이 있습니다. 장소는 화텐호텔인데 이 호텔의 매니저로 있는 LY도 오늘 회의에 함께 하고 계십니다. 감사드립니다. 그리고 기타 후원내역은 아래와 같습니다.

첫 번째, 회장이시고 딩칭그룹의 대표로 계신 LWS가 상회를 대표해서 150명 학생들을 후원했습니다. 후원금은 21만 위안이고 올해로 8년째 이어지고 있습니다.

두 번째는 감사장 CXM이 5만 위안을 후원하셨고 장애인협회에 체육용품을 기증하셨습니다.

세 번째, 모든 분들의 후원금을 합치고 그 외에 회장과 감사장의 후원금을 보태서 통화시 한 마을에 있는 빈곤학생 2명을 도와주기로 했습니다. 그 마을의 촌장이 회장에게 한 사람당 5천 위안씩 후원해주었으면 좋겠다는 바램을 전해왔습니다.

네 번째, 길림에 있는 하남성 출신의 빈곤학생을 도와주는 사업인데 길림대학에서 10명을 선정하여 후원할 계획입니다.

다음은 해야 될 일을 두 가지로 말씀드리겠습니다. 하나는 길림대학 동교수님께 빈곤학생 명단을 제공해 주시길 부탁드리는 것이고, 다른 하나는 행사 당일 학생 10명 정도를 도우미로 보내 주십사 하는 것입니다. 내일까지

명단을 보내주시면 감사하겠습니다.

세 번째는 오후에 상업무역행사가 있는데 회장님께 이미 말씀 드렸듯이 우리가 적절하게 참여하면 될 것 같습니다. 심천하남상회 회장, 상무회장과 이미 연락을 취해 놓았는데 오후에 우리가 소형세미나를 조직하면 될 것 같습니다.

네 번째, 행사당일의 업무 분담입니다. 행사현장에서 수시로 변동이 생길 수 있기 때문에 그때그때 맞춰서 일을 해야 될 것 같습니다.

다섯 번째, 지금까지의 후원현황을 말씀드리겠습니다. 불완전한 통계에 따르면 LWS회장은 이번 행사에 5만 위안을, 공익사업에 21만 위안을 후원해주셨습니다. 신이新翼그룹 회장이신 감사장은 3만 위안을 후원하셨고 부족하면 2만 위안을 더 후원하기로 했습니다. C회장님과 X회장님은 각각 1만 위안씩 그리고 상무부회장인 HY호텔의 SDY가 2만 위안을 후원했습니다. 선물은 협상 중에 있고 LCH부회장이 두캉杜康 술 10상자(시가로 3800위안), 쉐화雪花 맥주 25상자(시가로 1450위안), 농푸農夫생수 20상자(시가 900위안) 그 외 생수 600위안 어치를 후원해주기로 하셨는데 부회장님은 행사 때마다 많이 후원해주고 계십니다.

또 하나 중요한 것은 바로 내빈들께 드리는 선물입니다. CY대표가 500개의 선물을 후원하셨는데 시가로 7만 위안입니다. 저녁식사에 사용 될 와인은 회장님께서 80병을 후원하실 예정이며 시가로는 16,000위안입니다. 그리고 저녁식사 때 경품추첨활동에 WZ부동산에서 선물로 8,000위안에 해당하는 것을 후원하기로 했습니다.

마지막으로, 제가 알기로는 저희가 행사규모를 크게 진행하는 이유는 길림성에서 하남사회의 인지도를 높이기 위한 것입니다. 최근 들어서 하남상회 회장, 부회장을 사칭하고 다니는 사람들도 나타났고 심지어 우리 상회 이름으로 사이트를 등록시킨 사람도 있습니다. 지나온 3년을 돌아보면 우리 상회는 유일하게 민정부에 등록된 무无기율위반 상회입니다. 2012년에는 길림성 투자유치 선진상회로, 2013년에서는 장춘시 투자유치 선진상회로 선정되기도 했습니다.

이번 행사에 각자 분담한 일을 잘 맡아 주시고 문제가 생기면 제가 조절하겠습니다. 꼭 잘 부탁드리겠습니다. 그리고 앞으로 회의가 있는 날에는 모두가 시간을 잘 지켜주시기를 부탁드립니다. 마지막으로 복장에 좀 신경써주셨으면 하는데 남성분들은 모두 정장을 입고 오시길 바랍니다. 여기까지 보고 드리겠습니다. 다음은 감사장님의 말씀이 있겠습니다.

감사장 발언:

　저는 처음으로 이렇게 큰 직책을 맡게 되었는데 무척 영광으로 생각합니다. 이번에 있게 될 제2차 하남상회대표대회의 성립은 아주 좋은 일이라고 생각합니다. 방금 비서장님께서도 말씀하셨지만 최근에 우리 하남상회의 이름을 도용하는 일이 발생하는데 이것은 우리의 인지도가 높아졌기 때문이라고 봅니다. 저도 그런 일을 당한 적이 있는데 전에 어떤 사람이 제 이름을 도용해서 전자 설비를 정부에 팔아 넘겼습니다.

　우리가 다 함께 힘을 모아서 하남상회를 잘 운영하면 하남사람으로서 인정을 받는다는 생각이 듭니다. 장애인사업에 관해 말씀드리면 제가 개인적 명의로 하든 아니면 장애인사업위원회를 세우든 우리가 앞으로 해마다 장애인을 고용하는 기제를 만들었으면 합니다. 앞으로 3년 동안 실제로 의미 있는 사업을 해야 합니다. 그리고 제가 추진하고 있는 일 중 하나가 '빈일터空崗'문제입니다. 이것도 연구해야 되고, 또 하나는 오늘 오신 ZD쪽에 제가 2만㎡의 땅을 가지고 있는데 여기에 노인산업원老人产业园을 세울 계획입니다. 완공되면 노인들이 들어가서 살아도 되고 뭔가를 경영하도록 해도 됩니다. 때에 맞춰서 딸기농장과 같은 것을 만들어도 좋습니다. 노인들께 일도 없이 지내라고 하는 것도 문제입니다.

　그리고 현재 2개의 사업을 추진하고 있습니다. 하나는 '마을은행村镇银行'입니다. 내일 은행 감독국 국장과 어느 지역을 선정하고 어느 은행과 협력할지를 정하기로 했고 회장도 함께 만나기로 했습니다. 두 번째는 길림대학과 상의 중인데 그들이 연구해낸 제품을 저희한테 넘기는 것입니다. 분말연탄재에 관한 연구 결과물이고 이것은 지적재산권 문제와 관련되는 것입니다. 지금 어얼뒤쓰鄂尔多斯에 세 곳이 있는데 모두 우리한테 넘기겠다고 합니다. 제 보고는 여기까지입니다.

회장발언:

다음은 몇 가지 말씀을 드리겠습니다. 우선 오늘 회의는 정말 중요하고 필요한 일입니다. 비서장께서 아까 후원내역을 들려주셨는데 모든 분들께 진심으로 감사드립니다. 이번 행사의 원칙은 상회 돈을 한 푼도 쓰지 않으려는 것입니다. 이번에 행사장소로 화텐호텔을 정했는데 우리 상회가 돈을 지불할 능력이 없는 것이 아니라 회원 여러분들이 적극적으로 후원했다는 것이 훨씬 더 중요하고 의미가 있습니다. 하나는 우리의 적극성 문제이고 다른 하나는 기여정신입니다. 지난번 2012년 연말행사를 백두산에서 했는데 여러분들의 후원으로 성황리에 마친 바 있습니다.

22일에 개최되는 이번 행사는 원래 4월에 하기로 했었는데 후에 기념행사, 임원진교체행사 및 동북3성연합회 성립 등을 함께 진행하기로 하면서 날짜를 변경하게 되었습니다. 그리고 2015년 1월 7일에서 9일까지 하남성예상총회의 회장회의를 장춘에서 하는 것으로 신청하려고 합니다. 이를 위해서는 길림성과 장춘시에서 경제적인 후원을 받아야 합니다.

이번 대회는 하남사람의 이미지 수립에 있어서 중요한데 원래 참가자는 400명 정도로 예상했었지만 지금 보니까 500명까지 확장해도 무리가 없을 것 같습니다. 특히 회원만 참석할 수 있는 것이 아니라 하남사람이면 다 참석할 수 있도록 할 것입니다. 그리고 정부에서 일하고 있는 하남성 출신의 사람들도 모두 모셔오려고 합니다. 하남사람들이 어떤 사람들인지를 보여주려는 것입니다.

아까 동교수께서 저한테 사회에서 회자되고 있는 하남사람들에 대한 평가에 대해 어떻게 생각하느냐고 물으셨습니다. 제 생각에는 첫째는 하남사람이 많기 때문이고, 둘째는 어떤 사람은 하남사람이 아니면서도 일을 잘못하면 자신이 하남사람이라고 하기 때문입니다. 어찌됐건 요즘에는 성실과 신용을 가장 중시합니다. 22일 행사의 의미를 길림성에도 보고했습니다.

우리 모두는 앞에 있는 일들을 잘하고 이 행사를 잘 치러내야 합니다. 가장 중요한 것은 하남사람의 형상을 수립하고 우리의 지위를 확보하는 것입니다. 성의 영도들에게도 좋고 사회각계에 우리 길림성하남상회가 어떤지를 보여주자는 것입니다. 우리의 능력, 수준, 지혜에도 한계가 있을 수 있지만 적어도 우리는 한 걸음 한 걸음 열심히 걸어왔습니다. 우리가 행사에 쓰게 될 차량이든 인재든 모두가 적극 참여하고 지원해주시기를 바랍니다. 사실 상회의 플랫폼에서는 기여가 크면 그만큼 큰 수확을 얻게 된다고 생각합니다. 제가 3년 동안 회장으로 있으면서 기여가 컸다고 비서장이 말씀하셨지만 사실 제가 얻은 것이 제일 많았습니다.

그리고 이 행사가 끝나면 우리 상회는 법적 행정을 도입하려고 합니다. 상무부회장은 상무부회장이고 부회장은 부회장이고 회원은 회원이고, 각자 역할을 법적으로 명확히 규정하는 것입니다. 다른 사람들이 뭐라 하든 우리는 우리의 길을 걸어가야 합니다. 또 하나는 하남성예상총회의 지시와 요구를 따라야 한다는 것입니다. 동북연합회는 우리 하남성의 115개 상회 중에서 가장 선두적인 역할을 하리라고 봅니다. 동북3성을 연합함으로써 네트워크를 형성하면 나중에 어디를 가든 전화 한통이면 해결을 할 수 있습니다. 적어도 어디에 가서 행사를 하더라도 먹고 자는 문제는 해결이 될 것이라고 봅니다.

여러분들께서는 지금 이야기 되고 있는 이런 발전모델을 낯설고 두려운 것으로 보지 말기를 바랍니다. 빈일터空崗 문제도 누구든 참여할 수 있으면 하면 됩니다. 다만 기사양성학원, 은행과 보증회사 등은 투자에 따라 명확하게 해야 합니다. 상회가 성립된 이후 오늘까지 한시도 태만했던 적이 없고 항상 앞으로 나아가고 있습니다. 제2기가 성립되면서 저는 자신감도 더 생겼습니다. 여러분들이 제가 없는 자리에서 투표했는데 제가 만장일치로 당선되었다니 더없이 영광입니다. 저는 꼭 맡은 일을 잘하겠습니다.

일을 잘하고 못하는 것은 어떻게 보면 제 수준 문제이고, 하고 싶은지 아닌지는 저의 의지 문제입니다. 상회라는 플랫폼에서 자기 자신의 기업을 보면 너무나도 작은 존재라고 느껴집니다. 그저께도 제가 사업차 북경에 갔다 왔지만 이 몇 년 동안 정말 열심히 뛰어다니고 있습니다. 수확이 언제가 될지는 몰라도 노력과 투자가 없다면 수확도 없습니다. 이런 원리는 상회에서도 똑같이 적용됩니다. 어떤 분들은 상회에 이름만 걸고 나오지를 않습니다. 상회에 관한 운영제도는 이미 나와 있고 잠시 후 상무회장이 남아서 심사를 할 텐데, 통과되면 앞으로 이 제도로 운영할 예정입니다.

저의 직책은 바로 여러분들을 위한 무대를 마련하는 것입니다. 여러분들이 상회에서 조직하는 여러 가지 회의에 다 참여하기를 권하는데 적어도 많은 정보는 얻어 가실 수 있습니다. 또 하나는 오늘 연변지역에 가서 조사할 XM의 사업입니다. 이 사업에 대해 심사를 할 예정인데 저는 회장으로서 모든 사업에 '찬물'을 끼얹을 생각입니다. 왜냐하면 책임은 제가 지고 공은 여러분이 가져가길 바라기 때문입니다. 어떤 사업도 성숙되지 못했다고 판단되면 절대 추진하지 않을 것이고, 괜찮다고 판단되면 사업담당자는 여기 상무회의를 통해 직접 책임지고 추진하면 됩니다.

플랫폼에 들어오면 서로 도와줄 수 있지만 만약 문제가 생기면 모두 상회 탓이 됩니다. 누가 책임지겠습니까? 때문에 저는 회원을 받을 때에는 1~2명의 추천자를 요구할 예정입니다.

비서장 발언:

우선 기업가 쪽은 이미 회장과 다 이야기가 된 상태이고 그 다음 정부쪽 사람들은 우리 직원들이 통지할 것입니다. 참여를 원하는 사람들은 빨리 신청해주시기를 바랍니다. 또 하나 모두 바쁘고 혹은 외지에 나가 있기 때문에 회비를 내지 않은 경우가 있습니다.

마지막으로 최근에 가입한 신입회원분들이 많습니다. 전국 각지에 하남상회가 115개가 되는데 실제 교류가 있는 것은 70~80개가 됩니다. 전국비서장회에서 한 가지 제정한 것이 있는데 회원들이 외지에 나가면 현지에서 접대하기로 했다는 것입니다. 차로 픽업하고 식사를 안배해 드립니다. 그러니 앞으로 외지에 갈 일이 있으면 꼭 저한테 알려주십시오. 그러면 제가 미리 준비해 놓겠습니다.

III-9. 길림성 하남상회 제2차 회의 회장 발언

인물 : 길림성하남상회 간부, 회원, 동운생董运生[동], 장관张冠[관]
일시 : 2014년 6월 27일
장소 : 길림성하남상회 강당

회장발언:

우선 비서장과 비서 여러분께 감사하다는 말씀을 올리고자 합니다. 그리고 여기 이 자리에 함께 계시는 모든 분들께도 감사의 말씀을 드립니다. 바쁘신 가운데 기업가들도 대학생, 연구생 친구들도 모두 22일 행사를 위해 신경을 써주고 계십니다.

그리고 이번 회의의 의미를 강조하고자 합니다. 제 생각에는 상회는 하나의 단체이고 민간조직입니다. 첫 번째 사명은 모든 기업가를 위해 무대를 잘 설치해야 한다는 것입니다. 지난 3년 동안 회장으로서 저는 상회에 1~2백만 위안을 후원했습니다. 그러나 수확도 제가 가장 많이 한 것 같습니다. 사실 이번 행사를 통해 모두가 이 플랫폼에서 인맥을 더 넓게 쌓고 재부를 창조해 나가기를 바랍니다.

이번 회의에서 동북3성의 회장, 비서장 그리고 회원들을 모두 장춘에 집결시키게 됩니다. 그 외 하남성 주북경사무실河南省驻北京办事处의 주임 겸 상회 비서장과 같은 분들도 오십니다.

이번에 초대되는 길림성의 하남성 출신의 정부관원들은 사법기관을 포함한 각 분야에 있습니다. 이런 분들은 상회의 설립을 지지해주는 것 외에도 여러분들의 기업에도 영향을 줄 수 있습니다. 우리가 2011년에 설립될 당시만 해도 정처급正处级 부문의 간부들을 만날 수도 없었습니다. 지난번 행사때 오신 XX구 상무부국장은 정주郑州시에 가야 할 일이 생겼는데 저한테 차량을 몇 대 준비해줄 수 없겠느냐고 물어왔습니다. 저는 당연히 문제가 없다고 했는데 그분은 (우리)상회가 참 좋다면서 감동을 받는 것 같았습니다. 정부관원들을 알게 되면 기업에도 도움이 될 수 있습니다. 저도 행사 당일에 오시는 모든 분들을 다 아는 것은 아닙니다. 22일 명함을 다 준비하시길 바랍니다. 학생여러분도 준비하시고 적어도 연락처를 남길 준비를 하는 것이 좋습니다. 앞으로 취업이나 이런 문제에 있어 도움 받을 수도 있으니 말입니다. 행사 당일 저를 통해서 누군가를 알 필요 없이 직접 인사를 나누면서 연락처를 주고받고 하시면 됩니다.

상회에 몸을 담고 있었던 3년 동안 직접 금전적으로 지원받은 분은 없습니다. 그러나 이 플랫폼을 통해서 XX와 XM 같은 경우 원래 전혀 모르던 사이였는데 함께 사업을 하게 된 사례도 생겼습니다. 그리고 지난번 분업리스트와 본인이 맡은 지역에 따라 그 지역 손님들과 미리 연락을 취하고 인사를 나누는 것이 좋습니다. 사실 경영은 본인의 인품에 대한 경영이 가장 중요합니다. 중요한 것은 '사람'으로서의 배려를 다 해야 한다는 것입니다. 회장인지, 부회장인지가 중요한 것이 아니라 얼마나 적극적으로 참여하는지가 중요하다고 봅니다.

또 하나는 우리의 협찬기업에 대해서 상회 간행물을 발행하여 대대적으로 홍보하기로 비서장과 얘기가 되었습니다. 이번 행사는 상회 돈을 한 푼도 안 쓰고 모두 후원과 협찬으로 진행되는데 만약 부족하면 제가 더 후원하겠습니다. 협찬을 해주신 모든 기업에서는 홍보자료를 비서장에게 제출해주십시오. 혹시나 해서 말씀드리는데 협찬에 참여하지 않으신 분들의 기업은 절대 홍보에 넣지 않습니다. 아니면 불공평하게 되고 다음엔 협찬할 사람이 없게 됩니다. 우리의 홍보 동영상은 장춘방송국에서 제작해줍니다. 이런 기회는 쉽게 오는 것이 아닙니다. 앞으로 회원가입은 2명 이상의 추천자가 필요한데 우리 상회는 회원규모로 승부하는 것이 아니라 질로 승부합니다.

세 번째는 상무부회장 회의인데 우리 상회는 제도가 있어야 된다는 것에 합의를 했습니다. 시간을 낭비하는 것은 만성적 자살이고 남의 시간을 낭비하는 것은 재물을 탐해 목숨을 해치는 행위와 같습니다. 오늘 회의에 감독해줄 사람을 한 명 추천하겠습니다. JYW라는 분인데 이분은 기업교육가입니다. 하남상회에서는 사람과 사상이 먼저 통일을 이루어야 합니다. 통일이 안 되면 일을 함께 할 수가 없습니다.

[중간에 두 기업이 협찬을 한다고 나섰습니다.]

세 가지 일에 관해 간단하게 말씀드릴 것이 있습니다. 하나는 은행관련인데 내일 상무부회장이 보고할 것입니다. 지금 어느 지역을 선정할지 고민하는 단계에 있습니다.

둘째는 길림대학 사업인데 지금 협상 중에 있습니다. 그리고 운전학교는 LCH가 주도하는데 지금 가격을 협상하고 있고 장소를 고민 중에 있습니다. 운전학교 설립으로 제가 교통국과 교통지대支队를 모두 찾아 인사했는데 아직 장소를 선정하지는 못했습니다. 그쪽에서 먼저 전화를 해와서 하남상회에서 하는 일이라면 적극 지지하겠다고 했습니다. 현재 이 일을 책임지고 있는 분들이 정말 고생을 많이 하고 계십니다.

세 번째는 보증회사인데 이름은 장춘시예상보증유한회사长春市豫商担保有限公司로 정했고 등록자금은 1억 위안입니다. 회장인 딩성그룹의 LWS가 3천만 위안을 투자했는데 아마 1억 위안은 문제가 될 것 같지 않습니다.

올해 2014년에는 3개 사업이 있는데 이 세 개를 올해 안에 꼭 성사시키고자 합니다. 내년의 일은 내년에 다시 계획하면 됩니다. 모두가 힘을 합쳐야 할 시기이고, 더 멀리 가려면 함께 해야 합니다. 우리의 회원이면 누구든 이 사업에 투자할 자격이 있습니다. 지금 현재 가장 빠르게 추진되고 있는 것은 보증회사입니다. 본인이 투자할 수 있는 돈을 써내면 그 자료를 공증합니다. 이 사업에 대해 모르는 분들도 계실 것 같은데, 보증회사는 등록한 자금을 기본으로 6배까지 은행에서 대출받을 수 있습니다. 이 제도는 국가에서도 지지하는 것이고 지난 번 당교党校에서도 말했지만 미래의 기업은 적어도 1세기 내에 이런 길을 걷게 될 것입니다.

미래 기업의 발전은 하나는 농업이고 다른 하나는 금융입니다. 보증회사에 여러분들도 투자하게 되면 관리와 의사결정 과정에 모두 참여할 수 있습니다. 제가 회장으로 있는 한 여러분을 위해 책임을 다 하겠습니다. 이 투자회사의 경우 지금 당장 돈이 필요한 것은 아닙니다. 먼저 얼마나 투자할 수 있는지를 잠시 후 C대표와 연락해서 얘기 하시면 됩니다. 지금은 우선 주주 관계를 확정짓고 회원들에게 먼저 개방하고 나중에 부족하면 대외로 개방합니다.

이렇게 말씀드리는 것은 모두가 한마음 한뜻으로 움직이기를 바라기 때문입니다. 이제 3일 동안 저는 지휘자의 역할을 맡고 여러분들은 각자 맡은 일을 하시면 됩니다. 문제가 있으면 바로 연락을 주시기 바랍니다.

저자

장호준(張豪峻)
- 서울대학교 인류학과 및 동 대학원 졸업
- 미국 컬럼비아대학교 철학박사 (문화인류학)
- 미국 컬럼비아대학교 겸임강사
- 중국 중앙민족대학 방문학자
- 인천대학교 HK연구교수 및 HK교수
- 현재 한국방송통신대학교 중어중문학과 교수
- 주요 저서 및 논문
  - 『중국토지법령자료집: 개혁개방 이후』 I & II, 모두의 지혜, 2012 등.
  - 「당대 중국의 동향상회와 지역 거버넌스」
  - 「중국의 모방·복제 관행과 지적재산권의 문화정치」
  - 「중국의 비공식경제론과 그 사회정치적 함의」
  - 「현대성의 공간적 재현: 중국 중관촌의 역사와 상징의 재구성」 등.

손승희(孫承希)
- 숙명여자대학교 사학과 졸업
- 국립대만사범대학 역사연구소 졸업
- 중국 복단대학 역사학박사
- 고려대학교 아세아문제연구소 연구교수
- 현재 인천대학교 중국학술원 HK연구교수
- 주요 저서 및 논문
  - 『중국가족법령자료집: 청대, 민국시기』, 모두의 지혜, 2012 등.
  - 「중국 동북의 대두가공업 同业组织과 滿铁」
  - 「20세기 초 중국 동북의 대두 거래관행과 일본 교역소의 설립」
  - 「근대 중국의 異姓嗣子 계승관행」
  - 「채무소송으로 본 华商의 商惯行(1906-1910)」 등.

둥윈성(董运生)
- 중국 길림대학 사회학과 학사, 석사 졸업
- 중국 길림대학 사회학 박사
- 미국 듀크대학 사회학과 박사후 방문학자
- 홍콩과기대학 사회과학부 방문학자
- 현재 길림대학 사회학과 부주임
- 주요 저서 및 논문
  - 『社会学理性选择理论研究』, 中国人民大学出版社 2012 공저.
  - 『美国经济治理』, 上海人民出版社 2009(역서) 등.
  - 「全球化与多元现代性」
  - 「地位一致性与阶层结构化」
  - 「网络阶层: 一个社会分层新视野的实证分析」 등.

중국관행자료총서 07

중국 민간조직의 단면: 길림성 동향상회 구술집

초판 인쇄 2015년 5월 15일
초판 발행 2015년 5월 29일

중국관행연구총서·중국관행자료총서 편찬위원회

위 원 장 | 장정아
부위원장 | 안치영
위   원 | 장정아, 김지환, 박경석, 송승석

편   저 | 장호준, 손승희, 둥윈성
펴 낸 이 | 하운근
펴 낸 곳 | 學古房

주   소 | 서울시 은평구 대조동 213-5 우편번호 122-843
전   화 | (02)353-9907 편집부(02)353-9908
팩   스 | (02)386-8308
홈페이지 | http://hakgobang.co.kr/
전자우편 | hakgobang@naver.com, hakgobang@chol.com
등록번호 | 제311-1994-000001호

ISBN   978-89-6071-525-7   94300
          978-89-6071-320-8   (세트)

값 : 30,000원

이 도서의 국립중앙도서관 출판시도서목록(CIP)은 서지정보유통지원시스템 홈페이지
(http://seoji.nl.go.kr)와 국가자료공동목록시스템(http://www.nl.go.kr/kolisnet)에서 이용하실
수 있습니다.(CIP제어번호: CIP2015014433)

■ 파본은 교환해 드립니다.